《中华人民共和国监察法实施条例》解读与适用

秦前红　主　编
刘怡达　副主编

法律出版社
LAW PRESS·CHINA
北京

图书在版编目（CIP）数据

《中华人民共和国监察法实施条例》解读与适用 / 秦前红主编 ; 刘怡达副主编. -- 北京 : 法律出版社, 2021(2022.2 重印)
ISBN 978 - 7 - 5197 - 6166 - 0

Ⅰ. ①中… Ⅱ. ①秦… ②刘… Ⅲ. ①监察法实施条例—法律解释—中国 Ⅳ. ①D922.114.5

中国版本图书馆 CIP 数据核字(2021)第 225761 号

《中华人民共和国监察法实施条例》解读与适用
《ZHONGHUA RENMIN GONGHEGUO JIANCHAFA SHISHI TIAOLI》JIEDU YU SHIYONG

秦前红 主 编
刘怡达 副主编

责任编辑 董 昱
装帧设计 汪奇峰

出版发行 法律出版社
编辑统筹 法规出版分社
责任校对 张红蕊
责任印制 张建伟
经　　销 新华书店

开本 710 毫米×1000 毫米 1/16
印张 27.75 **字数** 452 千
版本 2021 年 11 月第 1 版
印次 2022 年 2 月第 3 次印刷
印刷 三河市兴达印务有限公司

地址:北京市丰台区莲花池西里 7 号(100073)
网址:www.lawpress.com.cn
投稿邮箱:info@lawpress.com.cn
举报盗版邮箱:jbwq@lawpress.com.cn
销售电话:010 - 83938349
客服电话:010 - 83938350
咨询电话:010 - 63939796

书号:ISBN 978 - 7 - 5197 - 6166 - 0
定价:78.00 元

凡购买本社图书,如有印装错误,我社负责退换。电话:010 - 83938349

前　言

十三届全国人大一次会议2018年3月对《宪法》作出修改，并根据《宪法》制定了《监察法》，这为监察权的运行提供了宪法和法律指引。但是，《监察法》是一部对国家监察工作起统领性和基础性作用的法律，难以满足监察工作法治化的规则需求。于是，全国人大常委会先后制定了《公职人员政务处分法》和《监察官法》，并授予国家监察委员会制定监察法规的职权，以便细化《监察法》中的原则性规定。诚如习近平总书记指出的，"要制定同监察法配套的法律法规，将监察法中原则性、概括性的规定具体化，形成系统完备、科学规范、运行有效的法规体系"。

2020年1月召开的十九届中央纪委四次全会即明确提出"制定监察法实施条例"。为了贯彻民主立法的要求、提高立法透明度，国家监察委员会2021年5月17日将《中华人民共和国监察法实施条例（征求意见稿）》全文公布，公开征求社会各界意见。2021年9月20日，国家监察委员会发布第1号公告，公布了首部监察法规《监察法实施条例》，该条例自公布之日起施行。

通过对照《监察法》和《监察法实施条例》可以发现，前者共69个条文，后者则由287个条文构成，这表明《监察法》中大量的原则性规定在《监察法实施条例》中得到具体化。虽然条文数目相差悬殊，但《监察法》和《监察法实施条例》的篇章结构却保持高度一致，即二者均由9章构成，且各自的名称并无任何差别。此结构安排既说明《监察法》是《监察法实施条例》的制定依据，也表明国家监察委员会试图通过《监察法实施条例》编制出监察工作法治化的"百科全书"。

与此同时，全国人大常委会有行使解释法律的职权，但实践中也有"以法释法"的现象，即下位法在很大程度上发挥着法律解释的作用。这在《监察法实施条例》中也有相当多的体现，本条例属于一种实施性的下位法，对《监察法》中的抽象规定进行了解释。《监察法实施条例》颁布施行后，立法论向解释论的转型乃是必然趋势。正是缘于此,我们组织编写了《〈中华人民共和国监察法实施条例〉解读与适用》一书,对《监察法实施条例》进行逐条解读并梳理实务难点。

无论是《监察法》还是《监察法实施条例》,均超出了传统部门法的范畴,更像是宪法、行政法、刑法和刑事诉讼法等交织的“领域法”。为了契合法律的此种特质,本书便是由不同领域的研究者合作撰写。撰稿人有秦前红、刘菊、刘怡达、汪雪城、薛小涵、王译、王雨亭、李世豪、陈家勋、周航、张演锋、石泽华、张晓瑜,并由秦前红、刘怡达共同负责修改和统稿。

由于时间仓促及水平有限,本书难免存在疏漏和错误,敬请读者批评指正。

秦前红

2021 年 11 月 1 日

目　录

第一章 总 则

第一条 为了推动监察工作法治化、规范化,根据《中华人民共和国监察法》(以下简称监察法),结合工作实际,制定本条例。

条文主旨[①]

本条是关于立法目的和依据的规定。

条文解读

1. 本条明确了制定《监察法实施条例》[②]的出发点和落脚点

《监察法》是一部对国家监察工作起统领性作用的法律,基本法的属性决定了其中的规定较为原则、概括。实践中,中央纪委国家监委为了解决无法可依的难题,推进国家监察体制改革,制定并印发了多种规范性文件。填补《监察法》留下的制度空白,整合纪检监察领域的规范性文件,是当时纪检监察领域立法工作的主要任务。因此,制定一部全面系统、可操作性强的《监察法实施条例》是当时立法的主要任务之一。

2.《监察法实施条例》的制定目的是推动监察工作法治化、规范化

党中央强调,推进反腐败工作法治化、规范化,前提是纪检监察工作自身运行要法治化、规范化。因此要把监察工作法治化规范化建设摆在重要位置,通过给纪检监察机关定制度、立规矩,确保纪检监察工作受监督、有约束,促使纪检监察机关严格规范自身权力运行、提高工作效能,努力形成内容科学、系统完备、有效管用的监察制度体系,推动监察工作高质量发展。《监察法实施条例》通过规范监察机关运用法治思维和法治方式履行职权,使其牢固树立法治意识、程序意识、证据意识,严格按照权限、规则、程序开展工作,在切实增强纪检监察制度执行力的同时,构建系统完备、科

---

① 目录及正文中的条文主旨为作者所加,总结了条文的主要内容,仅供参考。

② 为便于阅读,书中的法律法规名称使用简称。

学有效的纪检监察制度体系，来有力推动监察工作法治化、规范化建设。

3.《监察法实施条例》的制定依据是《监察法》

《监察法》是全国人大制定的基本法律，因此，国家监察委员会不论是为执行法律的规定需要制定监察法规，还是为履行领导地方各级监察委员会工作的职责需要制定监察法规，都是对《监察法》这一监察领域基本法律的具体化，故《监察法实施条例》应将《监察法》作为立法依据。据此逻辑，《监察法实施条例》可以在《监察法》的基础之上进一步补充和完善监察工作的运行，但由于其效力位阶低于《监察法》，故不可作出与《监察法》相异的规定。

4. 工作实际是制定《监察法实施条例》的根本遵循

《监察法实施条例》总结了十九大以来反腐败实践经验，坚持问题导向，提炼有效做法和实招，增强制度针对性和实效性，坚持实践探索先行，将管党治党创新成果固化为法规制度。如《监察法实施条例》中规定的监察程序：线索处置程序、初步核实程序、立案程序、调查程序、审理程序、处置程序、移送审查起诉程序等均是实践中较为成熟的经验总结。

关联法条

《全国人民代表大会常务委员会关于国家监察委员会制定监察法规的决定》；《法规、司法解释备案审查工作办法》第2、10条

第二条　坚持中国共产党对监察工作的全面领导，增强政治意识、大局意识、核心意识、看齐意识，坚定中国特色社会主义道路自信、理论自信、制度自信、文化自信，坚决维护习近平总书记党中央的核心、全党的核心地位，坚决维护党中央权威和集中统一领导，把党的领导贯彻到监察工作各方面和全过程。

条文主旨

本条是关于指导思想的规定。

条文解读

本条规定了开展监察工作应遵循的指导思想，具体内容如下：

1. 坚持中国共产党对监察工作的全面领导

深化国家监察体制改革，使党管干部原则从党管干部的培养、提拔、使用，延伸到

管干部的教育、监督和管理，对违纪违法作出处理，是完善坚持党的全面领导体制机制的重要举措，目的是实现对所有行使公权力的公职人员监察全覆盖，加强党对反腐败工作的统一领导。[①] 纪委监委作为反腐败工作机构，作为党的政治机关，必须始终把坚持党的领导作为立身之本、履职之要。在领导体制上，国家监察委员会在党中央领导下开展工作；地方各级监察委员会在同级党委和上级监察委员会双重领导下工作。

2. 增强政治意识、大局意识、核心意识、看齐意识，坚定中国特色社会主义道路自信、理论自信、制度自信、文化自信，坚决维护习近平总书记党中央的核心、全党的核心地位，坚决维护党中央权威和集中统一领导

监察机关作为专门的反腐败工作机构，旗帜鲜明讲政治是应尽之责。监察机关应高举中国特色社会主义伟大旗帜，全面贯彻党的十九大精神，坚持以习近平新时代中国特色社会主义思想为指导，坚持党的基本理论、基本路线、基本方略，落实新时代党的建设总要求，增强"四个意识"，坚定"四个自信"，做到"两个维护"。要防止和纠正把政治与业务割裂开来、对立起来的错误认识和做法，确保政治和业务融为一体、高度统一。

3. 把党的领导贯彻到监察工作各方面和全过程

坚持和加强党的领导，是监察工作的根本政治原则。监察机关在履行监督、调查、处置职责时应在党的领导下开展。在具体工作中，监察机关应将线索处置、初步核实、立案、调查、审理、处置、移送审查起诉各项环节置于党的领导之下。(1)通过严格执行请示报告制度加强党的领导，如对部分干部立案调查要报同级或上级党委批准，对部分干部依法采取留置措施要报同级或上级党委批准。(2)通过建立健全重大事项集体研究制度加强党的领导，如监察机关的调查部门在调查工作结束后形成调查报告应当经集体讨论，监察机关的审理部门在审理工作结束后形成审理意见应当经集体审议。(3)坚持民主集中制原则，凡属重大问题、重要事项、重点工作，必须通过集体研究、集体决策，坚决防止个人说了算，同时决策一旦作出，下级监察机关就要严格执行。

关联法条

《宪法》第 1 条；《监察法》第 2 条；《监察官法》第 2 条；《中国共产党纪律处分条例》第 2、3

---

① 参见中共中央纪律检查委员会中华人民共和国国家监察委员会法规室编写：《〈中华人民共和国监察法〉释义》，中国方正出版社 2018 年版，第 56－58 页。

条;《中国共产党纪律检查机关监督执纪工作规则》第1—3条

第三条　监察机关与党的纪律检查机关合署办公,坚持法治思维和法治方式,促进执纪执法贯通、有效衔接司法,实现依纪监督和依法监察、适用纪律和适用法律有机融合。

条文主旨

本条是关于纪检监察合署办公原则的规定。

条文解读

1. 合署办公

本条规定了监察机关与党的纪律检查机关合署办公。构建纪委监委合署办公体制是我国监察体制改革的重要内容,具有深厚的理论根基、实践经验和制度基础,符合我国的国情。

2. 监察工作的总体要求

本条还规定了监察工作的总体要求,主要内容如下:一是坚持法治思维和法治方式。监察委员会作为行使国家监察职能的专责机关,必须履行社会主义法治原则的基本要求,坚持法治思维和法治方式,严守规则,不逾越法律的底线、不触碰法律的红线,在既定的程序及法定权限内行使职权。二是促进执纪执法贯通、有效衔接司法。实现执纪执法贯通、有效衔接司法,是纪检监察机关高效顺畅履行职责的关键。十九届中央纪委三次全会工作报告指出要依托纪检、拓展监察、衔接司法,整合规范监督执纪问责和监督调查处置法规制度,完善审查调查转换衔接办法,完善监察调查与刑事司法衔接机制,推动形成与审判机关、检察机关、执法部门互相配合、互相制约的体制机制。三是实现依纪监督和依法监察、适用纪律和适用法律有机融合。习近平总书记在十九届中央政治局第十一次集体学习时强调,要健全统一决策、一体运行的执纪执法工作机制,把适用纪律和适用法律结合起来。

实务难点指引

本条在监察工作中的适用,主要有以下问题需要妥善解决:执纪执法贯通的规则供给问题。在党规和国法共治的法治建设进程中,实现党纪和国法的有效衔接在纪检监察领域体现为执纪执法贯通,而执纪执法贯通核心在于党纪处分和政务处分有效衔接。党纪处分和政务处分在种类、减轻或者免除处分、应当被处分的事项、调查措施等方面存在很多一致之处。但在实践中,两者在证据衔接、实体规则运行衔接上缺乏明确的规定,如《监察法》《公职人员政务处分法》《中国共产党纪律处分条例》《中国共产党纪律检查机关监督执纪工作规则》等均未明确纪检监察的证据包括哪些类型、如何认定并排除以非法方式取得的证据,也未明确党纪处分和政务处分的证明标准是否相同以及证据如何在两套程序内转化。此外,在实体规则方面,一是党纪处分和政务处分的对象并不完全一致,党纪处分的对象包括单位,但从《公职人员政务处分法》第10条的规定看,虽有了机关、单位、组织集体违法的规定,但并无对集体的处分。二是党纪处分跟政务处分的种类虽然有类似之处,并且在处分的事项方面也有很多一致之处,但二者并非一一对应的关系。因此,对于相同的违法或者违纪行为如何实现党纪严于国法,并使两种处分轻重有序衔接还需明确。这就要求全国人大及其常委会、中央纪律检查委员会国家监察委员会等主体通过制定或修改法律、法规和其他规范性文件的方式,尽快完善政务处分和党纪处分衔接的相关规定。

典型案例

X县纪委监委在调查该县水利局副局长C某涉嫌受贿罪、巨额财产来源不明罪时,按程序报批后依法对C某立案审查调查并对其采取了留置措施。审查调查期间,县纪委监委调查组对C某进行了讯问;对证人L某、K某等进行了讯问,调取了相关的涉案书证材料、查询了涉案的C某有关银行账户,并采取了冻结措施;对C某办公场所和住所进行了搜查,并扣押了涉案的相关港币、人民币和一对玉镯等物品,且对玉镯进行了价值鉴定。经过审查调查,X县纪委监委在查清查明事实并按程序提请审议研究后,对C某作出了开除党籍、开除公职的处分决定,并将其涉嫌犯罪问题移送县人民检察院审查起诉。县人民检察院审查后,认为经县纪委监委审查调查后,目前C某犯罪的案件事实已清楚、证明其犯罪的证据确实充分且形式合法,遂向县人民法院提起公诉。人民法院对县纪委监委调取的案件事实、各类证据和县人民检察院提起公诉的材料进行了认真审查,并经庭审举证质证,依法作出判决。①

关联法条

《宪法》第127条;《监察法》第4条;《中国共产党机构编制工作条例》第11条;《中国共产党纪律检查机关监督执纪工作规则》第2、6条

---

① 本书编写组编写:《〈中华人民共和国监察法〉案例解读》,中国方正出版社2018年版,第271页。

第四条　监察机关应当依法履行监督、调查、处置职责，坚持实事求是，坚持惩前毖后、治病救人，坚持惩戒与教育相结合，实现政治效果、法律效果和社会效果相统一。

条文主旨

本条是关于监察工作基本要求的规定。

条文解读

本条规定了监察机关在开展监察工作时应遵循的四个基本要求：一是应当依法履行监督、调查、处置职责，《监察法》赋予了监察机关三项职责：监督、调查和处置。监察机关行使这三项职责的前提是"依法"：必须严格依照法律，既不能滥用或超越职权，利用职权徇私枉法；也不能违反法定程序，违法开展工作；更不能不担当、不作为，放纵职务违法犯罪行为。[①] 二是坚持实事求是，坚持实事求是是马克思主义的精髓和灵魂，是做好新时代纪检监察工作的生命线。纪检监察机关在开展监察工作时，应坚持一切从实际出发，重事实、讲证据、守程序，严格依照法定权限、规则、程序办事，精准核查问题、使用措施、量纪执法，确保监察工作真正经得起实践检验，让群众的切身利益得到有效维护。[②] 三是坚持惩前毖后、治病救人，惩戒与教育相结合。惩前毖后、治病救人是党内监督和国家监察工作坚持的一贯方针。监察机关在监察工作中，应执法必严、违法必究，同时立足于教育挽救。充分发挥思想政治工作优势，用理想信念教育感化被调查对象，使其认识错误，真心忏悔，真正地改正错误，并牢固树立马克思主义的世界观、人生观、价值观和正确的权力观、地位观、利益观。四是实现政治效果、法律效果和社会效果相统一，政治效果、法律效果和社会效果相统一是评价纪检监察工作的实践标准。

关联法条

《监察法》第 5、6、11 条；《公职人员政务处分法》第 4 条；《中国共产党章程》第 42 条；《中国共产党纪律处分条例》第 4 条；《中国共产党问责条例》第 3 条；《中国共产党党内监督条例》第 4

---

① 参见中共中央纪律检查委员会中华人民共和国国家监察委员会法规室编写：《〈中华人民共和国监察法〉释义》，中国方正出版社 2018 年版，第 65 页。

② 参见《如何坚持实事求是依规依纪依法　更加精准更加规范推进纪检监察工作》，载《中国纪检监察报》2021 年 3 月 11 日，第 6 版。

条；《中国共产党纪律检查机关监督执纪工作规则》第4条

第五条 监察机关应当坚定不移惩治腐败，推动深化改革、完善制度，规范权力运行，加强思想道德教育、法治教育、廉洁教育，引导公职人员提高觉悟、担当作为、依法履职，一体推进不敢腐、不能腐、不想腐体制机制建设。

条文主旨

本条是关于一体推进不敢腐、不能腐、不想腐体制机制建设的规定。

条文解读

本条规定监察机关在坚定不移惩治腐败的同时，应通过制度建设和思想建设一体推进不敢腐、不能腐、不想腐体制机制建设，在减少腐败存量的同时遏制腐败增量，这是监察机关将改革中的有效经验纳入法律法规体系的重要体现。将“三不”作为一个整体加以推进，贯彻了马克思主义基本原理，发展了反腐败理念思路和成效经验，揭示了反腐败斗争基本规律，是习近平新时代中国特色社会主义思想在全面从严治党领域的生动体现。有助于监察工作精准把握治标与治本、惩治与预防之间的关系，有机结合科学反腐和制度反腐，有效形成反腐长效机制，推动全面从严治党向纵深发展。

典型案例

福建省泉州市纪委监委探索推出“家风＋旅游”廉洁教育模式，精心开发全市68个家风教育点并在全市推广，让党员干部和群众在耳濡目染中接受教育。依托本地丰富多元的传统文化沃土，深入挖掘叶飞等人物的廉政家风文化，收集闽南红砖古厝中的楹联碑刻、族谱文献，以及李光地、施世纶等名人或宗族的优秀家风家训，与当地媒体合作，推出“寻访泉州好家风”专栏，多形式多渠道筑牢党员干部廉洁从政思想基础。[①]

关联法条

《监察法》第6、11条；《公务员法》第57条；《党委（党组）落实全面从严治党主体责任规定》第7条

---

① 参见余子艺、陈静雯：《泉州深挖本地资源弘扬良好家风 68个教育点面向公众开放》，载《中国纪检监察报》2021年9月4日，第2版。

第六条　监察机关坚持民主集中制，对于线索处置、立案调查、案件审理、处置执行、复审复核中的重要事项应当集体研究，严格按照权限履行请示报告程序。

条文主旨

本条是关于监察机关坚持民主集中制的规定。

条文解读

民主集中制是我们党的根本组织原则和领导制度，是我国国家组织形式和活动方式的基本原则，也是监察机关履行职责的根本工作原则。实践中，有效贯彻民主集中制原则可以发扬民主，倾听各方意见，避免个人决策；加强监督，形成有效的内控机制，防范权力的滥用；严格把关，提高办案质量，防范风险意外。因此，监察机关应将民主集中制原则贯彻到线索处置、立案调查、案件审理、处置执行、复审复核各项环节中，严格落实重要问题集体研究，提高决策的民主科学性；严格执行请示报告制度，按照权限履行请示报告程序，确保监察工作始终置于党的集中统一领导之下。实践中，民主集中制原则贯穿于监察工作全过程：

(1)在线索处置环节充分体现民主集中制。问题线索是监督工作的源头和基础，建立问题线索处置集体会商、集体决策机制，有助于从源头上把关，提高线索处置质量和效率，防范线索处置个别人说了算。(2)在立案调查环节充分体现民主集中制。立案审查调查是监督工作的重要一环，建立重大问题集体研究制度和请示报告制度对于查清违纪违法问题具有重要意义。(3)在案件审理环节充分体现民主集中制。监察机关严格履行案件审理工作基本程序，坚持审理组审理、审理谈话、集体审议等制度，严格落实审理意见经集体审议形成并经相关机关批准通过，防止个人干预、操控审理，确保案件公平公正审理。(4)在处置执行环节充分体现民主集中制。纪律处理或者处分必须坚持民主集中制原则，集体讨论决定，不允许任何个人或者少数人决定和批准，严格履行处分决定报批程序，使案件处理实体和程序、过程和结果充分体现民主集中制原则的要求。(5)在复审复核环节充分体现民主集中制。复审复核机关在受理复审复核申请后，应当成立工作组，集体研究案件，并经集体讨论和报批程序后提出办理意见，最大程度保障案件的公平审理。

关联法条

《宪法》第 3 条；《监察法》第 31、32、42、43 条；《监察官法》第 6 条；《中国共产党章程》第 10

条;《中国共产党重大事项请示报告条例》第3、13条;《中国共产党党内监督条例》第4、29条;《中国共产党纪律处分条例》第4条;《党组讨论和决定党员处分事项工作程序规定(试行)》第3条;《中国共产党纪律检查机关监督执纪工作规则》第10、53、55条

第七条　监察机关应当在适用法律上一律平等,充分保障监察对象以及相关人员的人身权、知情权、财产权、申辩权、申诉权以及申请复审复核权等合法权益。

条文主旨

本条是关于保障监察对象以及相关人员合法权益的规定。

条文解读

首先,监察机关对所有监察对象,不论其民族、职业、出身、性别、教育程度都应一律平等地适用法律,不允许有任何特权。其次,监察机关应严格遵循相关法律规定,充分保障监察对象以及相关人员的合法权益,不得违法侵犯公民、法人和其他组织的合法权益。

对于如何理解本条中的“相关人员”,应基于保障公民合法权益出发,尽可能将更多相关人员的合法权益纳入保障范围,如涉案人员及被调查人员和涉案人员的家属等,《监察法》第39条第3款为保障被调查人家属和公民知情权的条款。

此外,本条对监察对象以及相关人员的“合法权益”采取了列举式的立法技术,通过列举主要的实体性权利和程序性权利来为监察机关树立行权边界,防范监察权的滥用;同时用“等”字这一兜底方式为保障其他合法权利和利益留下了解释空间,如相关人员“申请回避的权利”这一未列举的合法权利可以视为“等”内之权利。在监察工作中,相关人员的合法权益主要包括实体性权利和程序性权利。

典型案例

B市纪委监委在调查市住建局副局长W某受贿案时,依法冻结了W某的存款账户和股票、基金账户。经查,W某的存款账户中有100万元是其表妹L某从外地汇来,委托其帮助在B市购置房产的资金。W某曾在家族聚会时向亲属承诺,可以在B市以优惠价格买到房产。L某因孩子在B市上学,将来想留在B市工作,就全权委托W某帮助购买住房,并汇去100万元现金。W某刚联系了某房地产开发公司Y某,

商定用50万元为L某购置一套市值120万元的房产，这样既对表妹有了交代，自己又能凭空获利50万元，但此事未及办理W某就因其他违纪违法问题案发。在查明这一情况后，纪检监察机关在第二天就依法履行相关程序，办理了解除冻结手续，将该100万元退还给了L某。①

关联法条

《宪法》第33条；《监察法》第5、49、60条；《公职人员政务处分法》第4、43、55、56条；《中国共产党党员权利保障条例》第3、18、19、35、37、41条；《中国共产党纪律处分条例》第4、42条；《中国共产党党内监督条例》第43、44条；《中国共产党纪律检查机关监督执纪工作规则》第59条

第八条　监察机关办理职务犯罪案件，应当与人民法院、人民检察院互相配合、互相制约，在案件管辖、证据审查、案件移送、涉案财物处置等方面加强沟通协调，对于人民法院、人民检察院提出的退回补充调查、排除非法证据、调取同步录音录像、要求调查人员出庭等意见依法办理。

条文主旨

本条是关于监察机关与司法机关互相配合制约的规定。

条文解读

《宪法》第127条第2款确立了监察机关办理职务违法和职务犯罪案件，应当与审判机关、检察机关、执法部门互相配合，互相制约的原则，《监察法》第4条第2款予以重申，这是处理监察机关与司法机关关系的基本原则，也是监察工作同司法工作相衔接的指导思想。为了贯彻这一基本原则，使实践中监察同司法有效衔接有规可循，《刑事诉讼法》据此作了修订，监察机关同其他机关通过联合发文的形式出台了诸如《关于在扫黑除恶专项斗争中分工负责、互相配合、互相制约严惩公职人员涉黑涉恶违法犯罪问题的通知》等规定。

本条规定，监察机关办理职务犯罪案件，在案件管辖、证据审查、案件移送、涉案财物处置等方面应当与人民法院、人民检察院加强协调配合，这是互相配合原则的主

---

① 本书编写组编写：《〈中华人民共和国监察法〉案例解读》，中国方正出版社2018年版，第210页。

要体现；而监察机关“对于人民法院、人民检察院提出的退回补充调查、排除非法证据、调取同步录音录像、要求调查人员出庭等意见依法办理”则是互相制约原则的主要体现。

在办理职务犯罪案件方面，监察机关与司法机关主要在案件管辖、证据审查、案件移送、涉案财物处置等程序上互相配合，即在正确履行各自职责的基础上，互相支持，加强沟通，避免各行其是，互相推诿：

1. 在案件管辖程序中，主要有两类案件的管辖需要同司法机关相互配合

一类案件是管辖权由监察机关和其他机关共享的案件，如管辖互涉案件，即公职人员既涉嫌贪污贿赂、失职渎职等严重职务违法和职务犯罪，又涉嫌公安机关、人民检察院等机关管辖的犯罪；又如司法工作人员利用职权实施的非法拘禁、刑讯逼供、非法搜查等侵犯公民权利、损害司法公正的犯罪案件。另一类案件是完全由监察机关享有管辖权的案件，由于监察管辖采取的“按照干部管理权限确立管辖”的原则不同于刑事诉讼管辖中“根据案件重大程度确立管辖”的原则，导致在此类案件中可能会存在监察管辖和刑事诉讼管辖发生冲突，特别是涉及监察机关指定管辖的情形。在此类案件中，需要监察机关同检察机关提前就案件管辖做好协商，达成一致，以便后续工作的顺利开展。

2. 在证据审查程序中，监察机关和司法机关应主要就以下两个问题相互配合，形成一致观点

一是遵循何种证明标准，《监察法》第 40 条规定的证明标准是“形成相互印证、完整稳定的证据链”，《刑事诉讼法》确定的证明标准是案件事实清楚，证据确实、充分，并且要达到排除合理怀疑的程度，两者表述有所差别极易导致实践中衔接不畅，因此双方应就此达成一致标准。根据《监察法》第 33 条第 2 款的规定，“监察机关在收集、固定、审查、运用证据时，应当与刑事审判关于证据的要求和标准相一致”，监察机关在调查审理职务犯罪案件时遵循刑事诉讼的证明标准；二是证据如何在监察程序和司法程序中转化，对此，《监察法实施条例》给出了明确遵循，规定监察机关收集的证据材料经审查符合法定要求的，在刑事诉讼中可以作为证据适用；监察机关对人民法院、人民检察院等在刑事诉讼中收集的物证、书证等证据材料，经审查符合法定要求的，可以作为证据使用；监察机关办理职务违法案件，对于人民法院生效刑事判决、裁定和人民检察院不起诉决定采信的证据材料，可以直接作为证据使用。

3. 在案件移送程序中，监察机关和司法机关应主要就以下几个重要方面相互配合

一是移送函、《起诉意见书》、案卷材料、证据等的移送，监察机关与检察机关需要

注意材料的安全移送以及特殊证据的有效移送；二是对于已采取留置措施的案件的移送，监察机关与检察机关需要注意留置措施和刑事强制措施的衔接；三是监察机关办理的职务犯罪案件需要指定起诉、审判管辖的，监察机关需与检察机关协商有关程序事宜。

4. 对涉案财物的处置

监察机关应按照法律规定分类处理，对涉嫌职务犯罪所得财物及孳息应当妥善保管，并制作《涉案财物清单》随案移送人民检察院。对作为证据使用的实物应当随案移送；对不宜移送的，应当将清单、照片和其他证明文件随案移送。

在办理职务犯罪案件方面，司法机关对监察机关的制约主要体现在以下程序的设置中：退回补充调查、排除非法证据、调取同步录音录像、要求调查人员出庭等。(1)检察机关审查监察机关移送起诉的案件时，有权退回监察机关补充调查。《刑事诉讼法》第 170 条、《监察法》第 47 条规定，人民检察院经审查，认为需要补充核实的，应当退回监察机关补充调查，必要时可以自行补充侦查。这是检察机关制约监察机关最强有力的措施。(2)检察机关审查监察机关移送起诉的案件，认为可能存在以非法方法收集证据情形的，可以要求监察机关对证据收集的合法性作出说明或者提供相关证明材料；也可以直接排除非法证据，排除后可以要求监察机关另行指派调查人员重新取证。(3)检察机关可以依法调取同步录音录像，《监察法》第 41 条第 2 款规定："调查人员进行讯问以及搜查、查封、扣押等重要取证工作，应当对全过程进行录音录像，留存备查。"检察机关认为需要调取与指控犯罪有关并且需要对证据合法性进行审查的录音录像，可以同监察机关沟通协商后予以调取。(4)人民法院在审判过程中就证据收集合法性问题要求有关调查人员出庭说明情况时，监察机关应当根据工作需要予以配合。

关联法条

《宪法》第 127 条；《监察法》第 4、33、34、45— 47 条；《刑事诉讼法》第 19、130、135、136、172、251 条；《最高人民法院关于适用〈中华人民共和国刑事诉讼法〉的解释》第 24 条；《人民检察院刑事诉讼规则》第 17、73、74、142、146、156、256、263、329、341、343、344、346、349、357、365、371、378、379 条；《关于人民检察院立案侦查司法工作人员相关职务犯罪案件若干问题的规定》三；《公安机关办理刑事案件程序规定》第 29 条

第九条　监察机关开展监察工作，可以依法提请组织人事、公安、国家安全、审计、统计、市场监管、金融监管、财政、税务、自然资源、银行、证券、保险等有关部门、单位予以协助配合。

有关部门、单位应当根据监察机关的要求，依法协助采取有关措施、共享相关信息、提供相关资料和专业技术支持，配合开展监察工作。

条文主旨

本条是关于监察机关提请执法部门协助配合的规定。

条文解读

《宪法》第127条第2款首次将“执法部门”入宪并规定了其与监察机关相互配合相互制约的关系，《监察法》第4条对该原则予以重申，但并未对该原则给出明确具体的指引，导致在如何理解“执法部门”和“配合制约关系”上缺乏明确的法律标准。《监察法实施条例》采用不完全列举的立法技术对“执法部门”这一表述进行了细化，使如何理解这一表述有了明确的法规加以指引，并就监察机关可以依法提请执法部门协助配合予以明确规定。

监察机关依法提请执法部门予以协助配合的措施大致可以分为两类：一类是监察机关有权独立采取的措施，因完成工作有困难或有特殊情况的，可以请“执法部门”予以协助，如《监察法》第23条规定，监察机关根据工作需要，依照规定查询、冻结涉案单位和个人的存款、汇款、债券、股票、基金份额等财产，有关单位和个人应当配合。另一类是监察机关无权独立采取的措施，因其超出了监察机关自身的职权范围，需由有权行使权力的“执法部门”予以协助，如《监察法》第29条规定，监察机关决定通缉的，只能由公安机关发布通缉令，追捕归案。实践中，为了明确监察机关与“执法部门”各自的责任，建立起有效配合相互监督的机制，国家监察委员会通过和相关“执法部门”联合发文的形式出台了一系列文件，如国家监察委员会办公厅和自然资源部办公厅联合制定《关于不动产登记机构协助监察机关在涉案财物处理中办理不动产登记工作的通知》等，为有关部门、单位根据监察机关的要求，依法协助采取有关措施、共享监督信息、提供相关资料和专业技术支持、配合开展监察工作提供了制度安排，同时也为监察机关加强自我监督，防范权力滥用提供了制度规制。

关联法条

《宪法》第127条;《监察法》第4、23、24、43、63条;《中国共产党党内监督条例》第37条;《中国共产党纪律检查机关监督执纪工作规则》第11条

第二章　监察机关及其职责

第一节　领导体制

第十条　国家监察委员会在党中央领导下开展工作。地方各级监察委员会在同级党委和上级监察委员会双重领导下工作,监督执法调查工作以上级监察委员会领导为主,线索处置和案件查办在向同级党委报告的同时应当一并向上一级监察委员会报告。

上级监察委员会应当加强对下级监察委员会的领导。下级监察委员会对上级监察委员会的决定必须执行,认为决定不当的,应当在执行的同时向上级监察委员会反映。上级监察委员会对下级监察委员会作出的错误决定,应当按程序予以纠正,或者要求下级监察委员会予以纠正。

条文主旨

本条是关于监察机关领导体制的总体规定。

条文解读

根据《中国共产党章程》的规定,各级纪委实行双重领导体制,即地方各级纪委在同级党委和上级纪委的双重领导下进行工作。十八届三中全会明确提出,“推动党的纪律检查工作双重领导体制具体化、程序化、制度化,强化上级纪委对下级纪委的领导。查办腐败案件以上级纪委领导为主,线索处置和案件查办在向同级党委报告的同时必须向上级纪委报告”。在纪检监察合署办公的体制之下,各级监察委员会同样实行双重领导体制,以此保证监察权的相对独立性和权威性。《监察法实施条例》对此作出明确规定,为落实双重领导体制提供了坚实的法治保障。

在推进全面从严治党和反腐败斗争的过程中,党委负主体责任,因此各级监察委员会必须接受同级党委的领导,线索处置和案件查办等事项必须向同级党委报告。

不过，监察工作牵涉各方面的利益，地方各级监察委员会在查办案件或办理其他监察事项过程中，可能会遇到来自某些方面的阻力和地方保护主义的干扰，[①]所以在表明监察委员会接受同级党委领导的同时，规定上级监察委员会领导下级监察委员会的工作，特别是监督执法工作以上级监察委员会领导为主，线索处置和案件查办等事项必须向上一级监察委员会报告，这一方面有利于加强对下级监察委员会履行监察职责情况的监督，上级监察委员会可以通过检查工作、受理复核申请等方式，对发现的问题予以纠正，监督下级监察委员会严格依法办事，公正履职；另一方面当下级监察委员会遇到阻力时，上级监察委员会可以支持其依法行使职权，帮助其排除各种干扰。既然是上级监察委员会领导下级监察委员会，那么，上级的决定下级必须坚决执行，下级的错误上级有权纠正，这其实也是为了保证双重领导体制在实践中得到全面落实。鉴于此，本条第 2 款规定下级监察委员会必须执行上级监察委员会的决定，即便下级监察委员会认为决定存在不当，也必须予以执行，同时向上级监察委员会进行反映。与此同时，当下级监察委员会的决定存在错误或者不当时，上级监察委员会既可以按照程序予以纠正，也可以要求下级监察委员会自行纠正。

实务难点指引

下级监察委员会执行了上级监察委员会的错误决定，后果由哪一主体来承担？根据本条第 2 款的规定，对于上级监察委员会的决定，下级监察委员会即便认为存在不当，也必须予以执行，但可以同时向上级监察委员会反映。如果该决定确实存在不当甚至错误，执行所引发的后果由谁承担，本条并未作出明确规定。其实，可以参照《公务员法》的做法，即下级监察委员会执行上级监察委员会错误或不当决定，后果原则上由上级监察委员会承担；但是，如果该决定存在的不当或者错误非常明显，且下级监察委员会未及时向上级监察委员会反映，下级监察委员会也应当承担相应的责任。

典型案例

2018 年 11 月，湖南省安化县纪委监委在处置时任安化经济开发区工委委员、管委会副主任邓某军涉嫌严重违纪违法的问题线索时，受到来自各方面的压力，以至于办案阻力很大。但在湖南省益阳市纪委监委的领导和支持下，该案的查办得以顺利

---

① 参见中共中央纪律检查委员会中华人民共和国国家监察委员会法规室编写：《〈中华人民共和国监察法〉释义》，中国方正出版社 2018 年版，第 86 页。

推进。[①] 这表明实现双重领导体制，特别是执纪执法工作以上级纪委监委领导为主，可以有效排除办案过程中的阻力。

关联法条

《宪法》第 125 条第 2 款；《监察法》第 10 条；《公务员法》第 60 条；《中国共产党章程》第 45 条第 1 款；《中国共产党党内监督条例》第 26 条；《中国共产党纪律检查机关监督执纪工作规则》第 3 条第 2 项、第 5 条

第十一条　上级监察委员会可以依法统一调用所辖各级监察机关的监察人员办理监察事项。调用决定应当以书面形式作出。

监察机关办理监察事项应当加强互相协作和配合，对于重要、复杂事项可以提请上级监察机关予以协调。

条文主旨

本条是关于监察人员调用和监察机关协作配合的规定。

条文解读

根据《宪法》和《监察法》的规定，上下级监察委员会之间是领导与被领导的关系。在此种纵向关系当中，上级监察委员会有权调用所辖各级监察机关的监察人员办理监察事项。类似的还有检察人员的调用问题，即根据《人民检察院组织法》第 24 条第 1 款第 4 项的规定，上级人民检察院可以统一调用辖区的检察人员办理案件，这是上下级检察机关之间领导与被领导关系的体现。对于监察人员的调用需要注意以下三方面的问题：第一，调用应当是依法进行的，既包括《公务员法》《监察官法》等国家法律，也包括《中国共产党纪律检查机关监督执纪工作规则》等党内法规，比如该规则第 66 条规定，"审查调查组需要借调人员的，一般应当从审查调查人才库选用，由纪检监察机关组织部门办理手续，实行一案一借，不得连续多次借调。加强对借调人员的管理监督，借调结束后由审查调查组写出鉴定。借调单位和党员干部不得干预借调人员岗位调整、职务晋升等事项"。第二，调用的监察人员应当是所辖各级监察

---

① 参见瞿芃：《推进双重领导体制具体化程序化制度化》，载《中国纪检监察报》2019 年 10 月 26 日，第 1 版。

机关的监察人员,其他监察机关的监察人员则无权调用。第三,调用决定应当以书面形式作出,而不得是口头等非正式的形式。

本条第2款规定“监察机关办理监察事项应当加强互相协作和配合”,这既包括横向层面的协作配合,例如A市监察委员会与B市监察委员会的协作配合;也包括上下级监察机关之间的协作和配合。与此同时,由于上级监察机关领导下级监察机关的工作,因此,下级监察机关遇到重要、复杂的事项时,可以提请上级监察机关予以协调。

实务难点指引

党政机关人员的调用相当普遍,这主要是因为上级机关新增某项重大工作或特殊任务,本机关人员不能满足需要。通俗来说,就是解决上级机关人手不足的问题。但也引发一系列有待进一步规范的问题,这些问题同样存在于监察人员的调用。例如,调用监察人员应当履行何种手续,监察人员的调用按照何种程序进行,监察人员调用的期限为何,调用的监察人员如何进行管理,可否调用其他党政机关的工作人员,等等。对于此类现实中真实存在且亟待解决的问题,本条并未作出明确规定。对此,实践中有不少纪委监委制定了相关的规范性文件,用以为监察人员的借调提供依据和指引。不过,较为适宜的是由中央纪委国家监委出台相关规定。

关联法条

《监察法》第9条第4款、第10条;《公务员法》第14条第4项;《中国共产党纪律检查机关监督执纪工作规则》第66条

第十二条　各级监察委员会依法向本级中国共产党机关、国家机关、法律法规授权或者受委托管理公共事务的组织和单位以及所管辖的国有企业事业单位等派驻或者派出监察机构、监察专员。

省级和设区的市级监察委员会依法向地区、盟、开发区等不设置人民代表大会的区域派出监察机构或者监察专员。县级监察委员会和直辖市所辖区(县)监察委员会可以向街道、乡镇等区域派出监察机构或者监察专员。

监察机构、监察专员开展监察工作,受派出机关领导。

条文主旨

本条是关于监察派驻和派出的规定。

条文解读

监察委员会派驻或者派出监察机构、监察专员，目的是保证监察委员会能够经常、及时、准确地了解分散在不同机关、组织和单位等的监察对象情况，促使监察机关对于监察对象真正实现“看得见、管得着”。[①] 为此，《监察法》第 12 条对监察派驻和派出进行了原则性规定，本条对监察委员会如何进行派驻和派出作出了更为详细的规定。根据《监察法》第 12 条第 1 款的规定，监察委员会既可以向机关和组织派驻派出，也可以向一定的行政区域派驻派出。这分别规定在本条第 1 款和第 2 款，此举能够有效推动监察向各类组织和基层延伸。

本条第 1 款规定的是向组织进行监察派驻派出的问题，包括各级监察委员会派驻或者派出监察机构、监察人员的范围及组织形式。本款列举了一些派驻或者派出的范围，主要有中国共产党机关、国家机关、法律法规授权或者受委托管理公共事务的组织和单位以及所管辖的国有企业事业单位。派驻派出的形式既可以是监察机构，也可以是监察专员。同时，在纪委监委合署办公的体制下，监察委员会的派驻派出通常是与纪委的派驻派出一体进行的。例如，中央纪委国家监委驻中央统战部纪检监察组、北京市纪委监委驻市高级人民法院纪检监察组、贵州省纪委监委驻茅台集团监察专员办公室等。

本条第 2 款规定的是向区域派出监察机构或者监察专员的问题。根据《宪法》和《监察法》的规定，监察机关由人大产生、对人大负责、受人大监督，监察委员会主任由同级人大选举产生。同时，监察委员会共有 4 级，分别是国家监察委员会、省级监察委员会、市级监察委员会和县级监察委员会。不过在现实中，有不少行政区域并没有设置人大，比如地区、开发区、盟、街道等，这样一来，监察机关便无法由人大产生，而是需要借由派驻或者派出的方式产生。正是缘于此，本款规定省级和设区的市级监察委员会可以向地区、盟、开发区等不设置人民代表大会的区域派出监察机构或者监察专员，县级监察委员会和直辖市所辖区（县）监察委员会可以向街道、乡镇等区域派出监察机构或者监察专员。

本条第 3 款规定的是监察机构、监察专员与派出机关的关系问题，即监察机构、监察专员开展监察工作，要接受派出机关的领导。这种领导关系有很多表现，例如，根据《监察法实施条例》第 236 条第 2 款的规定，国家监察委员会派驻或者派出的监

---

① 参见中共中央纪律检查委员会中华人民共和国国家监察委员会法规室编写：《〈中华人民共和国监察法〉释义》，中国方正出版社 2018 年版，第 96 页。

察机构、监察专员办理涉外案件中有关执法司法国际合作事项，应当逐级报送国家监察委员会审批。再如，根据《中国共产党党内监督条例》第 28 条第 2 款的规定，派出机关应当加强对派驻纪检组工作的领导，定期约谈被监督单位党组织主要负责人、派驻纪检组组长，督促其落实管党治党责任。

实务难点指引

如何向中管高校（党委书记和校长列入中央管理的高校）进行监察派驻派出，是纪检监察实践中的一个难题。“高校不是法外之地”，纪检监察的触角也要延伸到高校。当前，省（市）属高校的派驻工作顺利推进，实践中较多的是由省（市）纪委监委，向高校派驻监察专员办公室。由于高校管理体制机制问题的存在，如何向中管高校派驻监察机构、监察专员，迟迟未能形成有效的方案。不过，中管高校在相关领域的探索仍在进行，比如，31 所中管高校纪委书记的提名、考察、任命，改由中央纪委国家监委会同主管部门党组进行；[①]又如，中管高校纪委接受高校党委和党组织关系所在地地方纪委双重领导。[②]

关联法条

《监察法》第 12、13 条；《中国共产党党和国家机关基层组织工作条例》第 9、34、37 条；《中国共产党党内监督条例》第 28 条

第十三条　派驻或者派出的监察机构、监察专员根据派出机关授权，按照管理权限依法对派驻或者派出监督单位、区域等的公职人员开展监督，对职务违法和职务犯罪进行调查、处置。监察机构、监察专员可以按规定与地方监察委员会联合调查严重职务违法、职务犯罪，或者移交地方监察委员会调查。

未被授予职务犯罪调查权的监察机构、监察专员发现监察对象涉嫌职务犯罪线索的，应当及时向派出机关报告，由派出机关调查或者依法移交有关地方监察委员会调查。

① 参见李志勇：《持续深化中管高校纪检体制改革》，载《中国纪检监察报》2020 年 8 月 4 日，第 2 版。

② 参见赵乐际：《忠实履行党章和宪法赋予的职责　努力实现新时代纪检监察工作高质量发展——在中国共产党第十九届中央纪律检查委员会第三次全体会议上的工作报告》。

条文主旨

本条是关于监察机构、监察专员职责权限的规定。

条文解读

《监察法》第13条规定:“派驻或者派出的监察机构、监察专员根据授权,按照管理权限依法对公职人员进行监督,提出监察建议,依法对公职人员进行调查、处置。”这规定的是监察机构和监察专员的职责问题,为监察机构和监察专员履行监察职责提供了法律依据。而本条对监察机构、监察专员的职责权限作出了更为详细的规定。

1.监察机关行使监督、调查和处置三方面的职权

根据本条第1款的规定,监察机构和监察专员亦可根据派出机关的授权,按照管理权限,对派驻或者派出监督单位、区域等的公职人员进行监督、调查、处置。同时,相较于监察机构、监察专员而言,监察委员会的组织结构更加完备,人员配置和执法力量也要更强,鉴于此,对于监察机构、监察专员管辖的严重职务违法和职务犯罪案件,可以按照规定与地方监察委员会组织联合调查组进行调查,或者直接移交给地方监察委员会来调查。

2.监察机构、监察专员之所以能够履行监察职责,是由于有派出机关的授权

在实践中,通过授予监察机构、监察专员以监督职权,即对公职人员开展廉政教育,对其依法履职、秉公用权、廉洁从政从业以及道德操守情况进行监督检查。而就职务犯罪调查权而言,有相当多的监察机构、监察专员是没有被授权的。此时,如果监察机构、监察专员发现其管辖的监察对象涉嫌职务犯罪,便需要及时向派出机关报告,再由派出机关调查或者依法移交有关地方监察委员会调查。

典型案例

根据中央纪委国家监委网站2021年9月28日的消息,中国银保监会法规部一级巡视员蔡某婷涉嫌严重违法,正接受内蒙古自治区巴彦淖尔市监委监察调查。① 按照管理权限,蔡某婷属于中央纪委国家监委驻中国银保监会纪检监察组的监察对象。从上述通报可以发现,对于蔡某婷涉嫌的严重职务违法行为,便是交由地方监察委员

---

① 参见《中国银行保险监督管理委员会法规部一级巡视员蔡某婷接受监察调查》,载中央纪委国家监委网站:https://www.ccdi.gov.cn/scdc/zyyj/zjsc/202109/t20210928_251439.html,2021年9月29日最后访问。

会(内蒙古自治区巴彦淖尔市监委)来进行调查。

关联法条

《监察法》第13条;《中国共产党党内监督条例》第28条第1款

第二节 监察监督

第十四条 监察机关依法履行监察监督职责,对公职人员政治品行、行使公权力和道德操守情况进行监督检查,督促有关机关、单位加强对所属公职人员的教育、管理、监督。

条文主旨

本条是关于监察机关监督职责的总体规定。

条文解读

监察机关依法履行监督、调查、处置职责,其中监督是监察机关的首要职责。《监察法》第11条第1款将监察职责界定为:"对公职人员开展廉政教育,对其依法履职、秉公用权、廉洁从政从业以及道德操守情况进行监督检查。"在各级监察委员会内部,均设立监督监察室来具体承担监督职责。本条则进一步扩展了监督职责的内涵,总体上包括两方面的内容:第一,监察机关自身有权对公职人员进行监督检查,检查的内容是政治品行、行使公权力和道德操守等方面的情况;第二,监察机关有权督促有关机关、单位加强对所属公职人员的教育、管理、监督,比如督促人民法院加强对法官的教育、管理和监督。

在我国,党内监督与国家监察是有机统一的,纪委、监委合署办公,履行纪律检查和国家监察双重职责。根据《中国共产党党内监督条例》的规定,党的各级纪律检查委员会是党内监督的专责机关,履行监督执纪问责职责,加强对所辖范围内党组织和领导干部遵守党章党规党纪、贯彻执行党的路线方针政策情况的监督检查。《中国共产党纪律检查机关监督执纪工作规则》进一步规定,纪检监察机关履行监督责任,应当将纪律监督、监察监督、巡视监督、派驻监督结合起来,重点检查遵守、执行党章党规党纪和宪法法律法规,坚定理想信念,增强"四个意识",坚定"四个自信",维护习近平总书记核心地位,维护党中央权威和集中统一领导,贯彻执行党和国家的路线方针政策以及重大决策部署,坚持主动作为、真抓实干,落实全面从严治党责任、民主集中制原则、选人用人规定以及中央八项规定精神,巡视巡察整改,依法履职、秉公用权、廉洁从政从业以及恪守社会道德规范等情况,对发现的问题分类处置、督促整改。以上这些都属于监督职责的主要内容。

实务难点指引

根据本条的规定,监察机关在履行监督职责时,有权督促有关机关、单位加强对所属公职人员的教育、管理、监督。同时,根据《公务员法》第 57 条的规定,“机关应当对公务员的思想政治、履行职责、作风表现、遵纪守法等情况进行监督,开展勤政廉政教育,建立日常管理监督制度”。由此观之,对公务员进行日常监督和廉政教育,是公务员所属机关的重要职责。那么,如何使监察机关的监督职责与公务员所属机关的监督职责和谐共存,既不缺位也不越位,无疑是实践中需要妥善处理的问题。

典型案例

根据《中国纪检监察报》的报道,中央纪委国家监委驻国家发展改革委纪检监察组立足职责定位,突出政治监督,针对 2020 年 4 月以来国内稻谷收购价格上涨、市场价格波动等问题,约谈国家粮食和物资储备局粮食储备司、粮食交易协调中心、国家粮油信息中心主要负责人,了解稻谷等原粮市场基本情况、价格波动原因、形势分析和应对举措,督促做好粮食保供稳价各项工作。[①] 再如,中央纪委国家监委驻最高检纪检监察组立足职能职责,督促最高检发挥法律监督职能作用,强化对违规违法“减假暂”问题监督,还督促最高检对失职渎职、违法办案,存在法定重大过错的检察人员严肃追责、问责。[②] 这些都属于监察机关履行监督职责,督促有关机关、单位加强对所属公职人员的教育、管理、监督的重要表现。

关联法条

《监察法》第 11 条;《监察官法》第 9 条;《公务员法》第 57 条

---

① 参见左翰嫡:《督促做好粮食保供稳价》,载《中国纪检监察报》2020 年 7 月 20 日,第 3 版。

② 参见杨雅玲、张东岳:《驻最高检纪检监察组督促纠正“减假暂”不当意见共计 86781 人》,载《中国纪检监察报》2021 年 5 月 12 日,第 1 版。

第十五条　监察机关应当坚决维护宪法确立的国家指导思想，加强对公职人员特别是领导人员坚持党的领导、坚持中国特色社会主义制度，贯彻落实党和国家路线方针政策、重大决策部署，履行从严管理监督职责，依法行使公权力等情况的监督。

条文主旨

本条是关于监察机关政治监督的规定。

条文解读

政治监督是监察机关履行监督职责的重要方面，习近平总书记在十九届中央纪委四次全会上指出："要强化政治监督保障制度执行。"①也正是在此次中央纪委全会上，明确提出"强化监督职责，突出政治监督，围绕党的路线方针政策和党中央重大决策部署落实情况加强监督检查，坚决维护党中央权威和集中统一领导"。② 由此可见，政治监督的作用集中表现为保障制度的执行。根据本条的规定，监察机关的政治监督主要有以下两个方面的内容：

（1）坚决维护宪法确立的国家指导思想。宪法是国家的根本大法，具有最高的法律效力，规定的是国家的根本制度和根本任务，其中就包括国家指导思想。根据《宪法》序言第 7 自然段的规定，我们国家的指导思想是马克思列宁主义、毛泽东思想、邓小平理论、"三个代表"重要思想、科学发展观、习近平新时代中国特色社会主义思想，这既是宪法确立的国家指导思想，也是《中国共产党章程》确立的党的指导思想。监察机关是实现党和国家自我监督的政治机关，自然应当坚决维护宪法确立的国家指导思想。

（2）加强对公职人员特别是领导人员的监督，监督的内容主要是坚持党的领导、坚持中国特色社会主义制度，贯彻落实党和国家路线方针政策、重大决策部署，履行从严管理监督职责，依法行使公权力等方面的情况。例如，十九届四中全会要求"强化政治监督，加强对党的理论和路线方针政策以及重大决策部署贯彻落实情况的监

---

① 习近平：《习近平谈治国理政》（第 3 卷），外文出版社 2020 年版，第 547 页。

② 《中国共产党第十九届中央纪律检查委员会第四次全体会议公报》，载《中国纪检监察》2020 年第 2 期。

督检查”,[①]这其实就属于一种政治监督。

实务难点指引

如何把握政治监督与日常监督的关系,是纪检监察实践中经常遇到的问题。政治监督和日常监督,一个重在强调监督的政治性、方向性,一个重在强调监督的基础性、长期性,二者理念相通、目标一致、内在统一。然而,实践中一些纪检监察干部认识不清、把握不好政治监督和日常监督的内在关系,有的把政治监督和日常监督割裂开来,搞“两张皮”;有的在政治监督中不会贯通使用日常监督方式方法,政治监督抓手不多、方式简单,把政治监督等同于专项工作、专项检查,导致政治监督虚化泛化简单化;还有的在日常监督中政治站位不高、政治意识不强,不善于从政治上发现问题、分析问题、解决问题,影响日常监督的政治效果。[②]

典型案例

根据《中国纪检监察报》的报道,中央纪委国家监委驻国家体育总局纪检监察组紧盯总局党组贯彻落实习近平总书记重要指示批示精神情况,围绕北京冬奥会筹办、2035年建成体育强国等党中央重大决策部署,与总局党组保持常态化沟通,强化监督检查,督促班子成员按照职责分工担起领导责任,坚持按照民主集中制议事、决策、办事。[③]中央纪委国家监委驻生态环境部纪检监察组,通过制定习近平总书记重要指示批示精神贯彻落实情况监督检查办法,加大监督检查力度,建立工作台账,健全办理机制,加强跟踪督办,切实提高办理质量和效率,确保习近平总书记重要指示批示精神在生态环境系统得到全面落实。[④]

关联法条

《宪法》序言第7自然段;《公务员法》第14条;《公职人员政务处分法》第28条

---

① 《中共中央关于坚持和完善中国特色社会主义制度　推进国家治理体系和治理能力现代化若干重大问题的决定》,载《中国共产党第十九届中央委员会第四次全体会议文件汇编》,人民出版社2019年版,第64页。

② 参见《如何把握政治监督和日常监督关系》,载《中国纪检监察报》2020年10月22日,第6版。

③ 参见张驰、黄秋霞:《着力破解一把手监督难题》,载《中国纪检监察报》2021年9月26日,第1版。

④ 参见库热西·买合苏提:《护航生态文明建设新征程》,载《中国纪检监察报》2021年4月29日,第6版。

第十六条　监察机关应当加强对公职人员理想教育、为人民服务教育、宪法法律法规教育、优秀传统文化教育，弘扬社会主义核心价值观，深入开展警示教育，教育引导公职人员树立正确的权力观、责任观、利益观，保持为民务实清廉本色。

条文主旨

本条是关于监察机关加强对公职人员教育的规定。

条文解读

监察机关作为反腐败机构，自然需要铁面无私、对涉嫌职务违法和职务犯罪的公职人员进行调查和处置。同时，监察机关在履行监督职责时，还要扮演好“教育者”的角色，加强对公职人员的教育，教育的内容主要有理想教育、为人民服务教育、宪法法律法规教育、优秀传统文化教育，以及弘扬社会主义核心价值观，深入开展警示教育，目的是教育引导公职人员树立正确的权力观、责任观、利益观，保持为民务实清廉本色。加强对公职人员教育，主要有以下两方面的考虑：第一，“惩前毖后、治病救人”是我们党一以贯之的，《监察法》第5条也明确规定，国家监察工作坚持“惩戒与教育相结合”的原则。对于存在职务违法和职务犯罪的公职人员，我们绝对不是“一惩戒了之”，还应当注重对其开展教育，促使其改过自新。第二，十九大报告指出，“强化不敢腐的震慑，扎牢不能腐的笼子，增强不想腐的自觉，通过不懈努力换来海晏河清、朗朗乾坤”。对于“增强不想腐的自觉”，很大程度上是通过教育来实现的。正如《监察法》第6条的规定，“加强法治教育和道德教育，弘扬中华优秀传统文化，构建不敢腐、不能腐、不想腐的长效机制”。

典型案例

十九届中央纪委二次全会要求，提高警示教育的政治性，凡查结的党员领导干部违纪违法案件，都要在本地区本部门本单位开展警示教育，用好反面教材，召开专题民主生活会，举一反三、以案明纪，让党员干部引为镜鉴。为此，重庆市纪委监委印发工作办法，提出“以案四说”警示教育七项流程：宣布处分决定、通报案件审查调查情况、播放忏悔视频或宣读忏悔材料，被审查调查人所在党委（党组）有关同志围绕案件说纪、说法、说德、说责，被审查调查人曾经工作或分管单位有关负责人、所在支部党员代表、所在党委（党组）主要负责人分别谈感受说体会，将“以案四说”警示教育融入党内政治生活、党校培训、廉政文化建设等工作中，成为党员干部日常教育的重要组成部分。①

关联法条

《宪法》第24条;《监察法》第6条;《中国共产党纪律检查机关监督执纪工作规则》第4、44条

第十七条　监察机关应当结合公职人员的职责加强日常监督，通过收集群众反映、座谈走访、查阅资料、召集或者列席会议、听取工作汇报和述责述廉、开展监督检查等方式，促进公职人员依法用权、秉公用权、廉洁用权。

条文主旨

本条是关于监察机关日常监督的规定。

条文解读

习近平总书记指出："要在日常监督上下功夫，坚持抓早抓小、防微杜渐，发现苗头性、倾向性问题及时批评教育，经常敲响思想警钟，使咬耳扯袖、红脸出汗成为常态。"②由本条可知，监察机关日常监督的目的是"促进公职人员依法用权、秉公用权、廉洁用权"。日常监督的方式具有多样性，总体上都是结合公职人员的职责采取的，主要包括收集群众反映、座谈走访、查阅资料、召集或者列席会议、听取工作汇报和述责述廉、开展监督检查等方式。对于纪检监察机关的日常监督，《中国共产党纪律检查机关监督执纪工作规则》也有相关规定，即"纪检监察机关应当结合被监督对象的职责，加强对行使权力情况的日常监督，通过多种方式了解被监督对象的思想、工作、作风、生活情况，发现苗头性、倾向性问题或者轻微违纪问题，应当及时约谈提醒、批评教育、责令检查、诫勉谈话，提高监督的针对性和实效性"。

实务难点指引

根据相关调研结论，纪检监察机关的日常监督存在监督信息不足、监督方式不

---

① 参见重庆市纪委监委:《"以案四说"警示教育助力一体推进"三不"》，载《中国纪检监察》2020年第4期。

② 习近平:《在全国组织工作会议上的讲话》，人民出版社2018年版，第22页。

多、监督效果不显等方面的问题。究其原因，主要是重审查调查轻日常监督，存在认识偏差；重业务培训轻素质提升，存在本领恐慌；重单兵作战轻联动协作，存在机制不适。为了改变这种状况，一是做好“研判”文章，要将掌握政治生态状况作为日常监督的切入点，做到既见“树木”又看“森林”，通过建立日常监督综合信息库、畅通监督信息共享交流渠、实行干部廉情双向分析制等方式，使日常监督有的放矢。二是做好“学习”文章，既要注重培训提高纪检监察干部纪律审查和调查处置的业务能力，又注重培训提升运用“四种形态”、加强日常监督的能力水平，特别是把握运用政策的能力，全面提升纪检监察干部日常监督能力。三是做好“拓展”文章，要在向党和国家机关派驻监督全覆盖的基础上，积极探索加强对各领域的监察工作，着力实现监察监督“全覆盖”。①

典型案例

无论是《监察法实施条例》还是《中国共产党纪律检查机关监督执纪工作规则》，都对纪检监察机关日常监督方式进行了列举，除此之外，实践中还创新了不少日常监督的有益方式。例如，甘肃省印发《甘肃省纪检监察机关日常监督工作办法（试行）》，将实地检查规定为日常监督措施之一。该办法规定的日常监督举措还有警示教育、廉政谈话、提醒告知、发函询问、约谈告诫、分析研判政治生态、党风廉政意见回复、提出纪检监察建议、督促巡视巡察整改等。在日常监督的具体工作中，甘肃省派驻省林草局纪检监察组明确按地域分布不同，随时参加驻在部门省林草局各类议事决策过程；对被监督单位白龙江林业管理局、小陇山林业实验局重要会议，分别每月、每季度至少列席一次。②

关联法条

《中国共产党党内监督条例》第 29 条；《中国共产党纪律检查机关监督执纪工作规则》第 14—17 条；《纪检监察机关处理检举控告工作规则》第 17、33 条

第十八条　监察机关可以与公职人员进行谈心谈话，发现政治品行、行使公权力和道德操守方面有苗头性、倾向性问题的，及时进行教育提醒。

---

① 参见那志茂：《关于纪检监察机关开展日常监督的调研》，载《中国纪检监察报》2018 年 7 月 5 日，第 7 版。

② 参见王衡：《甘肃细化日常监督举措》，载《中国纪检监察报》2021 年 2 月 4 日，第 3 版。

条文主旨

本条是关于监察机关谈心谈话、教育提醒的规定。

条文解读

谈心谈话是监察机关履行监督职责的重要方式,《监察法实施条例》以单独条文就谈心谈话作出规定,表明了谈心谈话在履行监督职责中的重要地位。谈心谈话也是党内监督的一项重要制度安排,根据《中国共产党党内监督条例》第21条的规定,"坚持党内谈话制度,认真开展提醒谈话、诫勉谈话。发现领导干部有思想、作风、纪律等方面苗头性、倾向性问题的,有关党组织负责人应当及时对其提醒谈话;发现轻微违纪问题的,上级党组织负责人应当对其诫勉谈话,并由本人作出说明或者检讨,经所在党组织主要负责人签字后报上级纪委和组织部门"。监察机关在与公职人员进行谈心谈话的过程中,如果发现公职人员存在政治品行、行使公权力和道德操守方面有苗头性、倾向性问题,应当及时进行教育和提醒。

关联法条

《公职人员政务处分法》第12条;《中国共产党党内监督条例》第21条;《中国共产党党员教育管理工作条例》第28条;《中国共产党纪律检查机关监督执纪工作规则》第15条;《党委(党组)落实全面从严治党主体责任规定》第16条

第十九条　监察机关对于发现的系统性、行业性的突出问题,以及群众反映强烈的问题,可以通过专项检查进行深入了解,督促有关机关、单位强化治理,促进公职人员履职尽责。

条文主旨

本条是关于监察机关专项检查的规定。

条文解读

监察机关履行监督职责,不能是"只见树木、不见森林"。《中国共产党纪律检查机关监督执纪工作规则》第19条明确规定,"纪检监察机关对监督中发现的突出问题,应当向有关党组织或者单位提出纪律检查建议或者监察建议,通过督促召开专题民主生活会、组织开展专项检查等方式，督查督办，推动整改”。据此，开展专项检查是纪检监察机关履行监督职责的重要方式，特别是发现存在系统性、行业性等突出问题，以及人民群众反映强烈的问题时，监察机关可以开展专项检查，用以深入了解相关情况，从而督促有关机关、单位强化治理，促进公职人员履职尽责。

关联法条

《中国共产党纪律检查机关监督执纪工作规则》第19条

第二十条　监察机关应当以办案促进整改、以监督促进治理，在查清问题、依法处置的同时，剖析问题发生的原因，发现制度建设、权力配置、监督机制等方面存在的问题，向有关机关、单位提出改进工作的意见或者监察建议，促进完善制度，提高治理效能。

条文主旨

本条是关于监察机关以案促改、以督促治的规定。

条文解读

监察机关绝不只是一个单纯的“办案机关”，还应当担负起“一体推进不敢腐、不能腐、不想腐”的重要职责。例如，以零容忍的态度惩治腐败，就是为了强化“不敢腐”；推进廉政教育和法纪教育，目的是促进“不想腐”。至于“不能腐”，则需要开展以案促改，扎牢制度的笼子，完善监督措施。[①] 为此，十九届中央纪委三次全会明确指出：“坚持一案一总结，推动各地区各部门加大改革力度，促进权力公开透明运行，补齐制度短板，夯实法治基础。深化以案为鉴、以案促改，从正反两方面典型中汲取经验教训，筑牢思想防线，堵塞监管漏洞”。[②] 根据本条的规定，监察机关不仅需要查清问题、依法处置，更应当以办案促进整改、以监督促进治理。具体表现为，剖析问题发生的原因，发现制度建设、权力配置、监督机制等方面存在的问题，向有关机关、单位

---

① 参见苗庆旺：《构建一体推进不敢腐、不能腐、不想腐体制机制》，载本书编写组编著：《〈中共中央关于坚持和完善中国特色社会主义制度、推进国家治理体系和治理能力现代化若干重大问题的决定〉辅导读本》，人民出版社2019年版，第376页。

② 参见赵乐际：《忠实履行党章和宪法赋予的职责　努力实现新时代纪检监察工作高质量发展——在中国共产党第十九届中央纪律检查委员会第三次全体会议上的工作报告》。

提出改进工作的意见或者监察建议，促进完善制度，提高治理效能。

实务难点指引

根据本条的规定，监察机关如果发现机关和单位存在制度建设、权力配置、监督机制等方面的问题，有权向其提出改进工作的意见或者监察建议。在实践中，区分“改进工作的意见”和“监察建议”，并进行合理的选择，成为实务中的一个难题。此时，需要回归到《监察法》对“监察建议”的制度定位，即根据《监察法》第 11 条和第 45 条的规定，提出监察建议是监察机关履行处置职责的重要方式。由此可见，监察建议应当根据监督和调查的结果提出，而改进工作的意见则没有这方面的要求。

典型案例

中央纪委国家监委驻中国建设银行纪检监察组督促案发单位开展以案复盘工作，全面查找制度缺陷和管理漏洞。针对总行渠道与运营管理部原副总经理陈某受贿案件暴露出来的集中采购、员工招录借调等方面的问题，督促建行党委及有关部门制定了《员工亲属回避规定》等规定，修订了《集中采购管理办法》等六项采购制度；针对信贷管理和授信审批领域暴露的问题，督促制定《不当干预授信审批工作行为禁止性规定》等管理规定，做到查处一个、规范一方。①

关联法条

《监察法》第 45 条；《中国共产党纪律检查机关监督执纪工作规则》第 19 条；《纪检监察机关处理检举控告工作规则》第 34 条

第二十一条　监察机关开展监察监督，应当与纪律监督、派驻监督、巡视监督统筹衔接，与人大监督、民主监督、行政监督、司法监督、审计监督、财会监督、统计监督、群众监督和舆论监督等贯通协调，健全信息、资源、成果共享等机制，形成监督合力。

条文主旨

本条是关于形成监督合力的规定。

---

① 参见杨文佳、侯颗：《打掉“老鼠”护住“玉盘”》，载《中国纪检监察报》2021 年 9 月 27 日，第 4 版。

条文解读

监察机关不应是单打独斗的，在反腐败斗争中，需要其他机关的协同和配合。对此，《监察法》第 4 条明确规定，监察机关办理职务违法和职务犯罪案件，应当与审判机关、检察机关、执法部门互相配合，互相制约。同时，习近平总书记在十九大报告中也指出："构建党统一指挥、全面覆盖、权威高效的监督体系，把党内监督同国家机关监督、民主监督、司法监督、群众监督、舆论监督贯通起来，增强监督合力。"①监察机关开展的监察监督，属于党和国家监督体系的重要组成部分，除此之外，还存在其他多元监督形式，比如纪律检查、派驻监督、巡视监督、人大监督、民主监督、行政监督、司法监督、审计监督、财会监督、统计监督、群众监督和舆论监督等。监督过于分散，显然不利于使监督的作用得到最大程度的发挥，正是缘于此，我们开展了国家监察体制改革。但是，并不能将所有的监督形式全部合而为一。此时，为了形成监督合力，就需要实现不同监督形式之间的统筹衔接与贯通协调，特别是需要健全信息、资源、成果共享等机制。

典型案例

新疆维吾尔自治区纪委监委与自治区审计厅联合印发《自治区纪检监察机关与审计机关协作配合工作办法（试行）》，进一步促进纪检监察监督与审计监督有机贯通、相互协调，提升监督的协同性和有效性。在实践中，乌鲁木齐市审计局向乌鲁木齐市纪委监委案件监督管理室移送了米东区某乡党委书记、乡长任职期间经济责任履行情况审计报告及自然资源资产离任（任中）审计意见，报告附上了重要责任问题清单，清单列明了发现的可能存在的违纪问题线索。②

关联法条

《监察法》第 4 条；《审计法》第 2、3、37 条；《统计法》第 2 条；《政府督查工作条例》第 23 条；《中国共产党党内监督条例》第 21、34 条；《中国共产党纪律检查机关监督执纪工作规则》第 13 条

---

① 习近平：《决胜全面建成小康社会　夺取新时代中国特色社会主义伟大胜利——在中国共产党第十九次全国代表大会上的报告》，人民出版社 2017 年版，第 68 页。

② 参见吴莉、张鑫：《整合资源提升监督质效》，载《中国纪检监察报》2021 年 7 月 31 日，第 2 版。

第三节　监 察 调 查

第二十二条　监察机关依法履行监察调查职责，依据监察法、《中华人民共和国公职人员政务处分法》（以下简称政务处分法）和《中华人民共和国刑法》（以下简称刑法）等规定对职务违法和职务犯罪进行调查。

条文主旨

本条是关于监察机关依法履行监察调查职责的规定。

条文解读

《宪法》第127条规定“监察委员会依照法律规定独立行使监察权”，《监察法》第5条规定“国家监察工作严格遵照宪法和法律，以事实为根据，以法律为准绳”。在一个法治国家，国家机关依法履职是必要要求。监察调查是监察机关的重要职责，表现为对职务违法和职务犯罪进行调查，该职责的履行也必须依照法律的规定进行。就此项职责而言，构成其履职依据的法律主要有《监察法》《公职人员政务处分法》《刑法》等。

实务难点指引

在纪检监察合署办公的体制下，纪检监察机关履行纪检、监察两项职责，实行一套工作机构、两个机关名称。在实践中，纪律检查机关的纪律审查和国家监察机关的监察调查，通常也是同时开展的。在此种情形之下，监察机关履行监察调查职责，除了依据《监察法》《公职人员政务处分法》《刑法》等国家法律之外，是否还能够以纪律检查领域的党内法规为依据呢？对于该问题，可以从监察机关和监察权的性质着手去思考。监察机关属于依据宪法设立的国家机关，监察权则是一项国家权力，因此严格来说，无论是监察机关的运行还是监察权的行使，都应当以国家法律为据。为了一体履行纪检、监察两项职责，可行的做法是及时实现规则的转化，即把纪律检查机关据以行使职权的党内法规转化为相应的国家法律。其实，在《监察法实施条例》当中，便有不少条文是由《中国共产党纪律检查机关监督执纪工作规则》转化而来的。

关联法条

《监察法》第3、11条；《监察官法》第9条；《纪检监察机关处理检举控告工作规则》第4条

第二十三条　监察机关负责调查的职务违法是指公职人员实施的与其职务相关联，虽不构成犯罪但依法应当承担法律责任的下列违法行为：

（一）利用职权实施的违法行为；

（二）利用职务上的影响实施的违法行为；

（三）履行职责不力、失职失责的违法行为；

（四）其他违反与公职人员职务相关的特定义务的违法行为。

条文主旨

本条是关于监察机关负责调查的职务违法行为范围的规定。

条文解读

根据《宪法》和《监察法》的规定，监察机关负责办理职务违法案件、调查公职人员的职务违法行为。至于何为职务违法，仅在《监察法》第11条第2项列举了若干种表现样态，即“涉嫌贪污贿赂、滥用职权、玩忽职守、权力寻租、利益输送、徇私舞弊以及浪费国家资财等职务违法和职务犯罪”。本条则是以“概括定义+具体列举”的方式，对何为职务违法的问题予以明确。一方面，把职务违法定义为“指公职人员实施的与其职务相关联，虽不构成犯罪但依法应当承担法律责任的违法行为”。该定义明确了职务违法的三大要件：一是职务违法应当是与公职人员的职务相关联，那些与职务无涉的行为不属于职务违法行为；二是职务违法行为尚未构成犯罪，如果构成犯罪则依照职务犯罪调查程序进行调查；三是应当承担法律责任，即不存在免除责任的法定情形。另一方面，本条具体列举了职务违法的四种类型，分别是利用职权实施的违法行为，利用职务上的影响实施的违法行为，履行职责不力、失职失责的违法行为，以及其他违反与公职人员职务相关的特定义务的违法行为。

实务难点指引

本条第4项是一个典型的兜底条款，规定“其他违反与公职人员职务相关的特定义务的违法行为”也属于职务违法。那么，究竟什么是“与公职人员职务相关的特定义务”呢？这其实需要回到法律的规定中去寻找答案。《公务员法》《法官法》《检察官法》《监察官法》等法律都明确列举了公务员、法官、检察官和监察官应当履行的义务。但应当注意的是，根据本条的规定，并非违反义务均属于职务违法，只有违反那些与职务相关的特定义务才构成职务违法。例如，根据《公务员法》第14条第6项的规定,“带头践行社会主义核心价值观,坚守法治,遵守纪律,恪守职业道德,模范遵守社会公德、家庭美德”是公务员应当履行的一项义务,不过在很大程度上,此项义务并不与公务员的职务相关。所以,如果公务员不践行社会主义核心价值观、不遵守社会公德和家庭美德,则不宜认定其行为构成职务违法行为。

值得注意的是,《中国共产党纪律处分条例》也有多处关于“利用职权或者职务上的影响”的规定。对此,中央纪委、国家监委执纪执法指导性案例(2021 年指导性案例第 2 号)认为,“利用职权或者职务上的影响”,既包括利用本人职务上主管、负责、承办某项公共事务的职权,也包括利用职务上有隶属、制约关系的其他人员的职权,以及行为人与被其利用的人员之间在职务上虽然没有隶属、制约关系,但是行为人利用了本人职权或者地位产生的影响和一定的工作联系。判断是否属于“利用职权或者职务上的影响”,一般来说,应审查核实党员干部是否使用本单位或者下属单位、管理服务对象、业务联系单位的财物、场地、交通工具等物资,是否邀请本单位或者下属单位、管理服务对象、业务联系单位的人员参加,等等。①

第二十四条　监察机关发现公职人员存在其他违法行为,具有下列情形之一的,可以依法进行调查、处置:

(一)超过行政违法追究时效,或者超过犯罪追诉时效、未追究刑事责任,但需要依法给予政务处分的;

(二)被追究行政法律责任,需要依法给予政务处分的;

(三)监察机关调查职务违法或者职务犯罪时,对被调查人实施的事实简单、清楚,需要依法给予政务处分的其他违法行为一并查核的。

监察机关发现公职人员成为监察对象前有前款规定的违法行为的,依照前款规定办理。

条文主旨

本条是关于监察机关调查、处置公职人员其他违法行为的规定。

① 参见《中央纪委国家监委发布第一批执纪执法指导性案例》,载《中国纪检监察报》2021 年 8 月 4 日,第 7 版。

条文解读

根据《监察法》和《公职人员政务处分法》的规定，监察机关有权对违法的公职人员依法作出政务处分决定。值得注意的是，此时的政务处分事由并不限于职务违法行为，而是包括公职人员实施的所有违法行为。例如《公职人员政务处分法》第 3 条第 1 款规定，监察机关应当按照管理权限，加强对公职人员的监督，依法给予违法的公职人员政务处分。正是缘于此，本条规定监察机关发现公职人员存在职务违法以外的其他违法行为，亦可依法进行调查和处置，且处置的方式主要是给予政务处分。

本条第 1 款列举了监察机关可以调查、处置公职人员其他违法行为的三种情形。具体而言，第一，超过行政违法追究时效，或者超过犯罪追诉时效、未追究刑事责任，但需要依法给予政务处分的。违法犯罪行为的追究，都受到一定的时间限制，比如根据《行政处罚法》第 36 条的规定，违法行为在 2 年内未被发现的，不再给予行政处罚。据此，如果公职人员实施了行政违法行为，且 2 年内未被发现，虽然可以免除行政处罚，但监察机关依然可以对其作出政务处分决定。第二，被追究行政法律责任，需要依法给予政务处分的。对此，《公职人员政务处分法》第 49 条第 2 款有明确规定，"公职人员依法受到行政处罚，应当给予政务处分的，监察机关可以根据行政处罚决定认定的事实和情节，经立案调查核实后，依照本法给予政务处分"。第三，监察机关调查职务违法或者职务犯罪时，对被调查人实施的事实简单、清楚，需要依法给予政务处分的其他违法行为一并查核的。监察机关主要调查公职人员的职务违法和职务犯罪行为，但如果在调查职务违法或职务犯罪时发现被调查人实施了事实简单、清楚，且需给予政务处分的其他违法行为，也可以一并核查。

实务难点指引

根据本条第 2 款的规定，监察机关发现公职人员成为监察对象前有前款规定的违法行为的，依照前款规定办理。那么，发生违法问题时不属于监察对象范围，立案调查时属于监察对象范围，可否立案调查并给予政务处分呢？对于该问题，首先需要明确的是，可否给予政务处分主要取决于被调查人在接受处理时的具体身份，若依照相关法律、法规、国务院决定和规章对违法行为及其适用处分的规定，可以给予政务处分的则可以依法作出。发生违法问题时不属于监察对象范围，立案调查时属于监察对象范围的，依据《监察法》的规定，可以立案调查并根据其具体身份情况决定是否适用政务处分。其中，如果涉嫌职务犯罪，监察机关可以立案调查并移送检察机关审查起诉。如果涉嫌其他刑事犯罪,监察机关可以将掌握的问题线索移交公安机关依法处理。若同时涉嫌职务犯罪,可以监察机关为主调查,公安机关协助。如果涉嫌贪污贿赂、滥用职权、玩忽职守、权力寻租、利益输送、徇私舞弊以及浪费国家资财等职务违法,监察机关可以立案调查;涉嫌其他违法的,根据具体情况,监察机关既可以直接进行调查,也可以移送相关行政执法机关调查。[①]

典型案例

根据岳阳市纪委监委网站的通报,该市岳阳楼区金鹗山街道办事处综合行政执法大队工作人员彭某,于2019年10月23日酒后驾车被交警当场查获。2019年10月,某庆被处以行政拘留3日、吊销机动车驾驶证,并处罚款1500元的行政处罚。2020年11月,彭某受到政务警告处分。[②] 这便属于本条第1款第2项规定的,被追究行政法律责任,需要依法给予政务处分,可以由监察机关依法进行调查、处置。

关联法条

《公职人员政务处分法》第49条;《刑法》第87条;《行政处罚法》第36条;《中国共产党纪律处分条例》第28、29、31、33条

第二十五条 监察机关依法对监察法第十一条第二项规定的职务犯罪进行调查。

条文主旨

本条是关于监察机关对职务犯罪的调查职责的规定。

条文解读

职务犯罪是公职人员所实施的与自身职权相关的犯罪行为的总称,其本质上是

---

① 参见钟纪晟:《发生违法问题时不属于监察对象,立案调查时属于监察对象或者发生职务违法问题时属于监察对象,立案调查时不属于监察对象,如何处理?》,载《中国纪检监察报》2019年9月11日,第8版。

② 参见岳纪宣:《关于6起党员干部和国家公职人员酒驾醉驾典型问题查处情况的通报》,载巴陵风纪网:http://www.yueyang.gov.cn/blfj/10907/61268/61274/content_1790893.html,2021年9月28日最后访问。

一种权力异化现象,是权力腐败的集中表现。对职务犯罪的调查职责,是监察机关职责的重要组成部分,也是保障廉政建设和反腐败工作顺利推进的一项重要措施。通过对职务犯罪的调查,可以为后续依法严惩滥用权力、亵渎权力的腐败行为奠定基础,经过刑事制裁而形成不敢腐的威慑,以预防和减少腐败行为的发生,保持公权力行使的廉洁性和权威性。

监察机关对职务犯罪的调查职责,其直接法律依据是《监察法》第 11 条第 2 项规定,即"对涉嫌贪污贿赂、滥用职权、玩忽职守、权力寻租、利益输送、徇私舞弊以及浪费国家资财等职务违法和职务犯罪进行调查"。该规定主要列举了七类职务犯罪行为,这些只是党的十八大以来通过执纪审查、巡视等发现的比较突出的行为,并不意味着其他职务犯罪行为不在监察调查的范围之内,故以"等"字表示尚未穷尽相关行为。实际上,监察机关对所有行使公权力的公职人员的职务犯罪行为都可以进行调查,但是基于工作的便利性和实效性,也可以考虑部分职务犯罪的调查由有关机关负责。

《监察法》第 11 条第 2 项列举的七类行为,并非均属于严格意义上的职务犯罪的行为类型,更未直接对应《刑法》中的具体罪名。如"权力寻租""利益输送",主要是指公职人员利用职权和职务影响,违反国家法律法规,为他人谋取或维护私利,或者将公共财产等利益不正当地授受他人的行为。根据具体案情,可以分别划归到贪污贿赂、滥用职权、徇私舞弊等行为当中。因此,基于与《刑法》中相关罪名便于对应的考量,可以将这七类以及其他尚未列举的职务犯罪行为,重新划分为六种犯罪类型:(1)贪污贿赂犯罪,主要指贪污、挪用、私分公共财物以及受贿、行贿等侵犯职务行为廉洁性、不可收买性的行为。(2)滥用职权犯罪,主要是指公职人员超越职权,违法决定、处理其无权决定、处理的事项,或者违反规定处理公务,致使公共财产、国家和人民利益遭受损失的行为。(3)玩忽职守犯罪,主要是指公职人员严重不负责任,不履行或者不正确履行职责,致使公共财产、国家和人民利益遭受损失的行为。(4)徇私舞弊犯罪,主要是指为了私利而不公正地履行职责,或者弄虚作假、玩弄职权的行为。(5)行使公权力过程中涉及的重大责任事故犯罪,主要是指在不当行使公权力过程中,违反安全管理的规定,因而发生重大伤亡事故或者造成其他严重后果的行为。(6)行使公权力过程中涉及的其他犯罪,这是一种兜底性归类,是除了以上五种常见类型之外,因不正确行使公权力而可能涉及的其他为《刑法》所规定的犯罪行为。

实务难点指引

职务犯罪的范围很广泛，又涉及与违纪、违法行为的区分，如何认定是否成立职务犯罪以及成立何种罪名？关于罪与非罪的区分：一方面，要严格按照《刑法》规定的构成要件来认定，如果某一滥用权力行为具有严重的社会危害性，但并不符合当前任何罪名的构成要件，那么根据罪刑法定原则就不能成立犯罪，至多按照违法或违纪行为予以处理。另一方面，犯罪需要达到严重的社会危害程度，情节显著轻微危害不大的，不是犯罪。对于职务犯罪，往往要求达到数额较大或者情节严重的程度，故而滥用权力行为所造成的危害后果尚未达到入罪要求的，也不能作为犯罪予以制裁。至于此罪与彼罪的区分，同样是较为复杂的问题，对此同样只能以犯罪构成要件作为判断依据，在某些特殊情况下合理运用法条竞合、想象竞合等处理规则，作出恰如其分的定性。

关联法条

《监察官》第 11 条；《中国共产党纪律检查机关监督执纪工作规则》第 36 条

第二十六条　监察机关依法调查涉嫌贪污贿赂犯罪，包括贪污罪，挪用公款罪，受贿罪，单位受贿罪，利用影响力受贿罪，行贿罪，对有影响力的人行贿罪，对单位行贿罪，介绍贿赂罪，单位行贿罪，巨额财产来源不明罪，隐瞒境外存款罪，私分国有资产罪，私分罚没财物罪，以及公职人员在行使公权力过程中实施的职务侵占罪，挪用资金罪，对外国公职人员、国际公共组织官员行贿罪，非国家工作人员受贿罪和相关联的对非国家工作人员行贿罪。

条文主旨

本条是关于监察机关调查的贪污贿赂犯罪罪名范围的规定。

条文解读

作为监察机关调查范围内的贪污贿赂犯罪，是指公职人员或国有单位实施贪污、挪用公款（资金）、私分公共财物，或者拥有不能说明来源的巨额财产、隐瞒境外存款，以及受贿、行贿、介绍贿赂等侵犯职务行为廉洁性、不可收买性的行为。具体到罪名，涉及《刑法》分则第 8 章“贪污贿赂罪”的 14 个罪名以及第 3 章“破坏社会主义市场经济秩序罪”、第 5 章“侵犯财产罪”中的 5 个罪名，这些罪名又可以分为广义的贪污型犯罪和广义的贿赂型犯罪。

广义的贪污型犯罪往往侵犯了职务行为的廉洁性，并且多数罪名还侵犯了公共财产的所有权。这类罪名典型的有6个：(1)贪污罪，是指国家工作人员利用职务上的便利，侵吞、窃取、骗取或者以其他手段非法占有公共财物，数额较大或者情节较重的行为。受国家机关、国有公司、企业、事业单位、人民团体委托管理、经营国有财产的人员，利用职务上的便利，侵吞、窃取、骗取或者以其他手段非法占有国有财物的，以贪污论。此外，国家工作人员在国内公务活动或者对外交往中接受礼物，依照国家规定应当交公而不交公，数额较大的，同样成立贪污罪。(2)挪用公款罪，是指国家工作人员利用职务上的便利，挪用公款归个人使用，进行非法活动的，或者挪用公款数额较大、进行营利活动的，或者挪用公款数额较大、超过3个月未还的行为。挪用用于救灾、抢险、防汛、优抚、扶贫、移民、救济款物归个人使用的，从重处罚。(3)私分国有资产罪，是指国家机关、国有公司、企业、事业单位、人民团体，违反国家规定，以单位名义将国有资产集体私分给个人，数额较大的行为。(4)私分罚没财物罪，是指司法机关、行政执法机关违反国家规定，将应当上缴国家的罚没财物，以单位名义集体私分给个人，数额较大的行为。(5)巨额财产来源不明罪，是指国家工作人员的财产、支出明显超过合法收入，差额巨大，而本人又不能说明来源合法的行为。(6)隐瞒境外存款罪，是指国家工作人员违反国家规定，故意隐瞒不报在境外的存款，数额较大的行为。

在这6个典型罪名之外，还涉及职务侵占罪、挪用资金罪两个罪名，前者是指公司、企业或者其他单位的工作人员，利用职务上的便利，将本单位财物非法占为己有，数额较大的行为；后者是指公司、企业或者其他单位的工作人员，利用职务上的便利，挪用本单位资金归个人使用或者借贷给他人，数额较大、超过3个月未还的，或者虽未超过3个月，但数额较大、进行营利活动的，或者进行非法活动的行为。但是需要注意的是，根据《刑法》的规定，国有公司、企业或者其他国有单位中从事公务的人员和国有公司、企业或者其他国有单位委派到非国有公司、企业以及其他单位从事公务的人员，有前述侵占、挪用行为的，分别依照贪污罪和挪用公款罪定罪处罚，所以公职人员在行使公权力过程中实施的职务侵占、挪用资金行为，绝大多数情况下是成立贪污罪和挪用公款罪的。

广义的贿赂型犯罪侵犯了职务行为的不可收买性，即不可将公权用于权钱交易。这类罪名典型的有8个：(1)受贿罪，是指国家工作人员利用职务上的便利，索取他人财物的，或者非法收受他人财物，为他人谋取利益，数额较大或者情节较重的行为。国家工作人员在经济往来中，违反国家规定，收受各种名义的回扣、手续费，归个人所有的，以受贿论处。此外，国家工作人员利用本人职权或者地位形成的便利条件，通过其他国家工作人员职务上的行为，为请托人谋取不正当利益，索取请托人财物或者收受请托人财物的，同样成立受贿罪，这被称为斡旋受贿。(2)单位受贿罪，是指国家机关、国有公司、企业、事业单位、人民团体，索取、非法收受他人财物，为他人谋取利益，情节严重的行为。以上单位，在经济往来中，在账外暗中收受各种名义的回扣、手续费的，以受贿论。(3)利用影响力受贿罪，是指国家工作人员的近亲属或者其他与该国家工作人员关系密切的人，通过该国家工作人员职务上的行为，或者利用该国家工作人员职权或者地位形成的便利条件，以及离职的国家工作人员或者其近亲属以及其他与其关系密切的人，利用该离职的国家工作人员原职权或者地位形成的便利条件，通过其他国家工作人员职务上的行为，为请托人谋取不正当利益，索取请托人财物或者收受请托人财物，数额较大或者有其他较重情节的行为。(4)行贿罪，是指为谋取不正当利益，给予国家工作人员以财物的行为。在经济往来中，违反国家规定，给予国家工作人员以财物，数额较大的，或者违反国家规定，给予国家工作人员以各种名义的回扣、手续费的，以行贿论处。(5)单位行贿罪，是指单位为谋取不正当利益而行贿，或者违反国家规定，给予国家工作人员以回扣、手续费，情节严重的行为。(6)对单位行贿罪，是指个人或单位为谋取不正当利益，给予国家机关、国有公司、企业、事业单位、人民团体以财物的，或者在经济往来中，违反国家规定，给予各种名义的回扣、手续费的行为。(7)对有影响力的人行贿罪，是指个人或单位为谋取不正当利益，向国家工作人员的近亲属或者其他与该国家工作人员关系密切的人，或者向离职的国家工作人员或者其近亲属以及其他与其关系密切的人行贿的行为。(8)介绍贿赂罪，是指向国家工作人员介绍贿赂，情节严重的行为。

除了以上8个典型罪名之外，广义的贿赂型犯罪还包括非国家工作人员受贿罪、对非国家工作人员行贿罪以及对外国公职人员、国际公共组织官员行贿罪3个罪名。(1)非国家工作人员受贿罪，是指公司、企业或者其他单位的工作人员，利用职务上的便利，索取他人财物或者非法收受他人财物，为他人谋取利益，数额较大的行为。公司、企业或者其他单位的工作人员在经济往来中，利用职务上的便利，违反国家规定，收受各种名义的回扣、手续费，归个人所有的，也成立非国家工作人员受贿罪。需要注意的是，国有公司、企业或者其他国有单位中从事公务的人员和国有公司、企业或者其他国有单位委派到非国有公司、企业以及其他单位从事公务的人员有上述行为的，则依照受贿罪定罪处罚。(2)对非国家工作人员行贿罪，是指为谋取不正当利益，给予公司、企业或者其他单位的工作人员以财物，数额较大的行为。(3)对外国公职人员、国际公共组织官员行贿罪，是指为谋取不正当商业利益，给予外国公职人员或者国际公共组织官员以财物的行为。单位有前两种行贿行为的，分别成立对非国家工作人员行贿罪及对外国公职人员、国际公共组织官员行贿罪，《刑法》未对其设置单独罪名。

实务难点指引

在调查受贿罪时，“为他人谋取利益”是否要求已经谋取到利益？对此，并不要求为他人谋取的利益已经实现，其最低要求是许诺为他人谋取利益。根据最高人民法院《全国法院审理经济犯罪案件工作座谈会纪要》的规定，为他人谋取利益包括承诺、实施和实现三个阶段的行为。只要具有其中一个阶段的行为，如国家工作人员收受他人财物时，根据他人提出的具体请托事项，承诺为他人谋取利益的，就具备了为他人谋取利益的要件。明知他人有具体请托事项而收受其财物的，视为承诺为他人谋取利益。此外，《最高人民法院、最高人民检察院关于办理贪污贿赂刑事案件适用法律若干问题的解释》第13条规定，具有下列情形之一的，应当认定为“为他人谋取利益”：(1)实际或者承诺为他人谋取利益的；(2)明知他人有具体请托事项的；(3)履职时未被请托，但事后基于该履职事由收受他人财物的。国家工作人员索取、收受具有上下级关系的下属或者具有行政管理关系的被管理人员的财物价值3万元以上，可能影响职权行使的，视为承诺为他人谋取利益。因此，“为他人谋取利益”并不要求为他人谋取的利益已经实现，为他人许诺但尚未进行，或者已经着手但尚未实现，或者已经实现为他人谋取利益的，均符合“为他人谋取利益”的要求。

关联法条

《刑法》第164、183—185、271、272、382—396条

第二十七条　监察机关依法调查公职人员涉嫌滥用职权犯罪，包括滥用职权罪，国有公司、企业、事业单位人员滥用职权罪，滥用管理公司、证券职权罪，食品、药品监管渎职罪，故意泄露国家秘密罪，报复陷害罪，阻碍解救被拐卖、绑架妇女、儿童罪，帮助犯罪分子逃避处罚罪，违法发放林木采伐许可证罪，办理偷越国(边)境人员出入境证件罪，放行偷越国(边)境人员罪，挪用特定款物罪，非法剥夺公民宗教信仰自由罪，侵犯少数民族风俗习惯罪，打击报复会计、统计人员罪，以及司法工作人员以外的公职人员利用职权实施的非法拘禁罪、虐待被监管人罪、非法搜查罪。

条文主旨

本条是关于监察机关调查的滥用职权犯罪罪名范围的规定。

条文解读

作为监察机关调查范围内的滥用职权犯罪,是指公职人员实施的超越职权,违法或违规决定、处理相关事项,并造成严重危害后果的行为。具体到罪名,涉及《刑法》分则第9章"渎职罪"的9个罪名、第4章"侵犯公民人身权利、民主权利罪"的7个罪名以及第3章"破坏社会主义市场经济秩序罪"、第5章"侵犯财产罪"的各1个罪名。

《刑法》分则第9章"渎职罪"所包含的滥用职权犯罪,妨害了国家机关公务的合法、有效执行,损害了公民对国家机关公务客观、公正、有效执行的信赖。这9个罪名分别是:(1)滥用职权罪,是指国家机关工作人员不法行使职务上的权限,致使公共财产、国家和人民利益遭受重大损失的行为。(2)滥用管理公司、证券职权罪,是指国家有关主管部门的国家机关工作人员,徇私舞弊,滥用职权,对不符合法律规定条件的公司设立、登记申请或者股票、债券发行、上市申请,予以批准或者登记,致使公共财产、国家和人民利益遭受重大损失的行为。上级部门强令登记机关及其工作人员实施前述行为的,对其直接负责的主管人员,也依照滥用管理公司、证券职权罪定罪处罚。(3)食品、药品监管渎职罪,是指负有食品药品安全监督管理职责的国家机关工作人员,滥用职权或者玩忽职守,造成严重后果或者有其他严重情节的行为。(4)故意泄露国家秘密罪,是指国家机关工作人员违反《保守国家秘密法》的规定,故意泄露国家秘密,情节严重的行为。(5)阻碍解救被拐卖、绑架妇女、儿童罪,是指对被拐卖、绑架的妇女、儿童负有解救职责的国家机关工作人员,接到被拐卖、绑架的妇女、儿童及其家属的解救要求或者接到其他人的举报,而利用职务阻碍解救被拐卖、绑架的妇女、儿童的行为。(6)帮助犯罪分子逃避处罚罪,是指有查禁犯罪活动职责的国家机关工作人员,向犯罪分子通风报信、提供便利,帮助犯罪分子逃避处罚的行为。(7)违法发放林木采伐许可证罪,是指林业主管部门的工作人员违反《森林法》的规定,超过批准的年采伐限额发放林木采伐许可证或者违反规定滥发林木采伐许可证,情节严重,致使森林遭受严重破坏的行为。(8)办理偷越国(边)境人员出入境证件罪,是指负责办理护照、签证以及其他出入境证件的国家机关工作人员,对明知是企图偷越国(边)境的人员,予以办理出入境证件的行为。(9)放行偷越国(边)境人员罪,是指边防、海关等国家机关工作人员,对明知是偷越国(边)境的人员,予以放行的行为。

《刑法》分则第4章"侵犯公民人身权利、民主权利罪"所包含的滥用职权犯罪,除了侵害国家机关公务的合法、有效执行以及国民对此的信赖,更在于损害了公民的人权权利或者民主权利。这7个罪名分别是:(1)报复陷害罪,是指国家机关工作人员滥用职权、假公济私,对控告人、申诉人、批评人、举报人实行报复陷害的行为。(2)打击报复会计、统计人员罪,是指公司、企业、事业单位、机关、团体的领导人,对依法履行职责、抵制违反会计法、统计法行为的会计、统计人员实行打击报复,情节恶劣的行为。这里应仅包括公职人员实施的打击报复行为。(3)非法剥夺公民宗教信仰自由罪,是指国家机关工作人员非法剥夺公民的宗教信仰自由,情节严重的行为。(4)侵犯少数民族风俗习惯罪,是指国家机关工作人员侵犯少数民族风俗习惯,情节严重的行为。(5)非法拘禁罪,是指非法拘禁他人或者以其他方法非法剥夺他人人身自由的行为。(6)虐待被监管人罪,是指监狱、拘留所、看守所等监管机构的监管人员对被监管人进行殴打或者体罚虐待,情节严重的行为。(7)非法搜查罪,非法搜查他人身体、住宅的行为。需要注意的是,这里的非法拘禁罪、虐待被监管人罪、非法搜查罪,限于司法工作人员以外的公职人员利用职权实施的行为。

《刑法》分则第3章"破坏社会主义市场经济秩序罪"和第5章"侵犯财产罪"所各包含的1个罪名,分别损害了对公司、企业的管理秩序和公私财产权利。其中,国有公司、企业、事业单位人员滥用职权罪,是指国有公司、企业的工作人员,由于严重不负责任或者滥用职权,造成国有公司、企业破产或者严重损失,致使国家利益遭受重大损失,或者国有事业单位的工作人员有前款行为,致使国家利益遭受重大损失的行为。挪用特定款物罪,是指挪用用于救灾、抢险、防汛、优抚、扶贫、移民、救济款物,情节严重,致使国家和人民群众利益遭受重大损害的行为。通常而言,如果公职人员利用职务上的便利,挪用特定款物归个人使用的,即公款私用,则成立挪用公款罪,且从重处罚。

实务难点指引

无论是滥用职权犯罪,还是后面的玩忽职守犯罪,大多需要发生重大损失后果,对此当如何认定犯罪行为与损失结果之间的因果关系?首先,其因果关系的一般判断规则应采取条件说,即如果没有公职人员的滥用职权、玩忽职守等行为,就不会发生重大损失结果,可以认为滥用职权、玩忽职守等行为与损失结果之间存在条件关系,进而存在因果关系。其次,通常损失结果的发生都会介入第三者的行为,所以要考虑介入行为的通常性,以及国家机关工作人员对介入行为的监管职责的内容与范围。只要国家机关工作人员有义务监管第三者的介入行为,原则上就应当将介入行为造成的结果归属于国家机关工作人员的渎职行为。最后,由于滥用职权、玩忽职守等行为造成伤亡结果时，通常并不以杀人罪、故意伤害罪论处，而是以渎职犯罪论处，实际上降低了处罚力度，所以其结果归属标准也应低于一般的杀人罪、故意伤害罪的标准。

关联法条

《刑法》第168、238、245、248、251、254、255、273、397、398、403、407、408条之一、415—417条

第二十八条　监察机关依法调查公职人员涉嫌玩忽职守犯罪，包括玩忽职守罪，国有公司、企业、事业单位人员失职罪，签订、履行合同失职被骗罪，国家机关工作人员签订、履行合同失职被骗罪，环境监管失职罪，传染病防治失职罪，商检失职罪，动植物检疫失职罪，不解救被拐卖、绑架妇女、儿童罪，失职造成珍贵文物损毁、流失罪，过失泄露国家秘密罪。

条文主旨

本条是关于监察机关调查的玩忽职守犯罪罪名范围的规定。

条文解读

作为监察机关调查范围内的玩忽职守犯罪，主要是指公职人员严重不负责任，不履行或者不正确履行职责，致使公共财产、国家和人民利益遭受损失的行为。具体到罪名，涉及《刑法》分则第9章“渎职罪”的9个罪名以及第3章“破坏社会主义市场经济秩序罪”中的2个罪名。

《刑法》分则第9章“渎职罪”所包含的玩忽职守犯罪，侵害的也是国家机关公务的合法、有效执行以及公民对此产生的信赖。这9个罪名分别为：(1)玩忽职守罪，是指国家机关工作人员严重不负责任，不履行或不正确地履行职责，致使公共财产、国家和人民利益遭受重大损失的行为。(2)国家机关工作人员签订、履行合同失职被骗罪，是指国家机关工作人员在签订、履行合同过程中，因严重不负责任被诈骗，致使国家利益遭受重大损失的行为。(3)环境监管失职罪，是指负有环境保护监督管理职责的国家机关工作人员严重不负责任，导致发生重大环境污染事故，致使公私财产遭受重大损失或者造成人身伤亡的严重后果的行为。(4)传染病防治失职罪，是指从事传染病防治的政府卫生行政部门的工作人员严重不负责任，导致传染病传播或者流行，情节严重的行为。(5)商检失职罪，是指国家商检部门、商检机构的工作人员严重不

负责任,对应当检验的物品不检验,或者延误检验出证、错误出证,致使国家利益遭受重大损失的行为。(6)动植物检疫失职罪,是指动植物检疫机关的检疫人员严重不负责任,对应当检疫的检疫物不检疫,或者延误检疫出证、错误出证,致使国家利益遭受重大损失的行为。(7)不解救被拐卖、绑架妇女、儿童罪,是指对被拐卖、绑架的妇女、儿童负有解救职责的国家机关工作人员,接到被拐卖、绑架的妇女、儿童及其家属的解救要求或者接到其他人的举报,而对被拐卖、绑架的妇女、儿童不进行解救,造成严重后果的行为。(8)失职造成珍贵文物损毁、流失罪,是指国家机关工作人员严重不负责任,造成珍贵文物损毁或者流失,后果严重的行为。(9)过失泄露国家秘密罪,是指国家机关工作人员违反《保守国家秘密法》的规定,过失泄露国家秘密,情节严重的行为。

《刑法》分则第 3 章"破坏社会主义市场经济秩序罪"所包含的玩忽职守犯罪,主要是损害了对公司、企业的管理秩序。这两个罪名分别是:(1)国有公司、企业、事业单位人员失职罪,是指国有公司、企业的工作人员,由于严重不负责任,造成国有公司、企业破产或者严重损失,致使国家利益遭受重大损失的行为。(2)签订、履行合同失职被骗罪,是指国有公司、企业、事业单位直接负责的主管人员,在签订、履行合同过程中,因严重不负责任被诈骗,致使国家利益遭受重大损失的行为。

实务难点指引

在实务中,滥用职权犯罪和玩忽职守罪经常被放置在一起,但二者实际上具有重要区别。一般而言,滥用职权犯罪和玩忽职守犯罪的主客观方面均存在重大区别:主观上,滥用职权犯罪主观上是出于故意,而玩忽职守犯罪则只能出于过失。客观上,滥用职权表现为超越职权,违法决定、处理其无权决定、处理的事项,或者违反规定处理公务;玩忽职守则表现为严重不负责任,不履行或不正确履行职责。经过综合考量主客观内容,可以将滥用职权犯罪和玩忽职守犯罪区分开来。

关联法条

《刑法》第 167、168、397、398、406、408、409、412、413、416、419 条

第二十九条　监察机关依法调查公职人员涉嫌徇私舞弊犯罪，包括徇私舞弊低价折股、出售国有资产罪，非法批准征收、征用、占用土地罪，非法低价出让国有土地使用权罪，非法经营同类营业罪，为亲友非法牟利罪，枉法仲裁罪，徇私舞弊发售发票、抵扣税款、出口退税罪，商检徇私舞弊罪，动植物检疫徇私舞弊罪，放纵走私罪，放纵制售伪劣商品犯罪行为罪，招收公务员、学生徇私舞弊罪，徇私舞弊不移交刑事案件罪，违法提供出口退税凭证罪，徇私舞弊不征、少征税款罪。

条文主旨

本条是关于监察机关调查的徇私舞弊犯罪罪名范围的规定。

条文解读

作为监察机关调查范围内的徇私舞弊犯罪，主要是指为了私利而不公正地履行职责，或者弄虚作假、玩弄职权的行为。具体到罪名，涉及《刑法》分则第9章“渎职罪”的12个罪名以及第3章“破坏社会主义市场经济秩序罪”中的3个罪名。

《刑法》分则第9章“渎职罪”包括的12个徇私舞弊罪名分别为：(1)非法批准征收、征用、占用土地罪，是指国家机关工作人员徇私舞弊，违反土地管理法规，滥用职权，非法批准征收、征用、占用土地，情节严重的行为。(2)非法低价出让国有土地使用权罪，是指国家机关工作人员徇私舞弊，违反土地管理法规，滥用职权，非法低价出让国有土地使用权，情节严重的行为。(3)枉法仲裁罪，是指依法承担仲裁职责的人员，在仲裁活动中故意违背事实和法律作枉法裁决，情节严重的行为。(4)徇私舞弊发售发票、抵扣税款、出口退税罪，是指税务机关的工作人员违反法律、行政法规的规定，在办理发售发票、抵扣税款、出口退税工作中，徇私舞弊，致使国家利益遭受重大损失的行为。(5)商检徇私舞弊罪，是指国家商检部门、商检机构的工作人员徇私舞弊，伪造检验结果的行为。(6)动植物检疫徇私舞弊罪，是指动植物检疫机关的检疫人员徇私舞弊，伪造检疫结果的行为。(7)放纵走私罪，是指海关工作人员徇私舞弊，放纵走私，情节严重的行为。(8)放纵制售伪劣商品犯罪行为罪，是指对生产、销售伪劣商品犯罪行为负有追究责任的国家机关工作人员，徇私舞弊，不履行法律规定的追究职责，情节严重的行为。(9)招收公务员、学生徇私舞弊罪，是指国家机关工作人员在招收公务员、学生工作中徇私舞弊，情节严重的行为。(10)徇私舞弊不移交刑事案件罪，是指行政执法人员徇私舞弊，对依法应当移交司法机关追究刑事责任的不移交,情节严重的行为。(11)违法提供出口退税凭证罪,是指税务机关工作人员以外的其他国家机关工作人员违反国家规定,在提供出口货物报关单、出口收汇核销单等出口退税凭证的工作中,徇私舞弊,致使国家利益遭受重大损失的行为。(12)徇私舞弊不征、少征税款罪,是指税务机关的工作人员徇私舞弊,不征或者少征应征税款,致使国家税收遭受重大损失的行为。

《刑法》分则第3章"破坏社会主义市场经济秩序罪"中包括的3个徇私舞弊罪名分别为:(1)徇私舞弊低价折股、出售国有资产罪,是指国有公司、企业或者其上级主管部门直接负责的主管人员,徇私舞弊,将国有资产低价折股或者低价出售,致使国家利益遭受重大损失的行为。(2)非法经营同类营业罪,是指国有公司、企业的董事、经理利用职务便利,自己经营或者为他人经营与其所任职公司、企业同类的营业,获取非法利益,数额巨大的行为。(3)为亲友非法牟利罪,是指国有公司、企业、事业单位的工作人员,利用职务便利,非法为亲友牟利,致使国家利益遭受重大损失的行为。

实务难点指引

在《刑法》规定的徇私舞弊罪名中,大多包含"徇私舞弊"这一用语,那么其是否属于构成要件要素呢?从司法实务来看,将徇私、舞弊作为相关罪名的成立要素会面临一些难题,如难以查明行为人是否"徇私","舞弊"的规定也显得有些重复多余。但是,基于刑法解释的立场,在相关条文未作变动的情况下,徇私、舞弊应属于犯罪的成立要素。这是因为,一方面,分则条文所规定的基本罪状,实际上是对犯罪构成的描述,徇私、舞弊作为基本罪状的内容,当然属于犯罪的成立要素。另一方面,徇私、舞弊在某些条文中具有特定的具体内容,并非仅仅是一种习惯表达。不过,"徇私舞弊"作为一个术语,在某种程度上还是出于习惯用法与语感要求,对此应认为"徇私舞弊"在不同条文中其侧重点可以不同,有的条文重在徇私,有的条文则重在舞弊,对此当结合条文内容予以具体分析。

关联法条

《刑法》第165、166、169、399条之一、402、404、405、410—414、418条

第三十条　监察机关依法调查公职人员在行使公权力过程中涉及的重大责任事故犯罪，包括重大责任事故罪，教育设施重大安全事故罪，消防责任事故罪，重大劳动安全事故罪，强令、组织他人违章冒险作业罪，危险作业罪，不报、谎报安全事故罪，铁路运营安全事故罪，重大飞行事故罪，大型群众性活动重大安全事故罪，危险物品肇事罪，工程重大安全事故罪。

条文主旨

本条是关于监察机关调查的公职人员重大责任事故犯罪罪名范围的规定。

条文解读

作为监察机关调查范围内的公职人员在行使公权力过程中涉及的重大责任事故犯罪，主要是指在不当行使公权力过程中，违反安全管理的规定，因而发生重大伤亡事故或者造成其他严重后果的行为。具体到罪名，涉及《刑法》分则第 2 章“危害公共安全罪”的 12 个罪名，其侵害的法益为公共安全，即不特定或多数人的生命、健康或者重大公私财产的安全。需要注意的是，并非凡涉及这 12 个罪名的行为均由监察机关调查，而是因公职人员不当行使权力，造成严重危害结果，涉嫌这 12 个罪名时才由监察机关负责调查。

这 12 个罪名分别为：(1)重大责任事故罪，是指在生产、作业中违反有关安全管理的规定，因而发生重大伤亡事故或者造成其他严重后果的行为。(2)教育设施重大安全事故罪，是指明知校舍或者教育教学设施有危险，而不采取措施或者不及时报告，致使发生重大伤亡事故的行为。(3)消防责任事故罪，是指违反消防管理法规，经消防监督机构通知采取改正措施而拒绝执行，造成严重后果的行为。(4)重大劳动安全事故罪，是指安全生产设施或者安全生产条件不符合国家规定，因而发生重大伤亡事故或者造成其他严重后果的行为。(5)强令、组织他人违章冒险作业罪，是指强令他人违章冒险作业，或者明知存在重大事故隐患而不排除，仍冒险组织作业，因而发生重大伤亡事故或者造成其他严重后果的行为。(6)危险作业罪，是指在生产、作业中违反有关安全管理的规定，实施危险作业，具有发生重大伤亡事故或者其他严重后果的现实危险的行为。(7)不报、谎报安全事故罪，是指在安全事故发生后，负有报告职责的人员不报或者谎报事故情况，贻误事故抢救，情节严重的行为。(8)铁路运营安全事故罪，是指铁路职工违反规章制度，致使发生铁路运营安全事故，造成严重后果的行为。(9)重大飞行事故罪，是指航空人员违反规章制度，致使发生重大飞行事故，造成严重后果的行为。(10)大型群众性活动重大安全事故罪，是指举办大型群众性活动违反安全管理规定，因而发生重大伤亡事故或者造成其他严重后果的行为。(11)危险物品肇事罪，是指违反爆炸性、易燃性、放射性、毒害性、腐蚀性物品的管理规定，在生产、储存、运输、使用中发生重大事故，造成严重后果的行为。(12)工程重大安全事故罪，是指建设单位、设计单位、施工单位、工程监理单位违反国家规定，降低工程质量标准，造成重大安全事故的行为。

实务难点指引

危害公共安全犯罪的罪名众多，犯罪主体既可以是普通公民，也可以是公司、企业等单位负责人，在实务中如何判断案件是否归属监察机关调查？对此，主要从以下两个方面进行判断：其一，监察机关调查的危害公共安全犯罪仅指重大责任事故犯罪，而不包括诸如放火、交通肇事等犯罪，这是因为根据犯罪特点，只有在重大责任事故犯罪中才涉及公权力的行使问题。其二，监察机关的调查对象是公职人员，而不包括一般人员，对于重大的生产、作业、群众性活动等安全，都有专门的国家机关及公职人员进行管理、负责，由于公职人员玩忽职守、滥用职权等不当行使权力的行为产生重大责任事故时才会受到监察调查，一般责任主体则由公安机关等有关部门负责侦查。

关联法条

《刑法》第 131、132、134—138、139 条之一

第三十一条　监察机关依法调查公职人员在行使公权力过程中涉及的其他犯罪，包括破坏选举罪，背信损害上市公司利益罪，金融工作人员购买假币、以假币换取货币罪，利用未公开信息交易罪，诱骗投资者买卖证券、期货合约罪，背信运用受托财产罪，违法运用资金罪，违法发放贷款罪，吸收客户资金不入账罪，违规出具金融票证罪，对违法票据承兑、付款、保证罪，非法转让、倒卖土地使用权罪，私自开拆、隐匿、毁弃邮件、电报罪，故意延误投递邮件罪，泄露不应公开的案件信息罪，披露、报道不应公开的案件信息罪，接送不合格兵员罪。

条文主旨

本条是关于监察机关调查的公职人员其他犯罪的罪名范围的规定。

条文解读

作为监察机关调查范围内的公职人员在行使公权力过程中涉及的其他犯罪，是除了以上五种常见类型之外，因不正确行使公权力而可能涉及的其他为刑法所规定的犯罪行为。本条将“其他罪名”限定为 17 个罪名，分布在《刑法》分则第 3 章、第 4 章、第 6 章、第 7 章中，这些罪名只有涉及公职人员不当行使公权力时才由监察机关进行调查。

《刑法》分则第 3 章“破坏社会主义市场经济秩序罪”包括 11 个罪名，这些罪名分别为：(1)背信损害上市公司利益罪，是指上市公司的董事、监事、高级管理人员违背对公司的忠实义务，利用职务便利，操纵上市公司从事损害上市公司利益的活动，致使上市公司利益遭受重大损失的行为。(2)金融工作人员购买假币、以假币换取货币罪，是指银行或者其他金融机构的工作人员购买伪造的货币或者利用职务上的便利，以伪造的货币换取货币的行为。(3)利用未公开信息交易罪，是指证券交易所、期货交易所、证券公司、期货经纪公司、基金管理公司、商业银行、保险公司等金融机构的从业人员以及有关监管部门或者行业协会的工作人员，利用因职务便利获取的内幕信息以外的其他未公开的信息，违反规定，从事与该信息相关的证券、期货交易活动，或者明示、暗示他人从事相关交易活动，情节严重的行为。(4)诱骗投资者买卖证券、期货合约罪，是指证券交易所、期货交易所、证券公司、期货经纪公司的从业人员，证券业协会、期货业协会或者证券期货监督管理部门的工作人员，故意提供虚假信息或者伪造、变造、销毁交易记录，诱骗投资者买卖证券、期货合约，造成严重后果的行为。(5)背信运用受托财产罪，是指商业银行、证券交易所、期货交易所、证券公司、期货经纪公司、保险公司或者其他金融机构，违背受托义务，擅自运用客户资金或者其他委托、信托的财产，情节严重的行为。(6)违法运用资金罪，是指社会保障基金管理机构、住房公积金管理机构等公众资金管理机构，以及保险公司、保险资产管理公司、证券投资基金管理公司，违反国家规定运用资金的行为。(7)违法发放贷款罪，是指银行或者其他金融机构的工作人员违反国家规定发放贷款，数额巨大或者造成重大损失的行为。(8)吸收客户资金不入账罪，是指银行或者其他金融机构的工作人员吸收客户资金不入账，数额巨大或者造成重大损失的行为。(9)违规出具金融票证罪，是指银行或者其他金融机构的工作人员违反规定，为他人出具信用证或者其他保函、票据、存单、资信证明，情节严重的行为。(10)对违法票据承兑、付款、保证罪，是指银行或者其他金融机构的工作人员在票据业务中，对违反《票据法》规定的票据予以承兑、付款或者保证，造成重大损失的行为。(11)非法转让、倒卖土地使用权罪，是指以牟利为目的,违反土地管理法规,非法转让、倒卖土地使用权,情节严重的行为。

《刑法》分则第4章"侵犯公民人身权利、民主权利罪"包括2个罪名,分别为:(1)破坏选举罪,是指在选举各级人民代表大会代表和国家机关领导人员时,以暴力、威胁、欺骗、贿赂、伪造选举文件、虚报选举票数等手段破坏选举或者妨害选民和代表自由行使选举权和被选举权,情节严重的行为。(2)私自开拆、隐匿、毁弃邮件、电报罪,是指邮政工作人员私自开拆或者隐匿、毁弃邮件、电报的行为。

《刑法》分则第6章"妨害社会管理秩序罪"包括3个罪名,分别为:(1)故意延误投递邮件罪,是指邮政工作人员严重不负责任,故意延误投递邮件,致使公共财产、国家和人民利益遭受重大损失的行为。(2)泄露不应公开的案件信息罪,是指司法工作人员、辩护人、诉讼代理人或者其他诉讼参与人,泄露依法不公开审理的案件中不应当公开的信息,造成信息公开传播或者其他严重后果的行为。(3)披露、报道不应公开的案件信息罪,是指公开披露、报道依法不公开审理的案件中不应当公开的信息,情节严重的行为。

《刑法》分则第7章"危害国防利益罪"包括1个罪名,即接送不合格兵员罪,是指在征兵工作中徇私舞弊,接送不合格兵员,情节严重的行为。

实务难点指引

监察机关调查范围内的犯罪被分为六种类型,其中第六种类型概括为"公职人员在行使公权力过程中涉及的其他犯罪",本条对"其他犯罪"进行了明确列举,那么在列举罪名之外的其他罪名,是否均不属于这里的"其他罪名"?进一步而言,除了六种犯罪类型明确列举的罪名之外,对其他罪名是否一律排除监察机关的调查权限?从职权法定的角度而言,本条例列举的罪名应为监察机关有权管辖的罪名,属于监察机关调查职务犯罪的责任清单,除此之外则排除监察机关的调查权限。但是,结合《监察法》第11条第2项的规定和司法实务情况,监察机关对所有职务犯罪均有管辖权限,并且职务犯罪在实务中形态多样,错综复杂,以上罗列罪名只是职务犯罪中的常见罪名而非全部罪名,所以应认为在本条例罗列罪名之外,只要是公职人员因不当使用公权力而可能涉嫌的其他罪名,仍应处于监察机关管辖范围之内。这种理解,无疑更符合《监察法》规定以及我国对监察机关所作的功能定位,而且实质上与职权法定并不冲突。

关联法条

《刑法》第169条之一、171、180、181、185条之一、186—189、228、253、256、304、308条之一、374条

第三十二条　监察机关发现依法由其他机关管辖的违法犯罪线索，应当及时移送有管辖权的机关。

监察机关调查结束后，对于应当给予被调查人或者涉案人员行政处罚等其他处理的，依法移送有关机关。

条文主旨

本条是关于监察机关违法犯罪线索的规定。

条文解读

监察机关的管辖范围主要有两个，分别是公职人员的职务违法和职务犯罪。因此，监察机关发现依法应当由其他机关管辖的违法犯罪线索时，便应当及时移送给有管辖权的机关。例如，如果监察机关发现公职人员可能存在道路交通安全违法行为，则应当将相关违法线索移送给公安机关交通管理部门。当然，根据《监察法》第34条第2款的规定，被调查人既涉嫌严重职务违法或者职务犯罪，又涉嫌其他违法犯罪的，一般应当由监察机关为主调查，其他机关予以协助。只是监察机关在调查结束之后，对于应当给予被调查人或者涉案人员行政处罚等其他处理的，同样应当依法移送给有关机关。

关联法条

《刑事诉讼法》第19条；《中国共产党纪律处分条例》第29条；《公安机关办理刑事案件程序规定》第14条

第四节　监 察 处 置

第三十三条　监察机关对违法的公职人员，依据监察法、政务处分法等规定作出政务处分决定。

条文主旨

本条是关于监察机关作出政务处分决定的规定。

条文解读

根据《监察法》第11条第3项的规定，对违法的公职人员依法作出政务处分决定,是监察机关履行处置职责的重要方面。不过,《监察法》对政务处分的规定过于简略,更为详细的规定是在《公职人员政务处分法》中完成的。《公职人员政务处分法》共7章68条,规定了政务处分的原则、政务处分的种类和适用、违法行为及其适用的政务处分、政务处分的程序、复审和复核等方面的问题,这构成监察机关作出政务处分决定的主要法律依据。需要注意的是,除了《监察法》和《公职人员政务处分法》对政务处分作出了规定外,在《公务员法》《全国人民代表大会和地方各级人民代表大会选举法》《行政执法机关移送涉嫌犯罪案件的规定》等法律法规中,也有关于政务处分的规定,这些法律法规同样是监察机关作出政务处分决定的依据。

典型案例

根据中央纪委国家监委网站的通报,经中共中央批准,中央纪委国家监委对十三届全国人大常委会原委员、中国政法大学原副校长于某刚严重违纪违法问题进行了立案审查调查。依据《中国共产党纪律处分条例》《监察法》《公职人员政务处分法》等有关规定,经中央纪委常委会会议研究并报中共中央批准,决定给予于某刚开除党籍处分;由国家监委给予其开除公职处分;收缴其违纪违法所得;将其涉嫌犯罪问题移送检察机关依法审查起诉,所涉财物一并移送。① 其中,国家监委给予于某刚的开除公职政务处分,便是依据《监察法》和《公职人员政务处分法》作出的。

关联法条

《监察法》第11、45条;《公职人员政务处分法》第44条

第三十四条　监察机关在追究违法的公职人员直接责任的同时,依法对履行职责不力、失职失责,造成严重后果或者恶劣影响的领导人员予以问责。

监察机关应当组成调查组依法开展问责调查。调查结束后经集体讨论形成调查报告,需要进行问责的按照管理权限作出问责决定,或者向有权作出问责决定的机关、单位书面提出问责建议。

---

① 参见《十三届全国人大常委会原委员、中国政法大学原副校长于某刚严重违纪违法被开除党籍和公职》,载中央纪委国家监委网站:https://www.ccdi.gov.cn/scdc/zggb/djcf/202106/t20210628_245020.html,2021年9月20日最后访问。

条文主旨

本条是关于对履行职责不力、失职失责的领导人员予以问责的规定。

条文解读

监察机关开展廉政建设和反腐败斗争，要紧紧抓住落实主体责任这个“牛鼻子”，把问责作为从严治政的利器，对在党和国家事业中失职失责的领导人员进行问责。[①]对于监察机关进行问责的问题，在《监察法》第6、11、45条有所规定，本条作出了进一步的规定。需要注意的是，此处的“问责”是指监察机关对不履行或者不正确履行职责的，按照管理权限对负有管理责任的领导人员作出问责决定，或者向有权作出问责决定的机关提出问责建议。由此可知，问责的主体是监察机关；问责的对象是公职人员中的领导人员，而不是一般的公职人员，以突出领导干部这个“关键少数”；[②]问责的情形是领导人员履行职责不力、失职失责，并造成严重后果或者恶劣影响。

根据本条第2款的规定，监察机关如果需要对领导人员进行问责，需要组成调查组来开展问责调查。在调查组调查结束之后，经集体讨论形成调查报告，需要进行问责的按照管理权限作出问责决定，或者向有权作出问责决定的机关、单位书面提出问责建议。对此，《中国共产党问责条例》第10、11条也有更为详细的规定，即“启动问责调查后，应当组成调查组，依规依纪依法开展调查，查明党组织、党的领导干部失职失责问题，综合考虑主客观因素，正确区分贯彻执行党中央或者上级决策部署过程中出现的执行不当、执行不力、不执行等不同情况，精准提出处理意见，做到事实清楚、证据确凿、依据充分、责任分明、程序合规、处理恰当，防止问责不力或者问责泛化、简单化”，以及“调查工作结束后，调查组应当集体讨论，形成调查报告，列明调查对象基本情况、调查依据、调查过程，问责事实，调查对象的态度、认识及其申辩，处理意见以及依据，由调查组组长以及有关人员签名后，履行审批手续”。

实务难点指引

《中国共产党章程》对党内问责工作的原则、程序、方式等作出了规定，《监察法》和《监察法实施条例》则对监察问责的主体、对象、情形等作出规定。那么，党内问责

---

① 参见中共中央纪律检查委员会中华人民共和国国家监察委员会法规室编写：《〈中华人民共和国监察法〉释义》，中国方正出版社2018年版，第206页。

② 参见中共中央纪律检查委员会中华人民共和国国家监察委员会法规室编写：《〈中华人民共和国监察法〉释义》，中国方正出版社2018年版，第93－94页。

与监察问责是什么关系,以及如何实现二者的贯通协调、有序衔接呢?

一方面,就二者的关系而言,党内问责和监察问责是问责制度的两大重要组成部分,既贯彻落实了习近平总书记"有权必有责、有责要担当、失责必追究"的要求,也体现了党内监督和国家监察的有机统一,但二者又有区别。从适用对象上看,党内问责对象是党组织和党的领导干部;而监察问责既涵盖了党员领导干部,又包含了非党员领导干部,但仅限于行使公权力的领导干部个人。从问责主体上看,党内问责的主体包括党委(党组)、纪委或纪委派驻(派出)机构以及党的工作机关;监察问责的主体是监察机关或者有权作出问责决定的机关,突出了监察机关的主体地位。从问责方式上看,党内问责对党组织的问责方式包括检查、通报、改组,对党的领导干部的问责方式包括通报、诫勉、组织处理、纪律处分;监察问责的方式主要是按照管理权限作出通报批评、诫勉、停职检查、责令辞职等问责决定,或者向有权作出问责决定的机关提出降职、免职等问责建议。

另一方面,从问责主体、对象、情形等方面综合来看,党内问责和监察问责相辅相成、有机统一,但二者在一定程度上又存在竞合关系,在实践中应当推动两者贯通协调、有序衔接。首先,从适用性来看。监察问责可以适用于党员领导干部。在实践中,应综合考虑问责对象的身份、失职失责情形、问题性质、问责效果等方面情况,决定适用党内问责还是监察问责;对党内无职务却有行政职务的领导人员可以考虑侧重开展监察问责;对于履行公职的非党员领导人员,则应依据《监察法》直接开展监察问责。其次,从纪法衔接方面来看。党的领导干部履行管理、监督职责不力,管党治党不力,职责范围内发生严重事故、事件,造成重大损失或者恶劣影响情节较重的,对负有主要领导责任的班子主要负责人和直接主管的班子成员,在采取第三种形态给予党纪重处分或者重大职务调整的同时,也应给予相应的政务处分,从而实现党内问责与监察问责同向发力、党纪国法双施双守,以强力追责问责倒逼责任落地落实落细。①

典型案例

2021年8月12日,广东省纪委监委发布《广州市新冠肺炎疫情防控问责情况通报》,该通报指出,在疫情发生和处置过程中,一些党员领导干部存在履职不力、失职失责的问题。20名领导干部因此被严肃问责,其中,广州市委常委、市人民政府常务

① 参见肖飒:《学习贯彻问责条例:准确把握党内问责与监察问责的关系》,载中央纪委国家监委网站:https://www.ccdi.gov.cn/yaowen/201909/t20190927_201370.html,2021年9月20日最后访问。

副市长陈某英被给予诫勉处理，广州市卫生健康委员会党组书记、主任被免职。①

关联法条

《监察法》第6、11、45条；《中国共产党问责条例》第4—11条

第三十五条　监察机关对涉嫌职务犯罪的人员，经调查认为犯罪事实清楚，证据确实、充分，需要追究刑事责任的，依法移送人民检察院审查起诉。

条文主旨

本条是关于涉嫌职务犯罪案件移送审查起诉的规定。

条文解读

根据《监察法》第11条第3项的规定，对涉嫌职务犯罪的，将调查结果移送人民检察院依法审查、提起公诉，是监察机关履行处置职责的重要方面。一个案件由监察机关移送到人民检察院审查起诉，应当具备以下几方面的条件：一是涉嫌职务犯罪，如果仅仅是职务违法，则由监察机关给予政务处分即可；二是犯罪事实清楚，证据确实、充分，根据《刑事诉讼法》的规定，人民检察院在审查案件的时候，也必须查明"犯罪事实、情节是否清楚，证据是否确实、充分，犯罪性质和罪名的认定是否正确"；三是需要追究刑事责任，根据《人民检察院刑事诉讼规则》的规定，人民检察院审查移送起诉的案件，应当查明"是否属于不应当追究刑事责任的"，因为《刑事诉讼法》第16条列举了"情节显著轻微、危害不大，不认为是犯罪的"等不追究刑事责任的情形。同时，根据《监察法》《刑事诉讼法》《人民检察院刑事诉讼规则》等的规定，监察机关在移送审查起诉时，应当制作起诉意见书，并应连同案卷材料、证据一并移送人民检察院依法审查、提起公诉。此外，《关于加强和完善监察执法与刑事司法衔接机制的意见（试行）》比较全面地规范了监察机关移送起诉与人民检察院审查起诉的工作衔接机制。

典型案例

经中共中央批准，中央纪委国家监委对海南省委原常委、三亚市委原书记童某驰

① 参见《广州市新冠肺炎疫情防控问责情况通报》，载南粤清风网：http://www.gdjct.gd.gov.cn/ttxw/content/post_138753.html，2021年9月11日最后访问。

严重违纪违法问题进行了立案审查调查。经查，童某驰构成严重职务违法并涉嫌受贿犯罪，依据《中国共产党纪律处分条例》《监察法》《公职人员政务处分法》等有关规定，经中央纪委常委会会议研究并报中共中央批准，决定给予童某驰开除党籍处分；由国家监委给予其开除公职处分；收缴其违纪违法所得；将其涉嫌犯罪问题移送检察机关依法审查起诉，所涉财物一并移送。①

关联法条

《监察法》第 11、46、47 条；《刑事诉讼法》第 169—172 条；《人民检察院刑事诉讼规则》第 142、146、330 条

第三十六条　监察机关根据监督、调查结果，发现监察对象所在单位在廉政建设、权力制约、监督管理、制度执行以及履行职责等方面存在问题需要整改纠正的，依法提出监察建议。

监察机关应当跟踪了解监察建议的采纳情况，指导、督促有关单位限期整改，推动监察建议落实到位。

条文主旨

本条是关于监察机关提出问题整改纠正监察建议的规定。

条文解读

根据《监察法》第 45 条第 1 款第 5 项的规定，对监察对象所在单位廉政建设和履行职责存在的问题等提出监察建议，是监察机关履行处置职责的重要方面。在反腐败斗争当中，监察机关既需要“治标”，更应当“治本”。因此，监察机关根据监督和调查的结果，发现监察对象所在单位在廉政建设、权力制约、监督管理、制度执行以及履行职责等方面存在问题，认为需要整改纠正的，可以依法提出监察建议。此处的监察建议，是指监察机关依法根据监督、调查结果，针对监察对象所在单位存在的问题，向相关单位和人员就其职责范围内的事项提出的具有一定法律效力的建议。这里所说的“具有一定法律效力”是指监察建议的相对人无正当理由必须履行监察建议，否则

① 参见《海南省委原常委、三亚市委原书记童某驰严重违纪违法被开除党籍和公职》，载《中国纪检监察报》2021 年 5 月 1 日，第 3 版。

将承担相应的法律责任。[①] 例如，根据《监察法》第62条的规定，有关单位无正当理由拒不采纳监察建议的，由其主管部门、上级机关责令改正，对单位给予通报批评；对负有责任的领导人员和直接责任人员依法给予处理。

为了确保监察建议能够及时有效地落实，本条第2款还规定，监察机关应当跟踪了解监察建议的采纳情况，指导、督促有关单位限期整改，推动监察建议落实到位。对此，《中共中央关于加强对"一把手"和领导班子监督的意见》明确提出："完善纪检监察建议提出、督办、反馈和回访监督机制。对整改问题不及时不到位甚至拒不整改的，依规依纪严肃处理，对典型问题通报曝光。"

实务难点指引

监察机关提出的监察建议应当具有针对性。在既往的实践中，对于监察机关提出的监察建议，有的罗列问题多，提出建议少；有的建议内容过于原则和笼统，针对性和操作性不强；有的针对个案问题制发建议多，对案件背后的深层次问题分析不透。这些问题都影响了监察建议功能的发挥，也使监察建议的权威性大打折扣。为此，应当提高监察建议的质量，准确理解纪检监察建议的精神实质，对发现问题、存在隐患、制度漏洞认真分析研究、直击问题根源，结合被建议单位的实际情况进行综合考量，在建议的规范性、精准性、可操作性上下功夫，确保建议对症下药、务实管用。[②]

典型案例

江西省纪委监委在查办宜春市委原书记颜某辉案件过程中发现，宜春市存在巨额举债导致政府债务风险不断加剧的问题，这类问题在其他市县也不同程度存在。据此，江西省纪委监委向省财政厅发出纪检监察建议，要求采取有力措施，完善制度机制、加强监督整治，有效规范融资平台举债管理，防范化解政府债务风险。省财政厅迅速成立工作小组，不仅从制度层面研究防范化解风险，还通过举办全省地方政府债务管理培训班等形式，提高财政干部对政策、制度的理解力、执行力。[③]

关联法条

《监察法》第11、62条；《公职人员政务处分法》第3、61条；《中国共产党纪律检查机关监督执纪工作规则》第19条；《纪检监察机关处理检举控告工作规则》第34条

---

① 参见中共中央纪律检查委员会中华人民共和国国家监察委员会法规室编写：《〈中华人民共和国监察法〉释义》，中国方正出版社2018年版，第207－208页。

② 参见时良敏、姜兆刚：《精准规范运用纪检监察建议》，载《中国纪检监察报》2021年9月30日，第7版。

③ 参见沈东方：《如何管住违规举债任性之手》，载《中国纪检监察报》2021年9月29日，第3版。

第三章　监察范围和管辖

第一节　监 察 对 象

第三十七条　监察机关依法对所有行使公权力的公职人员进行监察，实现国家监察全面覆盖。

条文主旨

本条是关于监察对象范围的总体规定。

条文解读

从监察对象上看，本条明确了监察机关的监察对象是所有行使公权力的公职人员。公权力是法律法规规定的特定主体基于维护公共利益的目的对公共事务管理行使的强制性支配力量。① 监察机关通过实现对所有行使公权力的公职人员的全覆盖监察，实际上也达到了对所有行使公权力的组织机关全覆盖监察的效果。公职人员在经济、政治、社会生活中的各个领域行使公共职权、履行公共职责，判断一个人是不是公职人员的关键是看他是否行使公权力、履行公务，而不是看他是否有公职。②《监察法》是一部对国家监察工作起统领性和基础性作用的法律。本条规定的监察机关的监察对象与《监察法》第15条所规定的监察对象完全一致，体现出《监察法实施条例》与《监察法》的配套衔接。

---

① 参见中共中央纪律检查委员会中华人民共和国国家监察委员会法规室编写：《〈中华人民共和国监察法〉释义》，中国方正出版社2018年版，第106页。

② 参见中共中央纪律检查委员会中华人民共和国国家监察委员会法规室编写：《〈中华人民共和国监察法〉释义》，中国方正出版社2018年版，第106页。

实务难点指引

《中华人民共和国监察法实施条例(征求意见稿)》中规定,监察机关依法对所有行使公权力的公职人员和有关人员进行监察,实现国家监察全面覆盖。与《中华人民共和国监察法实施条例(征求意见稿)》相比,本条删除了“有关人员”,将监察对象明确为“行使公权力的公职人员”。此处的修改有助于进一步明确监察范围的边界,对监察对象进行科学把握。值得注意的是,只有当公职人员行使公权力时,才属于被监督的对象。换言之,当公职人员在并未行使公权力的情况下涉嫌违法犯罪案件,其并不属于监察对象的范畴。

关联法条

《监察法》第1、15条

第三十八条　监察法第十五条第一项所称公务员范围,依据《中华人民共和国公务员法》(以下简称公务员法)确定。

监察法第十五条第一项所称参照公务员法管理的人员,是指有关单位中经批准参照公务员法进行管理的工作人员。

条文主旨

本条是关于《监察法》第15条第1项所指范围的规定。

条文解读

本条是对《监察法》第15条第1项作出的解释说明,实现了《监察法》《监察法实施条例》《公务员法》的衔接与协调,有助于加强和完善党对公务员队伍的集中统一领导。本条区分了公务员和参照《公务员法》管理的人员两个主体,这是监察对象中的核心与关键所在。本条第1款以援引性规范的形式,就《监察法》中“公务员”的指代予以说明。该款表明,根据《公务员法》的规定,《监察法》第15条第1项所规定的“公务员”即是指依法履行公职、纳入国家行政编制、由国家财政负担工资福利的工作人员。公务员主要包括中国共产党机关公务员,人民代表大会及其常务委员会机关公务员,人民政府公务员,监察委员会公务员,人民法院、人民检察院公务员,中国人民政治协商会议各级委员会机关公务员,民主党派机关和工商业联合会机关公务员。

本条第2款就参照《公务员法》管理的人员作出了界定。参公管理的人员与公务员实行相同的公务员管理制度。此处的"有关单位",是指根据《公务员法》规定,由法律、法规授权的具有公共事务管理职能的事业单位。①

关联法条

《公务员法》第2、100、112条;《公务员范围规定》第3—14条;《参照〈中华人民共和国公务员法〉管理的单位审批办法》第3—6条

第三十九条　监察法第十五条第二项所称法律、法规授权或者受国家机关依法委托管理公共事务的组织中从事公务的人员,是指在上述组织中,除参照公务员法管理的人员外,对公共事务履行组织、领导、管理、监督等职责的人员,包括具有公共事务管理职能的行业协会等组织中从事公务的人员,以及法定检验检测、检疫等机构中从事公务的人员。

条文主旨

本条是关于《监察法》第15条第2项所指范围的规定。

条文解读

本条规定,监察机关对法律、法规授权或者受国家机关依法委托管理公共事务的组织中从事公务的人员进行监察。为此,应从三个层面认定法律、法规授权或者受国家机关依法委托管理公共事务的组织中的某工作人员是否属于从事公务的人员:第一,应当判断该工作人员所在单位是否为法律、法规授权管理和国家依法委托公共事务的组织,其他如规章或规范性文件授权管理公共事务的组织不包括在内;第二,应当判断该工作人员是否属于这一组织;第三,应当判断该工作人员是否为从事公务的人员。为缓解繁重的工作任务所带来的压力并保证工作效益最大化,法律法规授权或国家机关依法委托相关组织管理公共事务。此类组织主要是指除参公管理以外的其他管理公共事务的事业单位。由于历史和国情等原因,在一些地方和领域,此类事业单位中的工作人员数量远大于公务员的数量。在该类组织中从事相关公务、行使

---

① 参见中共中央纪律检查委员会中华人民共和国国家监察委员会法规室编写:《〈中华人民共和国监察法〉释义》,中国方正出版社2018年版,第110页。

公权力的人员也被纳入监察机关的监察范围之中。

根据本条规定，在法律、法规授权或者受国家机关依法委托管理公共事务的组织中，除参照《公务员法》管理的人员外，对公共事务履行组织、领导、管理、监督等职责的人员包括两大类：一是指具有公共事务管理职能的行业协会等组织中从事公务的人员，如中国保险行业协会的党委委员；二是指在法定检验检测、检疫等机构中从事公务的人员，如中国出入境检验检疫协会中的主管人员。值得注意的是，检验检测、检疫等机构必须是法定的，非法定检验检测、检疫机构中从事公务的人员并不属于本条规定的公职人员范畴。

关联法条

《监察法》第15条；《参照〈中华人民共和国公务员法〉管理的单位审批办法》第5条

第四十条　监察法第十五条第三项所称国有企业管理人员，是指国家出资企业中的下列人员：

（一）在国有独资、全资公司、企业中履行组织、领导、管理、监督等职责的人员；

（二）经党组织或者国家机关，国有独资、全资公司、企业，事业单位提名、推荐、任命、批准等，在国有控股、参股公司及其分支机构中履行组织、领导、管理、监督等职责的人员；

（三）经国家出资企业中负有管理、监督国有资产职责的组织批准或者研究决定，代表其在国有控股、参股公司及其分支机构中从事组织、领导、管理、监督等工作的人员。

条文主旨

本条是关于《监察法》第15条第3项所指范围的规定。

条文解读

《监察法》中对“国有企业管理人员”的定义较为笼统和模糊，导致办案人员存在认识上的分歧，本条对此概念加以明确。根据《企业国有资产法》的规定，国家出资企业是指国家出资的国有独资企业、国有独资公司，以及国有资本控股公司、国有资本参股公司。本条的适用对象是《监察法》第15条第3项所称的国有企业管理人员，并特别强调国有企业管理人员必须代表国有股。关于国有企业的概念，在此处应当作广义理解。根据本条的规定，作为监察对象的国有企业管理人员主要是国家出资企业中的领导班子成员，具体而言，是指在国家出资企业中由党组织或者国家机关，国有公司、企业，事业单位提名、推荐、任命、批准等而履行组织、领导、管理、监督等职责的人员，主要包括设董事会的企业中由国有股权代表出任的董事长、副董事长、董事，总经理、副总经理，党委书记、副书记、纪委书记，工会主席等；未设董事会的企业的总经理、副总经理，党委书记、副书记、纪委书记，工会主席等；对国有资产负有经营管理责任的国有企业中层和基层管理人员；在管理、监督国有财产等重要岗位上工作的人员；国有企业所属事业单位领导人员，国有资本参股企业和金融机构中对国有资产负有经营管理责任的人员。[①] 据此，混合所有制企业中不代表国有股的管理人员、中外合资企业中的外方高管等人员皆不属于监察对象的范畴。

此外，从立法制定技术上看，本条规定的 3 项内容中皆设置了“等”字。“等”字是开放式列举方式，具有兜底性质，是《监察法》和《监察法实施条例》为防止对国有企业管理人员监管对象列举不够完善、监察覆盖范围不尽全面所设置的，侧面反映出监察机关实现国家监察全覆盖的目标与追求。

典型案例

2021 年 6 月 11 日，据中央纪委国家监委驻中国银保监会纪检监察组、四川省纪委监委消息，中国东方资产管理股份有限公司原党委委员、副总裁胡某钢个人涉嫌严重违纪违法，目前正接受纪律审查和监察调查。[②] 胡某钢系原国有企业管理人员，具有行使公权力的职责，属于《监察法》和《监察法实施条例》所规定的监察对象范畴，监察机关有权依法对其采取监察措施。

关联法条

《监察法》第 15 条；《企业国有资产法》第 5 条；《中国共产党国有企业基层组织工作条例(试行)》第 14 条；《国有企业领导人员廉洁从业若干规定》第 26、27 条；《最高人民法院、最高人民检察院关于办理国家出资企业中职务犯罪案件具体应用法律若干问题的意见》

---

① 参见中共中央纪律检查委员会中华人民共和国国家监察委员会法规室编写：《〈中华人民共和国监察法〉释义》，中国方正出版社 2018 年版，第 112 页。

② 参见《中国东方资产管理股份有限公司原党委委员、副总裁胡某钢接受纪律审查和监察调查》，载中央纪委国家监委网站：https://www.ccdi.gov.cn/yaowen/202106/t20210608_243459.html，2021 年 6 月 12 日最后访问。

第四十一条　监察法第十五条第四项所称公办的教育、科研、文化、医疗卫生、体育等单位中从事管理的人员，是指国家为了社会公益目的，由国家机关举办或者其他组织利用国有资产举办的教育、科研、文化、医疗卫生、体育等事业单位中，从事组织、领导、管理、监督等工作的人员。

条文主旨

本条是关于《监察法》第 15 条第 4 项所指范围的规定。

条文解读

本条就如何准确识别公办的教科文卫体等事业单位中从事管理的人员作出了规定。这类人员的识别需要抓住以下几个关键点：(1) 教科文卫体等事业单位系“公办”，即由国家机关或国有企业、事业单位、集体经济组织等其他组织创办。实践中，对一些私人创办的教科文卫体等单位，政府通常会给予资助和扶持，但这不能改变这些单位非公办的性质。(2) 公办的目的是保障社会公共利益，而并非出于营利等私益。(3) 本条对《监察法》第 15 条第 4 项中所规定的“从事管理的人员”的范围采取了扩大化的解释，即在公办的教科文卫体等单位中，不仅从事管理活动的人员是本条所规定的监察对象，从事组织、领导、监督等工作的人员亦属于本条所规定的监察对象的范围。临时参与与职权相联系的管理事务的人员也属于本条所规定的人员，如依法组建的评标委员会、竞争性谈判采购中的谈判小组、询价采购中询价小组的组成人员等。此外，公办的教科文卫体等单位中通常存在大批从事专业技术的人员，如教练、教师等。除非这些人员从事组织、领导、管理、监督等工作、负有行使公权力的职权，否则他们并不属于本条所规定的监察对象的范畴。

关联法条

《监察法》第 15 条；《公职人员政务处分法》第 20 条；《公立医院领导人员管理暂行办法》第 2、40 条；《中小学校领导人员管理暂行办法》第 2、36 条；《高等学校领导人员管理暂行办法》第 2、35—42 条；《科研事业单位领导人员管理暂行办法》第 2、40 条

第四十二条　监察法第十五条第五项所称基层群众性自治组织中从事管理的人员，是指该组织中的下列人员：

（一）从事集体事务和公益事业管理的人员；

（二）从事集体资金、资产、资源管理的人员；

（三）协助人民政府从事行政管理工作的人员，包括从事救灾、防疫、抢险、防汛、优抚、帮扶、移民、救济款物的管理，社会捐助公益事业款物的管理，国有土地的经营和管理，土地征收、征用补偿费用的管理，代征、代缴税款，有关计划生育、户籍、征兵工作，协助人民政府等国家机关在基层群众性自治组织中从事的其他管理工作。

条文主旨

本条是关于《监察法》第 15 条第 5 项所指范围的规定。

条文解读

在划定监察对象范围之前，应当首先明确何为“基层群众性自治组织”。我国《宪法》第 111 条规定，城市和农村按居民居住地区设立的居民委员会或者村民委员会是基层群众性自治组织。《城市居民委员会组织法》和《村民委员会组织法》分别对两种委员会的组成和职责等作出了详细规定。基层群众性自治组织虽然不是一级政府，但其具备的基层性、群众性、自治性等独特属性使其在基层群众工作中发挥着不可或缺的作用，对基层政府工作在实践中的贯彻落实起到了重要的支持与配合作用。基层群众性自治组织中从事管理的人员行使公权力的行为是国家公权力行使的末端环节，因此，必须将基层群众性自治组织中从事管理的人员纳入监察对象的范围之内。

本条第 1 项规定的“从事集体事务和公益事业管理的人员”，是指在基层群众性自治组织中行使公权力、从事集体事务和公益事业管理的人员，主要包括村民委员会、城市居民委员会主任、副主任和委员等；第 2 项规定的“从事集体资金、资产、资源管理的人员”，是指在基层群众性自治组织中行使公权力、从事集体资金、资产、资源管理的人员，主要包括村民委员会、城市居民委员会中的会计、出纳人员等。第 1 项和第 2 项的规定有助于强化集体事务监督和集体经济保护。第 3 项所规定的“从事行政管理工作的人员”，需要结合有关法律和立法解释对之予以说明。① 根据《全国人民代表大会常务委员会关于〈中华人民共和国刑法〉第九十三条第二款的解释》，

① 参见中共中央纪律检查委员会中华人民共和国国家监察委员会法规室编写：《〈中华人民共和国监察法〉释义》，中国方正出版社 2018 年版，第 113 页。

村民委员会等村基层组织人员协助人民政府从事下列行政管理工作，属于《刑法》规定的“其他依照法律从事公务的人员”：(1)救灾、抢险、防汛、优抚、扶贫、移民、救济款物的管理；(2)社会捐助公益事业款物的管理；(3)国有土地的经营和管理；(4)土地征收、征用补偿费用的管理；(5)代征、代缴税款；(6)有关计划生育、户籍、征兵工作；(7)协助人民政府从事的其他行政管理工作。本条第3项对《监察法》第15条第5项所称“基层群众性自治组织中从事管理的人员”所作出的详细说明，实现了《监察法实施条例》、《监察法》与《刑法》在内容上的衔接与协调。

典型案例

2017年9月25日，海淀区纪委监委第八纪检监察室受理了举报反映海淀区羊坊店街道某社区党委书记、居委会主任刘某东违纪问题的匿名线索，举报其借为女儿举办婚礼之机敛财，顺带说到社区在采购活动中收受回扣。经调查发现，刘某东身为社区党委书记、居委会主任，以召开社区“两委”班子会的形式截留财政资金，造成不良影响，构成违反财经纪律行为；其利用职务之便，采取侵吞的手段非法占有截留资金并用于个人消费，且情节严重；其还违规收受社区工作人员给予的礼金10800元，构成违反廉洁纪律行为。[①] 刘某东是城市居民委员会中从事集体事务和公益事业管理的人员，属于本条所规定的监察对象。

关联法条

《监察法》第15条；《宪法》第111条；《村民委员会组织法》第6、8、28条；《城市居民委员会组织法》第4、7条；《全国人民代表大会常务委员会关于〈中华人民共和国刑法〉第九十三条第二款的解释》

第四十三条　下列人员属于监察法第十五条第六项所称其他依法履行公职的人员：

（一）履行人民代表大会职责的各级人民代表大会代表，履行公职的中国人民政治协商会议各级委员会委员、人民陪审员、人民监督员；

（二）虽未列入党政机关人员编制，但在党政机关中从事公务的人员；

---

① 参见黄创新：《违规购卡四百张　“集体决策”集体“栽”》，载《中国纪检监察报》2019年1月17日，第4版。

> （三）在集体经济组织等单位、组织中，由党组织或者国家机关，国有独资、全资公司、企业，国家出资企业中负有管理监督国有和集体资产职责的组织，事业单位提名、推荐、任命、批准等，从事组织、领导、管理、监督等工作的人员；
>
> （四）在依法组建的评标、谈判、询价等组织中代表国家机关，国有独资、全资公司、企业，事业单位，人民团体临时履行公共事务组织、领导、管理、监督等职责的人员；
>
> （五）其他依法行使公权力的人员。

条文主旨

本条是关于《监察法》第15条第6项所指范围的规定。

条文解读

本条对《监察法》第15条第6项作出进一步说明，有助于解决部分公权力人员游离于法律监督之外的问题，实现监察机关对公权力监督的全方位、无死角覆盖，其中，需要注意以下几点：

第一，本条第1项以“履行人民代表大会职责”一词对各级人大代表作出了限定。根据《宪法》的规定，人大代表享有审议权、提案权、表决权、询问权和质询权、选举权、罢免权、建议权、批评权等权利，同时必须履行模范遵守宪法和法律、保守国家秘密、密切联系群众、参加人民代表大会会议等义务。本项以“履行公职”一词对政协委员、人民陪审员、人民监督员作出了限定。公职带有强烈的公权力属性。判断一个“履行公职的人员”是否属于监察对象的标准，主要是其是否行使公权力。

第二，本条第2项将未列入党政机关人员编制，但在党政机关中从事公务的人员纳入其他依法履行公职的人员的范畴。党政机关，广义上包括党的机关、人大机关、行政机关、政协机关、审判机关、检察机关、各级党政机关派出机构、直属事业单位及工会、共青团、妇联等人民团体，狭义上是指中国共产党机关和国家行政机关。此处应采广义概念。

第三，本条第3项借鉴刑法及司法解释规定，根据不同情形将委派主体明确为党组织或者国家机关，国有独资、全资公司、企业，国家出资企业中负有管理监督国有和集体资产职责的组织，事业单位等，将委派方式明确为“提名、推荐、任命、批准等”。

第四，根据本条第4项，在依法组建的评标、谈判、询价等组织中代表国家机关，国有独资、全资公司，企业、事业单位、人民团体临时依法履行公职的人员，不应因为其职务上的临时性就不将其纳入监察对象的范围，若上述人员利用公权力实施违法犯罪行为，也必须接受监察机关的调查。

第五，本条第5项是兜底性规定，是为弥补列举式立法的弊端、谨防出现挂一漏万的问题所设定。

实务难点指引

根据本条规定，人大代表、政协委员、人民陪审员、人民监督员在现实中确实可能存在腐败监管的空白，但上述人员是否属于监察机关所监察的对象，应当判断其是否履行相应职责，并结合实际情况进行具体判断。换言之，唯有履行人民代表大会职责的各级人民代表大会代表才属于依法履行公职的人员的范畴；唯有履行公职、行使公权力的政协委员、人民陪审员、人民监督员才属于本条规定的监察对象的范畴。本条第5项为兜底性条款，然而，监察机关在解释适用该项内容时，必须保持一定的谦抑性，不能盲目地作扩张解释，以正确发挥兜底条款的功效，避免监察机关滥用职权。在具体适用时，应当以是否依法行使公权力、该人员所涉嫌的行为是否损害了公权力的权威性与廉洁性作为判断的根本标准。

关联法条

《监察法》第15条；《人民陪审员法》第2、3条；《人民检察院办案活动接受人民监督员监督的规定》第3、6、8条；《全国人民代表大会常务委员会关于〈中华人民共和国刑法〉第九章渎职罪主体适用问题的解释》；《最高人民检察院关于合同制民警能否成为玩忽职守罪主体问题的批复》；《最高人民检察院关于渎职侵权犯罪案件立案标准的规定》

第四十四条　有关机关、单位、组织集体作出的决定违法或者实施违法行为的，监察机关应当对负有责任的领导人员和直接责任人员中的公职人员依法追究法律责任。

条文主旨

本条是关于集体违法的责任追究问题的规定。

条文解读

根据本条规定，作出决定违法或者实施违法行为的是有关机关、单位、组织集体，法律责任的承担主体为应当负有责任的领导人员和直接责任人员中的公职人员。监察机关坚持党管干部原则，只对人监察，不对机关、单位、组织集体进行监察，严格恪守监察边界。本条体现出监察机关行使权力慎之又慎、自我约束严之又严的一贯作风和要求，为推进全面从严治党提供坚实保证。

集体违法是指有关机关、单位、组织集体作出违法决定或者实施违法的行为。根据本条规定，构成集体违法的，必须同时符合以下几个要件：(1)名义要件。必须是以有关机关、单位、组织集体的名义作出违法决定或违法行为，既包括以有关机关、单位、组织集体内部领导集体的名义对内作出违法决定或违法行为，也包括以有关机关、单位、组织集体的名义对外作出违法决定或实施违法行为。(2)行为要件。有关机关、单位、组织集体必须作出了违法决定或实施了违法行为。有关人员仅仅停留于意志层面、产生了违法意志，并未作出违法决定或实施违法行为的，不属于集体违法。(3)对象要件。违反法律的有关责任人员可被分为两种类型，即负有责任的领导人员和直接责任人员中的公职人员。值得注意的是，并非所有的直接责任人员皆为监察机关追究法律责任的对象，只有那些行使公权力、履行公职的直接责任人员才是承担法律责任的主体。

关联法条

《公职人员政务处分法》第 10 条；《中国共产党纪律处分条例》第 37 条；《刑法》第 30、31 条；《最高人民法院、最高人民检察院关于办理渎职刑事案件适用法律若干问题的解释(一)》

第二节　管　　辖

第四十五条　监察机关开展监督、调查、处置，按照管理权限与属地管辖相结合的原则，实行分级负责制。

条文主旨

本条是关于监察机关分级负责制管辖的规定。

条文解读

规定本条的主要目的是明确各级监察机关开展监督、调查、处置活动的管辖范围与职权分工，避免实际工作中的混乱与职责发散，使案件得到及时、正确的处理，保证监察活动的顺利开展。本条明确了监察机关对开展监督、调查、处置事项管辖的一般原则,即监察机关按照管理权限和属地管辖相结合的原则管辖本辖区内的监督、调查、处置事项。这是坚持党管干部原则的重要体现,也是坚持和加强党的全面领导的重要举措,有利于监察机关做到各司其职、各尽其责,责任明确、界定清晰。

科学把握本条的规范内涵,必须从以下几点出发:(1)明确本条规定的“管理权限”的含义。“管理权限”是指干部管理权限,比如,国家监察委员会管辖中管干部所涉监察事项、省级监察委员会管辖本省省管干部所涉监察事项等。[①] (2)属地管辖问题。属地管辖,是以地域为标准确定监察机关的管辖权,具体而言,是指监察机关在其地域管辖范围内对监察对象的职务违法、犯罪行为进行监督、调查、处置的权限分工。(3)本条规定监察机关开展监督、调查、处置工作时实行分级负责制。结合《中国共产党纪律检查机关监督执纪工作规则》,各级监委应当按照干部管理权限管辖本辖区内的监督、调查、处置事项,对不同层级的行使公权力的公职人员和有关人员开展监督、调查、处置活动。

关联法条

《监察法》第16、17条;《公职人员政务处分法》第3、51条;《中国共产党纪律检查机关监督执纪工作规则》第7条;《纪检监察机关处理检举控告工作规则》第5条

第四十六条　设区的市级以上监察委员会按照管理权限,依法管辖同级党委管理的公职人员涉嫌职务违法和职务犯罪案件。

县级监察委员会和直辖市所辖区(县)监察委员会按照管理权限,依法管辖本辖区内公职人员涉嫌职务违法和职务犯罪案件。

地方各级监察委员会按照本条例第十三条、第四十九条规定,可以依法管辖工作单位在本辖区内的有关公职人员涉嫌职务违法和职务犯罪案件。

监察机关调查公职人员涉嫌职务犯罪案件,可以依法对涉嫌行贿犯罪、介绍贿赂犯罪或者共同职务犯罪的涉案人员中的非公职人员一并管辖。非公职人员涉嫌利用影响力受贿罪的,按照其所利用的公职人员的管理权限确定管辖。

---

① 参见中共中央纪律检查委员会中华人民共和国国家监察委员会法规室编写:《〈中华人民共和国监察法〉释义》,中国方正出版社2018年版,第116页。

条文主旨

本条是关于级别管辖原则和对非公职人员管辖制度的规定。

条文解读

本条第 2 款就县级监察委员会和直辖市所辖区(县)监察委员会的管辖事项作出了规定。其中,"本辖区"是指本级监察机关所在的县级监察委员会和直辖市所辖区(县)监察委员会的行政管辖区域,各级监察委员会只能依法管辖本行政辖区内的公职人员涉嫌职务违法和职务犯罪案件。此外,对于《监察法实施条例》第 42 条和《监察法》第 15 条第 5 项所称"基层群众性自治组织中从事管理的人员",其所涉监察事项由其所在的县级监察委员会管辖,县级监察委员会向其所在街道、乡镇派出监察机构、监察专员的,派出的监察机构、监察专员可以直接管辖。①

本条第 3 款是对派驻或派出的监察机构、监察专员的管辖事项和对工作单位在地方、管理权限在主管部门的公职人员的管辖事项作出了规定。本款与《监察法实施条例》第 13、49 条所规定的内容紧密相关。第一,本条第 3 款规定了地方各级监察委员会对派驻或派出的监察机构、监察专员的管辖事项,与《监察法实施条例》第 13 条规定的内容实现了衔接协调。未被授予职务犯罪调查权的监察机构、监察专员发现监察对象涉嫌职务犯罪线索的,应当向派出机关报告,经依法移交后,有关地方监察委员会可以对其展开调查。第二,本条第 3 款规定了地方各级监察委员会对工作单位在地方、管理权限在主管部门的公职人员的管辖事项,与《监察法实施条例》第 49 条规定的内容实现了衔接协调。驻在主管部门、有管辖权的监察机构、监察专员与地方监察委员会在特定情况下可展开联合调查、相互通报有关问题、协商确定管辖等。

考虑到非公职人员无干部管理权限,本条第 4 款专门就非公职人员涉嫌犯罪案件的管辖问题作出规定。根据本款规定,在调查涉嫌职务犯罪案件时,若涉案人员中有涉嫌行贿犯罪、介绍贿赂犯罪或者共同职务犯罪的非公职人员,监察机关可以依法将其与涉案的公职人员一并管辖。《国家监察委员会管辖规定(试行)》中规定,共同犯罪的,国家监察委员会可以在职责范围内并案调查。该款还规定,非公职人员涉嫌利用影响力受贿罪的,应当按照其所利用的公职人员的管理权限确定管辖的监察机关。这体现出监察机关实现国家监察全覆盖的目标追求,有利于一体推进不敢腐、不

---

① 参见中共中央纪律检查委员会中华人民共和国国家监察委员会法规室编写:《〈中华人民共和国监察法〉释义》,中国方正出版社 2018 年版,第 116 页。

能腐、不想腐,深入推进全面从严治党和反腐败斗争。

关联法条

《监察法》第22条;《监察法实施条例》第13、49条;《中国共产党纪律检查机关监督执纪工作规则》第7条;《纪检监察机关处理检举控告工作规则》第11条

第四十七条　上级监察机关对于下一级监察机关管辖范围内的职务违法和职务犯罪案件,具有下列情形之一的,可以依法提级管辖:

(一)在本辖区有重大影响的;

(二)涉及多个下级监察机关管辖的监察对象,调查难度大的;

(三)其他需要提级管辖的重大、复杂案件。

上级监察机关对于所辖各级监察机关管辖范围内有重大影响的案件,必要时可以依法直接调查或者组织、指挥、参与调查。

地方各级监察机关所管辖的职务违法和职务犯罪案件,具有第一款规定情形的,可以依法报请上一级监察机关管辖。

条文主旨

本条是关于提级管辖的规定。

条文解读

提级管辖是监察权转移的一种情况,是指上级监察机关在符合法定情形的情况下,对下级监察机关管辖的案件直接进行处理。提级管辖主要是出于对监察工作的高效与正确性的考量,以便于监察机关处理一些难度较大的监察事项。各级监察机关实行的是垂直领导体制,上级监察机关对下级监察机关具有提级指挥权力。在下一级监察机关管辖范围内的职务违法和职务犯罪案件,如果在本辖区有重大影响,该案件涉及多个下级监察机关管辖的监察对象、调查难度大或者其他需要提级管辖的重大、复杂案件的情形,上级监察机关可以不受级别管辖的限制和束缚,针对该案件开展监察工作。

本条第2款规定,上级监察机关在必要时,可以依法对于所辖各级监察机关管辖范围内有重大影响的案件直接调查或者组织、指挥、参与调查。一般情况下,上级监察机关只能依法提级管辖下一级监察机关管辖范围内的职务违法和职务犯罪案件,

但在特定情况下，上级监察机关也可以根据本条第 2 款的规定，办理所辖各级监察机关管辖范围内的有重大影响的案件。所谓“必要时”，是指该监察机关及其上一级监察机关由于受到主客观条件的限制，皆不能或不适宜调查或者组织、指挥、参与调查某一案件。

本条第 3 款是对报请提级管辖的规定。所谓报请提级管辖，是指监察机关因规定事由可以报请上级监察机关管辖原本属于自己管辖的事项。提级管辖和报请提级管辖都是将管辖权自下而上转移，但对于下级监察机关而言，前者是被动转移，后者是主动转移。在多数情况下，监察机关应当按照级别管辖的原则，监察本辖区内的公职人员涉嫌职务违法和职务犯罪案件。但是，由于本地区实际情况和监察机关的能力、地位的问题，当所辖案件重大、复杂，监察机关不能或者认为自己的能力不足以对案件进行处理的，可以依法报请上一级监察机关对案件予以管辖。

关联法条

《监察法》第 16、17 条;《中国共产党纪律检查机关监督执纪工作规则》第 9 条

第四十八条　上级监察机关可以依法将其所管辖的案件指定下级监察机关管辖。

设区的市级监察委员会将同级党委管理的公职人员涉嫌职务违法或者职务犯罪案件指定下级监察委员会管辖的，应当报省级监察委员会批准；省级监察委员会将同级党委管理的公职人员涉嫌职务违法或者职务犯罪案件指定下级监察委员会管辖的，应当报国家监察委员会相关监督检查部门备案。

上级监察机关对于下级监察机关管辖的职务违法和职务犯罪案件，具有下列情形之一，认为由其他下级监察机关管辖更为适宜的，可以依法指定给其他下级监察机关管辖：

（一）管辖有争议的；

（二）指定管辖有利于案件公正处理的；

（三）下级监察机关报请指定管辖的；

（四）其他有必要指定管辖的。

被指定的下级监察机关未经指定管辖的监察机关批准，不得将案件再行指定管辖。发现新的职务违法或者职务犯罪线索，以及其他重要情况、重大问题，应当及时向指定管辖的监察机关请示报告。

条文主旨

本条是关于指定管辖的规定。

条文解读

本条第1款就指定管辖原则的内容作出了基本规定。所谓指定管辖，是指基于上级监察机关对下级监察机关的领导关系，根据上级监察机关的指定而确定监察事项的管辖机关。指定管辖是对级别管辖原则的补充，增强了监察机关管辖事项的灵活性。指定管辖一般适用于以下两种情况：第一，地域管辖不明的监察事项；第二，由于各种原因，原来有管辖权的监察机关不适宜或者不能办理某监察事项。①

本条第2款就指定管辖的批准、备案程序作出了规定。本款体现出对监察机关级别管辖一般原则的尊重。本款根据地方监察委员会的级别，将指定管辖的程序分为两类。第一，设区的市级监察委员会将同级党委管理的公职人员涉嫌职务违法或犯罪的案件指定下级监察委员会管辖的，应当报省级监察委员会批准。在指定管辖之前，设区的市级监察委员会必须走"批准"程序，只有经省级监察委员会批准认可，设区的市级监察委员会才可将管辖权指定给下级监察机关。第二，省级监察委员会将同级党委管理的公职人员涉嫌职务违法或犯罪的案件指定下级监察委员会管辖的，应当报上一级监察委员会相关监督检查部门，即国家监察委员会相关监督检查部门备案。换言之，省级监察委员会将管辖权指定给下级监察机关，不需要事先经过国家监察委员会的批准，仅需向其备案即可。

本条第3款就管辖权的平行转移作出了规定，即上级监察机关对于下级监察机关管辖的职务违法和职务犯罪案件，在特定情形下，指定给其所辖的其他下级监察机关管辖。一般情况下，上级监察机关只能依法指定下一级监察机关管辖相关案件，但在管辖有争议、指定管辖有利于案件公正处理、下级监察机关报请指定管辖以及其他有必要指定管辖的情形下，上级监察机关也可以根据本条第3款的规定，跨多个层级将案件指定给其所辖的其他下级监察机关管辖，以充分发挥监察机关工作的积极性和主动性，保证监察工作有序开展。比如，涉嫌职务违法犯罪行为由分属多个不同行政区域的监察对象共同实施，一般需要上级监察机关指定其中一个下级监察机关将该案件交由另一个下级监察机关管辖。

---

① 参见中共中央纪律检查委员会中华人民共和国国家监察委员会法规室编写：《〈中华人民共和国监察法〉释义》，中国方正出版社2018年版，第120页。

本条第4款就再行指定管辖的原则作出了规定。未经指定管辖的监察机关批准,被指定的下级监察机关不得将案件二次指定管辖。同时,本款规定,当被指定的下级监察机关发现新的职务违法或者职务犯罪线索,以及其他重要情况、重大问题时,应当及时向指定管辖的监察机关请示报告。

关联法条

《监察法》第17条;《中国共产党纪律检查机关监督执纪工作规则》第9条

第四十九条　工作单位在地方、管理权限在主管部门的公职人员涉嫌职务违法和职务犯罪,一般由驻在主管部门、有管辖权的监察机构、监察专员管辖;经协商,监察机构、监察专员可以按规定移交公职人员工作单位所在地的地方监察委员会调查,或者与地方监察委员会联合调查。地方监察委员会在工作中发现上述公职人员有关问题线索,应当向驻在主管部门、有管辖权的监察机构、监察专员通报,并协商确定管辖。

前款规定单位的其他公职人员涉嫌职务违法和职务犯罪,可以由地方监察委员会管辖;驻在主管部门的监察机构、监察专员自行立案调查的,应当及时通报地方监察委员会。

地方监察委员会调查前两款规定案件,应当将立案、留置、移送审查起诉、撤销案件等重要情况向驻在主管部门的监察机构、监察专员通报。

条文主旨

本条是关于监察机构、监察专员管辖的规定。

条文解读

本条第1款就工作单位在地方、管理权限在主管部门的公职人员涉嫌职务违法和职务犯罪的管辖权归属问题作出规定,明确了工作单位在地方、管理权限在主管部门的公职人员涉嫌职务违法和职务犯罪的管辖权的一般原则和特殊原则。通常情况下,工作单位在地方、管理权限在主管部门的公职人员涉嫌职务违法和职务犯罪,一般由驻在主管部门、有管辖权的监察机构、监察专员管辖。在特殊情况下,监察机构、监察专员与地方监察委员会协商确定管辖事宜。

本条第2款主要就除却工作单位在地方、管理权限在主管部门之外的其他公职人员涉嫌职务违法和犯罪行为作出规定。第 2 款规定，单位的其他公职人员涉嫌职务违法和职务犯罪，可以由地方监察委员会管辖。与此同时，驻在主管部门的监察机构、监察专员自行立案调查的，对地方监察委员会负有及时通报的义务。第 1、2 款规定表明，地方监察委员会基于属地管辖，对相关公职人员具有管辖权；监察机构、监察专员基于管理权限，对相关公职人员也具有管辖权。

本条第 3 款就地方监察委员会在调查前两款规定案件时的通报义务作出规定。地方监察委员会调查前两款规定案件，应当将立案、留置、移送审查起诉、撤销案件等重要情况向驻在主管部门的监察机构、监察专员通报。实践中，监察机构、监察专员与地方监察委员会之间需要依法依规加强沟通协作，及时通报问题线索和重要情况，形成工作合力。

关联法条

《中国共产党纪律检查机关监督执纪工作规则》第 8 条；《纪检监察机关处理检举控告工作规则》第 12 条；《党组讨论和决定党员处分事项工作程序规定（试行）》第 8 条

第五十条　监察机关办理案件中涉及无隶属关系的其他监察机关的监察对象，认为需要立案调查的，应当商请有管理权限的监察机关依法立案调查。商请立案时，应当提供涉案人员基本情况、已经查明的涉嫌违法犯罪事实以及相关证据材料。

承办案件的监察机关认为由其一并调查更为适宜的，可以报请有权决定的上级监察机关指定管辖。

条文主旨

本条是关于监察机关办理案件中涉及其他监察机关的监察对象的规定。

条文解读

本条第 1 款规定，监察机关办理案件时发现案件本身涉及无隶属关系的其他监察机关的监察对象，并认为需要立案调查的，应当商请有管理权限的监察机关，对该案件依法立案调查。有管理权限的监察机关，是指有干部管理权限的监察机关，如国家监察委员会管辖中管干部所涉监察事项、省级监察委员会管辖本省省管干部所涉监察事项等。本款规定有利于规范监察机关的立案工作与立案程序，提高监察工作的规范性与统一性，实现国家监察全覆盖。为保持监察工作的连贯性，各监察机关之间应当相互配合、协同工作，因此，在商请立案时，监察机关应当向有管理权限的监察机关提供涉案人员基本情况、已经查明的涉嫌违法犯罪事实以及相关证据材料，以保证监察立案工作规范高效。

本条第 2 款是有关指定管辖的规定。承办案件的监察机关认为由其一并调查更为适宜的，可以报请有权决定的上级监察机关指定管辖。此处的"有权决定的上级监察机关"必须是承办案件的监察机关和有管理权限的监察机关的上级监察机关。该上级监察机关在接到报请后，根据案件实际情况和监察权管辖配置情况，可以依法将案件指定给相应的下级监察机关管辖。这是充分发挥监察机关的主观能动性、确保监察工作规范合理的有力举措。

关联法条

《中国共产党纪律检查机关监督执纪工作规则》第 9 条

第五十一条　公职人员既涉嫌贪污贿赂、失职渎职等严重职务违法和职务犯罪，又涉嫌公安机关、人民检察院等机关管辖的犯罪，依法由监察机关为主调查的，应当由监察机关和其他机关分别依职权立案，监察机关承担组织协调职责，协调调查和侦查工作进度、重要调查和侦查措施使用等重要事项。

条文主旨

本条是关于监察机关为主调查的规定。

条文解读

本条与《监察法》第 34 条实现了内容上的衔接，明确了《监察法》第 34 条中规定的"由监察机关为主调查"的具体内涵。根据本条规定，公职人员既涉嫌贪污贿赂、失职渎职等严重职务违法和职务犯罪，又涉嫌公安机关、人民检察院等机关管辖的犯罪，依法由监察机关为主调查的，应当由监察机关和其他机关分别依职权立案，监察机关应当发挥统筹全局的作用，承担组织协调职责，具体包括协调调查和侦查工作进度、协商重要调查和侦查措施使用等。这样规定符合《监察法》的立法本意，有助于强化监察机关与公安机关、人民检察院等机关之间的相互配合，提高办理贪污贿赂、失职渎职等严重职务违法和职务犯罪的工作效率，加强党对反腐败工作的集中统一领导。在此过程中,监察机关需要公安机关、检察机关协助的,后者应当给予协助。值得注意的是,"由监察机关为主调查"并不是由监察机关代替包办其他机关职能管辖范围内的案件,各机关在办理互涉案件中仍应当分别依职权立案。监察机关重在发挥好组织协调职责,确保各职能部门各司其职、相互配合,使案件办理取得最大实效。

关联法条

《监察法》第34条;《刑事诉讼法》第19条;《人民检察院刑事诉讼规则》第13、17、357条;《公安机关办理刑事案件程序规定》第14、29条;《关于人民检察院立案侦查司法工作人员相关职务犯罪案件若干问题的规定》

第五十二条　监察机关必要时可以依法调查司法工作人员利用职权实施的涉嫌非法拘禁、刑讯逼供、非法搜查等侵犯公民权利、损害司法公正的犯罪,并在立案后及时通报同级人民检察院。

监察机关在调查司法工作人员涉嫌贪污贿赂等职务犯罪中,可以对其涉嫌的前款规定的犯罪一并调查,并及时通报同级人民检察院。人民检察院在办理直接受理侦查的案件中,发现犯罪嫌疑人同时涉嫌监察机关管辖的其他职务犯罪,经沟通全案移送监察机关管辖的,监察机关应当依法进行调查。

条文主旨

本条是关于监察机关调查司法工作人员犯罪的规定。

条文解读

本条第1款规定,在必要时,监察机关可以依法调查司法工作人员利用职务之便实施的涉嫌非法拘禁、刑讯逼供、非法搜查等侵犯公民权利、损害司法公正的犯罪,并在立案后及时向同级人民检察院通报。其中,非法拘禁是指非法拘禁他人或者以其他非法手段剥夺他人人身自由,此处专指司法工作人员利用职权实施此类行为;刑讯逼供是指国家司法工作人员采用肉刑或者变相肉刑乃至精神刑等残酷的方式折磨被讯问人的肉体或者精神,以获取其供述的一种极恶劣的刑事司法审讯方式;非法搜查是指司法工作人员违反法律规定,对他人身体、住宅进行搜查的行为。在此类情况下,监察机关应当在立案后及时通报给检察院,因为上述犯罪属于职务犯罪范畴,监察机关依法拥有监察权。为保障检察机关履行对诉讼活动的法律监督职责,一般由检察机关负责侦查,但由监察机关调查更为合适的,也可以由其调查并通报检察机关。

本条第 2 款规定,监察机关在调查司法工作人员涉嫌贪污贿赂等职务犯罪时,可以对其涉嫌的利用职权实施的非法拘禁、刑讯逼供、非法搜查等侵犯公民权利、损害司法公正的犯罪一并进行调查,并及时通报同级人民检察院。职务犯罪是指国家工作人员、企业工作人员或其他工作人员利用职务之便,进行非法活动或者对工作严重不负责,不履行或不正确履行职责,破坏国家对职务的管理职能,依照刑法应当受到处罚的行为。此处规定的职务犯罪的主体是司法工作人员。其中,此处的贪污是指司法工作人员在公务活动或对外交往中接受礼物,依照国家规定应当交公却不交公,数额较大的行为;此处的贿赂是指司法工作人员利用职务之便,索取他人财物或非法收受他人财物,为他人谋取利益的行为。与此同时,本条还规定,人民检察院在办理直接受理侦查的案件时,发现被调查的犯罪嫌疑人还涉嫌监察机关管辖的其他职务犯罪,经沟通全案移送监察机关管辖的,监察机关应当依法进行调查。

关联法条

《刑事诉讼法》第 19 条;《关于人民检察院立案侦查司法工作人员相关职务犯罪案件若干问题的规定》

第五十三条　监察机关对于退休公职人员在退休前或者退休后,或者离职、死亡的公职人员在履职期间实施的涉嫌职务违法或者职务犯罪行为,可以依法进行调查。

对前款规定人员,按照其原任职务的管辖规定确定管辖的监察机关;由其他监察机关管辖更为适宜的,可以依法指定或者交由其他监察机关管辖。

条文主旨

本条是关于对退休、离职、死亡公职人员调查的规定。

条文解读

本条第 1 款规定了监察机关对于退休公职人员在退休前或者退休后,或者离职、死亡的公职人员在履职期间发生的职务违法或者职务犯罪行为的调查权,本款表明,凡是在履职期间发生职务违法或职务犯罪的公职人员皆应接受监察机关的调查,监察机关不因该公职人员退休或离职、死亡而丧失调查权。

本条第2款规定了监察机关对退休公职人员在退休前或者退休后，或者离职、死亡的公职人员在履职期间发生的职务违法或者职务犯罪行为的管辖权的问题。一般情况下，监察机关对于退休公职人员在退休前或者退休后，或者离职、死亡的公职人员在履职期间发生的职务违法或者职务犯罪行为，按照该公职人员原任职务的管辖规定确定管辖的监察机关。在特殊情况下，监察机关认为由其他监察机关管辖更为适宜的，可以依法指定管辖或者交由其他监察机关管辖。但若该省级监察委员会工作任务较多，且下级监察委员会的人员和能力又足以承担该案件的审理工作，省级监察委员会可以将该案件指定由其下级监察委员会管辖，体现了监察机关在管辖方面的灵活变通，有利于更好地提升案件处理的效率与质量。

关联法条

《中国共产党问责条例》第16条；《公职人员政务处分法》第27条

第四章 监 察 权 限

第一节 一般 要 求

第五十四条 监察机关应当加强监督执法调查工作规范化建设，严格按规定对监察措施进行审批和监管，依照法定的范围、程序和期限采取相关措施，出具、送达法律文书。

条文主旨

本条是关于监察机关监督执法工作规范化的总体要求的规定。

条文解读

根据《中国共产党纪律检查机关监督执纪工作规则》第20条的规定，纪检监察机关应当加强对问题线索的集中管理、分类处置、定期清理。信访举报部门归口受理同级党委管理的党组织和党员、干部以及监察对象涉嫌违纪或者职务违法、职务犯罪问题的信访举报，统一接收有关纪检监察机关、派驻或者派出机构以及其他单位移交的相关信访举报，移送本机关有关部门，深入分析信访形势，及时反映损害群众最关心、最直接、最现实的利益问题。这从案件线索来源的处置和分流层面，业已强化了对党内监督执纪与监察监督执法之间权限的审批和监管流程，体现的是监察机关监督执法程序必须依规依法的程序法定与法律保留原则。本条例通过训示性规范强调监察措施的适用范围、程序和期限的法定性，可为保障被调查人的人身民主权利起到内部上下级之间的监督作用。

实务难点指引

当监察机关未经法定程序实施监察措施，此时能否通过程序救济回复程序的合法性？根据本条规定，监察机关加强监督执法工作的规范化建设，集中应落脚于监察立案管辖、监察措施适用审批的上下级监督过程之中。应明确在职务违纪、职务违法和职务犯罪的不同监察事项范围中，监察机关立案调查的主体、程序与时限须严格遵照《监察法》的规定。《监察法》作为《监察法实施条例》的制定依据，在监察措施的审批与执行上须遵循法律保留原则。倘若未经法定程序而对被调查人采取监察措施的，应属监察措施适用违法情形。此时，上级监察机关有权对错误或者违法的监察措施决定予以纠正。

典型案例

某市纪委监委前期初步核实已掌握该市水利局副局长A某涉嫌违纪违法的问题线索和相关证据，并按照程序提请办理立案手续。市纪委监委主要负责同志审批同意该报告后，当日召开专题会议正式决定立案调查。但在会议讨论时，会议内部对A某及其相关涉案人员是否采取留置措施存在不同意见。一种意见认为，采取留置须向社会公开发布消息，有可能导致相关涉案人员串供、毁灭证据甚至出逃，不利于后续调查活动的开展与取证；另一种意见认为，正式立案不影响留置措施的采取，公开发布可有利于在社会上形成震慑，促使相关人员在组织谈话时如实反映情况。该市纪委监委最终采纳第二种意见，对A某采取了留置措施，向A某本人宣布了立案调查决定并通知了A某的家属。同时，还向单位主要负责人进行了通报。① 这表明，监察机关在监督执法过程中，应当强化对限制人身自由监察措施采取的审批与监督，应从正式立案层面确立程序规范化的要求。

关联法条

《监察法》第9、20、42条；《中国共产党纪律检查机关监督执纪工作规则》第20、36条

第五十五条 **监察机关在初步核实中，可以依法采取谈话、询问、查询、调取、勘验检查、鉴定措施；立案后可以采取讯问、留置、冻结、搜查、查封、扣押、通缉措施。需要采取技术调查、限制出境措施的，应当按照规定交有关机关依法执行。设区的市级以下监察机关在初步核实中不得采取技术调查措施。**

开展问责调查，根据具体情况可以依法采取相关监察措施。

---

① 参见本书编写组编写：《纪检监察案例指导(〈中华人民共和国监察法〉篇)》，中国方正出版社2021年版，第291－292页。

条文主旨

本条是关于初核阶段监察措施的规定。

条文解读

监察机关在立案阶段采取的讯问、留置、冻结、搜查、查封、扣押、通缉措施，涉及对人身自由与财产权利的强制处分。本条规定的部分监察措施应当在立案后进行，明确了监察措施在办案不同阶段上的适用差别。初步核实与立案作为监察办案程序的不同阶段，对采取不同类型的监察措施具有明显的程序平衡价值。在初步核实程序中，允许采取的监察措施具有鲜明的弱强制性，例如谈话、询问通过不限制人身自由获取言词证据，查询、调取、勘验检查、鉴定等手段从强制程度上也不同于查封、扣押和冻结。仅在初步核实中适用限制出境措施时，相较于其他限定列举的强制措施而言稍显人身强制性色彩。同时，因技术调查关乎公民个人信息的提取与使用，且仅可在涉及重大职务犯罪情形时方可采取。通过提级启动的立法设定，可将技术调查程序的启动权掌握在省级及以上的监察机关手中，确保重大职务犯罪案件办理与涉及公民个人信息的技术调查权力不被滥用。问责属于监察处置的形态之一，在问责调查当中，可存在“四种形态”的转换，包括问责调查转换为职务违法的监察调查或者升格为职务犯罪的监察调查等方面。因此，赋予问责调查程序可采取相应监察措施的权力，体现了程序的相称性原理。而本条第2款并未明确限定问责调查可采取何种强度的监察措施的范围，也就说明了问责调查具备一定的复合性。不同于初步核实阶段可采取弱强制性的监察调查措施，问责调查可采取监察措施的范围不能单一地由监察措施内容的强制程度来决定，而应根据涉案事项的具体状况来具体分析。

实务难点指引

在职务犯罪案件的监察办案过程中，初步核实阶段因未能从程序上确认被调查对象的违法性，在证据取得方式上仍应严格遵循比例原则。即监察机关办案人员在初步核实阶段不得适用超越法定监察措施范围之外，超出人身自由或财产限制必要程度的监察措施，否则即可构成取证上的违法。同时，本条第2款旨在指引监察机关开展问责调查时，可根据具体情况灵活采取相应的监察措施。但从办案程序上应兼顾必要的程序审批，尤其对于留置等人身自由限制程度较强的监察措施的审批，应从必要的程序裁量权限设定上严格限制适用情形。

典型案例

某市市直机关单位的负责人A某(中共党员)在临近退休时,利用手中权力帮助他人办事收受财物,其违规行为给当地有关项目造成了重大损失。其中,部分财物的取得通过其妻子B某和女儿C某收受,B某已经移民,C某在国外读书。市纪委监委接到群众举报的线索,按照程序报批后在初步核实阶段与A某进行了谈话。通过各种迹象表明,A某在做出逃的准备。因此,市纪委监委在决定对A某予以正式立案审查调查后,采取了留置措施。同时,在履行相关报批手续后,提请公安机关对相关人员采取技侦措施,监听通讯工具,掌握了串供的事实。① 这表明,技术调查必须坚持审慎原则。只有根据需要,在正式立案后,方可采取特定的监察调查措施。

关联法条

《监察法》第18—41条;《中国共产党纪律检查机关监督执纪工作规则》第34条

第五十六条 开展讯问、搜查、查封、扣押以及重要的谈话、询问等调查取证工作,应当全程同步录音录像,并保持录音录像资料的完整性。录音录像资料应当妥善保管、及时归档,留存备查。

人民检察院、人民法院需要调取同步录音录像的,监察机关应当予以配合,经审批依法予以提供。

条文主旨

本条是关于调查取证工作录音录像的规定。

条文解读

监察机关实施讯问、搜查、查封、扣押等具备人身和财产限制效果的监察措施时,从时间阶段上一般处于正式立案之后。重要的谈话和询问作为轻缓的监察措施,在初步调查核实阶段时保持了强制处分程序法定与谦抑。但在同步录音录像的要求上,此类监察措施应与强制程度更为明显的其他监察措施保持一致。从证据收集和

① 参见本书编写组编写:《纪检监察案例指导(〈中华人民共和国监察法〉篇)》,中国方正出版社2021年版,第189-190页。

固定的效果上,可实现监察取证工作的阶段连续性与证据资料保存的完整性。由于监察机关调查取证收集到的录音录像不随案移送检察机关,在后续的刑事诉讼阶段中,当检察机关和法院需要调取监察调查阶段的录音录像证据资料时,须经由监察机关的内部审批程序后方可调取。所有因案件需要接触录音录像证据资料的人员应对录音录像内容严格保密。

监察调查阶段录音录像证据内容的保密性要求可强化调取的审批环节的监督效果,同时还可避免因重复调取、错误调取引发的泄密风险。《中国共产党纪律检查机关监督执纪工作规则》第 50 条明确了监督检查、审查调查部门的主要负责人、分管领导定期检查审查调查期间的录音录像证据的义务。当发现问题时,相关负责人员应第一时间予以纠正并报告。这意味着,除刑事诉讼阶段需要调取录音录像证据外,内部的定期检查也是一种常态的监管形式。监察证据录音录像的完整与保密,实质上与刑事诉讼中的录音录像证据收集保持了高度的一致,体现了国家监察与刑事司法程序衔接的立法要求。

实务难点指引

从《中国共产党纪律检查机关监督执纪工作规则》第 49 条可知,对涉嫌严重违纪或者职务违法、职务犯罪问题的审查调查,监督执纪人员未经批准并办理相关手续不得将被审查调查人或者其他重要的谈话、询问对象带离规定的谈话场所,不得在未配置监控设备的场所进行审查调查谈话或者其他重要的谈话、询问,更不得在谈话期间关闭录音录像设备。这也就对本条规定中录音录像证据资料的形成提出了具体的要求,包括言词证据取得的场所相对固定、监控设备配置固定与录音录像证据取得过程保持延续的要求。在处理人民检察院、人民法院调取同步录音录像的要求时,监察机关还应当对审批程序的具体运行进行细化,包括审批主体为监察机关的主要负责人还是分管领导,审批权限为同级申请还是提级申请,刑事司法机关在调取不能时能否向上一级监察机关申请复议等。各地监察机关能否在不违反本条精神的前提下,灵活地制定符合监察办案实际的具体实施规则,有待从实务层面进一步论证。

典型案例

某县纪委监委按照程序初步核实后,发现 A 某收受他人贿赂、贪污公款和多次嫖娼等行为。在正式立案调查后,A 某被采取留置措施。讯问期间,A 某对于调查人员的问题表示回忆不清,拒不交代甚至耍赖抵抗,调查人员因急躁而用书本对 A 某敲打并辱骂。移送司法机关后,司法机关依法调取讯问期间的全程录音录像资料,并确认了某一时间段内办案人员存在体罚、威胁和引诱的违法取证情形。[①] 这表明，全程录音录像不仅可以保障办案过程的真实得到还原，而且可以对违法取证的行为予以及时查处，保障被调查人应有的人身权益。

关联法条

《监察法》第41条；《中国共产党纪律检查机关监督执纪工作规则》第48—50条；《国家监察委员会与最高人民检察院办理职务犯罪案件工作衔接办法》第1、2、27、31条；《最高人民法院关于适用〈中华人民共和国刑事诉讼法〉的解释》第54、74条；《人民检察院刑事诉讼规则》第76、77、263条

第五十七条　需要商请其他监察机关协助收集证据材料的，应当依法出具《委托调查函》；商请其他监察机关对采取措施提供一般性协助的，应当依法出具《商请协助采取措施函》。商请协助事项涉及协助地监察机关管辖的监察对象的，应当由协助地监察机关按照所涉人员的管理权限报批。协助地监察机关对于协助请求，应当依法予以协助配合。

条文主旨

本条是关于商请其他监察机关协助收集证据材料的规定。

条文解读

《监察法》第4条第3款规定监察机关在工作中需要协助的，有关机关和单位应当根据监察机关的要求依法予以协助。本条则从协助主体范围上纳入了监察机关本身，从提供证据材料收集的协助、提供一般性性协助两个层面作出了相应的程序要求。监察机关在调查取证过程中，有关机关的范围扩大到监察机关自身，这就要求在程序上更加重视措施文书、《委托调查函》与《商请协助采取措施函》的功能。若指向为上级监察机关，则应为“提请”。而本条通过“商请”实现的协助，意味着不同的监察机关之间应为平行关系。措施文书与委托公函在工作配合中发挥着不同的功能，当由“商请”形成的平行协助关系涉及监察管辖权限时，还须按照所涉人员管理权限

① 参见本书编写组编写：《纪检监察案例指导(〈中华人民共和国监察法〉篇)》，中国方正出版社2021年版，第300－301页。

报批。这反映了协助地监察机关在协助事项上的程序法定要求，出具相关的措施文书从内容上还应涵盖委托调查与协助采取监察措施。《委托调查函》涉及对收集证据材料的调查协助，而《商请协助采取措施函》对应的仅为一般性协助，不涉及证据材料的调查收集行为。因此，本条规定从文书令状的内容层面确立了监察机关间协助行为的运行边界，可确保协助行为在措施文书和公函的内容范围内符合监察管辖权限的要求。

实务难点指引

从措施文书与公函的开具方式上，本条明确了收集证据协助与一般性协助之间的区别。在实务操作中，更应注意的是，公函与措施文书的开具程序应作必要区分。《委托调查函》的制定应侧重受委托监察机关的协助证据收集的能力，《商请协助采取措施函》则应注重协助地监察管辖对象的管理权限。措施文书的指向对象涉及协助地监察管辖对象的，应从监察办案的地域管辖规则中细化相应的协助报批义务。当协助过程中发生不可抗力的事由时，如何对措施文书中的程序救济规定予以展开，这有待监察法规的进一步解释。

关联法条

《中国共产党纪律检查机关监督执纪工作规则》第 11 条

第五十八条　采取监察措施需要告知、通知相关人员的，应当依法办理。告知包括口头、书面两种方式，通知应当采取书面方式。采取口头方式告知的，应当将相关情况制作工作记录；采取书面方式告知、通知的，可以通过直接送交、邮寄、转交等途径送达，将有关回执或者凭证附卷。

无法告知、通知，或者相关人员拒绝接收的，调查人员应当在工作记录或者有关文书上记明。

条文主旨

本条是关于监察机关采取监察措施时履行告知义务的规定。

条文解读

根据《监察法》第 41 条的规定，调查人员采取调查措施时，应当按照规定出示证件,出具书面通知。因监察措施的适用涉及对人身自由的限制或者剥夺,性质上属于强制处分,在监察调查程序中应当遵循程序法定原则。程序法定原则中的一项重要内容即为强制处分对象应当对强制处分的内容具有知悉权。监察措施的告知与通知应遵循监察调查的工作审批与内控程序要求。经由书面通知或者口头告知的方式,可证明调查行为与监察措施的采取经由监察机关的授权。否则,相关单位和个人有权不配合。向被调查人以外的单位组织与有关人员通知监察措施的采取情况,既是让监察机关接受社会监督的一种方式,又是加强反腐败斗争宣传,形成持续震慑的一种手段。[①] 通过书面送达的有关回执或者凭证须附卷,口头告知的应当将相关情况制作工作记录,这体现了全程记录的程序设计要求,防止工作记录无迹可查或者难以保存的情形出现。监察措施的采取不仅应为被调查人通过明示的方式知晓和接受,并且作为取证环节的重要程序保障,在书面通知或者口头告知过程中制作相关工作记录留存备查不仅体现了调查取证的规范性,同时也是对调查主体与被调查对象的双重保护。同时,以书面方式通知被调查人的,本条在通知方式上借鉴了法院裁判文书送达的程序规定,体现了告知义务履行方式的多样性。但本条并未采纳法院裁判文书中的留置送达方式,这是因为采取监察措施的告知程序对于被调查人而言应为明示的知晓。对于无法通知、告知或者拒绝接收的情形,本条要求调查人员在文书上记载说明情况,也就意味着履行书面通知和口头告知义务具备了程序运行上的完整性。

实务难点指引

在监察措施适用过程中,倘若无法证明书面通知或者口头告知已经履行,则该监察措施的适用存在程序违法。此时,应如何对未尽告知义务的监察措施实现程序上的救济,本条并未做过多展开。在监察办案实践中,还应结合具体办案实际考虑告知义务的补充履行、纠正错误的监察措施适用行为以及确认监察措施违法的程序救济必要性。同时,对通过转交送达实现通知或者告知效果的情形,在主体层面应细化可实施转交送达的主体范围。同时,对于通知或告知文书的送达还应规定必要的期间,应结合通知文书的工作记录、回执或者凭证附卷的制定期间予以综合判断。对于存在无法通知或者告知以及拒不签收情形的,还应考虑办案实际中以工作记录与其他通知文书的形式,记载说明拒绝签收或者未签收的原因,避免因接收不能而出现通知或告知程序不规范的现象。

---

① 参见中共中央纪律检查委员会中华人民共和国国家监察委员会法规室编写:《〈中华人民共和国监察法〉释义》,中国方正出版社 2018 年版,第 188 – 192 页。

关联法条

《监察法》第20、39、41、44、45条;《公职人员政务处分法》第43、46条;《中国共产党纪律检查机关监督执纪工作规则》第41、42条

第二节 证　据

第五十九条　可以用于证明案件事实的材料都是证据,包括:

(一)物证;

(二)书证;

(三)证人证言;

(四)被害人陈述;

(五)被调查人陈述、供述和辩解;

(六)鉴定意见;

(七)勘验检查、辨认、调查实验等笔录;

(八)视听资料、电子数据。

监察机关向有关单位和个人收集、调取证据时,应当告知其必须依法如实提供证据。对于不按要求提供有关材料,泄露相关信息,伪造、隐匿、毁灭证据,提供虚假情况或者阻止他人提供证据的,依法追究法律责任。

监察机关依照监察法和本条例规定收集的证据材料,经审查符合法定要求的,在刑事诉讼中可以作为证据使用。

条文主旨

本条是关于监察证据的规定。

条文解读

《监察法》第33条列举了"物证""书证""证人证言""被调查人供述和辩解""视听资料""电子数据"等部分证据类型,并赋予其在刑事诉讼中可作为证据使用的法律效力。本条是对《监察法》第33条的类型化补充,增加了"被害人陈述""被调查人陈述""鉴定意见""勘验检查、辨认、调查实验等笔录"以及兜底条款内容。本条第1款明确了监察证据体系的八种类型,这与《刑事诉讼法》中的法定刑事证据种类保持

了高度的一致。而与其不同的地方表现在，当监察调查尚未移送司法机关时，涉嫌职务犯罪的被调查人还不能被作为犯罪嫌疑人和被告人对待。此时，具备该类特征的口供称为“被调查人陈述、供述和辩解”。同理，我国刑事证据体系中的“侦查实验笔录”相应的表述为“调查实验笔录”，体现了监察调查阶段的特殊性。

本条第2款规定的“依法如实提供证据”，从性质上属于被调查人以外的证人义务或者证据调查的协助义务，是《监察法》第18条内容的延伸。此种义务的强制性与协助性体现了监察机关办案的政治要求，反映了反腐败斗争过程中的人民性。该款明确了有关单位和个人在监察证据的收集过程中应承担如实提供相关证据、严格遵守保密规定以及不得阻挠办案等责任。

本条第3款是《监察法》第33条精神的再强调，体现了监察机关在收集监察证据时应承担的主动审查义务，明确了移送刑事司法后的证据使用应满足前置审查判断条件，避免因非法取证审查缺失而导致在衔接刑事诉讼过程中出现证据能力问题。

实务难点指引

本条以《刑事诉讼法》第50条为参照，构建了监察证据的法定种类体系。在实务办案过程中，尤其要重视监察机关向有关单位和个人收集、调取证据的合法性问题。不符合法定程序收集的证据，不能一概视为非法证据予以排除，而应区别对待。尤其是对于证据取得存在瑕疵的情形下，通过补正或者作出合理性解释的，应当从刑事司法程序衔接的视角上明确该证据可继续使用的证据效力。[①] 监察机关收集的证据材料作为刑事证据使用，还应在办案过程中注重根据《刑事诉讼法》关于证据认定的规定进行综合判断。因移送司法机关审查起诉涉及入罪判断，应根据刑事证明标准衡量刑事诉讼程序启动条件是否具备。因此，监察机关收集的证据材料作为刑事证据使用，就必须与刑事审判中关于证据调查的要求和标准保持一致。

典型案例

M县某农机公司业务员R某到县纪委报案，称总经理Q某让其在指定时间内到县某酒店一层餐厅给某银行领导送交现今数万元。因R某与受贿人有过当面接触，纪委监委在初步核实过程中，让R某对照片予以辨认。随后，县纪委监委根据R某的辨认制作了辨认笔录，调取监控录像、询问证人并查询账户，查实了某银行领导Z

① 参见中共中央纪律检查委员会中华人民共和国国家监察委员会法规室编写：《〈中华人民共和国监察法〉释义》，中国方正出版社2018年版，第170页。

某的受贿事实。而在移送检察机关审查起诉时，检察机关认为R某辨认照片过少，随即退回补充调查并按照刑事证据中的辨认笔录要求重新制作辨认笔录。[①] 这表明，检察机关在审查起诉阶段，对于监察机关在职务犯罪调查阶段收集的证据，按照刑事证据标准予以了审查认定。检察机关通过将案件退回补充调查的方式，补足了监察证据在移送刑事司法时的证据能力瑕疵。

关联法条

《刑事诉讼法》第50条；《最高人民法院关于适用〈中华人民共和国刑事诉讼法〉的解释》第69—71、76条；《人民检察院刑事诉讼规则》第65条；《国家监察委员会与最高人民检察院办理职务犯罪案件工作衔接办法》第3条

第六十条　监察机关认定案件事实应当以证据为根据，全面、客观地收集、固定被调查人有无违法犯罪以及情节轻重的各种证据，形成相互印证、完整稳定的证据链。

只有被调查人陈述或者供述，没有其他证据的，不能认定案件事实；没有被调查人陈述或者供述，证据符合法定标准的，可以认定案件事实。

条文主旨

本条是关于监察机关调查、收集和认定证据的总体要求的规定。

条文解读

本条内容上包括证据收集与证明标准，涵盖了取证、质证和认证的证据规范，坚持了“以证据为根据”的原则，体现了监察机关证据收集的客观全面义务。本条精神与刑事诉讼中证据收集与证明标准高度契合。“只有被调查人陈述或者供述，没有其他证据的，不能认定案件事实”表明监察机关认定案件事实应当坚持“口供补强”或“言词证据补强”的证据规则，避免“孤证定案”的情形产生。在缺失言词证据的情形下，没有被调查人陈述或者供述的，可通过相互印证的完整证据链形成对案件事实的必要心证。此种心证在监察调查阶段时，主要体现为监察机关坚持全面、客观和公正

---

① 参见本书编写组编写：《纪检监察案例指导（〈中华人民共和国监察法〉篇）》，中国方正出版社2021年版，第222－223页。

的办案原则，与法院裁判时法官坚持“证据裁判”和“自由心证”原则密切相关。在“证据符合法定标准的，可以认定案件事实”中，该证据符合法定标准，是指符合证据客观性、关联性与合法性的三方面要求。根据《监察法》第 33 条内容可知，监察机关在收集、固定、审查、运用证据时，应当与刑事审判关于证据的要求和标准相一致。这也就体现了监察机关在办理职务案件时，应当准用刑事证据规则与刑事证明标准的要求。对于监察机关办案人员而言，这无疑是对证据收集、固定与审查判断提出了更为明确的高要求。监察职务违法调查程序从法律后果上表现在非罪的政务处置，并不能与职务犯罪调查程序效果保持匹配。但从收集证据的要求上保持同一性，可避免监察调查过程中降低证据收集要求与证明标准，从而因取证违法而造成冤假错案情形出现。因此，“证据符合法定标准”意味着监察证据须以刑事证据的法定标准为基本参照。同时，“可以”认定案件事实，表明监察机关对于没有言词证据的情形，在证据认定上可享有一定的自由裁量权。这也是对刑事证据规则当中的“口供补强”规则作了变通的适用。即在没有被调查人供述的前提下，监察机关可以通过外围的其他类型证据形成完整密闭的证据链条，强化相互印证事实之间的关联性，由此在对案件事实认定上达到“排除合理怀疑”的证明标准。

实务难点指引

从被调查人供述或陈述的“口供补强规则”可知，“可以认定案件事实”的范围界定涉及非法证据排除规则的运用。监察机关全面客观收集证据，是指既要收集被调查人涉嫌违纪违法犯罪的事实材料，又要收集对被调查人有利的证据。但在监察实践中，多因办案的时限要求难以在调查阶段对被调查人有利的证据做过多考量。而如何明确监察调查程序中的证据审查义务，当前立法也未作具体规制。因此，实务操作中，监察机关应明确在调查终结时，由何种部门负责对已收集证据材料的认定与审查。例如，党内监督执纪部门专职一般监督，审查调查部门专职调查办案，此种职责分工还应考量由其他部门负责监察办案中的证据审查判断职责。因此，可在移送司法机关之前将监察机关已经收集的证据是否达到移送审查起诉的程度以及是否达到刑事证明标准作科学评判，同时还可实现排除非法证据的程序效果。

关联法条

《监察法》第 40 条；《刑事诉讼法》第 52、55 条；《最高人民法院关于适用〈中华人民共和国刑事诉讼法〉的解释》第 73 条；《人民检察院刑事诉讼规则》第 61 条；《中国共产党纪律检查机关监督执纪工作规则》第 32、46 条

第六十一条　证据必须经过查证属实，才能作为定案的根据。审查认定证据，应当结合案件的具体情况，从证据与待证事实的关联程度、各证据之间的联系、是否依照法定程序收集等方面进行综合判断。

条文主旨

本条是关于监察机关审查认定监察证据客观性、关联性与合法性的总体要求的规定。

条文解读

根据《监察法》第 40 条可知，监察机关在职务违法和职务犯罪的案件调查过程中，应当查明违法犯罪事实，形成相互印证、完整稳定的证据链。本条对监察证据提出了“查证属实”的要求，体现了作为定案根据的监察证据具备了客观性。而证据与待证事实的关联程度、各个证据之间的联系则体现了监察机关收集证据的关联性要求。当完成了监察证据的初步收集工作后，监察机关还应当对收集的证据分析研究、鉴别真伪，寻找证据与案件事实之间的客观内在联系。[①] 监察证据的认定遵循了印证证明模式的一般性规律，避免了单纯的口供作为孤立的证据证明带有片面性，体现了整体主义正义观的精神。这在《中国共产党纪律检查机关监督执纪工作规则》第 46 条当中也表现为“相互印证、完整稳定”的要求。审查认定监察证据的取得是否依照法定程序，属于监察证据收集的合法性要求，同时也是监察机关在认定证据时程序法定原则的内在表达。例如，采取监察措施是否为 2 人以上进行，是否形成笔录、报告等书面材料，是否在法定的时限内进行讯问，是否办理了相应的监察措施手续并出示相关措施文书等，均可作为判断监察调查取证程序合法的参考要素。监察证据的审查认定直接影响对被调查人的下一步处理，在程序上必须严格规范，慎之又慎。监察证据的审查认定要经得起审理部门、检察机关和法院的审查，若退回补充调查则影响办案效率。由此，监察证据的审查认定充分借鉴了刑事诉讼中刑事证据客观性、关联性和合法性的审查判断要求，反映了国家监察与刑事司法保持了证据规则上的必要衔接。

---

① 参见中共中央纪律检查委员会中华人民共和国国家监察委员会法规室编写：《〈中华人民共和国监察法〉释义》，中国方正出版社 2018 年版，第 190 页。

实务难点指引

与证据合法性的判断标准不同，监察证据的关联性判断标准，应从言词证据与实物证据的分类予以区分。对于被调查人的陈述或者供述中非指向违法犯罪事实的，需要结合证人证言或者其他言词证据判断此类证据与待证事实之间关联性的大小。监察实务中，对此类间接证据的关联性判断须通过内在的联系形成相互印证、完整稳定的证据链。而因实物证据多为间接证据，可对被调查人陈述或者供述等言词证据起到强化作用。监察机关党政合署的组织架构决定了涉及党内监督执纪、审查调查与国家监察的党内法规同国家法律之间的衔接，在证据标准上也应当保持一致性。因此，本条对监察证据的审查判断标准不仅指向监察法及其法规解释的适用，同时还指向了党内监督执纪、审查调查过程中取得的证据。

关联法条

《监察法》第33、40条；《人民检察院刑事诉讼规则》第62条；《最高人民法院关于适用〈中华人民共和国刑事诉讼法〉的解释》第72、82—139条

第六十二条　监察机关调查终结的职务违法案件，应当事实清楚、证据确凿。证据确凿，应当符合下列条件：

（一）定性处置的事实都有证据证实；

（二）定案证据真实、合法；

（三）据以定案的证据之间不存在无法排除的矛盾；

（四）综合全案证据，所认定事实清晰且令人信服。

条文主旨

本条是关于监察机关调查职务违法案件程序终结的标准要求的规定。

条文解读

本条是对本条例第61条关于监察证据审查认定总体要求在职务违法案件中的具体化展开，对“证据确凿”的内涵定义包括了证据证实、真实合法以及“排除一切矛盾”的关联性要求。同时，本条对认定事实的可靠性提出了“令人信服”的要求。在职务违法调查的处置程序上，被调查人对处置结果是否信服关乎调查过程的科学性

与规范性。监察职务违法调查的处置不仅在法律属性上具备了政务处分的惩戒效果,更应从思想政治层面上理解被调查人对处置结果的可接受性,从而在长远上达到惩戒与教育相结合的目标。职务违法的办案标准采用了“定性处置”作为案件办理程序终结的标准之一,体现了监察机关运用监督执纪“四种形态”处置职务违法案件的证据判断“标尺”。与涉及刑法评价的职务犯罪调查程序不同的是,职务违法调查的程序效果表现在谈话提醒、批评教育、责令检查,或者予以诫勉,针对被调查人的违法行为作出政务处置决定,对有关领导人员进行问责以及对调查过程中不予配合的单位发出监察建议等。由此可知,监察机关在职务违法调查过程中收集到的证据在内容上仅能与职务违法行为有关,而不应当涉及职务犯罪行为。同时,用于定案的证据符合真实性和合法性。“不存在无法排除的矛盾”意味着证据之间的关联性符合法律逻辑上的严密性与完整性要求。认定事实清晰且令人信服,表明监察处置结果对于被调查人而言具备了可接受性。

实务难点指引

“定性处置”须以职务违法证据为前置,而非职务犯罪证据。当职务违法调查程序中出现了与被调查人有关的职务犯罪或者其他犯罪证据时,应将职务犯罪证据移送司职犯罪调查的监察机关部门,或者将其他犯罪证据移送具备刑事侦查权的有关部门处理。因此,“定性处置”明确了监察职务违法调查的证据属性边界。“不存在无法排除的矛盾”,在监察实务中应当明确职务违法调查获得的证据在印证证明当中的证据关联度应有别于职务犯罪调查证据。其虽借鉴了刑事证据当中的证明标准,但仍应从逻辑上厘清“无法排除矛盾”与“排除一切合理怀疑”之间的差别,这有待从证明标准理论上进一步阐释。

典型案例

A县纪委监委收到群众举报反映某镇镇长S某违规发放和领取津补贴的问题线索后,先后4次针对群众反映的问题要求S某作出陈述而均遭到S某的拒绝,随即县纪委监委启动职务违法调查程序。在听取被调查人的陈述和申辩以前,县纪委监委通过当面宣读有关材料的方式将调查认定的违法事实以及拟给予政务处分的法律依据告知了S某。S某而后通过陈述和申辩程序,知晓其行为已经违反有关规定,于是对调查结果与政务处分决定表示信服。[1] 这表明，以政务处分为调查终结处置效果的职务违法调查程序，应当在作出政务处分决定前履行向被调查人告知处置结果和依据的法定义务，此是认定事实“令人信服”在监察实务当中的具体表达。

关联法条

《公职人员政务处分法》第5条；《公务员法》第63条；《中国共产党纪律检查机关监督执纪工作规则》第53条；《中国共产党问责条例》第10条；《党组讨论和决定党员处分事项工作程序规定（试行）》第4条

第六十三条　监察机关调查终结的职务犯罪案件，应当事实清楚，证据确实、充分。证据确实、充分，应当符合下列条件：

（一）定罪量刑的事实都有证据证明；

（二）据以定案的证据均经法定程序查证属实；

（三）综合全案证据，对所认定事实已排除合理怀疑。

证据不足的，不得移送人民检察院审查起诉。

条文主旨

本条是关于监察机关调查职务犯罪案件证据要求的规定。

条文解读

本条规定监察机关调查职务犯罪案件时，应达到事实清楚，证据确实、充分的要求。相比职务违法案件的证据“确凿”，“证据确实、充分”将待证事实限定在定罪和量刑的事实范围，限缩了与定罪量刑相关事实的证据认定范围。“经法定程序查证属实”意味着监察职务犯罪调查程序终结时应交由审查部门履行法定的证据审查程序。此法定的证据审查并非指人民检察院的审查起诉程序，而是指在监察机关内部由专门部门负责对职务犯罪案件证据的审查工作。全案证据须达到“排除合理怀疑”的证明标准，是刑事诉讼证明标准在监察职务犯罪调查程序中的体现，反映了监察职务犯罪调查与刑事司法程序衔接的证据规则要求。将案件移送司法是党内监督执纪“四

---

① 参见丁方旭编写：《纪检监察案例指导（〈中华人民共和国公职人员政务处分法〉篇）》，中国方正出版社2021年版，第198页。

种形态”中最严厉的形式，监察机关在职务犯罪调查终结时审查认定职务犯罪证据采用“排除合理怀疑”的标准，同刑事审查起诉和刑事审判的证据调查标准保持了高度的一致性。另外，涉及监察证据不足时，退回补充调查或者作出不起诉决定的程序裁量权限应由检察机关掌握。当监察职务犯罪证据存在不足时，应退回监察机关补充调查或由检察机关自行侦查。因此，在职务犯罪案件调查终结前，监察机关应当严格把握证据“确实、充分”的实质内涵，从证据的客观性、关联性与合法性层面强化证据审查的标准要求，避免移送审查起诉后退回对办案效率的负面影响。

实务难点指引

在实务操作中，对于职务犯罪案件，证据确实、充分的要求首先定位于涉及被调查人定罪量刑的事实都有证据证明。检察机关在通过商请后提前介入监察职务犯罪案件办理时，可对监察机关定罪量刑事实的证据关联性判断起到辅助作用。由此，当出现与定罪量刑事实无关的证据时，对此类证据应综合全案证据的收集情况，避免一律认定为属于应当排除的情形。同时，《监察法》与本条例均要求证据收集应贯彻全面客观的精神。当涉及被调查人有罪和无罪、罪轻和罪重的证据时，不能因部分证据在量刑上有利于被调查人而被忽略，更不可只关注有罪和罪重的证据。涉及被调查人可免于定罪量刑的事实，仍然是监察机关办理职务犯罪案件的证据收集方向之一。此类证据的存在与否、证据数量的多寡、关联性的强弱等因素，直接关乎监察机关在调查终结时是否决定将案件移送检察机关审查起诉。若涉及定罪量刑的证据无法证实被调查人存在移送检察机关追究刑事责任的必要，在职务调查终结时审理部门应对此作出相应的处置建议，例如由职务犯罪调查程序转为职务违法调查程序等。对于职务犯罪案件证据的合法性问题，在同步录音录像的调取过程中应把握审理部门监督审查此类证据合法性的职责。实际操作中，可出现因内部同体监督导致审理部门证据审查不严的情形。因此，必要时可建议由上级监察机关审理部门提级对此类证据的合法性作出认定。对于证据不足的认定，实务中要判断待证事实与证据之间存在的强关联性。这不同于监察职务违法调查中“无法排除的矛盾”，职务犯罪证据达到的“优势证明标准”体现在“合理怀疑”，即在逻辑矛盾之外运用推定的方式仍不能免除合理怀疑的，应当认定为证据不足。

典型案例

2017 年 10 月，N 县纪委监委对涉嫌挪用公款的县林业局副局长 D 某依法进行立案审查调查并采取了留置措施。由于 D 某在留置场所拒不交代违法犯罪事实，讯问时间持续了22个小时。D某在调查终结后向审理部门提出遭受长时间讯问的情况。通过调取讯问同步录音录像、询问调查人员等方式确认了该情形属实，随后N县纪委监委的审理部门对D某在超出法定时间讯问的供述笔录作出了排除的认定结论。[①] 这表明，监察职务犯罪调查程序中未按照法定程序获得的被调查人陈述或者供述，不应当作为定罪量刑的证据对待。对于此类未经法定程序形成的监察证据不应作为定案依据，须在移送审查起诉前由审理部门对此类证据予以排除。

关联法条

《监察法》第45、47条；《刑事诉讼法》第55条；《中国共产党纪律检查机关监督执纪工作规则》第53条；《最高人民法院关于适用〈中华人民共和国刑事诉讼法〉的解释》第140—143条；《人民检察院刑事诉讼规则》第63、355条

第六十四条　严禁以暴力、威胁、引诱、欺骗以及非法限制人身自由等非法方法收集证据，严禁侮辱、打骂、虐待、体罚或者变相体罚被调查人、涉案人员和证人。

条文主旨

本条是关于监察机关不得非法收集证据，不得刑讯逼供的规定。

条文解读

本条是对监察机关刑讯逼供行为的禁止性规定，通过明示的列举，将暴力、威胁、引诱、欺骗以及非法限制人身自由作为非法方法的表现形态。非法的监察证据在获取方法上须经过非法性的判定，而通过本条可知，非法证据的审查判断通过方法判定应遵循一定的标准。当符合法定条件时，此种非法取证的行为方法方可作为非法方法对待。但根据《监察法》第40条和《中国共产党纪律检查机关监督执纪工作规则》第46条可知，在非法取证方法的条文列举范围中并未包含“暴力”和“限制人身自由”表述。本条通过对非法方法的内涵扩张而将其内涵予以延伸，对监察工作人员取证行为的规范性提出了更高的要求，具备了较强的实务操作意义。在刑讯逼供的表

---

① 参见本书编写组编写：《纪检监察案例指导（〈中华人民共和国监察法〉篇）》，中国方正出版社2021年版，第224－225页。

现方式中,本条列举了侮辱、打骂、虐待、体罚或者变相体罚等方式,将刑讯逼供作为收集证据的禁止性规定予以明确。因刑讯逼供获取的证据通常是由被调查人在某种特定环境下作出,被调查人陈述或者供述的真实性往往易受到质疑,因被调查人迫于压力或者欺骗而取得的证据存在虚假的可能性大为增加。在初步核实前期,监察调查人员可通过思想政治工作,宣讲党和国家政策以及从宽处罚规定。此时,被调查人主动交代并不属于强迫被调查人自证其罪,而是属于主动坦白违纪违法的自首或者自动投案行为。①

实务难点指引

本条通过明示的列举将收集证据的方法予以具体化的立法方式,从立法技术上应考虑列举事项之间的关联性与逻辑上的严谨性。对于列举方法的"等"外探索,从未来立法完善的角度扩充内涵仍应保持必要的谦抑。部分间接的刑讯逼供行为,从外观上尽管难以肉眼判断对人身造成何种程度的直接伤害,但可从讯问时间、内容、强度以及被调查人的陈述和供述自愿性等方面综合判断。例如,监察工作人员违规超期讯问,不允许被调查对象睡觉以及言语上的辱骂或者其他攻击等,能否判断被调查对象遭受实际的身体或者心理创伤,则可通过全程录音录像予以综合分析。尤其是对于"变相"的理解,实务中一定要把握被调查人本人的身体状况以及被调查人陈述或者供述内容的自愿性与真实性。比如,被调查人年事已高,或者有过特定心理创伤的,在具有人身攻击色彩的言语冲击下,可对其造成间接的伤害。而在一些特定场合或者情形下,这些伤害可被视为影响被调查人陈述或者供述"自愿性"与"真实性"的因素来源。但是,此种言语攻击的判断必须从内容上严格判断标准,不能将其与监察调查人员向被调查人做的思想政治教育混同。

典型案例

L某作为A县的水利局副局长,因群众举报其涉嫌受贿而被A县纪委监委予以立案调查。A县纪委监委在对L某进行留置后,调查组成员X某、Y某、Z某抱着急于出政绩和立功心切的态度,在留置期间对L某24小时不间断讯问,时间长达4天。并多次威胁L某如不尽快交代问题,就对其家属采取措施并立案调查。X某还曾用一根橡皮管多次打击L某的身体,造成L某上臂淤青。A县纪委监委领导获知相关

① 参见中共中央纪律检查委员会中华人民共和国国家监察委员会法规室编写:《〈中华人民共和国监察法〉释义》,中国方正出版社2018年版,第191页。

情况后立即制止了该行为，并对此三人予以停职并依法处理。[①] 这表明，监察调查人员的刑讯逼供属于监察调查取证当中应予严格禁止的行为。对于此种行为，监察机关的领导不仅要提早发现还应及时制止，不可因"立功心切"而违反法定的取证程序。实施该违法行为的相关人员主体，也应从党纪、政务乃至刑事等层面承担与其违法行为相对应的责任。

关联法条

《监察法》第40条；《公职人员政务处分法》第42条；《中国共产党纪律检查机关监督执纪工作规则》第46条；《刑事诉讼法》第52条；《人民检察院刑事诉讼规则》第66、69条；《最高人民法院关于适用〈中华人民共和国刑事诉讼法〉的解释》第123条

第六十五条　对于调查人员采用暴力、威胁以及非法限制人身自由等非法方法收集的被调查人供述、证人证言、被害人陈述，应当依法予以排除。

前款所称暴力的方法，是指采用殴打、违法使用戒具等方法或者变相肉刑的恶劣手段，使人遭受难以忍受的痛苦而违背意愿作出供述、证言、陈述；威胁的方法，是指采用以暴力或者严重损害本人及其近亲属合法权益等进行威胁的方法，使人遭受难以忍受的痛苦而违背意愿作出供述、证言、陈述。

收集物证、书证不符合法定程序，可能严重影响案件公正处理的，应当予以补正或者作出合理解释；不能补正或者作出合理解释的，对该证据应当予以排除。

条文主旨

本条是关于非法方法收集证据予以排除的规定。

条文解读

本条将"变相肉刑"作为非法方法对待，与刑事诉讼中的刑讯逼供行为类型保持了同步。同时，本条例将"暴力"纳入列举的非法方法中，是对《监察法》第40条第2款内涵的必要延伸。因此，对于"暴力的方法"应理解为不仅包括直接的暴力，

① 参见本书编写组编写：《纪检监察案例指导(〈中华人民共和国监察法〉篇)》，中国方正出版社2021年版，第494－495页。

而且包括间接的暴力。“变相肉刑”属于间接的暴力行为。从语义上理解,“变相肉刑”是指难以通过肉眼直接观察到却可给被调查人身体造成伤害的违法取证行为。相比于直接暴力,“变相肉刑”作为违法取证行为因具有较强的隐蔽性、间接性以及难以取证等特点,一般难以被察觉探知乃至追责惩戒。例如,长时间的站立、挨饿、罚跪以及不让睡觉等行为,属于常见的“变相肉刑”。虽然没有通过直接的外力对人身造成侵害,但实质上已经侵犯了超出调查程序对人身权利侵犯的必要限度。

威胁的方法在构成上包括了“难以忍受的痛苦”的要件事实评价。造成“难以忍受的痛苦”并非现实已经发生的暴力行为所致,而是由未来的、潜在的暴力或者侵害近亲属其他合法权益的方法使被调查人或者证人的内心产生担忧、焦虑或者恐惧心理,从而违背自己真实意愿作出陈述、证言、供述。与直接的暴力不同,威胁不仅针对被调查人本人,还包括了被调查人近亲属的其他合法权益。也就是说,威胁从精神上表现为通过尚未发生的危害预期形成了心理上的震慑,被调查人或者证人在承受“难以忍受的痛苦”的程度时,因害怕遭受将来的打击报复或者权益损害而被迫作出陈述、证言、供述。即便在未造成实质危害后果的前提下取得的陈述、证言、供述内容真实,仍可因违反言词证据取得的真实性要求而被排除。

作为言词证据的口供或者证言的取得,须恪守自愿性、真实性与合法性的要求。违背真实意愿作出的陈述,在传统的刑事证据规则上属于违反了“自白的任意性”。上述列举的非法方法从外延与内涵上的设定均指向了“违背意愿”,即言词证据作出主体的自愿性。一般来说,言词证据取证程序存在违法时,不得通过瑕疵补正或者合理解释对其合法性予以回复。仅可在实物证据的取得存在瑕疵时,方能允许监察机关对瑕疵证据予以补正。瑕疵补正在内容上应当涵盖补正与合理解释,合理解释是在补正无法进行时的一种补充,与刑事证据规则中的瑕疵补正保持了内容上的同步。

典型案例

某市纪委监委驻公安局纪检监察组对涉嫌贪污受贿的某派出所所长Z某依法进行立案审查调查。由于调查初期Z某百般抵赖,拒不交代违法事实。在这种情况下,调查人员越来越急躁,与Z某情绪对立严重因而多次超期讯问。除吃饭、上厕所外,Z某每天休息的时间不足4小时。后移送审理部门认定监察证据时,Z某反映自己交代纯属迫不得已。审理部门认定Z某在超期讯问期间形成的被调查人供述笔录不符合法定调查程序，遂将该证据排除。[1] 监察机关的审理部门作为监察证据在移送审查起诉前审核的最后一道关口，对证据的合法性起到重要的作用。而被调查人在超期讯问期间所作供述，实际上是因“变相肉刑”而形成的非法证据，违背了被调查人供述的自愿原则。

关联法条

《监察法》第33条；《刑事诉讼法》第56、58—60条；《最高人民法院关于适用〈中华人民共和国刑事诉讼法〉的解释》第123—138条；《人民检察院刑事诉讼规则》第66—78条；《人民法院办理刑事案件排除非法证据规程（试行）》第1—6、12—17条；《关于办理刑事案件严格排除非法证据若干问题的规定》第1—7条

第六十六条 监察机关监督检查、调查、案件审理、案件监督管理等部门发现监察人员在办理案件中，可能存在以非法方法收集证据情形的，应当依据职责进行调查核实。对于被调查人控告、举报调查人员采用非法方法收集证据，并提供涉嫌非法取证的人员、时间、地点、方式和内容等材料或者线索的，应当受理并进行审核。根据现有材料无法证明证据收集合法性的，应当进行调查核实。

经调查核实，确认或者不能排除以非法方法收集证据的，对有关证据依法予以排除，不得作为案件定性处置、移送审查起诉的依据。认定调查人员非法取证的，应当依法处理，另行指派调查人员重新调查取证。

监察机关接到对下级监察机关调查人员采用非法方法收集证据的控告、举报，可以直接进行调查核实，也可以交由下级监察机关调查核实。交由下级监察机关调查核实的，下级监察机关应当及时将调查结果报告上级监察机关。

条文主旨

本条是关于监察机关针对非法取证进行调查核实程序的规定。

条文解读

调查核实作为监察机关审查监察证据的重点职责之一，主要涵盖两种情形：(1)针

---

① 参见丁方旭编写：《纪检监察案例指导（〈中华人民共和国公职人员政务处分法〉篇）》，中国方正出版社2021年版，第195页。

对被调查人控告、举报而承担受理和审核义务。此种情形须以涉嫌非法取证的人员、时间、地点、方式和内容等证据材料或者相关线索为基础。(2)针对被调查人的控告、举报,依照职权开展调查核实。此种情形须满足现有材料无法证明监察证据收集合法性为前提条件。这既表明监察机关依照职权主动履行调查核实职责的义务性,也表明在现有控告、举报材料不足的前提下可以通过调查核实来确认是否为非法取证。若经调查核实后确认合法,监察调查人员的取证行为合法性即已得到确认,若为非法则可从内部同体监督视角对此类违法取证行为予以惩戒。

由此可知,本条内容体现了监察机关内部在调查收集证据过程中的分工原则与监督原则。通过平行的部门分工与上下级之间的监督,被调查人对非法取证行为享有程序救济权利,该权利的实现主要通过依控告和举报形成的调查核实程序启动事由而实现。同时,监察机关相关部门依照职权的主动发现,也是调查核实程序启动的形成原因之一。经调查核实后发现监察调查人员取证过程中存在非法取证行为的,须另行指派监察人员重新调查取证。这一规定表明,监察机关对非法取证的调查核实,从程序运行效果上包含了对原有证据重新调查的要求。当调查核实程序尚未结束时,不停止原有的调查取证工作。接到下级监察机关移送调查核实的相关线索时,上级监察机关对此享有一定的程序启动裁量权:既可通过本级监察机关直接调查核实,也可指派下级监察机关调查核实。对于下级监察机关是否需要回避,或另行指派管辖区域内其他下级监察机关,有待立法进一步作出解释。

实务难点指引

在办案实务中,监察机关就违法取证进行调查核实需要从以下几个方面考虑:(1)启动条件如何具体化。违法取证须形成一定的前期材料或者线索,当不足以证明取证行为的违法性时,调查核实程序方可启动。(2)调查核实过程中能否运用到监察措施。监察措施的运用需要严格依照法定程序进行,未满足法定适用条件的,不应当作为调查核实手段。可借鉴人民检察院开展调查核实运用到的一些措施,其核心特征在于不具备强制性。因此,监察机关调查核实过程中运用的手段和方法有别于监察调查行为,对监察措施的采取应保持审慎的态度。(3)调查核实过程中如何认定取证违法的判定标准。取证违法的判定在调查核实中可考虑通过口供补强、第三方证人核实以及对实物证据的补充等。例如,对于监察调查人员是否使用变相肉刑,除讯问被调查人之外,还可通过询问与讯问主体有过关联的其他监察工作人员。(4)如何明确违法取证责任分配的程序衔接。若通过调查核实可确认监察调查人员的取证行为存在违法,此时应当根据违法取证行为和危害结果的具体程度明确监察处置责任。

(5)如何规范指派下级监察机关调查核实的程序规则。实务办案中首要注意的是,调查核实期间不停止原有监察调查工作的继续进行,易产生违法取证行为的线索和证据灭失或者损毁的可能。另外,下级监察机关出现违法取证行为时,上级监察机关能否按照回避原则要求指派其他下级监察机关介入调查核实。

笔者认为,即使充分考虑违法取证行为的性质和危害后果,上级监察机关一般也不应交由其他下级监察机关开展调查核实。由本条第 3 款下级监察机关及时向上级监察机关汇报的规定可知,下级监察机关违法取证的行为从责任归属上具备了鲜明的单位属性。因此,由下级监察机关开展调查核实已经从内部上实现了平行监督的回避效果。

典型案例

某局职责范围内发生救济物资毁损灭失事件,县纪委监委对相关责任人涉嫌玩忽职守职务违法行为立案审查调查。该事件的直接责任人是与局长 B 某有利益关联的主任科员 A 某。为逃避责任追究,在 B 某的庇护和指使下,A 某许诺给与此事无关的下属 C 某好处,C 某迫于权势和威逼利诱答应承担责任。收到政务处分决定后,C 某越想越气,分别申请了复审、复核。市监委责令县监委及时予以纠正。[①] 因本条属于新增立法,该案例仅涉及复审、复核过程中不停止原调查程序的进行。倘若该案调查人员违规使用戒具,C 某通过复审复核仍未能明确取证行为违法时,本级或者上级监察机关可启动调查核实程序。由此表明,对于监察调查人员的违法取证行为,在调查核实过程中不停止原有监察调查程序的继续进行。

关联法条

《监察法》第 33 条;《公职人员政务处分法》第 42、43 条;《中国共产党纪律检查机关监督执纪工作规则》第 71 条

第六十七条　对收集的证据材料及扣押的财物应当妥善保管,严格履行交接、调用手续,定期对账核实,不得违规使用、调换、损毁或者自行处理。

① 参见本书编写组编写:《纪检监察案例指导(〈中华人民共和国监察法〉篇)》,中国方正出版社 2021 年版,第 372 - 373 页。

条文主旨

本条是关于已收集证据和扣押财物的保管、交接与调用的规定。

条文解读

监察机关运用监察措施可调取、查封和扣押实物证据，可通过询问、讯问等方式获取言词证据。因此，对于监察证据的保管对象范围，收集的证据材料包括言词证据与实物证据的原件或者复制件。此类需要固定保管的言词证据一般指的是书面记录，例如被调查人的陈述或者供述笔录、证人证言笔录、勘验检查辨认侦查笔录、鉴定意见。扣押财物的保管，主要是为避免财物的侵吞、挪用情形发生。在监察全覆盖的总体要求下，严防“灯下黑”需要坚持刀刃向内，须从同体监督出发，明确证据收集、固定和保存的流程规范，职责清晰。通过“不得违规使用、调换、损毁或者自行处理”的禁止性规定，列举了对已收集证据材料违规处置的一些基本情形。这对监察证据保管的内部流程监管提出了明确的要求，即交接和调用必须符合法定程序。通过手续审批实现过程监管，防止监察证据在保管过程中因人为因素造成证据泄露，或者证据价值受到减损。前者所指的是证据内容的保密性可因保管不当而受到损害，后者指的是针对不易长期保存的证据，在违规调取时可导致证据完整性受损从而造成证据证明价值降低的后果。

根据《监察法》第 25 条的规定，对于已扣押财物的保管应当首先收集原物的原件，而后会同持有人或者保管人、见证人当面逐一拍照、登记和编号，开列清单，由在场人员当场核对签名之后将清单副本交付财物、文件持有人或者保管人。这从程序上规定须经由 2 名以上调查人员持工作证件和文书完成。对于一般等价物或者其他有价证券，应开设专用账户，在专门场所由专门人员保管。这表明，监察证据从取得到保管的人员经手须坚持各程序阶段“留痕”的工作方法。定期对账核实要确保“账实相符”，这表明监察证据保管的交接、调取手续应受到严格的程序监督。除审批手续的个案监管外，更需要从常态的监督层面强化内部的管控规章制度。本条列举的“调换”“使用”“毁损”“自行处理”等禁止性行为，突出强调保管程序的规范性以及对监察证据取得后的证据固定效果。同时，立法已经明确无须保管的财物或者文件原件，应当及时返还给持有人或者占有人。

实务难点指引

监察办案涉及部分特定的证据类型时，在保管方法上应注重证据固定的科学性。

例如，电子证据的保管不仅要开设专门场所，还应当配备专用的存储设备。尤其是对于“区块链”证据，在保管过程中更应注重数据加密技术。对于保管责任主体的职责分工，监察机关应从保管责任视角强化对保管违规行为的惩治力度。因监察证据涉及公职人员的违法与犯罪行为，具备较强的秘密性。保管过程中即使从责任主体上明确了职责分工，但仍不可避免证据违规调换、使用、毁损和自行处理的现象产生，这往往是因为监察机关在办理某一类关联案件时，需要重复使用同一类证据。监察证据在移送司法或者作为监察处置依据时，此类违规行为直接涉及刑事证据认定的效力以及监察处置的客观性和公平性。而从检察机关、法院调取监察证据应经由监察机关批准的规定可知，监察证据的保管属于相对封闭的内部管控程序。因而，监察机关更应重视监察证据在收集、固定、保管和移送过程中的审批与监管程序。任何单位和个人都不得以任何借口将被调取、查封、扣押的财物、文件用于调查违法犯罪行为以外的目的，也不得将其毁损或者自行处理，要保证其完好无损。[①] 对于禁止性规定的列举事项，实务中能否作扩张理解？笔者认为，应结合实际情况明确本条禁止性规定的列举事项之间存在对证据价值侵害的相当性。本条内容并未出现“等”字，因而仅在上述四种情形中涉及保管违规行为的判定。

关联法条

《监察法》第25条；《中国共产党纪律检查机关监督执纪工作规则》第46—48条

第六十八条　监察机关对行政机关在行政执法和查办案件中收集的物证、书证、视听资料、电子数据，勘验、检查等笔录，以及鉴定意见等证据材料，经审查符合法定要求的，可以作为证据使用。

根据法律、行政法规规定行使国家行政管理职权的组织在行政执法和查办案件中收集的证据材料，视为行政机关收集的证据材料。

条文主旨

本条是关于监察机关对行政机关收集证据可作为监察证据使用的规定。

① 参见中共中央纪律检查委员会中华人民共和国国家监察委员会法规室编写：《〈中华人民共和国监察法〉释义》，中国方正出版社2018年版，第146页。

条文解读

行政机关在行政执法和查办案件中收集的物证、书证、视听资料、电子数据,勘验、检查等笔录,以及鉴定意见等证据材料,涵盖了行政证据的绝大多数类型。行使国家行政管理职权的组织在行政执法和查办案件中收集的证据材料,视为行政机关收集的证据材料,“视为”的立法技术将“法律法规授权组织”与“受委托组织”在行使国家行政管理职权过程收集的证据同样作为行政证据对待。对于行政管理职权的行使方式,本条限定在“行政执法”和“查办案件”。因此,从“视为”行政证据的条款定位中可得出两个结论:(1)当不具备上述两项职能的行政主体在履职过程时,收集的证据不能作为行政证据对待。(2)当具备执法和办案职能的行政主体在未行使上述两项之一的职能时,收集的证据也不能作为行政证据对待。本条通过对行政证据的取得主体范畴予以扩张解释,并限定了“视为”监察证据的行政证据仅可来源于执法或者办案,排除了通过其他方法获得的行政证据。这表明,在行政执法和办案过程中,通过现场办案或者执法记录形成的一系列证据,在收集标准上已经接近或者等同于监察机关办理职务案件的证据收集要求。监察机关对此类证据的直接认定可避免重复调查收集而导致办案效率减损。

因此,行政执法和办案从职权运行的轨道上可同监察调查形成必要的程序衔接。从《中国共产党纪律检查机关监督执纪工作规则》第 6 条内容可知,行政执法与监察调查在证据上的认定和衔接可实现“纪法贯通”和“法法衔接”的证据衔接效果。由监察证据可作为刑事证据使用的规定可知,行政执法证据作为监察证据使用具备了相当的合理性。经由监察机关的内部审查后,此类行政证据在监察调查过程中可直接作为证据使用,更能提高监察案件尤其是职务违法案件的办案效率。这不仅有助于“行政—监察—刑事”的证据规则体系的构建,更能反映监察调查的证据审查标准较之行政证据标准更为严苛。

实务难点指引

本条扩大了监察证据的形成来源,明确了行政执法与监察调查之间的证据衔接标准,也对监察机关审查判断行政执法和行政办案证据的具体标准提出了更为具体的要求。《最高人民法院关于适用〈中华人民共和国刑事诉讼法〉的解释》第 75 条同样明确了行政证据作为刑事证据使用的审查标准。值得关注的是,在本条规定的监察机关审查认定行政证据法定类型当中,并没有包括当事人陈述、证人证言等言词证据。这是因为此类言词证据相对主观性较强,在监察调查过程中应当重新收集而非直接认定。在实务中,监察机关应当审慎注意,避免此类行政证据被当作监察证据使用。还需注意此类情形,即当行政机关配合监察机关开展监察调查时,通过行政机关协助而取得的证据应直接作为监察证据对待。例如,需要公安、司法行政、审计、税务、海关、财政、工业信息化、价格等机关以及金融监督管理等机构予以协助时,监察机关应当要求上述机关在其自身的职权范围内进行协助。[①] 若可明确反映行政机关协助取得的证据与本案无关时,监察机关在履行证据审查职责后应将此类证据排除。

典型案例

某县纪委监委接到群众关于县公安局A某涉嫌贪污受贿的举报。县纪委监委在初步核实A某多次接受行政处罚对象的请吃送礼并违规对处罚对象的行政违法行为予以减免处罚等情况后,对A某进行了正式立案审查调查。根据现有的其他线索可知,A某违规减免行政处罚的行为在多次执法过程中仍保留了部分证据。对此,县纪委监委将此部分行政执法证据予以保管,并经过审查后确认了其中部分的执法证据可作为监察证据使用。这表明,行政执法证据经过监察机关审查后,无须再次由监察机关重新收集证据而享有直接作为监察证据使用的证据资格。

关联法条

《刑事诉讼法》第54条;《行政执法机关移送涉嫌犯罪案件的规定》第4条;《最高人民法院关于适用〈中华人民共和国刑事诉讼法〉的解释》第75条

第六十九条　监察机关对人民法院、人民检察院、公安机关、国家安全机关等在刑事诉讼中收集的物证、书证、视听资料、电子数据,勘验、检查、辨认、侦查实验等笔录,以及鉴定意见等证据材料,经审查符合法定要求的,可以作为证据使用。

监察机关办理职务违法案件,对于人民法院生效刑事判决、裁定和人民检察院不起诉决定采信的证据材料,可以直接作为证据使用。

① 参见中共中央纪律检查委员会中华人民共和国国家监察委员会法规室编写:《〈中华人民共和国监察法〉释义》,中国方正出版社2018年版,第67页。

条文主旨

本条是关于刑事诉讼中的诉讼证据和生效法律文书作为监察证据使用的规定。

条文解读

刑事证据可作为监察证据使用的主体范围,涵盖了包括国家安全机关在内的刑事司法机关。对于可作为监察证据使用的刑事证据类型,也与本条例第68条规定保持了高度的一致。即可作为监察证据使用的证据类型不包括“犯罪嫌疑人、被告人的供述或辩解”“证人证言”以及“被害人陈述”,这表明了此类言词证据在内容上具有较强的主观性和不确定性,须满足证据调查收集的直接原则。本条规定的刑事证据种类可经审查后作为监察证据使用,是对《监察法》第33条内容的延伸。《监察法》第34条将监察案件中刑事证据的获得来源体现为以监察机关为主进行调查时,由其他刑事司法机关同步侦查的工作配合与协助活动。①

在党内监督执纪“四种形态”的适用过程中,监察证据的取得在程序顺次逻辑上应前置或者至少同步于刑事证据。由此,《监察法》第33条明确了监察证据可作为刑事证据使用,而本条所指刑事证据作为监察证据使用,显然指的不是监察机关调查的本案,而是与调查存在关联的其他刑事案件。因此,刑事证据可作为监察证据使用包括两种情形:第一种情形是,被调查人及关联主体在实施犯罪后,被刑事司法机关追究了相应的刑事责任,其生效裁判文书可作为监察机关办理职务案件的证据使用。第二种情形是,监察机关通过“分案”管辖形成的主次罪并行调查和侦查关系时,需要刑事司法机关针对同一监察对象的次罪进行侦查。在侦查期间,刑事司法机关获得的证据可经审查后作为监察证据使用。前者针对的是已决生效裁判文书所依据的证据材料,包括被调查人以及与案件有关的第三人。后者主要指的是,监察机关对同一被调查人存在由其他刑事司法机关协助侦查的关联犯罪案件时,须就关联刑事案件使用由该刑事司法机关收集到的证据。

实务难点指引

对于刑事诉讼中收集证据的主体,本条列举的刑事司法机关的“等”外范围应当还包括具备刑事侦查权的海警局、监狱、军队保卫部门。实务办案中,还需要注意监

① 参见中共中央纪律检查委员会中华人民共和国国家监察委员会法规室编写:《〈中华人民共和国监察法〉释义》,中国方正出版社2018年版,第171–174页。

察机关在移送审查提起公诉后需要补充调查的情形。由《刑事诉讼法》第 170 条可知，检察机关对于监察机关移送审查起诉的案件认为需要补充核实的，应当退回补充调查或者自行侦查。对于检察机关自行侦查后又退回补充调查的情形，在此期间，由检察机关自行侦查收集的刑事证据，可在补充调查阶段作为监察证据使用。另外，针对侦查机关协助监察机关同步调查的证据能否直接作为监察证据，笔者认为，此类通过“并案”管辖而形成的以监察机关调查为主的职务犯罪案件，刑事司法机关在工作配合过程中协助收集的证据仍应经过监察机关的审查。监察机关的审理部门负责证据移送前的最后一道关口，不仅对已经作为监察证据的刑事证据和行政证据进行审查，而且对其他由监察机关自行收集的证据作全面审查。

典型案例

X 县纪委监委接到关于该县水利局副局长 C 某涉嫌受贿罪、巨额财产来源不明罪的线索。随后该县纪委监委按照程序报批后，对 C 某正式立案审查并采取留置措施。县纪委监委在调查期间，对 C 某办公场所住处予以搜查，扣押了涉案财物。同时，公安机关对 C 某近亲属醉酒驾车予以侦查，从中获知与 C 某职务行为有关的证据。在查明事实，按程序提请审议研究后，县纪委监委经审查后发现，C 某近亲属的危险驾驶案与本案存在密切关联，可作为证据使用。于是，对 C 某作出移送检察机关提起公诉的决定。这表明，关联案件的刑事证据在经过审查后，可以作为监察证据使用。

关联法条

《公职人员政务处分法》第 49 条；《中国共产党纪律处分条例》第 31、33 条

第三节　谈　　话

第七十条　监察机关在问题线索处置、初步核实和立案调查中，可以依法对涉嫌职务违法的监察对象进行谈话，要求其如实说明情况或者作出陈述。

谈话应当个别进行。负责谈话的人员不得少于二人。

条文主旨

本条是关于监察机关采取谈话的规定。

条文解读

《监察法》第19条明确监察机关可采取监察措施的法定类型包括谈话，本条将谈话的适用场景限定在问题线索处置、初步核实与立案调查三类情形之中，并明确了谈话对象应"涉嫌职务违法"时方能要求其"说明情况"或者"作出陈述"。有别于刑事强制措施中的讯问，谈话的特征表现为一种具有相对"弱强制"效果的法律手段，旨在促使监察对象的职务违法行为能够及时被发现，多用于党内监督执纪"四种形态"的第一种形态。做好监察工作就必须首要重视第一种形态的运用，要履行好监督、调查和处置职责。尽早依法进行谈话，可避免职务违法对象滑向犯罪的深渊。①

从谈话方式上看，监察机关开展谈话应个别进行。这表明监察机关在调查、监督和处置履职过程中应从第一种形态的设计目的上保护监察对象，对存在职务违法的监察对象苗头性、倾向性问题予以提前发现和提早处置。同时，谈话的"个别进行"还可体现谈话内容的秘密性，从而避免多名被谈话人交互式的沟通导致谈话内容泄露或者相互串供。

从谈话主体上看，监察机关开展谈话不得少于二人，这是为了确保谈话主体与被谈话人之间的程序规范性。二人以上进行谈话，可有效避免单独谈话引发的口供失实或者程序不公现象，同时还可对意外情形的发生起到有效的监督效果。同时，由二人以上的监察工作人员进行谈话，还可保障谈话主体的人身安全性。

实务难点指引

在实务办案中，谈话的运用难点在于适用对象和场景的特定性。第一，适用对象的特定性表现在仅出现职务违法的苗头行为，但未能有明确证据证实该行为的违法性时，可通过谈话要求监察对象说明情况，避免违法问题未及时处置而转变为职务犯罪。第二，场景的特定性主要表现在谈话主要匹配的是党内监督执纪"四种形态"中的第一种形态。第一种形态的适用目的不在于惩治监察对象，而是以教育、感化和挽救监察对象为目标。第一种形态对于前期收集的证据，并不具备认定职务违法的确定性，而需要通过被谈话人的如实回答反映真实情况。第二、三种形态一般针对的是监察对象的职务违法或犯罪行为，必须以前期形成的证据基础为前提，常运用询问、讯问方式对现有证据予以强化。个别进行的谈话在实务办案中应当防止实质上的违

① 参见中共中央纪律检查委员会中华人民共和国国家监察委员会法规室编写：《〈中华人民共和国监察法〉释义》，中国方正出版社2018年版，第126－127页。

法取证，即谈话内容上不应涉及多个监察对象，防止其在口供上串联，避免因诱供、串供导致该部分言词证据内容失实从而丧失证据能力。

关联法条

《监察法》第19条；《中国共产党纪律检查机关监督执纪工作规则》第21、27条；《中国共产党党内监督条例》第21条；《中央纪委、中央组织部关于对党员领导干部进行诫勉谈话和函询的暂行办法》第3、8条

第七十一条 对一般性问题线索的处置，可以采取谈话方式进行，对监察对象给予警示、批评、教育。谈话应当在工作地点等场所进行，明确告知谈话事项，注重谈清问题、取得教育效果。

条文主旨

本条是关于监察机关运用谈话履行监察处置职能的规定。

条文解读

本条规定对一般性问题线索的处置可使用谈话的方式，包括警示、批评和教育。从谈话的场地上理解，谈话地点应当选取在工作单位，可避免在谈话过程中，被谈话人因紧张而不能达到说清问题、阐明事实的有效目标。

一般性问题线索的处置涉及的行为表征体现为轻微的职务违法行为。《监察法》第45条明确谈话运用的场景仅针对"有职务违法行为但情节较轻"。因此，谈话在监察调查中作为职务违法行为处置的调查手段，应考虑适用场景的特殊性。在工作场所进行谈话，不仅可以放松谈话对象的戒备心理和警惕性，而且可以同时推动案件的进展与线索的后续发现。由《中国共产党党内监督条例》第21条可知，领导干部有思想、作风、纪律等方面苗头性、倾向性问题的，有关党组织负责人应当及时对其提醒谈话。当发现轻微违纪问题时，上级党组织负责人对其诫勉谈话，并由本人作出说明或者检讨。从程序运行结果层面上看，对于一般性问题线索谈话应当达到"谈清楚问题"和"取得教育效果"的目标。《中国共产党纪律检查机关监督执纪工作规则》第15条规定，针对"苗头性、倾向性问题或者轻微违纪问题"可通过"诫勉谈话"达到教育效果。因此，在监督执纪过程中的"诫勉"，实际上就是要实现"教育"而非"惩戒"的效果。

实务难点指引

谈话应在工作场地个别进行，表明了此类谈话应当避免被谈话人在原单位产生“犯事了”的“刻板印象”，而应作为监察机关日常教育和监督的常态模式。同时，“个别进行”还意味着存在多个谈话对象的时候，通过个别谈话可以有效地把握谈话对象的沟通形态，避免“座谈会式”的谈话导致被谈话人之间产生虚假供述或者串供的情形，从而无法达到预期的“了解情况”效果。在工作场地谈话，应当选取相对敞亮透明的地方，而非在狭小密闭幽暗的空间。谈话主体在交谈过程中应避免采用讯问的工作态度，以防止造成被谈话人理解上的偏差或者误会。从谈话的效果上，应当尽可能避免让被谈话人处于焦虑或者惶恐状态。在实务办案中，监察机关应明确谈话的基本目标，即并非为作出政务处分或者移送司法机关而予以谈话。谈话主体在工作场地应当公开地明确告知被谈话人以及单位负责人等相关人员，在接下来可能进行的对话事项，避免因过度猜测造成被谈话人承担不必要的压力。对于本条设定的谈话场景，立法已经在谈话事项的内容上限定为一般性的问题线索。超出一般性问题线索的内容，应当经过监察机关的批准后，由审查调查部门负责针对其他职务违法或者职务犯罪线索的谈话措施，或者适用职务违法调查或者职务犯罪调查中的监察措施，例如询问、讯问等。

对于“谈清楚问题”的要求，须明确谈“清楚”的标准及其限度。“清楚”包含了反映一般性问题线索的形成原因、经过和结果的基本情况。而谈话中的“清楚”从效果上指向了一般性问题线索同被谈话人存在何种关联，对监察机关开展下一步处置有何作用等方面。

关联法条

《中国共产党纪律检查机关监督执纪工作规则》第15、21、26、27条；《中央纪委、中央组织部关于对党员领导干部进行诫勉谈话和函询的暂行办法》第4条

第七十二条　采取谈话方式处置问题线索的，经审批可以由监察人员或者委托被谈话人所在单位主要负责人等进行谈话。

监察机关谈话应当形成谈话笔录或者记录。谈话结束后，可以根据需要要求被谈话人在十五个工作日以内作出书面说明。被谈话人应当在书面说明每页签名，修改的地方也应当签名。

委托谈话的，受委托人应当在收到委托函后的十五个工作日以内进行谈话。谈话结束后及时形成谈话情况材料报送监察机关，必要时附被谈话人的书面说明。

条文主旨

本条是关于监察机关运用谈话方式处置问题线索的程序要求的规定。

条文解读

以谈话的方式对问题线索进行了解并处置，意味着这些问题在违纪和违法的程度上相对较轻，与党内监督执纪“四种形态”的第一种形态形成匹配，体现了“惩前毖后，治病救人”的一贯方针。《中国共产党党内监督条例》第21条规定，谈话记录或情况应经所在党组织主要负责人签字后报上级纪委和组织部门。这意味着谈话并非日常工作中的沟通交流，而是需要形成书面的谈话笔录或者记录。此类言词证据的文本处理，对于“四种形态”处置的适用转换，可起到证据衔接的作用。谈话笔录或者记录属于监察证据的一种类型。被谈话人在法定期间内可根据谈话笔录或者记录内容作出相应说明，表明被谈话人对于此类书面记载事项的完整性与真实性享有程序救济的权利，即应保障被谈话人应有的陈述权和申辩权。本条第3款主要规定了“委托谈话”的程序要求：(1)委托谈话应在15个工作日内完成；(2)通过委托谈话形成的笔录，不仅要及时送交监察机关，还应附上被谈话人的说明材料。

实务难点指引

“委托谈话”的要求反映了受委托的谈话主体与被谈话人之间的笔录形成须受监察机关监督，但并没有赋予被谈话人向受委托的谈话主体申请异议的权利。由此可知，在委托谈话过程中若谈话对象对谈话记录表示异议的，受委托的谈话主体应将被谈话人的谈话情况形成书面记录，并允许附上必要的说明材料。这说明，受委托的谈话主体开展谈话的效果应归于委托的监察机关，且仅有委托的监察机关有权对书面记录和一并附上的说明材料进行审查和处置。因此，明确受委托的谈话主体在谈话过程中的有限权力，是解决好谈话对象提出异议的问题关键。

关联法条

《监察法》第19条；《中国共产党纪律检查机关监督执纪工作规则》第21、27—31条；《中国

共产党党内监督条例》第 31 条;《中央纪委、中央组织部关于对党员领导干部进行诫勉谈话和函询的暂行办法》第 2 条

第七十三条　监察机关开展初步核实工作,一般不与被核查人接触;确有需要与被核查人谈话的,应当按规定报批。

条文主旨

本条是关于监察机关在初核阶段与被核查人谈话的规定。

条文解读

监察机关开展初步核实工作,表明被核查人存在一定的问题线索,但还未达到正式立案的条件,需要进一步核实。本条主要是为了明确初步核实阶段监察机关与被核查人进行谈话的程序报批要求。在监察立案前期对被核查人线索的初步核实,主要是基于举报和控告。若未达到正式立案的条件,初步核实阶段的谈话实际上可能造成调查人员分配上的资源浪费。从职能分工的角度出发,监察机关在正式立案后需要由调查部门接收初步核实阶段的证据材料。在初步核实阶段,若被核查人存在自杀、逃跑或者串供的可能时,需要通过正式立案才能适用更为严厉的监察措施。因此,在未报批时与被核查人接触,有可能造成后续线索无法及时获取。若在初步核实阶段进行的谈话没有经过报批,不仅造成谈话资源浪费,还可能影响办案进度。例如,存在职务犯罪可能需要移送司法但没有证据的情况下,与被核查人的谈话很容易让谈话对象产生警惕心理,从而使其对可能进行的谈话做好提前防备,阻碍了案情真实的发现。

另外,本条规定"按规定报批",意味着监察机关应明确初步核实阶段原则上是不可以对被核查人直接进行谈话的,而对于特殊情形下谈话的报批程序需要界定具体情形中的谈话特殊性。从监察机关的立案程序的启动条件是否满足进行考量,当涉及被核查人线索的问题无法通过除与被核查人谈话以外的方式查证的,在此种情形下应审酌谈话对象的人身自由限制情况、谈话主体的身份级别以及谈话场地等因素判断是否存在批准的必要。因此,监察机关在初步核实阶段要求不与被核查人接触,从监察措施的适用角度体现了监察调查的程序法定精神。

实务难点指引

在办案实务中,当被核查人确有问题的,监察机关应明确谈话报批程序的具体限

度以及不允许谈话时的其他替代方案。报批的具体限度应确立为仅能以监察机关是否决定谈话为限,而不得适用超出谈话的强制措施。这还意味着初步核实阶段谈话场地的选择不能是单独密闭的场域,而应优先考虑工作单位,从而避免被核查人在工作单位提前形成涉嫌违法或者犯罪的“刻板印象”。对于谈话报批时被驳回的情形如何处理,可参考行政复议程序赋予核查部门相应的程序异议权,即应当允许内部复议。在初步核实阶段,一般因反映被核查人的证据材料有限,尚未达到正式立案标准。根据本条意旨,以监察机关为主运用职权补充发现现有线索反映的问题事实,在初步核实阶段仅能运用有限的调查手段予以证实,即初步核实阶段首要应明确被核实人的身份并非“被调查人”。

关联法条

《中国共产党纪律检查机关监督执纪工作规则》第33、35条

第七十四条　监察机关对涉嫌职务违法的被调查人立案后,可以依法进行谈话。

与被调查人首次谈话时,应当出示《被调查人权利义务告知书》,由其签名、捺指印。被调查人拒绝签名、捺指印的,调查人员应当在文书上记明。对于被调查人未被限制人身自由的,应当在首次谈话时出具《谈话通知书》。

与涉嫌严重职务违法的被调查人进行谈话的,应当全程同步录音录像,并告知被调查人。告知情况应当在录音录像中予以反映,并在笔录中记明。

条文主旨

本条是关于监察机关对涉嫌职务违法的被调查人进行谈话的程序的规定。

条文解读

从监察调查的法定权限范畴上讲,谈话也属于职务违法调查程序中可采取的监察措施种类之一。被调查人在被正式立案后,监察机关可就被调查人涉嫌职务违法的问题首先进行谈话,再进行询问或者在采取留置后实施讯问。监察机关对被调查人的首次谈话应注重告知义务的履行。《被调查人权利义务告知书》在内容设计上应当有别于一般性问题线索处置的事项告知,同时需要判断实际办案过程中被调查人是否已经被采取了限制人身自由的监察措施。从本条中可知,签名、捺指印作为告知

义务履行过程中的文书记载必要事项之一，由法定程序确立了何为明示的知晓情况，体现了针对被调查人的谈话程序规范要求。

此外，本条对被调查人拒绝的情况予以记载说明的规定，还表明了被调查人在谈话过程中可对《被调查人权利义务告知书》的出示过程或者内容提出异议的权利。而与涉嫌严重职务违法的被调查人在谈话过程中应当全程同步录音录像，这表明谈话过程中获得言词证据的要求应与询问和讯问的标准保持一致。这是因为，严重职务违法与职务犯罪行为在监察调查过程中可适用留置措施，这与监察措施的人身自由强制程度保持了一定的匹配。因此，既可确保谈话证据与讯问证据在证据标准上形成同步，还能简化不同类别证据的审查过程，并可降低不同监察阶段言词证据衔接的审查难度。

典型案例

某市纪委监委在初步核实市场监管局J某滥用职权的严重职务违法行为后，决定对J某正式立案调查。监察调查人员在与J某首次谈话前，出示了《被调查人权利义务告知书》，告知了谈话事项并要求J某签字并捺指印，J某对此予以拒绝。监察调查人员于是将此情况在文书上予以记载，并向市纪委监委予以汇报。由于J某的严重职务违法行为可能要适用留置措施，因此在谈话之前监察调查人员告知了J某谈话过程将全程同步录音录像。这表明，严重职务违法的被调查人在正式立案后不仅同样可以对其采取谈话的方式了解情况，而且应对其谈话的过程全程录音录像。对于被调查人不签字、捺指印的行为，体现了被调查人对谈话记录的真实性表示质疑的个人意愿。

关联法条

《中国共产党纪律检查机关监督执纪工作规则》第39、43、48、49条

第七十五条　立案后，与未被限制人身自由的被调查人谈话的，应当在具备安全保障条件的场所进行。

调查人员按规定通知被调查人所在单位派员或者被调查人家属陪同被调查人到指定场所的，应当与陪同人员办理交接手续，填写《陪送交接单》。

条文主旨

本条是关于监察机关对正式立案后的被调查人进行谈话的场所的规定。

条文解读

正式立案后的谈话在程序上有别于立案前一般性问题线索的谈话，说明被谈话人已经由监察机关启动了调查程序而成为被调查人。此时，被调查人的谈话地点不应是在工作场地，而是在具备安全保障条件的指定场所。本条对于场所的限制性要求，表明监察机关在前期取证过程中，为防止被谈话人逃跑自杀、证据泄露或者受到来自场所以外的人身侵害，而专门提供谈话场地。这说明，专门场所的谈话不仅具有隐秘性，更应注重谈话内容的秘密性。“指定场所”而非“工作场地”，由此呈现的交谈环境显然有别于一般性问题线索处置。这是因为，正式立案后的被调查人往往因身份的变化而出现不敢交代的心理状态。对于长期从事刑事司法工作的被调查人，因其反侦查能力较强，在前期的初步核实阶段难以掌握其与案件有关的言词证据。对此，监察机关可在正式立案后通过谈话场地的变更，从而让其感受到谈话氛围发生了变化。监察机关要通过外围的环境因素，使被调查人对谈话内容的严肃性有所认知。明确尚未限制人身自由前的谈话是“坦白从宽”的宝贵机会，让被调查人在未被采取留置以前逐步放弃抵抗的心理，可在提高办案效率的同时达到良好的办案效果。

关于陪同前往指定场所的《陪送交接单》，表明谈话过程中应当满足的令状要求。谈话对象前往指定场所，可由所在单位或者家属“陪同”，这反映了谈话的过程本身并不具备刑事司法上的强制性，而是从人身安全角度保障谈话对象接下来在监察调查过程中的顺畅性。

实务难点指引

正式立案后的谈话与立案前初步核实阶段的谈话，在履行手续上应当作必要的界分。初步核实阶段的谈话仍在原工作场地进行，可以反映被谈话人在特定阶段接受一般性问题线索的处置而进行谈话的心理预期。正式立案后的谈话，在场地上即已显现出指定的要求，说明被谈话人在接受处置的预期程度上至少应严于正式立案前的谈话处置。正式立案后的谈话还应当经过必要审批程序，且须遵循回避原则，这是为了避免谈话地点的安全性、秘密性和可靠性受到质疑。在已经被限制人身自由的情形下，一般针对被调查人适用的是讯问而非谈话。这表明谈话的进行一般是在未限制人身自由的前提下进行，而根据《监察法》第 22 条可知，特定场所符合留置措施适用的场地要求。因此，当被调查人经过谈话后发现存在严重职务违法或者职务犯罪需要进一步查明的，监察机关可经审批后将谈话对象留置在该场所。

关联法条

《中国共产党纪律检查机关监督执纪工作规则》第 28 条

第七十六条　调查人员与被留置的被调查人谈话的，按照法定程序在留置场所进行。

与在押的犯罪嫌疑人、被告人谈话的，应当持以监察机关名义出具的介绍信、工作证件，商请有关案件主管机关依法协助办理。

与在看守所、监狱服刑的人员谈话的，应当持以监察机关名义出具的介绍信、工作证件办理。

条文主旨

本条是关于监察机关对被留置对象进行谈话的程序的规定。

条文解读

被留置的被调查人属于监察机关在正式立案后的谈话对象，其谈话的程序规定参照本条例第 74 条规定的程序进行，即包含了权利告知以及全程同步录音录像的要求。从谈话对象范围上看，本条允许监察机关除可以跟不同阶段的被核查人、被调查人或者被留置人谈话以外，还将谈话对象的范围延伸至在押的犯罪嫌疑人、被告人乃至服刑人员。从立法目的上看，这是在监察办案过程中实现最大范围的线索收集，形成有效的证据来源渠道。对于与被留置的被调查人以外的对象进行谈话的，本条区分了在押的犯罪嫌疑人、被告人与服刑人员的谈话规定，二者均体现了谈话主体须持有以监察机关名义出具的介绍信、工作证件作为开启谈话的前置程序材料。而前者要求以商请有关案件主管机关协助办理为前提，意味着与犯罪嫌疑人、被告人谈话，还应经过谈话对象案件的主管机关的同意。“商请”的立法表述体现了不同主体间的工作配合与程序衔接的规范性，表明监察机关应当对未决在押犯罪嫌疑人、被告人所系属的刑事司法机关表示尊重。这与《人民检察院刑事诉讼规则》第 256 条第 2 款检察机关应通过商请方可提前介入职务犯罪案件的规定存在相似之处。

同时，监察机关同在押的犯罪嫌疑人、被告人谈话，可将与正在调查的严重职务违法或者职务犯罪行为进行关联，从已有的线索和证据中尽可能发现新的线索。通过与被关押的服刑人员谈话，可发现在其原有的犯罪行为基础上是否可能存在漏罪。同时，监察机关还可通过与上述两类人员的谈话，发现犯罪嫌疑人、被告人以及服刑人员在定罪量刑过程中是否存在办案不公、程序违法乃至冤假错案的情形，从而实现监察"再监督"的效果。

另外，本条第2、3款的立法设定明确"在押"的实质内涵。这意味着此类谈话对象的人身自由已经被限制，更确切地说应当是处在留置场所的羁押状态。因此，对于适用取保候审、监视居住的非在押犯罪嫌疑人、被告人，其不能成为谈话对象。同理，仅有管制刑作为单一刑种的服刑人员，也不应成为本条规定的谈话对象。

实务难点指引

本条规定监察机关与在押的犯罪嫌疑人、被告人或者服刑人员谈话，此类被羁押的谈话对象涉嫌的犯罪是否必须为职务犯罪？笔者认为，应扩大为所有的犯罪类型。监察机关既可以与已经移送司法的职务犯罪嫌疑人、被告人或者服刑人员谈话，也可以与其他刑事犯罪嫌疑人、被告人或者服刑人员谈话。刑事司法机关办理的职务犯罪或者普通犯罪案件，可同监察机关正在调查的职务违法或职务犯罪产生案件线索上的关联。由此，对于其他刑事司法机关的办案过程，监察机关不仅可通过对谈话对象的了解和沟通发现潜在的线索，更能实现对其他办案主体的有效监督，从而有效降低冤假错案的产生概率。对于监察机关如何与非羁押的犯罪嫌疑人、被告人或者未在看守所、监狱服刑的人员谈话，不仅需要明确此类对象与本条规定的谈话对象之间存在哪些程序适用上的区别，还应妥善划分两类群体在谈话过程中可主张的权利差异，这有待监察立法的进一步规范和完善。

关联法条

《中国共产党纪律检查机关监督执纪工作规则》第27、28、42条

第七十七条　与被调查人进行谈话，应当合理安排时间、控制时长，保证其饮食和必要的休息时间。

条文主旨

本条是关于监察机关与被调查人谈话的限度要求的规定。

条文解读

本条对监察机关开展的单次谈话作出了相对概括的时间规定，通过训示性条款明确了时间“合理”的要求。不论被调查人是否被采取留置措施，单次谈话的时间均应控制在合理限度内，否则存在“变相讯问”的隐忧。

对于“超出合理时间”的理解，笔者认为，这并不是仅指单次谈话的时长，而应当理解为某一个固定时间段内的单次谈话时长和多次谈话的累计时间。对于“合理”的理解，应认为单次谈话的时长不能超过 12 小时，而不可将谈话变为类似于留置后的讯问。在同一时间段内，多次谈话累计时长也不应超过 24 小时，且每次谈话的时长不应超过 4 个小时。相较于未被限制人身自由的谈话对象，由《监察法》第 44 条规定可知，对于被留置的被调查人，除应保障其饮食和休息之外还应提供医疗服务。通过思想政治教育的工作方法“引导”、“感化”和“帮教”被谈话人，既发挥了沟通方式的优越性，又避免了单纯追求司法效果而强调人身自由限制可能带来的负面影响，从而更高效地实现谈话目的。

当被限制人身自由时，例如对被留置的被调查人在接受谈话的时间长度上要求相对宽松，这是基于涉嫌严重职务违法和职务犯罪的定性，但也应防止过度谈话成为“变相肉刑”。在单次谈话过程中，应当保证被调查人饮食和必要的休息时间的规定，是为了让被调查人在谈话时保持一个较好的身体精神状态。缺乏休息的谈话可以导致陈述或者供述存在自愿性瑕疵，在此种情形下的谈话甚至可能因系被调查人被迫作出而导致证据失效。

实务难点指引

在实务办案中，监察机关应当对此类未被限制的谈话对象重点关注谈话当中可能产生的新问题和新线索。在结束谈话后，监察机关审查调查部门应根据谈话笔录和被调查人谈话过程中实际的表现情况，综合判断下一步对被调查人是否存在采取限制人身自由的监察措施必要。

关联法条

《刑事诉讼法》第 119 条；《中国共产党纪律检查机关监督执纪工作规则》第 28 条

第七十八条　谈话笔录应当在谈话现场制作。笔录应当详细具体，如实反映谈话情况。笔录制作完成后，应当交给被调查人核对。被调查人没有阅读能力的，应当向其宣读。

笔录记载有遗漏或者差错的，应当补充或者更正，由被调查人在补充或者更正处捺指印。被调查人核对无误后，应当在笔录中逐页签名、捺指印。被调查人拒绝签名、捺指印的，调查人员应当在笔录中记明。调查人员也应当在笔录中签名。

条文主旨

本条是关于监察机关制作谈话笔录的具体规范的规定。

条文解读

《监察法》第41条规定，监察机关针对讯问、询问、留置、搜查、调取、查封、扣押、勘验检查等调查措施，应当依照规定出示证件，出具书面通知，由二人以上进行，形成笔录、报告等书面材料，并由相关人员签名、盖章，并未提到谈话笔录制作的要求。本条是对《监察法》第41条适用调查措施应形成笔录规定的合理补充，同时还对《中国共产党纪律检查机关监督执纪工作规则》第46条第2款“谈话应当现场制作谈话笔录并由被谈话人阅看后签字”的规定作了具体的回应。谈话笔录的制作场所应限于谈话现场，体现了笔录制作的当场性。这可有效避免谈话工作人员或者谈话对象因事后记录的记忆印象模糊造成内容失真，或者发生其他弄虚作假情形。笔录作为反映谈话内容的重要文书载体，在签名捺指印后取得法定的证据效力。因此，在笔录的制作过程中，谈话对象存在阅读障碍的，通过向其宣读可达到笔录制作的内容真实效果，体现了监察机关谈话记录制作过程的人文精神。

同时，笔录制作完成后应交由被调查人核对的规定，是为确认被调查人在谈话过程中的口头陈述与笔录记载内容之间是否存在一致性。当被调查人的阅读能力不存在障碍或监察机关主动提供宣读而被调查人故意拒绝签名、捺指印的，记录在笔录中可作为被调查人主观表现的反映材料。对于笔录记载的补充或者更正规定，体现了监察机关赋予被调查人在核对笔录过程中的程序异议权利。因内容不是基于被调查人自愿提供或者内容存在失真的，不应当记入笔录。另外，本条规定的程序性事项记载要求，主要是为防止监察调查人员对被调查人陈述内容的曲解甚至编造、伪造、捏造不实信息等情形出现。

实务难点指引

在办案实务中，监察机关制作笔录的过程不仅应具有当场性，且还应注重核对过程。首先，监察机关应注重全程录音录像的不间断性，这可将监察机关主动核对笔录、被调查人拒绝签名、捺指印的过程完整地反映在谈话阶段。其次，注重监察人员签名的当场性与有效性。除本条例允许被调查人自行制作笔录外，监察调查人员在谈话结束后也应完成签名及核对工作。对于谈话人员每页是否需要签名，监察机关可结合实际审酌谈话笔录中存在内容变更的地方是否存在签名必要，这可以避免谈话人员在每页签名而增加不必要的工作量。若存在更改较多的情形，谈话笔录不仅应由被调查人签名、捺指印，还应由监察调查人员每页签名。另外，本条例要求由二人以上监察调查人员与被调查人谈话，实质上是为了保障谈话过程的安全性和公正性，避免在谈话过程中发生不可预见的意外。笔者理解应当是由所有调查人员在谈话笔录上当场签署，可以从源头上避免事后签署和代替签署的情形产生。

关联法条

《中国共产党纪律检查机关监督执纪工作规则》第 28、46 条；《中央纪委关于中央纪委监察部机关自办案件被调查人违纪事实材料与本人见面工作的意见（试行）》

第七十九条　被调查人请求自行书写说明材料的，应当准许。必要时，调查人员可以要求被调查人自行书写说明材料。

被调查人应当在说明材料上逐页签名、捺指印，在末页写明日期。对说明材料有修改的，在修改之处应当捺指印。说明材料应当由二名调查人员接收，在首页记明接收的日期并签名。

条文主旨

本条是关于被调查人自行书写说明材料的程序要求的规定。

条文解读

对应本条例前述规定，签名和捺指印是为了保证说明材料书写的自愿性与真实性,避免被调查人的说明材料被捏造或者篡改。[①] 自书材料在书面证据的证明力上,具备了较为明显的优势。因此,本条对被调查人自书材料的撰写规范形成了明确具体的要求,包括逐页签名、捺指印,以避免中间页码签名中断而产生真实性存疑。说明材料由二名调查人员接收,并规定在首页上记载接收日期并签名,这不仅要求监察调查人员不得单独接收,而且对书面说明材料的接收程序提出了更为细致和严格的要求。准许被调查人自行书写说明材料,是对被调查人口供作书面记载的延伸。口供形成的证据笔录作为公文书,在证据证明效力上具备了优势,但易在形式上产生真实性质疑。而由被调查人自行书写,不仅从笔迹的鉴真层面上强化了书面证据的真实性,更有助于被调查人反映监察机关调查过程的真实性。例如,针对被调查人因被迫作出不实陈述或者供述的,或者口供笔录存在监察调查人员主观臆断的问题而未签字的情形,被调查人均可通过书写说明材料反映真实情况。

实务难点指引

在办案实务中,对于是否准许被调查人自行书写说明材料,监察机关应当综合判断调查人员是否存在需要回避的事由,决定是否继续由原调查人员负责接收说明材料。而从办案的连续性来看,监察调查人员主动要求被调查人自行书写说明材料应当限定在特定情形,例如被调查人存在口头表达不清难以记载或者存在听觉障碍的,此时不得不由其自行书写才能反映被调查人陈述或者供述内容的情形。同时,实践中还须把握"应当准许"的实质内涵。"应当准许"表明,即使存在完备的被调查人口供笔录且真实性并未受到被调查人质疑的情形下,仍应认可被调查人通过另行自行书写说明材料来补充口供内容当中不足部分的必要性与合理性。

关联法条

《中国共产党纪律检查机关监督执纪工作规则》第 29 条;《刑事诉讼法》第 122 条;《人民检察院刑事诉讼规则》第 189、258 条

第八十条　本条例第七十四条至第七十九条的规定,也适用于在初步核实中开展的谈话。

---

① 参见中共中央纪律检查委员会中华人民共和国国家监察委员会法规室编写:《〈中华人民共和国监察法〉释义》,中国方正出版社 2018 年版,第 193 页。

条文主旨

本条是关于监察机关在初步核实中开展谈话的程序准用的规定。

条文解读

本条例第74—79条的规定，涵盖了被谈话人的谈话程序、告知义务、权利保障等方面的内容。根据《中国共产党纪律检查机关监督执纪工作规则》第21条可知，监察机关应当结合问题线索所涉及地区、部门、单位总体情况，综合分析，按照谈话函询、初步核实、暂存待查、予以了结4类方式进行处置。因此，在初步核实阶段的谈话程序具备了一定的特殊性，准用本条例相关规定可保障立案前后通过谈话证据取得标准的一致性。监察机关应明确初步核实与正式立案在谈话地点、人身自由限制程度、谈话内容以及程序效果等方面的区别，重点突出谈话对象在初步核实阶段可享有的程序权利。

实务难点指引

初步核实中的谈话，更多地指向正式立案前的准备程序。因此，在实务中需要注意以下几个方面：(1)初步核实虽然可准用上述关于谈话的程序规定，但应明确被留置人的谈话仅限于正式立案之后。(2)初步核实阶段被核查人的谈话应尽可能在工作场所内完成。必要时，应当由单位负责人主导或者协助监察机关开展谈话。在正式立案以前，可因举报或者控告线索有限、被核查人人身自由未被限制以及存在一定的核查周期等原因，从身份上尚不能确定其必然作为将来正式立案的被调查人甚至是被留置人对待。而在此种情形下从实务角度出发，为推进监察机关在初步核实阶段的初查效率，以单位负责人为主导的谈话更可拉近监察机关与被核查人之间的关系，及时探明案件真相。

第四节　讯　　问

第八十一条　监察机关对涉嫌职务犯罪的被调查人，可以依法进行讯问，要求其如实供述涉嫌犯罪的情况。

条文主旨

本条是关于监察机关讯问被调查人权限的规定。

条文解读

讯问是指通过监察机关工作人员提问、被调查人回答的方式,取得印证被调查人有关职务违法犯罪事实的口供及其他证据的过程。监察机关是我国有权对涉嫌职务犯罪行使调查权的机关,讯问涉嫌职务犯罪的被调查人是调查活动中的重要权限之一,讯问笔录也是作出处置、审查起诉和刑事审判的重要证据。[①] 讯问期间形成的讯问笔录、被审查调查人和有关涉案人的自书材料、同步录音录像材料,在刑事诉讼中可以作为证据使用,以讯问来收集证据的要求与刑事审判关于证据的要求和标准相一致。监察机关对涉嫌职务犯罪的被调查人进行讯问,是取得被调查人有关犯罪事实的口供及印证其他证据的过程,在这一过程中,需要处理好实体真实与正当程序两个方面的价值目标。根据实体真实的价值观来看,讯问的终极目标是发现案件事实的真相,而不在乎手段;根据正当程序的价值观,讯问的过程同样是公民的司法保障程序,具有保护人权的独立价值。

实务难点指引

在讯问过程中,要注意对整个问题前因后果、背景细节的了解,结合逻辑常识,分析言词证据的真实性和可信度,判断调查对象辩解的真伪,不轻易被表面现象蒙蔽。要注重发挥客观证据的优势,在收集相关物证、书证的同时,充分利用信息技术,深入挖掘电子数据等新型证据,准确还原事实真相。要坚持系统思维,全面、历史、辩证地看待问题,综合考虑行为情节和发生时特定的背景,准确分析行为人当时的主观动机、思想认识,最大可能地还原事实真相。[②]

关联法条

《监察法》第 20 条;《刑事诉讼法》第 88、121 条

第八十二条　讯问被留置的被调查人,应当在留置场所进行。

---

① 参见中共中央纪律检查委员会中华人民共和国国家监察委员会法规室编写:《〈中华人民共和国监察法〉释义》,中国方正出版社 2018 年版,第 130 页。

② 参见王爱平:《把实事求是落实到审查调查工作中》,载《中国纪检监察报》2021 年 4 月 29 日,第 6 版。

条文主旨

本条是关于监察机关讯问场所的规定。

条文解读

2012年修改《刑事诉讼法》时，为杜绝以刑讯逼供等侵犯犯罪嫌疑人权益的手段取得口供的情况，限制地点是其作出的限制性规定之一。对讯问场所加以规范，可以改变实践中少数地方在犯罪嫌疑人被公安机关羁押后，不分场所进行讯问的不规范做法，既有利于保护犯罪嫌疑人的合法权益，也有利于规范和保障进行讯问的侦查人员依法行使权力。因为在以往的司法实践中，有时犯罪嫌疑人在法庭受审时，对讯问笔录和口供全盘翻案，宣称受到了刑讯逼供，致使侦查人员处于不利的地位。规范讯问场所等，有利于防止这类现象的发生。[①] 纵观过去的实践，刑讯逼供大多发生在规定场所以外的讯问过程中，规定在留置场所讯问，可以有效防止这一情形的发生。另外，监察机关的讯问工作常会因案件需要带有较强的保密性质，限制地点有利于防止暴露调查方向干扰调查的情况，更有利于调查工作的顺利开展。

实务难点指引

本条将讯问的场所限定于留置场所内，是出于规范讯问行为的需要。因而，留置场所本身的设置、管理和监督就需要有一套严密、细致的制度来加以规范。如本条例第103条规定，留置场所应当建立健全保密、消防、医疗、餐饮及安保等安全工作责任制，制定紧急突发事件处置预案，采取安全防范措施。留置场所需要为讯问提供条件和设施，保证调查人员在讯问时，一旦发生意外情况，可以及时加以处理。一般来说，如果是被采取留置措施的人员，应当在立案的监察机关的留置场所进行。根据工作需要也可以在下级监察机关的留置场所或者设置在公安机关的留置场所进行。如果讯问未被限制人身自由的被调查人，应当在具备安全保障条件、配备同步录音录像设备的场所进行。

关联法条

《监察法》第44条；《刑事诉讼法》第118条

---

① 参见李寿伟主编：《〈中华人民共和国刑事诉讼法〉解读》，中国法制出版社2018年版，第296页。

第八十三条　讯问应当个别进行，调查人员不得少于二人。

首次讯问时，应当向被讯问人出示《被调查人权利义务告知书》，由其签名、捺指印。被讯问人拒绝签名、捺指印的，调查人员应当在文书上记明。被讯问人未被限制人身自由的，应当在首次讯问时向其出具《讯问通知书》。

讯问一般按照下列顺序进行：

（一）核实被讯问人的基本情况，包括姓名、曾用名、出生年月日、户籍地、身份证件号码、民族、职业、政治面貌、文化程度、工作单位及职务、住所、家庭情况、社会经历，是否属于党代表大会代表、人大代表、政协委员，是否受到过党纪政务处分，是否受到过刑事处罚等；

（二）告知被讯问人如实供述自己罪行可以依法从宽处理和认罪认罚的法律规定；

（三）讯问被讯问人是否有犯罪行为，让其陈述有罪的事实或者无罪的辩解，应当允许其连贯陈述。

调查人员的提问应当与调查的案件相关。被讯问人对调查人员的提问应当如实回答。调查人员对被讯问人的辩解，应当如实记录，认真查核。

讯问时，应当告知被讯问人将进行全程同步录音录像。告知情况应当在录音录像中予以反映，并在笔录中记明。

条文主旨

本条是关于调查人员如何讯问被讯问人的规定。

条文解读

讯问应当个别进行，讯问人员应当依照规定出示证件并出具《讯问通知书》。讯问由二人以上进行，形成笔录、报告等书面材料，并由相关人员签名、盖章，同时，应当对全过程进行录音录像，留存备查。

本条第 1 款规定讯问应当个别进行，调查人员不得少于二人。本款吸取了《刑事诉讼法》的成功经验，规定调查人员不少于二人。换言之，调查人员不得单独展开讯问。如此规定主要是基于以下考虑：一是讯问工作的需要，有利于客观、真实地获取和固定证据；二是有利于互相配合、监督，防止个人徇私舞弊或发生刑讯逼供、诱供等非法讯问行为，同时也有利于防止一些被讯问人诬告调查人员存在人身侮辱、刑讯逼供等行为。同时，为了防止同案犯串供或者相互影响供述，应当分别对被讯问人进行讯问。

本条第2款规定了首次讯问时调查人员的义务。根据《监察法》《中国共产党纪律检查机关监督执纪工作规则》等有关规定，被讯问人在被调查期间，仍然享有相应的权利和义务，如有权辩解、有权要求饮食和必要的休息时间等。《被调查人权利义务告知书》应当告知被讯问人享有的权利和应当履行的义务，以及如实供述自己罪行和认罪认罚可以从宽处理的相关规定。

本条第3款规定了讯问的一般顺序。首先，核实被讯问人的个人信息，包括姓名、出生年月日等身份信息以及是否属于人大代表、政协委员等任职情况。这一规定吸收了《公安机关办理刑事案件程序规定》的经验。其次，告知被讯问人如实供述自己罪行可以从宽处理和认罪认罚的相关规定。由此，监察机关讯问的相关规定与完善认罪认罚从宽制度和增加速裁程序相衔接，便于认罪认罚制度更好地发挥作用，提高案件的质量与效率。最后，讯问被讯问人是否有违法犯罪行为，让其陈述有违法犯罪的事实或者没有违法犯罪的辩解。

本条第4款要求调查人的提问与调查的案件相关。调查人员在讯问前应当做好充分准备，熟悉案卷材料，认真做好讯问提纲，紧紧围绕案件事实提出问题。其隐含的意思是，被讯问人有权拒绝回答与本案无关的问题。与本案无关，指的是与被讯问人、案件事实、情节、证据等没有牵连关系。被讯问人对于调查人员提出的问题应当如实回答，既不能夸大也不能缩小；既不能隐瞒，也不能无中生有，或者避重就轻。调查人员应当充分尊重被讯问人，认真查核其辩解。

本条第5款要求调查人员告知被讯问人将进行全程同步录音录像，这一规定是对《监察法》第41条相关内容的落实。值得注意的是，告知情况不仅需要在笔录中记明，还需要在录音录像中予以反映。对比《刑事诉讼法》第123条规定，侦查人员在讯问犯罪嫌疑人的时候，可以对讯问过程进行录音或者录像，只有对于可能判处无期徒刑、死刑的案件或者其他重大犯罪案件，才适用的是“应当”对讯问过程进行录音或者录像。全程录音录像，既是对讯问工作的规范，也是对调查人员的保护。

关联法条

《监察法》第41条；《中国共产党纪律检查机关监督执纪工作规则》第42— 44条；《国家监察委员会与最高人民检察院办理职务犯罪案件工作衔接办法》第1条；《最高人民法院关于适用〈中华人民共和国刑事诉讼法〉的解释》第54、74、93—95条；《人民检察院刑事诉讼规则》第77、187、188条

第八十四条　本条例第七十五条至第七十九条的要求，也适用于讯问。

条文主旨

本条是关于讯问的补充规定。

条文解读

讯问的过程需要满足本条例第75—79条的要求。

关联法条

《监察法实施条例》第75—79条

第五节　询　　问

第八十五条　监察机关按规定报批后，可以依法对证人、被害人等人员进行询问，了解核实有关问题或者案件情况。

条文主旨

本条是关于采取询问措施的程序、对象的规定。

条文解读

询问是审查调查、谈话工作的一种方式，是针对证人等人员了解核实情况，进行取证的监察调查措施之一。询问措施在初步核实、立案审查调查阶段，经审批之后均可以使用。《监察法》第21条将实践中监察机关运用的询问措施确定为法定权限。实际上，询问早已是纪检监察机关多年来在实践中运用的执纪审查手段。采取询问措施的对象是证人、被害人等。询问，是指调查人员依照法定程序以言词方式向有关人员和证人调查了解情况的一种行为。询问和讯问最本质的区别在于对象不同，讯问针对的是立案后涉嫌职务犯罪的被调查人，询问则针对的是有关人员与证人。"证人"是指知道监察机关调查案件真相的当事人以外的第三人，凡是知道案件情况的人，都有作证的义务。生理上、精神上有缺陷或者年幼、不能辨别是非、不能正确表达的人，不能作证人。证人有很多种，有涉案人员，如行贿人，包括商人或掮客，也有纯粹的证人,如与案件无关的知情人员;有直接知情人,如参与非法牟利或经手行贿的人员,也有间接知情人,如听别人转述有关情况的人员,或者是曾经接触过部分问题线索的人员;有利益相关人,如司机、秘书等,也有利益无关人,如仅仅经手财务的会计。证人证言属于一种重要的证据形式,调查人员询问证人应当从有利于查明案情、获取证据,有利于保护证人提供证据积极性的角度出发。同时,询问被害人也是调查取证的一种重要形式,通过询问被害人获取的被害人陈述也是重要的证据种类之一。

关联法条

《监察法》第21条;《中国共产党纪律检查机关监督执纪工作规则》第40条

第八十六条　证人未被限制人身自由的,可以在其工作地点、住所或者其提出的地点进行询问,也可以通知其到指定地点接受询问。到证人提出的地点或者调查人员指定的地点进行询问的,应当在笔录中记明。

调查人员认为有必要或者证人提出需要由所在单位派员或者其家属陪同到询问地点的,应当办理交接手续并填写《陪送交接单》。

条文主旨

本条是关于询问证人地点、陪同的规定。

条文解读

本条第1款是关于询问证人地点的规定。《刑事诉讼法》规定了4种询问证人的地点:(1)在犯罪现场询问证人。(2)到证人所在单位或者住所询问。(3)到证人提出的地点进行询问。(4)必要的时候,可以通知证人到人民检察院或者公安机关提供证言。本款则规定了三种询问证人的地点:(1)证人的工作地点、住所。(2)证人提出的地点。(3)调查人员指定的地点。值得注意的是,本款规定的地点不包括现场。考虑到监察活动的特殊性,需要现场询问证人以在发现犯罪后及时固定证据的情况较少。到证人所在单位或者住所询问,这样可节省证人的时间,不影响其正常的工作生活,也有利于得到证人单位的支持,便于了解证人的情况,从而对证人证言作出分析判断。考虑到实践中有的证人担心遭到报复、影响正常工作生活等原因,不愿调查人员前往其单位、住所询问。本款规定可到证人提出的地点进行询问,有利于消除证人的种种顾虑,调动证人提供证言的积极性。到调查人员指定的地点,有利于保证证人的安全，也可避免证人单位、亲属或其他人的干扰，有利于证人如实提供证言。[①]

本条第2款是关于陪同的规定。本款规定了陪同前往询问地点的两种提出方式：（1）调查人员认为有必要。（2）证人提出需要。根据本款规定，可由证人所在单位派员陪同，也可由证人家属陪同。

关联法条

《刑事诉讼法》第124条；《人民检察院刑事诉讼规则》第193、195条；《公安机关办理刑事案件程序规定》第210条

第八十七条　询问应当个别进行。负责询问的调查人员不得少于二人。

首次询问时，应当向证人出示《证人权利义务告知书》，由其签名、捺指印。证人拒绝签名、捺指印的，调查人员应当在文书上记明。证人未被限制人身自由的，应当在首次询问时向其出具《询问通知书》。

询问时，应当核实证人身份，问明证人的基本情况，告知证人应当如实提供证据、证言，以及作伪证或者隐匿证据应当承担的法律责任。不得向证人泄露案情，不得采用非法方法获取证言。

询问重大或者有社会影响案件的重要证人，应当对询问过程全程同步录音录像，并告知证人。告知情况应当在录音录像中予以反映，并在笔录中记明。

条文主旨

本条是关于询问方式的规定。

条文解读

根据本条第1款的规定，询问证人应当个别进行。即询问同一案件的几个证人时，应当分别进行，个别询问；询问某一个证人时，不得有其他证人在场。作此规定是为了防止证人之间相互影响、相互串通，保证其提供证言的真实性；同时也有利于保守案情秘密，保障调查活动顺利进行。询问在监察活动中显得尤为重要，基于监察活动的特殊性，证人证言是其中重要的证据，倘若发生相互串通的情形，将严重影响监察活动的进行。同时，规定询问证人的调查人员不得少于二人，主要是出于如下考

---

① 参见李寿伟主编：《中华人民共和国刑事诉讼法解读》，中国法制出版社2018年版，第313页。

虑:一是询问工作的需要,有利于客观、真实地获取和固定证据;二是有利于互相配合、监督,以达到更好的询问效果。

询问证人的相关程序要规范。询问证人要根据干部管理权限按照程序进行报批,首次询问时,应当向证人出示《证人权利义务告知书》,保障其各项权利,告知其如实提供证据、证言的义务和有意作伪证或者隐匿罪证要负的法律责任,并让其在《证人权利义务告知书》上签名、捺指印。未被限制人身自由的证人,还应当在首次询问时向其出具《询问通知书》。调查过程中,要充分保障证人的合法权益,严格遵守询问的时间要求,不得采用暴力、威胁以及其他非法限制人身自由等方法收集证人证言。同时,为保证调查的顺利进行,不得向证人泄露案情或者表示对案件的看法。

根据本条第 4 款的规定,询问重要的证人时,应当对询问过程全程同步录音录像,并且告知清楚。重要证人包括两类:(1)重大案件的重要证人。(2)有社会影响案件的重要证人。重要案件一般指的是案情复杂、犯罪情节严重、社会影响大的案件。录音录像应当符合两个要求:一是全程进行,二是保持完整。全程、完整是录音录像发挥作用的前提。如果不能保证全程录音录像,录制设备的开启和关闭时间完全由调查人员自由掌握,录音录像就不能发挥证明作用。"全程"应是从证人进入询问地点到结束询问离开询问地点的全过程。"保持完整"指的是案件调查的每一次询问过程都要录音录像,要完整、不间断地记录每一次询问过程,不可作剪接、删改。

实务难点指引

针对不同的证人,应采取不同的询问方法,因案施策。对涉嫌行贿人员,要充分运用开门见山、因势利导等方法,讲清楚政策法律,消除其顾虑,引导其如实作证。对特定关系人,如近亲属、情妇(夫)等,要抓住其矛盾心理,让其以书信、音频、视频等方式对被审查调查人进行规劝,一起做被审查调查人思想工作。笔录的内容要完整。询问笔录应当现场制作,内容包括首部、正文和尾部。首部包括询问的具体起止时间、地点,被询问人的姓名、性别、年龄、工作单位、职务、政治面貌、家庭住址、联系方式等。要注意年龄必须写周岁,工作单位要用全称,家庭住址是现居住地。笔录开头要记录程序性的内容:一是表明身份,二是告知权利义务。正文部分要全面完整、准确清楚、主次得当,主要记录涉嫌职务违法犯罪的事实,包括时间、地点、人物、经过、手段、原因、结果等。尾部包括确认笔录的真实性和完整性,核对笔录并签名捺指印等。[①]

---

① 参见张剑峰:《如何依规依纪依法询问证人》,载《中国纪检监察报》2020 年 11 月 11 日,第 8 版。

关联法条

《监察法》第41条;《中国共产党纪律检查机关监督执纪工作规则》第49条;《刑事诉讼法》第124条;《最高人民法院关于适用〈中华人民共和国刑事诉讼法〉的解释》第87条;《国家监察委员会与最高人民检察院办理职务犯罪案件工作衔接办法》第1条

第八十八条　询问未成年人,应当通知其法定代理人到场。无法通知或者法定代理人不能到场的,应当通知未成年人的其他成年亲属或者所在学校、居住地基层组织的代表等有关人员到场。询问结束后,由法定代理人或者有关人员在笔录中签名。调查人员应当将到场情况记录在案。

询问聋、哑人,应当有通晓聋、哑手势的人员参加。调查人员应当在笔录中记明证人的聋、哑情况,以及翻译人员的姓名、工作单位和职业。询问不通晓当地通用语言、文字的证人,应当有翻译人员。询问结束后,由翻译人员在笔录中签名。

条文主旨

本条是关于询问未成年人,聋、哑人以及不通晓当地通用语言、文字的证人的规定。

条文解读

本条第1款是关于询问未成年人的规定。可以看到,询问未成年人,"应当"通知其法定代理人到场,这一规定加强了对未成年人权利的保护。同时,这一规定还为法定代理人无法通知或者法定代理人不能到场的未成年人提供了保护措施,进一步体现了对未成年人在询问过程中的权利的保护。调查人员应当将法定代理人不能到场的原因、相关人员到场的基本情况等信息在询问笔录中予以记载、说明。为规范询问的过程,询问笔录应当由法定代理人或者其他有关人员签名。

本条第2款是关于询问聋、哑人以及不通晓当地通用语言、文字的证人的规定。询问聋、哑的证人,应当有通晓聋、哑手势的人参加,为调查人员和证人翻译,并在询问笔录上注明证人的聋、哑情况以及翻译人员的行为、工作单位和职业等基本情况。为聋、哑证人提供通晓聋、哑手势的人作为翻译,是调查人员的法定义务,也是聋、哑证人的权利。聋哑人因生理上的缺陷,理解能力和表达能力都会受到一定的影响或者限制,在其接受询问查证的过程中,这些生理上的缺陷往往会影响其准确表达自己的意愿,也影响其充分行使申辩权;同时,由于调查人员不一定通晓手语,也会给询问工作带来一定的困难。为保护聋哑人的合法权益,保证询问工作的顺利进行,本款规定,询问聋哑人,应当有通晓手语的人提供帮助。对于不通晓当地通用语言文字的被询问人,调查人员应当为其配备翻译人员。由于我国是一个多民族国家,各民族都有自己的语言文字,同一民族不同地方之间也存在语言上的差异,语言平等是民族平等的重要内容,各民族都有使用本民族语言文字的权利,当被询问人不通晓当地通用的语言文字时,调查人员应当聘请翻译人员为他们进行口头或者书面翻译。另外,被询问人是外国人的,如果其不能用中文表达,调查人员也应当为其聘请翻译人员。同时,要求被聘请的翻译人员在询问笔录上签名以证明询问查证工作的合法性。①

实务难点指引

由于询问查证是在行使法律赋予的职责,如果需要聘请通晓手语的人或者其他翻译人员提供翻译,不得向被询问人收取翻译费用。但是,特殊情况下,如果被询问人自己聘请翻译人员的,其费用应由被询问人自己承担。实践中,因办案需要,确需聘请翻译人员的,首先应当从监察机关内部具备翻译能力的人员中确定,作此规定主要是考虑所聘请的翻译人员必须可靠,能够准确地帮助询问人完成询问任务。如果在监察机关内部找不到合适人选,也可以从当地的语言学校或者其他能够承担翻译任务的人员中聘请。但是,实际展开工作时,调查人员在对聋、哑以及不通晓当地通用的语言文字的被询问人进行询问之前,要让被聘请的翻译人员了解和熟悉案件的基本情况,明确询问的目的和调查人员的意图,以保证询问查证工作的顺利进行。

关联法条

《未成年人保护法》第 4、101、102 条;《最高人民法院关于适用〈中华人民共和国刑事诉讼法〉的解释》第 89、90 条

第八十九条　凡是知道案件情况的人,都有如实作证的义务。对故意提供虚假证言的证人,应当依法追究法律责任。

证人或者其他任何人不得帮助被调查人隐匿、毁灭、伪造证据或者串供,不得实施其他干扰调查活动的行为。

---

① 参见李兴林、刘建昌主编:《公安机关办理行政案件程序规定实务解读》,中国人民公安大学出版社 2013 年版。

条文主旨

本条是关于如实作证义务和不得干扰调查活动的规定。

条文解读

本条第1款是关于对如实作证义务的规定。“知道案件情况的人”是指亲眼看到、亲耳听到违法行为发生，或者亲眼见到、亲耳听到被调查人的行为，或者亲耳听到被调查人、被害人等对案情的叙述，因而了解案件情况的人，这样的人有义务提供案件的真实情况。从新闻媒体或者道听途说知道案件情况，或是推测案件情况的人不属于本款所说的“知道案件情况”的人，不能作证人，也没有作证的义务。①

本条第2款规定，证人或者其他任何人要如实地提供证言和其他证据，即对自己掌握的物证、书证及其他证据，应当原样提供，不能隐匿或者私自销毁、涂改；对自己所了解的案件事实及有关情况，应实事求是地陈述或者书写，不能夸大、缩小，不能进行干扰调查活动的行为，证人有意作伪证或隐匿罪证的应负法律责任。依据《刑法》的规定，在刑事诉讼中，证人等对与案件有重要关系情节，故意作虚假证明，意图陷害他人或者隐匿罪证的，处3年以下有期徒刑或者拘役；情节严重的，处3年以上7年以下有期徒刑。明知是犯罪的人而为其提供隐藏处所、财物，帮助其逃匿或者作假证明包庇的，处3年以下有期徒刑、拘役或者管制；情节严重的，处3年以上10年以下有期徒刑。

关联法条

《监察法》第63条；《刑事诉讼法》第54、62条；《刑法》第305条；《人民检察院刑事诉讼规则》第60条

第九十条　证人、鉴定人、被害人因作证，本人或者近亲属人身安全面临危险，向监察机关请求保护的，监察机关应当受理并及时进行审查；对于确实存在人身安全危险的，监察机关应当采取必要的保护措施。监察机关发现存在上述情形的，应当主动采取保护措施。

监察机关可以采取下列一项或者多项保护措施：

（一）不公开真实姓名、住址和工作单位等个人信息；

① 参见李寿伟主编：《中华人民共和国刑事诉讼法解读》，中国法制出版社2018年版，第150页。

（二）禁止特定的人员接触证人、鉴定人、被害人及其近亲属；

（三）对人身和住宅采取专门性保护措施；

（四）其他必要的保护措施。

依法决定不公开证人、鉴定人、被害人的真实姓名、住址和工作单位等个人信息的，可以在询问笔录等法律文书、证据材料中使用化名。但是应当另行书面说明使用化名的情况并标明密级，单独成卷。

监察机关采取保护措施需要协助的，可以提请公安机关等有关单位和要求有关个人依法予以协助。

条文主旨

本条是关于保障证人、鉴定人、被害人及其近亲属安全的规定。

条文解读

实践中，不愿意看到监察机关查明案件真相的人，为了阻止和妨碍证人、鉴定人、被害人作证，有时会对证人、鉴定人、被害人及其近亲属采取威胁、侮辱甚至伤害等手段，妨碍案件的正常进行。为了保障证人、鉴定人、被害人等有客观、充分的提供证据的条件，履行作证的法定义务，如实地提供案件的真实情况，保证证人、鉴定人、被害人及其近亲属的安全是当务之急。证人作证需要冒着一定的危险，法律不能一味地强调证人作证的义务，也要从实际出发为证人解决后顾之忧，提供安全上的保障。①

依据本条规定，监察机关采取保护措施，可由两种方式启动：（1）证人、鉴定人、被害人本人或者近亲属主动向监察机关请求保护。（2）监察机关发现存在证人、鉴定人、被害人本人或者近亲属人身安全面临风险。监察机关可以采取一项或者同时采取多项保护措施，包括不公开证人、鉴定人、被害人及其近亲属的相关个人信息、禁止特定人员接触、对人身和住宅采取专门性保护措施等，这是落实人权保障的重要手段。同时，为了保证规范性与合法性，监察机关依法不公开证人、鉴定人、被害人的真实姓名等个人信息时，需要另行书面说明化名的使用情况，并标明密级，单独成卷。由于执行保护措施需要一定的专业性，监察机关可以提请公安机关等有关单位和要求个人予以协助。

---

① 参见李寿伟主编：《中华人民共和国刑事诉讼法解读》，中国法制出版社 2018 年版，第 152 页。

关联法条

《刑事诉讼法》第63、65条;《最高人民法院关于适用〈中华人民共和国刑事诉讼法〉的解释》第256、257条;《人民检察院刑事诉讼规则》第79条

第九十一条　本条例第七十六条至第七十九条的要求,也适用于询问。询问重要涉案人员,根据情况适用本条例第七十五条的规定。

询问被害人,适用询问证人的规定。

条文主旨

本条是关于询问的补充规定。

条文解读

依据本条第1款规定,询问的过程需要满足本条例第76条至第79条的要求。询问重要涉案人员,需要根据情况适用第75条。本条第2款是关于询问被害人的规定,询问被害人是调查取证的一种重要形式,通过询问被害人获取被害人陈述是重要的证据种类之一。因此,询问被害人与询问证人一样,应当严格依照法律规定,规范进行。询问被害人指的是调查人员以询问的方式,向直接受害者进行调查的活动。询问被害人适用本条例关于询问证人的规定,主要是:(1)询问被害人需要按规定报批。(2)询问被害人可以在其工作地点、住所或者其提出的地点,也可以通知其到指定地点。(3)对于有几个被害人的,询问应当个别进行,调查人员不少于2人。(4)询问前应当告知被害人如实陈述,并告知作伪证、隐匿罪证的法律责任。(5)应充分保障被害人的各项权利。

关联法条

《监察法实施条例》第76—79条

第六节　留　　置

第九十二条　监察机关调查严重职务违法或者职务犯罪，对于符合监察法第二十二条第一款规定的，经依法审批，可以对被调查人采取留置措施。

监察法第二十二条第一款规定的严重职务违法，是指根据监察机关已经掌握的事实及证据，被调查人涉嫌的职务违法行为情节严重，可能被给予撤职以上政务处分；重要问题，是指对被调查人涉嫌的职务违法或者职务犯罪，在定性处置、定罪量刑等方面有重要影响的事实、情节及证据。

监察法第二十二条第一款规定的已经掌握其部分违法犯罪事实及证据，是指同时具备下列情形：

（一）有证据证明发生了违法犯罪事实；

（二）有证据证明该违法犯罪事实是被调查人实施；

（三）证明被调查人实施违法犯罪行为的证据已经查证属实。

部分违法犯罪事实，既可以是单一违法犯罪行为的事实，也可以是数个违法犯罪行为中任何一个违法犯罪行为的事实。

条文主旨

本条是关于《监察法》第 22 条第 1 款具体内涵的规定。

条文解读

根据本条第 1 款的规定，监察机关调查严重职务违法或者职务犯罪，已经掌握被调查人的部分违法犯罪事实及证据，仍有重要问题需要进一步调查，并涉及法定情形之一的（案情重大复杂，可能逃跑、自杀，可能串供或者伪造、隐匿、毁灭证据，可能有其他妨碍调查行为），经监察机关依法审批，可以对被调查人采取留置措施。留置措施涉及限制公民人身自由，是监察机关采取的一项颇为严厉的强制性调查取证措施，监察机关采取留置措施必须符合法定程序。

本条第 2 款就《监察法》第 22 条第 1 款规定的“严重职务违法”和“重要问题”作出了详细规定与说明，即根据监察机关已经掌握的事实及证据，被调查人涉嫌的职务违法行为情节严重，可能被给予撤职以上政务处分。由此可见，只有被调查人可能被给予撤职以上政务处分，其职务违法行为的程度即被视为“严重”。其他的职务犯罪行为或者违法犯罪行为、情节轻微的一般不采取留置措施。[①]“重要问题”是指对被调查人涉嫌的职务违法或者职务犯罪，在定性处置、定罪量刑等方面有重要影响的事实、情节及证据。对于重要性程度不高的问题，监察机关一般不再展开进一步调查。此处需要结合《刑法》《刑事诉讼法》等相关规定，对被调查人涉嫌的职务违法或者职务犯罪的事实、情节、证据等进行综合调查。

本条第3款就《监察法》第22条第1款规定的“已经掌握其部分违法犯罪事实及证据”作出了详细规定与说明。据此，监察机关必须同时具备有证据证明发生了违法犯罪事实、该违法犯罪事实是被调查人实施、证明被调查人实施违法犯罪行为的证据已经查证属实这三大情形，才能认为监察机关“已经掌握其部分违法犯罪事实及证据”。这三种情形并非选择关系，而是并列关系，监察机关仅仅具备其中一两种情形，不能视为“已经掌握其部分违法犯罪事实及证据”。监察机关必须能够证明被调查人实施违法犯罪行为的证据已经查证属实，才能认定已经掌握其部分违法犯罪事实及证据，进而可以采取留置措施。只有证据本身是真实的，才能证明案件的真实情况，虚假的证据会造成对案件的错误认定，不具有客观性和真实性。这体现出监察机关办案的严谨性与权威性，倒逼监察机关将调查工作做好做实。

本条第4款就《监察法》第22条第1款规定的“部分违法犯罪事实”作出了解释说明。本款主要从违法犯罪行为的数量上对其作出了相应解释。部分违法犯罪事实既可以是单一违法犯罪行为的事实，也可以是数个违法犯罪行为中任何一个违法犯罪行为的事实。

关联法条

《监察法》第22条

第九十三条　被调查人具有下列情形之一的，可以认定为监察法第二十二条第一款第二项所规定的可能逃跑、自杀：

（一）着手准备自杀、自残或者逃跑的；

（二）曾经有自杀、自残或者逃跑行为的；

（三）有自杀、自残或者逃跑意图的；

（四）其他可能逃跑、自杀的情形。

---

① 参见中共中央纪律检查委员会中华人民共和国国家监察委员会法规室编写：《〈中华人民共和国监察法〉释义》，中国方正出版社2018年版，第134页。

条文主旨

本条是关于“可能逃跑、自杀”具体内涵的规定。

条文解读

根据本条规定,被调查人着手准备自杀、自残或者逃跑,曾经有自杀、自残或者逃跑行为的,有自杀、自残或者逃跑意图的,以及其他可能逃跑、自杀的情形,均可认定为《监察法》第22条第1款第2项所规定的“可能逃跑、自杀”。

关联法条

《人民检察院刑事诉讼规则》第133条

第九十四条　被调查人具有下列情形之一的,可以认定为监察法第二十二条第一款第三项所规定的可能串供或者伪造、隐匿、毁灭证据:

(一)曾经或者企图串供,伪造、隐匿、毁灭、转移证据的;

(二)曾经或者企图威逼、恐吓、利诱、收买证人,干扰证人作证的;

(三)有同案人或者与被调查人存在密切关联违法犯罪的涉案人员在逃,重要证据尚未收集完成的;

(四)其他可能串供或者伪造、隐匿、毁灭证据的情形。

条文主旨

本条是关于“可能串供或者伪造、隐匿、毁灭证据”具体内涵的规定。

条文解读

第一,串供是指被调查人之间,或者被调查人与案件其他有关人员之间,为了达到使被调查人逃避法律责任追究的目的,互相串通以捏造口供的行为。伪造证据是指行为人故意制造虚假的证据材料,具体包括模仿真实证据而制造假证据、凭空捏造虚假的证据,以及对真实证据加以变更改造使其失却或减弱证明作用的情形。隐匿、毁灭证据是指人为地将证据藏匿,妨害证据出现,使证据价值减少、消失的一切行为。被调查人采取积极行动伪造、隐匿、毁灭证据,包括被调查人主动销毁已经存在的证据,将证据转移隐藏,制造假的证据或者对证据进行伪造、变造等改变证据本来特征和信息。被调查人对与案件有重要关系的情节,故意作虚假证明、销毁证据等,意图陷害他人或者隐匿罪证,即属于该种情形。

第二,曾经或者企图以口头、书面或者以暴力、威胁、恫吓、引诱、收买证人等形式,阻挠证人作证或者使证人不如实作证,或者指使、威胁、贿赂他人采取这些方式阻挠证人作证或者使证人不如实作证,从而危及对案件事实真相的查明,使监察工作难以进行的。

第三,若案件系共同违法犯罪情形,对被调查人是否存在可能串供或者伪造、隐匿、毁灭证据的行为的判定,并不受其他同案人或涉案人员的相关证据尚未收集完毕的影响。

第四,本条第 4 项是兜底性条款,给予了监察机关在判定被调查人是否存在可能串供或者伪造、隐匿、毁灭证据的行为时以一定的自由裁量权空间,是为保证列举的全面性而设。

关联法条

《人民检察院刑事诉讼规则》第 131 条

第九十五条　被调查人具有下列情形之一的,可以认定为监察法第二十二条第一款第四项所规定的可能有其他妨碍调查行为:

(一)可能继续实施违法犯罪行为的;

(二)有危害国家安全、公共安全等现实危险的;

(三)可能对举报人、控告人、被害人、证人、鉴定人等相关人员实施打击报复的;

(四)无正当理由拒不到案,严重影响调查的;

(五)其他可能妨碍调查的行为。

条文主旨

本条是关于“可能有其他妨碍调查行为”的具体内涵的规定。

条文解读

《监察法》第 22 条第 1 款第 4 项为“可能有其他妨碍调查行为的”,是兜底条款。本条通过列举 5 种情形,就《监察法》第 22 条第 1 款第 4 项的内容作出进一步规定。

第一,可能继续实施违法犯罪行为的。若被调查人有继续实施违法犯罪行为的可能性,就有可能对监察机关的调查取证活动造成阻碍,不利于监察工作的顺利开展。是否可能继续实施违法犯罪行为,需要从被调查人已经实施的违法犯罪所体现的主观恶性和犯罪习性进行考察,比如是否惯犯、是否已养成犯罪习性等。此外,如果有一定的证据证明被调查人已经开始策划、预备实施某种犯罪的,也可以认定为可能继续实施违法犯罪行为。

第二,有危害国家安全、公共安全等现实危险的。国家安全是指国家政权、主权、统一和领土完整、人民福祉、经济社会可持续发展和国家其他重大利益相对处于没有危险和不受内外威胁的状态,以及保障持续安全状态的能力。

关联法条

《人民检察院刑事诉讼规则》第129、130、132条

第九十六条　对下列人员不得采取留置措施:

(一)患有严重疾病、生活不能自理的;

(二)怀孕或者正在哺乳自己婴儿的妇女;

(三)系生活不能自理的人的唯一扶养人。

上述情形消除后,根据调查需要可以对相关人员采取留置措施。

条文主旨

本条是关于对特定人员不得采取留置措施的规定。

条文解读

第一,监察机关不得对患有严重疾病、生活不能自理的人员采取留置措施。该项体现出本条例对被调查人生命权、健康权的尊重与维护。被调查人员是否达到患有严重疾病、因年老残疾等原因生活不能自理的标准,需要根据医学的判定标准予以认定。

第二,监察机关不得对怀孕或者正在哺乳自己婴儿的妇女采取留置措施。该项体现出本条例对妇女权益的保护。一旦妇女被确定处于怀孕状态或正处于哺乳期,监察机关就不得对该妇女采取留置措施,以避免对其身心健康造成损害。

第三,若被调查人为生活不能自理的人的唯一扶养人,监察机关亦不得对其采取

留置措施。扶养有广义和狭义之分。广义上的扶养泛指特定亲属之间根据法律的明确规定而存在的经济上相互供养、生活上相互照顾的权利义务关系，包括长辈亲属对晚辈亲属的“抚养”、平辈亲属之间的“扶养”和晚辈亲属对长辈亲属的“赡养”三种具体形态。狭义上的扶养则专指平辈亲属之间尤其是夫妻之间依法发生的经济供养和生活扶助的权利义务关系。根据《民法典》的规定，民法中的扶养采取狭义上的概念，而根据本条的精神，此处的“扶养”是从广义的角度而言的。

第四，上述情形若不复存在，监察机关有权根据调查需要，对相关人员采取留置措施。例如，若被调查人患有的严重疾病已得到部分治愈，可以基本实现生活自理，依然可以对其采取留置措施。

关联法条

《刑事诉讼法》第67、74、165条；《最高人民法院关于适用〈中华人民共和国刑事诉讼法〉的解释》第169条；《人民检察院刑事诉讼规则》第580条

第九十七条　采取留置措施时，调查人员不得少于二人，应当向被留置人员宣布《留置决定书》，告知被留置人员权利义务，要求其在《留置决定书》上签名、捺指印。被留置人员拒绝签名、捺指印的，调查人员应当在文书上记明。

条文主旨

本条是关于监察机关采取留置措施时的程序规定。

条文解读

规定本条的目的是规范监察机关采取留置措施的程序，保证留置措施的规范化、程序化。根据本条规定，监察机关的调查人员应当遵循以下要求和程序采取留置措施。

第一，监察机关不得只派遣一名调查人员对监察对象采取留置措施。“不得少于”包括本数，即采取留置措施时，调查人员最少为两人。对调查人员设定数量方面的要求，一方面可以保障留置措施的严肃性，增强留置措施的公正性和证明效力，确保获取的证据客观、真实、有效；另一方面可以使调查人员相互配合、相互监督，依法有序完成留置工作，以减少纠纷的发生。

第二，采取留置措施时，调查人员应当向被留置人员宣布《留置决定书》，告知被

留置人员权利义务,要求其在《留置决定书》上签名、捺指印。宣布《留置决定书》是调查人员采取留置措施时必须履行的工作职责。通过宣布《留置决定书》,调查人员履行了对被留置人员的告知义务,既保障了被留置人员的知情权,也有助于保证留置措施的公信力和权威性,使留置工作顺利有序进行。《留置决定书》主要写明采取留置措施的法律依据、主体、对象、时间等,既是具有法律效力的书面法律文书,也是监察机关作出留置决定的必要形式。《留置决定书》对被留置人员具有较强的强制力和约束力。

第三,根据本条规定,被留置人应当按照调查人员的要求,在《留置决定书》上签名、捺指印。被留置人可以采取亲笔书写签名的方式或以捺指印的方式来表示自己对《留置决定书》的知悉与肯认,以防止出现歪曲被调查人的真实意图,或者出现强加于被调查人的主观臆断甚至捏造事实等情况,确保证据的客观性和真实性。

第四,本条还规定,被留置人员拒绝签名、捺指印的,调查人员应当在文书上记明。由此可见,被留置人员拒绝签名、捺指印的,并不影响《留置决定书》的生效。在此种情形下,调查人员应当在文书上客观准确地将被留置人员拒绝签名、捺指印的情况予以记载说明。

典型案例

2017 年 3 月 21 日晚上 10 时,山西省纪委监委两名调查人员向山西某国企董事长郭某郑重宣布:根据《全国人大常委会关于在北京市、山西省、浙江省开展国家监察体制改革试点工作的决定》的有关规定,本委决定对你采取留置措施,期限从 2017 年 3 月 21 日起算。随即,郭某在《留置决定书》上签字。这张编号为“晋监留(2017)1 号”的《留置决定书》,记录了一个意义重大的时刻:山西省监察委员会挂牌成立 2 个月后,迎来了“留置第一案”。①

关联法条

《监察法》第 41 条;《中国共产党纪律检查机关监督执纪工作规则》第 42 条

---

① 参见《从试点看监委 12 项调查措施(12)——留置:取代“两规”,突破案情“撒手锏”》,载中央纪委国家监委网站:https://www.ccdi.gov.cn/special/sexdccs/201802/t20180207_163571.html,2021 年 7 月 3 日最后访问。

第九十八条　采取留置措施后，应当在二十四小时以内通知被留置人员所在单位和家属。当面通知的，由有关人员在《留置通知书》上签名。无法当面通知的，可以先以电话等方式通知，并通过邮寄、转交等方式送达《留置通知书》，要求有关人员在《留置通知书》上签名。

因可能毁灭、伪造证据，干扰证人作证或者串供等有碍调查情形而不宜通知的，应当按规定报批，记录在案。有碍调查的情形消失后，应当立即通知被留置人员所在单位和家属。

条文主旨

本条是关于采取留置措施后通知被留置人员所在单位和家属的规定。

条文解读

留置措施涉及范围广、留置时间较长，采取留置措施后，被留置人与外界失去联系，被留置人所在单位和家属可能会误以为被留置人已经失踪或者死亡，进而产生恐慌。基于此，本条第1款规定，采取留置措施后，应当在24小时以内通知被留置人员所在单位和家属，以保障被留置人员所在单位和家属的知情权。本款突出强调了在24小时之内通知被调查人所在单位和家属是留置的常规化程序，充分体现出对被留置人员权利的尊重。

本条第1款规定了两种通知方式，即当面通知和非当面通知。当面通知的，由有关人员在《留置通知书》上签名。若无法当面通知的，可先以电话等方式通知，同时通过邮寄、转交等方式送达《留置通知书》，要求有关人员在《留置通知书》上签名。“可以”一词表明，电话通知的方式并非唯一且必须采取的通知手段，通知人员可根据实际情况，灵活选择通知的方式。需要注意的是，只有在不能当面通知的情况下，才采取非当面通知的方式，表明自己对被留置人员留置情况的知悉，全面配合监察机关开展案件调查工作。送达是指监察机关按照法定的程序和方式将《留置通知书》送交被留置人所在单位和家属的一种活动。邮寄送达是指监察机关通过邮局，将《留置通知书》以挂号形式邮寄给收件人的送达方式；转交送达是指监察机关将《留置通知书》交由收件人所在机关、单位代收后再转交给收件人的送达方式。“等”字表明，监察机关还可以采取其他送达方式，如直接送达、委托送达等。值得一提的是，根据本款规定，有关人员只能以签名的方式，不能以捺指印等方式替代签名，表示对《留置通知书》的知悉与肯认。《留置通知书》的主要内容有采取留置措施的法律依据、主体、对象、时间、留置通知书的编号等。《留置通知书》与《留置决定书》不同，其主要作用为通知被留置人所在单位和家属。

通知是原则，不通知是例外。根据本条第 1 款的规定，采取留置措施后，原则上应当在 24 小时以内通知被留置人员所在单位和家属。本条第 2 款就不宜通知被留置人所在单位和家属的例外情形作出规定，包括有可能毁灭、伪造证据，干扰证人作证或者串供等有碍调查的情形。例如，被留置人家属与被调查人的犯罪行为有牵连，通知后可能引起被留置人家属转移、隐匿、销毁罪证的；被调查人被留置的消息传出去，可能会引起其他同案犯逃跑、自杀、毁灭或伪造证据的，等等。因可能毁灭、伪造证据，干扰证人作证或者串供等有碍调查情形而不宜通知的，应当按程序规定报批并记录在案。待有碍调查的情形消失后，监察机关应当立即通知被留置人员所在单位和家属。本款体现出留置工作的灵活性和严肃性，有利于案件调查工作的顺利进行。

关联法条

《监察法》第 44 条；《中国共产党纪律检查机关监督执纪工作规则》第 41 条

第九十九条　县级以上监察机关需要提请公安机关协助采取留置措施的，应当按规定报批，请同级公安机关依法予以协助。提请协助时，应当出具《提请协助采取留置措施函》，列明提请协助的具体事项和建议，协助采取措施的时间、地点等内容，附《留置决定书》复印件。

因保密需要，不适合在采取留置措施前向公安机关告知留置对象姓名的，可以作出说明，进行保密处理。

需要提请异地公安机关协助采取留置措施的，应当按规定报批，向协作地同级监察机关出具协作函件和相关文书，由协作地监察机关提请当地公安机关依法予以协助。

条文主旨

本条是关于公安机关协助采取留置措施的规定。

条文解读

本条遵循《监察法》第 43 条的规定，对公安机关协助执行留置措施作出了细致规定。监察机关在采取留置措施的过程中，可以根据工作需要按照规定报批，提请公安机关配合，公安机关应当依法予以协助。这是建立在监察机关对职务违法和职务犯罪案件独立开展调查工作的基础上的。公安机关仅提供协助，而非直接进行侦查。监察机关依法独立对职务违法和职务犯罪案件展开调查，是对监察权的统一整合与收束，保证了各机关分工负责、互相制约、互相制约，有助于提升办案的严肃性与高效性。

本条第1款规定，县级以上监察机关提请协助的对象是同级公安机关。为实现程序上的规范与公正，本款还规定了监察机关在提请协助时应当遵循的程序性规定，即监察机关在提请协助时应当出具《提请协助采取留置措施函》，该函的基本内容主要包括提请协助的具体事项和建议，协助采取措施的时间、地点等内容，并附上《留置决定书》复印件。

本条第2款规定，因为保密工作的需要，不适合在采取留置措施前向公安机关告知留置对象姓名的，监察机关可以作出说明并进行保密处理。这是为了保证监察工作的顺利开展所作出的必要选择。在此种情况下，监察机关不仅应当作出保密处理，还需作出相应说明，以示监察工作的真实、公开与透明。

本条第3款主要就监察机关需要提请异地公安机关协助采取留置措施作出了规定。原则上，监察机关应当按照本条第1款的规定，提请同级公安机关依法予以协助。但在特殊情况下，监察机关也可以提请异地公安机关协助采取留置措施。当监察机关提请异地公安机关协助采取留置措施时，不应当直接向异地公安机关提请协助，而是应当按规定报批，由协作地监察机关提请当地公安机关依法予以协助。在报批过程中，监察机关应当向协作地同级监察机关出具协作函件和相关文书，对相关情况作出说明。

实务难点指引

监察机关在具体哪些方面需要公安机关协助采取留置措施，本条并未作出细致规定。一般来说，公安机关协助监察机关执行留置主要有两种情况：一是监察机关对被调查人采取留置措施，将被留置人员带回留置场所，需要公安机关配合执行，以防止相关单位和人员的阻挠；二是将被留置人员留置在特定场所后，需要公安机关派警员看护，以保证被留置人员的安全，使留置期间讯问等相关调查工作顺利进行。

关联法条

《监察法》第43条

第一百条　留置过程中，应当保障被留置人员的合法权益，尊重其人格和民族习俗，保障饮食、休息和安全，提供医疗服务。

条文主旨

本条是关于保障被留置人员合法权益的规定。

条文解读

保障被留置人员的合法权益是指监察机关必须严格遵循相关法律规定，不得违法侵犯被留置人员的合法权益。留置措施限制公民人身权利的程度可谓十分严厉，因此在秉持人道主义待遇和保障公民生命健康的基础上，必须切实保障被留置人员的合法权益。唯有如此，才能使被留置人员受到有尊严的对待，使其合法权益不至于遭到侵害，并为其参与下一步的监察活动提供必要的条件。与此同时，保障被留置人员合法权益也有助于监察机关文明、合法地开展监察活动。

第一，留置过程中，监察机关应当尊重被留置人员的人格。留置措施在一定程度上限制了被留置人员的人身自由，但在采取留置措施的过程中，监察机关必须尊重被留置人员的人格。人格主要是指人格尊严，涉及名誉权、隐私权等方面。

第二，留置过程中，监察机关应当尊重被留置人员的民族习俗。我国已经确立平等团结互助和谐的社会主义民族关系。我国《宪法》规定，国家保障各少数民族合法的权利和利益。监察机关采取留置措施时，务必尊重被留置人员的民族习俗。若被留置人员为少数民族成员，监察机关不得强行改变被留置人员的民族饮食习惯，强制被留置人员放弃对所在民族的宗教信仰等。

第三，留置过程中，监察机关应当保障被留置人员的饮食、休息和安全，对于患有疾病或者身体不适的，应当及时提供医疗服务。留置期间一般较长，留置措施对被留置人员的身体与精神必定会带来一定的负担与压力。因此，必须保证被留置人员的身体健康，降低因采取留置措施对其造成的风险与伤害。这既是对被留置人员生命权、健康权的保护，也有利于保障调查工作的顺利进行。

关联法条

《监察法》第44条；《中国共产党纪律检查机关监督执纪工作规则》第43条

第一百零一条 留置时间不得超过三个月，自向被留置人员宣布之日起算。具有下列情形之一的，经审批可以延长一次，延长时间不得超过三个月：

（一）案情重大，严重危害国家利益或者公共利益的；

（二）案情复杂，涉案人员多、金额巨大，涉及范围广的；

（三）重要证据尚未收集完成，或者重要涉案人员尚未到案，导致违法犯罪的主要事实仍须继续调查的；

（四）其他需要延长留置时间的情形。

省级以下监察机关采取留置措施的，延长留置时间应当报上一级监察机关批准。

延长留置时间的，应当在留置期满前向被留置人员宣布延长留置时间的决定，要求其在《延长留置时间决定书》上签名、捺指印。被留置人员拒绝签名、捺指印的，调查人员应当在文书上记明。

延长留置时间的，应当通知被留置人员家属。

条文主旨

本条是关于留置期限的规定。

条文解读

根据本条第 1 款的规定，一般而言，留置时间不得超过 3 个月。这里的 3 个月是固定期限，不因案件情况的变化而变化；不能因发现新罪（监察机关之前未掌握的被调查人的职务违法犯罪）重新计算留置期限。[①] 留置时间自向被留置人员宣布《留置决定书》之日起算。在特殊情况下，经审批，监察机关可以将留置时间延长一次，但延长时间不得超过 3 个月，即留置期限最长不得超过 6 个月。特殊情况主要包括：第一，案情重大，严重危害国家利益或者公共利益的。此类案件的社会危害程度极高，监察机关将留置时间予以延长是为保护国家安全和社会公共秩序稳定所作出的必然选择。第二，案情复杂，涉案人员多、金额巨大，涉及范围广的。就“涉案人员多”而言，实践中，一些重大职务犯罪案件往往具有集团化、家族化、团伙化的特点，利益关系复杂，涉案人员众多；对“金额巨大”的认定，可参照《最高人民法院、最高人民检察

---

① 参见中共中央纪律检查委员会中华人民共和国国家监察委员会法规室编写：《〈中华人民共和国监察法〉释义》，中国方正出版社 2018 年版，第 198 页。

院关于办理贪污贿赂刑事案件适用法律若干问题的解释》,即涉案金额在 20 万元以上不满 300 万元的,应当认定为“数额巨大”。“涉及范围广”是指此类案件的覆盖面、影响面较广。为保证案件调查的全面性与客观性,监察机关可以延长此类案件中被留置人员的留置时间。第三,重要证据尚未收集完成,或者重要涉案人员尚未到案,导致违法犯罪的主要事实仍须继续调查的。此种情况下,违法犯罪事实尚未查清,监察机关需要以延长被留置人员留置时间的方式保证调查工作的有序进行。若重要性程度较低的证据尚未收集完成,监察机关已完全掌握和摸清违法犯罪的主要事实,则不需要延长留置时间。第四,其他需要延长留置时间的情形。本项为兜底性条款,确保列举情形的全面性与完整性。

本条第 2 款对省级以下监察机关延长留置时间的审批程序作出了规定,即省级以下监察机关采取留置措施的,若其打算延长留置时间,首先应报上一级监察机关批准。“以下”包括本数。换言之,省级监察机关采取留置措施的,延长留置时间应当报国家监察委员会批准;设区的市级监察委员会采取留置措施的,延长留置时间应当报省级监察委员会批准;县级监察委员会采取留置措施的,延长留置时间应当报设区的市级监察委员会批准。

本条第 3 款就监察机关何时宣布延长留置时间的决定作出了规定。监察机关必须在留置期满前向被留置人员宣布延长留置时间的决定,并形成《延长留置时间决定书》。被留置人员必须在《延长留置时间决定书》上签名、捺指印,以表示对监察机关延长留置时间决定的知悉与肯认。被留置人员拒绝签名、捺指印并不影响《延长留置时间决定书》的法律效力,在此种情况下,调查人员应当秉持客观真实的原则,在文书上将该情况加以记载。

本条第 4 款就延长留置时间的通知作出规定。监察机关若延长被留置人的留置时间,负有通知被留置人员家属的义务。本条例第 98 条规定了采取留置措施通知方面的要求。基于此,延长留置时间的决定也应当在 24 小时以内通知被留置人员所在单位和家属。

关联法条

《监察法》第 43 条

第一百零二条　对被留置人员不需要继续采取留置措施的，应当按规定报批，及时解除留置。

调查人员应当向被留置人员宣布解除留置措施的决定，由其在《解除留置决定书》上签名、捺指印。被留置人员拒绝签名、捺指印的，调查人员应当在文书上记明。

解除留置措施的，应当及时通知被留置人员所在单位或者家属。调查人员应当与交接人办理交接手续，并由其在《解除留置通知书》上签名。无法通知或者有关人员拒绝签名的，调查人员应当在文书上记明。

案件依法移送人民检察院审查起诉的，留置措施自犯罪嫌疑人被执行拘留时自动解除，不再办理解除法律手续。

条文主旨

本条是关于留置措施解除的规定。

条文解读

规定本条的目的是保证留置措施的合法性与规范性，保护被留置人员的合法权益。

本条第1款规定，对被留置人员不需要继续采取留置措施的，应当按规定报批，及时解除留置。对被留置人员不需要继续采取留置措施的情况，包括留置期限届满、被留置人员妨碍调查的情况已经消除、被留置人员满足本条例第96条所规定的条件等。

本条第2款规定，调查人员应当向被留置人员宣布解除留置措施的决定，由其在《解除留置决定书》上签名、捺指印。换言之，若监察机关决定对被留置人员解除留置措施，调查人员应当向被留置人员宣布解除留置措施的决定，被留置人员可以采取亲笔书写签名的方式或以捺指印的方式来表示自己对《解除留置决定书》的知悉与肯认，以防止歪曲被调查人的真实意图，或者出现强加于被调查人的主观臆断甚至捏造事实等情况的产生，确保证据的客观性和真实性。本款还规定，被留置人员拒绝签名、捺指印的，调查人员应当在文书上记明。由此可见，被留置人员拒绝签名、捺指印的，并不影响《解除留置决定书》的生效。在此种情形下，调查人员应当在文书上客观准确地将被留置人员拒绝签名、捺指印的情况予以记载说明。

本条第3款规定，解除留置措施的，应当及时通知被留置人员所在单位或者家属。通知被留置人员家属是保障被留置人家属的知情权的体现，避免家属产生不必要的猜测和恐慌。被留置人员往往是领导干部，又以有关单位、企业领导干部居多，如果不及时告知被留置人员所在单位已解除留置措施，可能会影响所在单位和企业的正常运转。调查人员应当与交接人办理交接手续，并由交接人在《解除留置通知书》上签名。根据本款规定，有关人员只能以签名的方式，不能以捺指印等方式替代签名，表示对《解除留置通知书》的知悉与肯认。本款还规定，无法通知有关人员或者有关人员拒绝在《解除留置通知书》上签名的，调查人员应当在文书上记明。“无法通知”主要指被留置人员单位或家属地址不明，以及无单位或无家属等情况。《解除留置通知书》的内容主要包括解除留置措施的法律依据、主体、对象、时间等。《解除留置通知书》与《解除留置决定书》不同，其主要用来通知被留置人所在单位和家属。

本条第 4 款规定，案件依法移送人民检察院审查起诉的，留置措施自犯罪嫌疑人被执行拘留时自动解除，不再办理解除法律手续。刑事拘留由公安机关负责执行，是指公安机关、人民检察院在侦查过程中，于紧急情况下临时剥夺某些现行犯或重大嫌疑分子的人身自由的一种强制措施。本款明确了犯罪嫌疑人被执行拘留后，不必履行审批手续即可解除留置措施，如此一来，既提高了监察机关的工作效率，又避免了检察机关决定采取强制措施的期间占用监察机关的法定留置期间或者占用法定审查起诉期间的问题，更有利于监察与司法的有效衔接。对监察机关移送检察机关提起公诉的案件，检察机关经审查，认为犯罪事实已经查清，证据确实、充分，依法应当追究刑事责任的，应当作出起诉决定。

关联法条

《监察法》第 44、60 条；《刑事诉讼法》第 170 条；《最高人民法院关于适用〈中华人民共和国刑事诉讼法〉的解释》第 218、235 条；《人民检察院刑事诉讼规则》第 142、145、146 条；《中国共产党纪律检查机关监督执纪工作规则》第 57 条；《国家监察委员会与最高人民检察院办理职务犯罪案件工作衔接办法》第 2、22 条

第一百零三条　留置场所应当建立健全保密、消防、医疗、餐饮及安保等安全工作责任制，制定紧急突发事件处置预案，采取安全防范措施。

留置期间发生被留置人员死亡、伤残、脱逃等办案安全事故、事件的，应当及时做好处置工作。相关情况应当立即报告监察机关主要负责人，并在二十四小时以内逐级上报至国家监察委员会。

条文主旨

本条是关于留置场所安全工作责任制的规定。

条文解读

本条第1款是关于留置场所安全工作问题的规定，要求建立健全留置场所安全工作责任制，制定紧急突发事件处置预案，采取一系列安全防范措施防止事故、事件的发生。其一，要从保密、消防、医疗、餐饮及安保等方面完善留置场所安全工作责任制，保障被留置人员的人身安全。比如在餐饮方面，要保障留置场所的食品卫生。其二，监察机关应当提前制定紧急突发事件处置预案，采取防范措施，防范一切安全事件、事故的发生。紧急突发事件，是指突然发生，造成或者可能造成严重社会危害，需要采取应急处置措施予以应对的自然灾害、事故灾难、公共卫生事件和社会安全事件。监察机关应当在留置场所定期组织人员开展各类应急演练，在突发事件发生时，采取预防为主、预防与应急相结合的原则，最大限度地减轻重大突发事件的影响。

本条第2款对留置期间发生办案安全事故、事件的情况作出了规定。若留置期间发生被留置人员死亡、伤残、脱逃等办案安全事故、事件，监察机关应当及时做好相应处置工作。与此同时，监察机关应当将相关情况立即报告监察机关主要负责人，并在24小时以内逐级上报至国家监察委员会。各级监察机关实行的是垂直领导体制，上级监察机关对下级监察机关具有提级指挥的权力，因此，监察机关应当及时履行报告义务，不仅应当将相关情况立即报告监察机关主要负责人，还应当在24小时以内将相关情况逐级上报至国家监察委员会。

典型案例

青海省西宁市城中区纪委监委与城中公安分局联合执行留置对象陪护制度，从执行留置陪护任务过程中协助配合、沟通联络、职责分工、监督管理、责任追究等方面进一步规范留置对象陪护工作。据了解，该制度明确规定留置对象陪护工作由城中区纪委监委同城中公安分局共同开展，城中公安分局协助城中区纪委监委执行留置对象陪护勤务，负责陪护人员抽调和陪护组人员的管理工作；城中区纪委监委协助城中公安分局负责陪护人员交接、更换、监督管理及后勤保障等工作。陪护勤务原则上由城中公安分局所属各部门民警担负，陪护人员按照1名留置对象配备8名民警看护的原则，实施24小时轮班制。陪护人员上岗前均进行专业培训，做到进人必训、换人必训、撤岗必训，确保留置陪护工作安全、顺利开展。城中区纪委监委采取留置措施时，城中公安分局从陪护人员中指定一名陪护组长，明确陪护组长为留置陪护工作的第一责任人，负责对陪护人员在执行陪护任务期间的监督管理，陪护人员是留置安全直接责任人，负责陪护值班期间留置对象的安全保障工作。①

关联法条

《监察法》第 65 条；《中国共产党纪律检查机关监督执纪工作规则》第 69、70 条

第七节 查询、冻结

第一百零四条 监察机关调查严重职务违法或者职务犯罪，根据工作需要，按规定报批后，可以依法查询、冻结涉案单位和个人的存款、汇款、债券、股票、基金份额等财产。

条文主旨

本条是关于查询、冻结措施的总体规定。

条文解读

通过采取查询、冻结措施，监察机关既可以收集保全财产性证据，防止证据流失或者被隐匿，也可以了解职务违法或职务犯罪人的违法犯罪情况，有力证实违法犯罪的事实并对被调查人加以惩戒，同时还为国家、集体和公民个人挽回或减少经济损失，维护国家利益、集体利益和公民的合法利益。查询，是指查询电讯、银行、证券、邮政等掌握涉案单位和个人某种电讯联系、银行存款、证券交易、邮政联系等信息的部门，以获取相应信息。冻结，是指冻结银行存款、邮政汇款、证券交易等，以防止涉案单位和个人转移涉案资金、款项。根据本条规定，在调查案件时，监察机关采取查询、冻结措施必须满足以下三个要件：

第一，涉案要件。即只有调查严重职务违法或职务犯罪案件时，才可采取查询、冻结措施。查询、冻结的存款、汇款、债券、股票、基金份额等财产与被调查案件相关。通过查询、冻结存款、汇款、债券、股票、基金份额等财产，可以帮助监察机关查明案

---

① 参见张永志：《西宁市城中区：建立留置对象陪护机制》，载《青海日报》2019 年 11 月 15 日，第 6 版。

情,查清违法犯罪案件事实,并防止赃款转移以挽回和减少损失。此外,查询、冻结财产还有利于寻找和发现新的线索,扩大调查范围。

第二,必要要件。监察机关采取查询、冻结措施,必须“根据工作需要”,这主要是指涉案单位和个人为达到伪造、隐匿、毁灭证据的目的,有可能提取、转移其存款、汇款、债券、股票、基金份额等财产,以及存在其他情形,不采取查询、冻结措施不足以防止这些情形的发生。①

第三,程序要件。监察机关必须按规定报批后,才可依法采取查询、冻结措施。值得注意的是,监察机关查询、冻结存款、汇款、债券、股票、基金份额等财产,既要收集、冻结能够证明被调查人有违法犯罪行为以及法律责任重的书证、物证,也要收集、冻结能够证明其没有违法犯罪行为以及法律责任轻的书证、物证,以保持证据的完整性与客观性。

典型案例

2017 年 7 月,根据浙江省监委的指定管辖,杭州市监委迅速对浙江省某国企子公司老总叶某的问题线索进行初步核实,及时研判熟悉案情,并决定对叶某本人及其家庭和特定关系人的银行账户、消费卡、购物卡等信息进行查询。查询结果显示,2012 年以来,叶某的妻子在杭州某商场以购物卡方式消费 30 多万元。杭州市监委在进一步调查中发现,购物卡的购卡人无一例外都来自 A 公司,且均以公款方式购买,而叶某就曾担任过这家公司的董事长。针对这一情况及初核过程中还发现的叶某其他涉嫌贪污受贿问题,2017 年 8 月,杭州市监委决定对叶某进行立案调查。② 本案中,监察委员会采取查询措施,对被调查人的银行账户、消费卡、购物卡等信息进行查询,初步核实了被调查人涉嫌贪污受贿问题,并予以立案。

关联法条

《监察法》第 23、60 条;《中国共产党纪律检查机关监督执纪工作规则》第 40、47 条;《金融机构协助查询、冻结、扣划工作管理规定》第 2、5、7—9、11、12 条

---

① 参见中共中央纪律检查委员会中华人民共和国国家监察委员会法规室编写:《〈中华人民共和国监察法〉释义》,中国方正出版社 2018 年版,第 86 页。

② 参见任琦、罗文潮、廖建凡:《监委 12 项调查措施之“查询”》,载《深圳特区报》2018 年 6 月 19 日,第 A03 版。

第一百零五条　查询、冻结财产时，调查人员不得少于二人。调查人员应当出具《协助查询财产通知书》或者《协助冻结财产通知书》，送交银行或者其他金融机构、邮政部门等单位执行。有关单位和个人应当予以配合，并严格保密。

查询财产应当在《协助查询财产通知书》中填写查询账号、查询内容等信息。没有具体账号的，应当填写足以确定账户或者权利人的自然人姓名、身份证件号码或者企业法人名称、统一社会信用代码等信息。

冻结财产应当在《协助冻结财产通知书》中填写冻结账户名称、冻结账号、冻结数额、冻结期限起止时间等信息。冻结数额应当具体、明确，暂时无法确定具体数额的，应当在《协助冻结财产通知书》上明确写明"只收不付"。冻结证券和交易结算资金时，应当明确冻结的范围是否及于孳息。

冻结财产，应当为被调查人及其所扶养的亲属保留必需的生活费用。

条文主旨

本条是关于查询、冻结财产的程序性规定。

条文解读

本条第1款是关于监察机关的调查人员采取留置措施应当遵循的要求和程序的规定。根据本款规定，监察机关的调查人员应当遵循以下要求和程序采取留置措施。第一，监察机关不得只派遣一名调查人员对监察对象采取查询、冻结措施。对调查人员设定数量方面的要求，一方面可以保障查询、冻结措施的公开透明，增强查询、冻结措施的公正性和公信力，确保整个调查过程客观、真实、有效；另一方面能够实现调查人员之间的共同配合、相互监督，依法有序完成查询、冻结工作，避免纠纷的产生。第二，采取查询、冻结措施时，调查人员应当出具《协助查询财产通知书》或《协助冻结财产通知书》，送交银行或者其他金融机构、邮政部门等单位执行。出具《协助查询财产通知书》或者《协助冻结财产通知书》是调查人员采取查询、冻结措施时必须履行的工作职责。通过宣布《协助查询财产通知书》《协助冻结财产通知书》，调查人员履行了对有关单位和个人的告知义务，既保障了有关单位和个人的知情权，也有助于保证查询、冻结措施的公信力和权威性。此外，本款还规定了有关单位和个人应当履行的义务。一方面，有关单位和人员应当配合调查人员的工作。这里的"配合"并非另行赋予监察机关强制权，而是提示有关单位和个人应当为查询、冻结工作提供方便，提供协助，履行查询、冻结手续，不得以保密为由进行阻碍。另一方面，有关单位和个人还负有严格保密的义务，不得将查询、冻结的过程与内容等泄露给其他人。若掌握相关信息的单位和个人拒不配合监察机关的查询、冻结行为，监察机关可以依法追究其相应的责任。

本条第2款是关于监察机关在《协助查询财产通知书》中填写内容的规定。根据本款规定，一般来说，有具体账号的，调查人员应当在《协助查询财产通知书》中填写查询账号、查询内容等信息。没有具体账号，调查人员应当填写足以确定账户或者权利人的自然人姓名、身份证件号码或者企业法人名称、统一社会信用代码等信息，以保证查询工作的准确性。

本条第3款是关于监察机关在《协助冻结财产通知书》中填写内容的规定。根据本款规定，填写《协助冻结财产通知书》应满足以下几个要求：第一，基本信息全面化。冻结财产应当在《协助冻结财产通知书》中填写基本信息，具体包括冻结账户名称、冻结账号、冻结数额、冻结期限起止时间等信息。第二，冻结数额明确化。在冻结数额方面，冻结数额应当具体、明确，暂时无法确定具体数额的，应当在《协助冻结财产通知书》上明确写明“只收不付”。第三，冻结范围明确化。监察机关应当对能够冻结的财产范围心中有数，不得随意扩大和缩小，确保不重不漏。冻结证券和交易结算资金时，应当明确冻结的范围是否及于孳息。此处的孳息指的是法定孳息。所谓法定孳息，是指根据法律的规定，由法律关系所产生的收益。

本条第4款是针对被调查人及其所扶养的亲属所作出的规定。根据本款规定，冻结财产，应当为被调查人及其所扶养的亲属保留必需的生活费用。必需的生活费用，是指维持居民基本或最低生活需要的费用，它包括维持被调查人及其所扶养的亲属生存需要和维持劳动力简单再生产所必需的费用。为被调查人及其所扶养的亲属保留必需的生活费用，可以保障被调查人及其所扶养的亲属最基本的生活需求，体现出监察机关对被调查人及其所扶养亲属合法权益的保护。

典型案例

2017年1月，公职人员魏某因被群众举报而接受山西省纪委监委谈话函询。谈话函询中，魏某对有关问题无法作出合理说明，有关问题线索被转入初步核实，其与房地产老板路某的隐秘联系逐渐浮出水面。5月24日，经山西省委批准，山西省纪委监委对魏某立案调查并采取留置措施。5月31日，根据案情需要，山西省纪委监委对魏某案重要涉案人员路某进行立案调查，为了防止路某对账户“做手脚”，转移、藏匿资金，山西省纪委监委发出《冻结金融财产通知书》给山西证券某营业部，营业部在接到通知后立即对路某的股票账户予以冻结。6月27日，山西省纪委监委又对与该证券账户绑定的银行账户进行冻结。有了这些证据，调查人员很快从路某身上打开了魏某职务犯罪案件的突破口。①

关联法条

《中国共产党纪律检查机关监督执纪工作规则》第42条；《金融机构协助查询、冻结、扣划工作管理规定》第21条

第一百零六条　调查人员可以根据需要对查询结果进行打印、抄录、复制、拍照，要求相关单位在有关材料上加盖证明印章。对查询结果有疑问的，可以要求相关单位进行书面解释并加盖印章。

条文主旨

本条是关于对查询结果打印、抄录、复制、拍照的规定。

条文解读

根据本条规定，调查人员可以根据实际需要，对查询结果进行打印、抄录、复制、拍照，但不得带走查询结果原件；同时，调查人员可以根据实际需要，要求相关单位在有关材料上加盖证明印章。

打印是指调查人员把电脑或其他电子设备中的查询结果，通过打印机等输出在纸张或其他记录物上的行为；抄录是指调查人员将查询结果抄写并记录的行为；复制是指调查人员以印刷、复印、临摹、拓印、录音、录像、翻录、翻扫等方式将查询结果制作一份或者多份的行为；拍照是指调查人员利用照相机或手机等工具拍摄查询结果的行为。相关单位是指查询、冻结涉案单位，包括银行、证券公司、企业等。相关单位加盖的印章必须具有公信力和证明力，能够有力证明相关单位的基本概况，如公司的公章等。相关材料，是指与查询结果有关的材料。若调查人员对查询结果有疑问，可以行使要求相关单位进行书面解释的权力，并要求相关单位加盖印章。本条体现出查询、冻结全过程具有公开透明的特点，有利于增强监察机关的公信力与权威性。需

① 参见任琦、罗文潮、廖建凡：《监委12项调查措施之"冻结"》，载《深圳特区报》2018年6月25日，第A03版。

要强调的是，调查人员必须根据实际需要，对查询结果进行打印、抄录、复制、拍照，不得查询与案件调查工作无关的信息，更不得将与案件调查工作无关的信息进行打印、抄录、复制、拍照，以避免信息的滥用、误用与泄露，否则，调查人员应当承担相应的法律责任。

关联法条

《中国银监会、最高人民检察院、公安部、国家安全部关于印发银行业金融机构协助人民检察院公安机关国家安全机关查询冻结工作规定的通知》第14条

第一百零七条　监察机关对查询信息应当加强管理，规范信息交接、调阅、使用程序和手续，防止滥用和泄露。

调查人员不得查询与案件调查工作无关的信息。

条文主旨

本条是关于加强对查询信息进行管理的规定。

条文解读

规定本条的主要目的是增强查询信息的安全性，保证查询过程的保密性和严肃性，并且也满足了把监督调查权关进制度笼子里的要求。信息时代，查询的内容点多面广，依法、科学确定工作范围的要求很高，监察机关应当充分考虑、全面研判，对能够查询的信息范围做到心中有数，做到应查尽查、应调尽调，确保不重不漏。

根据本条第1款的规定，监察机关应当加强对查询信息的管理，规范信息交接、调阅、使用程序和手续。第一，规范信息交接程序和手续。要使交接方与接受方在交接过程中做到有法可依、责任分明，从而使接受方在交接完之后能够进一步顺利开展监察工作。第二，规范信息调阅程序和手续。调阅查询信息应严格履行借阅登记、签收等相关程序和手续，当面点交清楚，以防止查询信息在调阅过程中不至于被泄露、丢失。第三，规范信息使用程序和手续。保证相关人员使用查询信息全过程的安全性，严格规范查询程序。同时，监察机关应当防止信息出现被滥用、泄露的问题。滥用是指调查人员基于故意的心态，明知自己过度过限使用信息的行为会发生致使公共财产、国家和人民利益遭受重大损失的结果，并且希望或者放任这种结果发生的行为。在实务中，持间接故意心态的情况比较多。泄露在主观方面表现为故意或过失

的心态。故意是指调查人员明知查询信息属于监察工作秘密而有意识地将其泄露给不应知悉的人;过失是指调查人员出于疏忽大意或过于自信,没能避免查询到的信息被不应知悉者所知悉。

调查人员查询案件信息必须具备实质意义上的正当理由,即有充分的证据证明查询信息的行为是正当且合理的。本条第 2 款主要就调查人员查询信息的权限范围作出了规定。根据本款规定,调查人员只能查询与案件调查工作相关的信息,对于与案件调查工作无关的信息,调查人员不享有查询的权力。实务中,监察机关应当根据具体情况综合研判、灵活处理,使滥用、泄露信息者承担相应的法律责任。

关联法条

《金融机构协助查询、冻结、扣划工作管理规定》第 7 条

第一百零八条　冻结财产的期限不得超过六个月。冻结期限到期未办理续冻手续的,冻结自动解除。

有特殊原因需要延长冻结期限的,应当在到期前按原程序报批,办理续冻手续。每次续冻期限不得超过六个月。

条文主旨

本条是关于财产冻结期限的规定。

条文解读

根据本条第 1 款的规定,冻结财产的最长期限不能超过 6 个月。若冻结期限已到期监察机关却未办理续冻手续的,冻结自动解除。

本条第 2 款是有关办理续冻手续的规定。本款规定,若监察机关出于特殊原因需要延长冻结期限的,监察机关应当在到期前按照原程序报批,办理续冻手续。特殊原因包括案件尚未调查完毕、监察机关发现新的案件线索并可能影响案件结果等情况。续冻期限也有相应的限制,即每次续冻期限不得超过 6 个月。值得注意的是,在我国刑事诉讼中,每次续冻存款、汇款等财产的期限最长不得超过 6 个月;每次续冻债权、股票、基金份额等证券的期限最长不得超过 2 年。而本条例中规定,冻结存款、汇款、证券等财产的期限均不得超过 6 个月。这体现出本条例与《刑事诉讼法》相关规定的不同之处。

关联法条

《监察法》第60条;《刑事诉讼法》第144条;《人民检察院刑事诉讼规则》第212、215条;《公安机关办理刑事案件程序规定》第239—245条;《金融机构协助查询、冻结、扣划工作管理规定》第16、18条

第一百零九条　已被冻结的财产可以轮候冻结,不得重复冻结。轮候冻结的,监察机关应当要求有关银行或者其他金融机构等单位在解除冻结或者作出处理前予以通知。

监察机关接受司法机关、其他监察机关等国家机关移送的涉案财物后,该国家机关采取的冻结期限届满,监察机关续行冻结的顺位与该国家机关冻结的顺位相同。

条文主旨

本条是关于监察机关轮候冻结、续行冻结的规定。

条文解读

本条第1款是关于轮候冻结、重复冻结的规定。所谓“不得重复冻结”,是指不论被调查人的存款、汇款等财产是由于哪一种原因或者哪一个机关依法冻结的,监察机关都不得再次采取冻结措施。根据本款规定,对于已经被冻结的财产,监察机关不得重复冻结,但可以轮候冻结。轮候冻结的,监察机关应当要求有关银行或者其他金融机构等单位在解除冻结或者作出处理前予以通知,以便监察机关排队等候并在其解除冻结的时候立即采取冻结措施。

本条第2款就监察机关与司法机关、其他监察机关在移送涉案财物时续行冻结的顺位问题作出了规定。监察机关与司法机关、其他监察机关在案件移送过程中,涉及冻结涉案财物的,应当密切配合、加强协作,防止涉案财物被转移、隐匿、损毁、灭失。根据本款规定,监察机关在接受司法机关、其他监察机关等国家机关移送的涉案财物后,若该国家机关采取的冻结期限届满,监察机关续行冻结的顺位与该国家机关冻结的顺位相同,以保证案件的有序推进,提高案件的审理效率,同时保证各机关之间的互相配合。

实务难点指引

不同国家机关之间，对同一涉案财物要求查封、冻结的，应当如何处理？对此，监察机关可参照《刑事诉讼法》的相关规定予以处理。不同国家机关之间，对同一涉案财物要求查封、冻结的，协助办理的有关部门和单位应当按照送达相关通知书的先后顺序予以登记，协助首先送达通知书的国家机关办理查封、冻结手续，对后送达通知书的国家机关作轮候查封、冻结登记，并书面告知该涉案财物已被查封、冻结的有关情况。要求查封、冻结涉案财物的有关国家机关之间，因查封、冻结事项发生争议的，应当自行协商解决。协商不成的，由其共同上级机关决定；分属不同部门的，由其各自的上级机关协商解决。

本条例并未明确监察机关可以对哪些账户和款项进行冻结，为此，可参照《公安机关办理刑事案件适用查封、冻结措施有关规定》中的规定予以处理。《公安机关办理刑事案件适用查封、冻结措施有关规定》第30条明确规定，下列账户和款项不得冻结：(1)金融机构存款准备金和备付金；(2)特定非金融机构备付金；(3)封闭贷款专用账户(在封闭贷款未结清期间)；(4)商业汇票保证金；(5)证券投资者保障基金、保险保障基金、存款保险基金；(6)党、团费账户和工会经费集中户；(7)社会保险基金；(8)国有企业下岗职工基本生活保障资金；(9)住房公积金和职工集资建房账户资金；(10)人民法院开立的执行账户；(11)军队、武警部队一类保密单位开设的“特种预算存款”“特种其他存款”和连队账户的存款；(12)金融机构质押给中国人民银行的债券、股票、贷款；(13)证券登记结算机构、银行间市场交易组织机构、银行间市场集中清算机构、银行间市场登记托管结算机构、经国务院批准或者同意设立的黄金交易组织机构和结算机构等依法按照业务规则收取并存放于专门清算交收账户内的特定股票、债券、票据、贵金属等有价凭证、资产和资金，以及按照业务规则要求金融机构等登记托管结算参与人、清算参与人、投资者或者发行人提供的、在交收或者清算结算完成之前的保证金、清算基金、回购质押券、价差担保物、履约担保物等担保物，支付机构客户备付金；(14)其他法律、行政法规、司法解释，部门规章规定不得冻结的账户和款项。

关联法条

《刑事诉讼法》第144、145条；《人民检察院刑事诉讼规则》第213条；《公安机关办理刑事案件程序规定》第242条；《金融机构协助查询、冻结、扣划工作管理规定》第22条

第一百一十条 冻结财产应当通知权利人或者其法定代理人、委托代理人,要求其在《冻结财产告知书》上签名。冻结股票、债券、基金份额等财产,应当告知权利人或者其法定代理人、委托代理人有权申请出售。

对于被冻结的股票、债券、基金份额等财产,权利人或者其法定代理人、委托代理人申请出售,不损害国家利益、被害人利益,不影响调查正常进行的,经审批可以在案件办结前由相关机构依法出售或者变现。对于被冻结的汇票、本票、支票即将到期的,经审批可以在案件办结前由相关机构依法出售或者变现。出售上述财产的,应当出具《许可出售冻结财产通知书》。

出售或者变现所得价款应当继续冻结在其对应的银行账户中;没有对应的银行账户的,应当存入监察机关指定的专用账户保管,并将存款凭证送监察机关登记。监察机关应当及时向权利人或者其法定代理人、委托代理人出具《出售冻结财产通知书》,并要求其签名。拒绝签名的,调查人员应当在文书上记明。

条文主旨

本条是关于监察机关采取冻结财产措施时的程序的规定。

条文解读

本条第1款规定了监察机关在采取冻结财产措施时的通知义务。监察机关冻结财产时应当通知权利人或者其法定代理人、委托代理人,并要求上述人员在《冻结财产告知书》上签名。若监察机关冻结的是股票、债券、基金份额等财产,则应当告知权利人或者其法定代理人、委托代理人有权申请出售。

本条第2款对被冻结的股票、债券、基金份额等财产,权利人或者其法定代理人、委托代理人对被冻结财产的出售权作出了规定。根据本款规定,权利人或者其法定代理人、委托代理人有权申请出售被冻结的股票、债券、基金份额等财产,且在满足以下三个条件时,可以将被冻结财产依法出售或者变现。第一,出售或变现行为不损害国家利益、被害人利益。这是有权出售或变现的最基本前提。第二,出售或变现行为不影响调查正常进行。出售或变现行为不得妨碍监察机关调查活动的开展,否则,权利人或者其法定代理人、委托代理人不享有出售或变现被冻结财产的权利。第三,在程序上,必须经过依法审批,才可以将被冻结财产依法出售或者变现。若被冻结的汇票、本票、支票即将到期,经依法审批后,可以在案件办结前由相关机构依法出售或者变现。此外，出售上述财产的，应当出具《许可出售冻结财产通知书》。

根据本条第 3 款的规定，出售或者变现所得价款原则上应当继续冻结在其对应的银行账户中；若没有对应的银行账户，则应当存入监察机关指定的专用账户保管，并将存款凭证送监察机关登记。换言之，出售或变现之后，财产被冻结的性质状态并不因此发生变化，所以基于出售或者变现所得的价款仍应继续冻结。这种处理方式是基于权利人的要求或者客观情势的变化所作出的一种合理变通，不仅保护了被调查人的财产权利，而且保护了被冻结的财产的实际价值。监察机关对权利人或者其法定代理人、委托代理人具有告知义务，应当及时向权利人或者其法定代理人、委托代理人出具《出售冻结财产通知书》，并要求其签名。若权利人或者其法定代理人、委托代理人拒绝签名，调查人员应当在文书上将有关情况予以记明。由于冻结措施直接限制了当事人的财产权利，对当事人影响比较大，因此，监察机关采取冻结措施时，必须严格按照适用条件进行，严格履行审批手续，接受有效监督和制约。

实务难点指引

《公安机关办理刑事案件适用查封、冻结措施有关规定》第 33 条规定，根据侦查犯罪的需要，对于涉案账户较多，办案地公安机关需要对其集中冻结的，可以分别按照以下程序办理：涉案账户开户地属同一省、自治区、直辖市的，应当由办案地公安机关出具协助冻结财产通知书，填写冻结申请表，经该公安机关负责人审核，逐级上报省级公安机关批准后，由办案地公安机关指派二名以上侦查人员持工作证件，将冻结申请表、协助冻结财产通知书等法律文书送交有关银行业金融机构的省、区、市分行，该分行应当在 24 小时以内采取冻结措施，并将有关法律文书传至相关账户开户的分支机构。涉案账户开户地分属不同省、自治区、直辖市的，应当由办案地公安机关出具协助冻结财产通知书，填写冻结申请表，经该公安机关负责人审核，逐级上报公安部按照规定程序批准后，由办案地公安机关指派二名以上侦查人员持工作证件，将冻结申请表、协助冻结财产通知书等法律文书送交有关银行业金融机构总部。该总部应当在 24 小时以内采取冻结措施，并将有关法律文书传至相关账户开户的分支机构。有关银行业金融机构因技术条件等客观原因，无法按照前款要求及时采取冻结措施的，应当向公安机关书面说明原因，并立即向中国银行保险监督管理委员会或者其派出机构报告。

关联法条

《公安机关办理刑事案件程序规定》第 246 条

第一百一十一条　对于冻结的财产，应当及时核查。经查明与案件无关的，经审批，应当在查明后三日以内将《解除冻结财产通知书》送交有关单位执行。解除情况应当告知被冻结财产的权利人或者其法定代理人、委托代理人。

条文主旨

本条是关于冻结措施解除的规定。

条文解读

监察机关对于冻结的财产，应当及时进行认真核实和审查。经审查后，凡是与案件无关的，应当在查明情况后3日以内解除冻结，予以退回。其中的“与案件无关”，是指冻结的财产并非违法所得，也不具有证明被调查人是否违法犯罪、罪轻、罪重的作用，不能作为证据使用，与违法犯罪行为没有任何牵连。具体而言，根据本条规定，若监察机关查明冻结财产与案件无关，经审批，应当在查明后3日以内将《解除冻结财产通知书》送交有关单位执行。在此过程中，监察机关还负有告知义务，必须将解除情况及时告知被冻结财产的权利人或者其法定代理人、委托代理人，以保障相关人员的知情权。这有利于树立监察机关依规依纪依法办案的良好形象，最大限度地赢得人民群众对全面从严治党、党风廉政建设和反腐败斗争的理解和支持。

实务难点指引

《公安机关办理刑事案件适用查封、冻结措施有关规定》第54条规定，根据本规定依法应当协助办理查封、冻结措施的有关部门、单位和个人有下列行为之一的，公安机关应当向有关部门和单位通报情况，依法追究相应责任：(1)对应当查封、冻结的涉案财物不予查封、冻结，致使涉案财物转移的；(2)在查封冻结前向当事人泄露信息的；(3)帮助当事人转移、隐匿财产的；(4)其他无正当理由拒绝协助配合的。第55条规定，公安机关对以暴力、威胁等方法阻碍有关部门和单位协助办理查封、冻结措施的行为，应当及时制止。依法查处。监察机关在采取解除冻结措施时可以适当借鉴上述规定和要求。在监察机关解除冻结措施的过程中，银行业金融机构等有关单位和人员负有协助义务，应当协助解除冻结。对于拒绝协助或阻碍解除冻结的有关单位和人员，应当追究其相应的法律责任。

关联法条

《监察法》第23、60条

第八节 搜 查

第一百一十二条 监察机关调查职务犯罪案件，为了收集犯罪证据、查获被调查人，按规定报批后，可以依法对被调查人以及可能隐藏被调查人或者犯罪证据的人的身体、物品、住处、工作地点和其他有关地方进行搜查。

条文主旨

本条是关于监察机关运用搜查措施调查案件的总体规定。

条文解读

《监察法》第24条对搜查的概念作出了界定。搜查即搜索查验，是一种具有强制性的调查手段，其强制性体现为是否搜查，以及搜查的时间、方式等不需要征求被搜查人的意愿。规定本条的主要目的是规范搜查的程序和要求，保障监察机关收集犯罪证据、查获被调查人，确保搜查严格依法进行，确保权力被制约，防止搜查权被滥用，以顺利查明犯罪事实，有力惩治腐败。[①] 根据本条规定，监察机关的搜查权适用于涉嫌职务犯罪的案件中，涉嫌职务违法案件不能使用搜查的调查措施。监察机关运用搜查措施调查案件的目的是收集犯罪证据、查获被调查人。由于搜查可能涉及被搜查人的人格尊严等基本权利，因此采用了令状主义，即监察机关按规定报批后才能进行搜查。本条的规定为一般授权。搜查的对象是被调查人以及可能隐藏被调查人或者犯罪证据的人的身体、物品、住处、工作地点和其他有关地方。

实务难点指引

监察机关的调查一般会分阶段进行，每个阶段的任务和要求各有不同。在进行搜查工作时，根据案情需要和法律规定，监察机关在按规定报批后方可进行搜查工作，但有些情况下报批手续会有一定的迟延，给了犯罪分子转移证据的可乘之机。其实，搜查的请示可以和立案、留置的请示一并报批，从而提高报批效率。紧急情况下，监察机关可以先实施搜查，搜查后及时补办相关审批手续。

---

① 参见中共中央纪律检查委员会中华人民共和国国家监察委员会法规室编写:《〈中华人民共和国监察法〉释义》，中国方正出版社2018年版，第139－141页。

关联法条

《宪法》第37、39条；《监察法》第24条；《中国共产党纪律检查机关监督执纪工作规则》第40条

第一百一十三条 搜查应当在调查人员主持下进行，调查人员不得少于二人。搜查女性的身体，由女性工作人员进行。

搜查时，应当有被搜查人或者其家属、其所在单位工作人员或者其他见证人在场。监察人员不得作为见证人。调查人员应当向被搜查人或者其家属、见证人出示《搜查证》，要求其签名。被搜查人或者其家属不在场，或者拒绝签名的，调查人员应当在文书上记明。

条文主旨

本条是关于监察机关运用搜查措施调查案件的程序规定。

条文解读

规定本条的主要目的是确保搜查程序的正当性，保障搜查程序的合法进行。搜查是《监察法》赋予监察机关的调查措施之一。由于搜查措施为法律赋予监察机关的调查措施，具有较强的专业需求，故搜查应当在调查人员的主持下进行。为了保证搜查活动的公平公正公开进行，不得仅由单一的调查人员主持搜查活动，应该确保执行搜查措施的调查人员不少于2人。搜查女性身体时，应当由女性工作人员进行，是对女性的特殊保护，防止在搜查时出现人身侮辱等违法行为，确保被搜查女性的人格尊严和人身安全不受侵犯。从尊重被搜查人财产权和知情权的角度出发，调查人员在搜查时，应确保被搜查人或其家属在场。为了确保和证明搜查的合法性、正当性，还应当有被搜查对象所在单位的工作人员或者其他见证人在场。因为被搜查对象为公职人员，在没有其他见证人的情况下，被搜查人所在单位的工作人员应当在场。从职务回避的角度出发，搜查人员不得作为见证人。

进行搜查活动应当现场制作笔录，将搜查的情况按照搜查的顺序如实记录，写明搜查的时间、地点、过程、发现的证据等有关犯罪线索。搜查措施采取令状主义，需要得到特定的授权后才能进行搜查，本条的规定为一般授权。搜查人员在执行具体的搜查任务时，还需要《搜查证》，《搜查证》中需要详细准确写明被搜查人的有关信息，

包括搜查的事由、搜查的具体对象、时间等事项。虽然监察机关享有搜查权,但是只有取得《搜查证》这一特别授权后,搜查行为方具有合法效力。调查人员出示《搜查证》的行为具有告知和表明合法性的双重含义。[①] 遇到紧急情况时,比如可能携带、隐藏危险物品,可能隐匿、毁弃、转移犯罪证据或隐匿其他涉嫌犯罪人员等情况,可以先实施搜查,再及时补办相关手续。为保证搜查程序的规范合法,调查人员所出示的《搜查证》需要有被搜查人或者其家属、见证人的签名。如果被搜查人或者其家属、见证人对监察机关的搜查行为没有不服的情况下,被搜查人或者其家属、见证人应对《搜查证》附属签名。被搜查人在逃的,其家属不在场、不到场,或者拒绝签名的,调查人员应当在文书上记明。

实务难点指引

《搜查证》等文书事前准备得是否充分,关系到监察机关搜查工作的质量。那么,监察机关该如何制作《搜查证》呢?事实上,《搜查证》应该详细准确地写明被搜查人的有关信息、搜查的目的、搜查机关、执行人员以及搜查日期等内容。需要注意的是,在某些情况下,监察机关前期要开展全面深入的摸底调查,充分掌握被调查人及其配偶、子女的基本情况等各方面的信息,以便有的放矢地确定搜查范围和重点,这样才能做到有备无患,确保搜查工作的顺利进行。

典型案例

2020 年 4 月 13 日,惠州市华信实业公司总经理吴某某因涉嫌贪污公款、滥用职权被惠州市监察委员会采取留置措施,同年 7 月 11 日被依法逮捕。[②] 1993 年 2 月,华信总公司下属子公司惠州市华信实业总公司经济发展部与东莞市企石镇旧围管理区(以下简称旧围村)达成协议,租用旧围村 333335 平方米土地用于厂房建设,并支付土地租赁费人民币 600 万元。经过多次诉讼,最后在东莞市第一人民法院的组织下,双方于 2017 年 2 月 14 日达成调解协议,吴某某代表华信总公司同意旧围村向华信总公司支付人民币 274 万元,了结双方的债权债务。在吴某某的要求下,该 274 万元的和解款由旧围村支付到吴某某的朋友刘某的账户上。2017 年 3 月 2 日,旧围村将上述人民币 274 万元汇入刘某的中国农业银行账户,收到该款后,吴某某未将该款入账,而是全部侵吞归个人使用,其中用于个人还款及消费人民币 120.02 万元,用于个

① 参见夏红、赵霞编著:《中华人民共和国监察法配套解读与实例》,法律出版社 2019 年版,第 92 页。

② 广东省惠州市中级人民法院(2020)粤 13 刑终 136 号刑事判决书。

人购车人民币49.98万元,用于个人赌博人民币104万元。惠州中院在认定上述事实成立的证据中,就包括监察机关的《搜查证》在内。可见,在监察机关运用搜查措施调查职务犯罪案件过程中,出示《搜查证》对于确保程序正当和认定犯罪事实的重要性。

关联法条

《监察法》第24、41条;《中国共产党纪律检查机关监督执纪工作规则》第42条;《刑事诉讼法》第138、139条

第一百一十四条　搜查时,应当要求在场人员予以配合,不得进行阻碍。对以暴力、威胁等方法阻碍搜查的,应当依法制止。对阻碍搜查构成违法犯罪的,依法追究法律责任。

条文主旨

本条是关于搜查时对在场人员的要求以及相应法律责任的规定。

条文解读

规定本条的主要目的是保障监察机关运用搜查措施调查案件的秩序,维护监察机关的权威,克服和排除对监察机关依法履职的各种阻碍和干扰,保证搜查活动的顺利进行。

本条规定主要分为三个方面的内容。首先,为了保证反腐败工作的顺利进行,对于监察机关的搜查活动,本条例要求搜查现场的人员不得阻碍调查人员的工作。现场的人员具有配合监察机关进行搜查工作的义务,不仅不能阻碍监察机关的工作,而且应当配合监察机关完成搜查任务。其次,对以暴力、威胁等方法阻碍搜查的,应当依法制止。当监察机关仅凭自身能力无法制止阻碍搜查行动的人员时,可以提请公安机关予以协助。最后,本条规定了阻碍搜查工作的法律责任。《监察法》第8章和本条例第8章专门规定了有关单位和个人违反法律有关规定的法律责任,如果违法行为构成犯罪的,还应当依法追究刑事责任。

关联法条

《监察法》第63条;《人民检察院刑事诉讼规则》第207条

第一百一十五条　县级以上监察机关需要提请公安机关依法协助采取搜查措施的，应当按规定报批，请同级公安机关予以协助。提请协助时，应当出具《提请协助采取搜查措施函》，列明提请协助的具体事项和建议，搜查时间、地点、目的等内容，附《搜查证》复印件。

需要提请异地公安机关协助采取搜查措施的，应当按规定报批，向协作地同级监察机关出具协作函件和相关文书，由协作地监察机关提请当地公安机关予以协助。

条文主旨

本条是关于监察机关提请公安机关协助采取搜查措施的规定。

条文解读

《监察法》第4条第2款规定，“监察机关办理职务违法和职务犯罪案件，应当与审判机关、检察机关、执法部门互相配合，互相制约。”执法部门是指包括公安机关在内的各种行政执法部门。监察机关履行职责离不开上述国家机关的协助、配合。监察机关在运用搜查措施调查案件的过程中，遇到超出监察机关职权范围或者其他紧急情况、特殊情况，有权要求公安机关予以协助。只要是监察机关依法提出的协助请求，公安机关应当在其职权范围内予以协助。

本条第1款规定了监察机关提请公安机关协助采取搜查措施的程序。提请公安机关协助的请求权被限制在了县级及县级以上的监察机关，只有县级以上监察机关才能提请公安机关依法协助采取搜查措施。并且该请求权被严格限制，需要报批，请求的对象为与提请协助的监察机关同一级别的公安机关。提请协助时，监察机关应当事先准备好相关的文书，应当出具《提请协助采取搜查措施函》。《提请协助采取搜查措施函》中应当具体列明提请协助的具体事项和建议，搜查的时间、地点、目的等内容，并且附《搜查证》复印件。

本条第2款规定了监察机关提请异地的公安机关协助采取搜查措施的程序。与同地提请公安机关协助的搜查程序相同，提请异地的公安机关协助搜查也需要被协助地的监察机关事先报批。不同的是，异地提请协助需要向协作地同级监察机关出具协作函件和相关文书，由协作地监察机关提请当地公安机关予以协助。

实务难点指引

县级以上监察机关需要提请公安机关依法协助采取搜查措施的，应当按规定报批。那么，监察机关提请公安机关协助采取搜查的案件范围是什么？公安机关是否需要对监察机关的协助请求进行实质性审查？《监察法》第24条第3款规定，“监察机关进行搜查时，可以根据工作需要提请公安机关配合。公安机关应当依法予以协助”。根据该条款，监察机关提请公安机关进行搜查配合的要件是“工作需要”。笔者认为，对“工作需要”绝不能作任意解释，应当符合《宪法》第127条和《监察法》第4条所规定的互相配合、互相制约原则。在界定上，可以遵从以下要件：(1)存在监察机关自身不能排除的障碍；(2)公安机关具有搜查能力并且能够排除相关搜查障碍。此外，有论者认为，公安机关对监察机关协助请求的相关手续进行形式审查是没有争议的，为了保证依法正确行使搜查权力、保障配合搜查效果、制约监察机关搜查职权的扩张，还应该进行实质审查。[①] 笔者赞同这种观点。

典型案例

E省纪委监委依纪依法决定对涉嫌受贿犯罪的国土资源厅副厅长F某立案审查调查并采取留置措施。[②] 随着案件调查的深入，调查组了解到F某在家乡老宅可能藏有大量的赃款赃物和有关证据，亟须采取搜查措施取得并固定相关证据。鉴于F某家族在当地势力庞大，而且一些子弟有涉黑背景，省纪委监委提请公安机关予以配合。开始搜查时，F某家族子弟10多人聚集在老宅门口，公然以暴力威胁调查组，随同开展搜查工作的公安干警依法将这些人带离现场，帮助调查组顺利对F某老宅进行了搜查，在地下室查获200万元现金、10公斤金条、90多箱茅台酒、一批古玩字画以及其他相关证据。在公安机关和纪检监察机关的相互配合下，搜查出的大量证据促使F某交代了长期以来收受贿赂的有关情况。该案例说明，实践中公安机关为纪检监察机关执行搜查任务提供了坚强的保障，对于排除各种干扰起到了关键作用。

关联法条

《监察法》第24条；《公安机关办理刑事案件程序规定》第29、222条

---

① 参见王占洲、林苇：《监察机关提请公安机关配合搜查中“工作需要”的范围界定》，载《中国人民公安大学学报（社会科学版）》2021年第2期。

② 本书编写组编写：《〈中华人民共和国监察法〉案例解读》，中国方正出版社2018年版，第217页。

第一百一十六条　对搜查取证工作，应当全程同步录音录像。

对搜查情况应当制作《搜查笔录》，由调查人员和被搜查人或者其家属、见证人签名。被搜查人或者其家属不在场，或者拒绝签名的，调查人员应当在笔录中记明。

对于查获的重要物证、书证、视听资料、电子数据及其放置、存储位置应当拍照，并在《搜查笔录》中作出文字说明。

条文主旨

本条是关于监察机关记录搜查取证工作的规定。

条文解读

本条第1款是对记录搜查工作的要求，要求搜查取证工作应当全程同步录音录像。对搜查工作全程进行录音录像的目的是留存备查，这既是对搜查工作的规范，也是对被搜查人的保护。录音录像的要求有两个突出的表征：一是要“全程”，二是要“同步”。“全程”说明了录音录像应当符合自始至终不间断的要求。为了避免调查权的滥用，录音录像的时间绝对不能由监察机关自身自由掌握，而应当“同步”进行，录音录像的音频、视频进展要求完全一致。

本条第2款是对《搜查笔录》签名要求的规定。《搜查笔录》经过搜查相关人员的签署后才具有正当性，其签署对象包括调查人员和被搜查人或者其家属、见证人。调查人员签署《搜查笔录》的目的是证明其已经履行了职务行为，要求被搜查人及其家人签署《搜查笔录》的目的是确保被搜查对象的权利得到保障，而见证人签名的目的是证明其对搜查过程的见证行为。为了保证搜查程序的正当性，维护被搜查对象的合法权利，当出现被搜查人或者其家属不在场或者拒绝签名的情况时，调查人员应当在笔录中记明。

本条第3款是对记录查获的重要证据的放置、存储位置的规定。这些重要证据包括书证、视听资料、电子数据等，对于这些重要证据都应当拍照。除此之外，调查人员所制作的《搜查笔录》应该对上述事项一并进行说明。

实务难点指引

搜查是监察机关调查职务犯罪案件时收集犯罪证据、查获涉嫌职务犯罪的被调查人的重要措施。用好搜查措施，对于查明犯罪事实、收集固定证据、追缴赃款赃物有着十分重要的作用。在搜查取证工作中，如何做好录音录像工作？依照相关实务经验，搜查人员所配备的全景摄像机应在开门前开机，跟拍至房间中予以固定位置，搜查人员进入主厅后，打开各房门，制作房屋平面图，并对每个房间进行编号后，开始具体的搜查工作。在对住所进行搜查时，需要逐一对房间开展搜查，在一个房间未搜查完时，不得进入其他房间，跟拍摄像机对全过程进行跟踪拍摄，定位全景摄像机可在房外对准房间进行全景拍摄。需要注意的是，全程录音录像要体现录制的地点和场所，如在镜头中录制小区名字、楼层、房号等；拍照摄像完成后，相关视频、照片要按搜查时间、地点等，分类拷贝、留存备查；严禁使用手机拍照摄像，更不能发朋友圈、微信群。①

典型案例

录音录像工作对于监察机关调查职务犯罪案件非常重要。河北省黄骅市纪委监委根据《监察法》出台了相关规定，对重要取证工作进行全过程录音录像提出具体要求。② 以对被调查人张某的讯问取证过程为例，在对其进行讯问时，调查组严格按照规定要求，从张某进入谈话专区，就处于监控范围之内，待张某体检后进入讯问室就开始全程同步录音录像，调查人员出示工作证件并告知张某将对讯问过程进行全程录音录像，告知情况在笔录中记载，至讯问完毕，张某在讯问笔录上签字、捺手印后，同步录音录像才告结束。高质量的录音录像，保证了取证的合法性、规范性，进而使该案件顺利宣判。

关联法条

《监察法》第 41 条；《中国共产党纪律检查机关监督执纪工作规则》第 48 条；《刑事诉讼法》第 140 条；《国家监察委员会与最高人民检察院办理职务犯罪案件工作衔接办法》第 1 条；《最高人民法院关于适用〈中华人民共和国刑事诉讼法〉的解释》第 86 条

第一百一十七条　搜查时，应当避免未成年人或者其他不适宜在搜查现场的人在场。

搜查人员应当服从指挥、文明执法，不得擅自变更搜查对象和扩大搜查范围。搜查的具体时间、方法，在实施前应当严格保密。

---

① 参见杜源：《运用搜查措施需把好三道关口》，载《中国纪检监察报》2020 年 5 月 27 日，第 8 版。

② 参见王连敏：《严格全程录音录像确保取证规范》，载《中国纪检监察》2020 年第 10 期。

条文主旨

本条是关于搜查避免未成年人在场和文明执法的规定。

条文解读

规定本条的目的在于确保监察机关顺利开展搜查工作，完成搜查任务，保障未成年人等不适宜在搜查现场的人的身心健康。同时，本条规定确保搜查工作的效率与秩序，防止搜查权力的随意行使。

本条第1款是避免未成年人和其他不适宜的人在搜查现场的规定。对老、弱、病、残、孕等弱势群体的保护彰显了监察机关的人文关怀。搜查是一种强制性的调查措施，监察机关在运用搜查措施调查案件的过程中，可能会出现违法搜查或其他紧急情况。根据《未成年人保护法》，未成年人系指未满18周岁的公民。保护未成年人是监察机关的责任，为了保护未成年人的身心健康，保障未成年人的合法权益，搜查时应当避免未成年人出现在现场。除此之外，还有一些不适宜出现在搜查现场的人，如孕妇、老人、病人等，也应当避免他们出现在搜查现场。

本条第2款是对监察机关文明执法和依法遵纪保密的要求。搜查人员应当讲政治、顾大局，严格执行搜查方案，强化程序意识。搜查人员应当服从指挥，遵守工作纪律和工作秩序。不仅要做到依法监察，而且要做到文明执法。案件调查和搜查工作是严肃的政治任务，必须加强统一领导。搜查方案是由监察机关相关工作的负责人召开会议研究确定的，是进行搜查工作的具体规划和部署。调查人员在开展搜查工作的过程中，应当严格依据搜查方案确定的搜查范围、搜查对象和事项展开工作。调查人员在搜查过程中，应当时刻注意保障被搜查人的财产权利，不得无故损坏搜查现场的物品，也不得擅自扩大搜查对象和范围，用权需审慎。《监察法》第18条第2款规定："监察机关及其工作人员对监督、调查过程中知悉的国家秘密、商业秘密、个人隐私，应当保密。"搜查工作的性质和职责，决定了在工作过程中势必会接触到一定的秘密，调查人员要本着忠于党、忠于国家、忠于人民的要求，严格保守秘密，不能失密泄密，更不能以密谋私，故运用搜查的具体实施时间、方法，在实施前应当严格保密。

实务难点指引

保护公民各项合法权益，是调查工作的基本要求和目标追求。本条例第117条体现了立法者对于依法搜查、文明执法的要求。在搜查过程中，如何保护公民权益，体现人文关怀？就细节来说，监察机关在搜查对象住宅时，应该尽量避免老人、孩子在场，进入住宅要选好时机，做到悄然迅速，不要大张旗鼓；搜查中要严格规范，注意轻拿轻放，禁止大声喧哗；搜查后应将物品放回原处，尽量保持房间整洁。

典型案例

安徽省霍邱县纪委监委在查处户胡镇原主任科员薛某某严重违纪违法问题时运用了搜查措施。① 在搜查前，霍邱县纪委监委严格强调了纪律：一是保密纪律，对搜查的具体实施时间、方法严格保密，一旦发现有跑风漏气的情况，一定要追责到底；二是要求审查调查组人员服从指挥、文明执法，不得无故损坏搜查现场的物品，不得擅自扩大搜查对象和范围。在依法出示搜查证后，审查调查组在该镇纪委书记徐某某、纪委副书记朱某的见证下，在派出所干警的配合下，依法对薛某某的办公室、宿舍、车辆进行了搜查。审查调查组搜查出大量涉案物品，其中包括被审查调查对象与他人串供时要求行贿人出具的虚假条据、商场购物卡、现金、手机等物品。本案中霍邱县纪委监委依规依纪依法使用搜查措施，为监察程序的顺利进行打下了坚实的基础。

关联法条

《未成年人保护法》第4条

第一百一十八条　在搜查过程中查封、扣押财物和文件的，按照查封、扣押的有关规定办理。

条文主旨

本条是关于搜查过程中查封、扣押财物和文件的有关规定。

条文解读

规定本条的目的是依法有序地实现不同调查措施的转换，保证监察效率，确保程序衔接的顺利进行。监察机关在运用搜查措施调查案件过程中，遇到被搜查人的财物、文件需要查封、扣押情况的，应当按照查封、扣押的有关规定办理。监察机关按规定报批后，可以依法查封、扣押用以证明被调查人涉嫌违法犯罪以及情节轻重的财

① 参见石铭、李雪原：《用好监察权限中的"可以"系列报道⑤　搜查要严格规范，文明执法》，载《中国纪检监察报》2018年6月18日，第1版。

物、文件、电子数据等证据材料。本条例第4章第10节专节规定了监察机关运用查封、扣押措施调查案件的行为。

实务难点指引

本条例第112条规定："监察机关调查职务犯罪案件，为了收集犯罪证据、查获被调查人，按规定报批后，可以依法对被调查人以及可能隐藏被调查人或者犯罪证据的人的身体、物品、住处、工作地点和其他有关地方进行搜查。"第118条规定："在搜查过程中查封、扣押财物和文件的，按照查封、扣押的有关规定办理。"根据以上条文，监察机关运用搜查措施调查案件需要提前报批。然而，查封、扣押前同样需要严格履行审批手续，报同级监委分管领导审批。所以，实务中可能出现监察机关在搜查过程中需要查封、扣押财物和文件的，因为没有报批而无权查封、扣押的情形。其实，搜查、查封、扣押等调查措施可以同时报批。监察机关在报请批准对被调查人进行搜查措施时，可以事先预判在搜查过程中是否需要同时进行查封、扣押措施；如果需要的话，可以一同报请批准，从而提高报批效率。

关联法条

《监察法》第25条；《刑事诉讼法》第141条；《中国共产党纪律检查机关监督执纪工作规则》第40、47条

第九节　调　　取

第一百一十九条　监察机关按规定报批后，可以依法向有关单位和个人调取用以证明案件事实的证据材料。

条文主旨

本条是关于监察机关运用调取措施调查案件的总体规定。

条文解读

调取是指监察机关为获取被调查人涉嫌职务违法或职务犯罪证据，要求有关单位或个人提供相关材料，并根据需要进行拍照、录像、复印和复制的一种调查措施。调取是调查职务违法犯罪案件时收集、固定证据的一项重要措施。监察机关在调查

过程中，对于所发现的被调查人涉嫌职务违法或职务犯罪的财物、文件和电子数据等信息，需要及时、全面、准确地收集、固定，以防止涉嫌违法犯罪的单位或者人员藏匿、毁灭证据，便于及时有效地查清案件。调取具有很强的针对性，监察机关向有关单位和个人直接取得证据，能够快速了解案件情况，掌握关键的书证物证。在立案调查阶段和立案之前的初核阶段，调取都是监察机关很“青睐”的一种外围取证手段。调取措施采取“令状主义”，为一般授权。监察机关需要报批才能使用调取措施调查案件。调取的对象是与案件有关的有关单位和个人，调取的内容是用以证明案件事实的证据材料。此处“用以证明案件事实”的“用以”意指该证据材料的关联性，即被调取的证据内容的事实与所调查的案件事实之间存在某种联系。而“证明案件事实”这一要求涉及证据的真实性，即所调取的证据材料必须是能证明案件的真实的、不依赖于主观意识而存在的客观事实。

典型案例

2021年6月8日，江苏省苏州工业园区纪工委监察工委派出督查组来到辖区水芙路停车场，就利用城市公共停车设施谋私问题开展专项监督检查。[①] 根据统计显示，该停车场财务一年来入账的停车费比收费监管平台数据少了16万余元。4月中旬，唯亭街道纪工委接到直属物业管理公司的有关情况反映，随后向园区纪工委监察工委作了汇报。调查人员随即调取了收费处监控视频，发现A、B、C班3名收费员均有经常性遮挡公司二维码、手持个人二维码收款以及收取现金的行为。初核谈话中，这3名收费员都矢口否认，自认无人知晓，殊不知这些都被监控锁定。在后台数据、电子证据、相关书证面前，3人最终交代了一年来通过个人收款、取消出场再遥控放车的操作方式，侵占停车场费用共计16万余元的经过。唯亭街道党工委、办事处已联合发文对直属物业管理公司收费工作开展专项整治，截至目前，共立案查处收费员12人，其中解除劳动关系并移送公安机关3人，另有主动投案退赔9人，共计挽回经济损失23万余元。该案充分说明调取措施的运用对案件调查进展顺利的重要性。

关联法条

《监察法》第18条；《公职人员政务处分法》第42条；《中国共产党纪律检查机关监督执纪工作规则》第40条；《刑事诉讼法》第54条

① 参见王志展、曹丽：《消失的停车费》，载《中国纪检监察报》2021年6月13日，第3版。

第一百二十条　调取证据材料时，调查人员不得少于二人。调查人员应当依法出具《调取证据通知书》，必要时附《调取证据清单》。

有关单位和个人配合监察机关调取证据，应当严格保密。

条文主旨

本条是关于监察机关运用调取措施调查案件的程序规定。

条文解读

规定本条的目的在于严格证据调取的程序规定，确保监察机关依法行使调取权，保障被调取人的合法权利，保证所调取的证据材料的秘密性和安全性。

本条第1款分为两个部分。第一部分是对调取时在场工作人员数量的规定，当监察机关运用调取措施调查案件时，在场的调查人员应不少于2人。第二部分是对调取工作中有关文书的规定，为了保障被调取对象的合法权益，监察机关在调取前应当履行告知义务，依法出具《调取证据通知书》，告知调取目的、调取对象、调取内容和被调取对象所享有的权利等事项。必要时还应当附有《调取证据清单》，《调取证据清单》需要载明调取证据的内容，包括证据名称和种类、证据属性特征、证明对象和证明内容等。这里的"必要时"可以理解为监察机关认为调取的证据材料数量、种类较多。附证据清单的目的是便于监察机关梳理相关证据，提高调取效率。

本条第2款是对调取证据保密工作的规定。《监察法》第18条第2款规定了监察机关及其工作人员对监督、调查过程中知悉的各种秘密的保密义务，而此处保密义务的对象是与调取工作相关的单位和个人。

实务难点指引

在调取银行、通信信息时，监察机关有时会面对浩如烟海、无边无际的个人信息，仅凭其自身力量无法完成这么大的工作量，往往需要银行、通信部门予以协助。但是，基于业务专业性的要求，银行、通信部门往往不知道应该如何筛选信息，需要监察机关的引导。建议监察机关采取事前筛选法，有效引导相关部门，高效完成调取工作。在查询、调取庞杂的银行信息、通信信息时，监察机关可以事先仔细筛选出这些信息的重点和疑点，在相关部门的协助下，有针对性地进行延伸查询和调取。例如，对于银行信息，监察机关可以同相关银行配合，一方面对大额流水信息进行重点延伸查询和调取；另一方面对小额流水重点关注用途备注内容，从而高效地完成调取工作。

关联法条

《监察法》第41条;《中国共产党纪律检查机关监督执纪工作规则》第42条;《公安机关办理刑事案件程序规定》第61、62条

第一百二十一条　调取物证应当调取原物。原物不便搬运、保存,或者依法应当返还,或者因保密工作需要不能调取原物的,可以将原物封存,并拍照、录像。对原物拍照或者录像时,应当足以反映原物的外形、内容。

调取书证、视听资料应当调取原件。取得原件确有困难或者因保密工作需要不能调取原件的,可以调取副本或者复制件。

调取物证的照片、录像和书证、视听资料的副本、复制件的,应当书面记明不能调取原物、原件的原因,原物、原件存放地点,制作过程,是否与原物、原件相符,并由调查人员和物证、书证、视听资料原持有人签名或者盖章。持有人无法签名、盖章或者拒绝签名、盖章的,应当在笔录中记明,由见证人签名。

条文主旨

本条是关于监察机关调取物证、书证、视听资料的规定。

条文解读

本条第1款规定了监察机关调取物证的要求。物证是指能证明案件真实情况的一切实物和痕迹。监察机关办案过程中的常见物证包括钱款、房产、车辆、手表、古玩字画等财物。实践中,物证以其特有的客观性、稳定性和不可替代性特征,对于案件事实的认定发挥着令人更为信服的证实作用,是审查、鉴别其他证据的有效依据。原物往往具有较强的证明力,调取物证应当遵循调取原物的原则。监察机关在审查物证时要审查原物是否存在,只有在原物存在不便搬运、保存,依法应当返还,或者因保密工作需要不能调取的情形,才可以将原物封存,并拍照、录像。而且,在对原物拍照、录像过程中,对拍照、录像也有很高的要求,即应当足以反映原物的外形、内容。只有经与原物核对无误或者经鉴定证明真实,或者以其他方式确能证明其真实性的物证的照片、录像才能作为定案依据。

本条第2款规定了监察机关调取书证、视听资料的要求。书证,是监察机关在办案过程中,依照有关程序调取的,以文字、符号或图画等表达内容来证明案件事实的

证据材料。视听资料,是指利用录音、录像、电子计算机储存的资料和数据等来证明案件事实的一种证据。与调取物证的要求相同,在调取书证和视听资料时也应当遵循最佳证据规则,以取得原件为首要取证目的,如果取得原件确有困难或者因保密工作需要不能调取原件的,可以调取副本或者复制件。在调取视听资料的副本或者复制件时,要注意其完整性,确保能客观反映案件事实,不得私自剪切、模糊处理。

本条第3款规定了调取物证的照片、录像和书证、视听资料的副本、复制件的程序要求。应当书面记载不能调取原物、原件的原因,制作过程和原物、原件存放地点,核验是否与原物、原件相符。为了符合程序正义的要求,还应当由调查人员和物证、书证、视听资料原持有人签名或者盖章。当持有人无法签名、盖章或者拒绝签名、盖章时,取证人员应当在笔录中记明,由见证人补充签名。

典型案例

江苏市淮安市纪委监委在审查调查某国有参股企业领导人员田某违纪违法案件时,发现田某曾于2001年收受某建筑商的贿赂,但该公司只找到2004年以后关于中层干部任免的文件,对于田某2001年时的职务是否系国企党委任命无法确认,后审查调查人员仔细查找,终于在尘封多年的档案里找到了该国企1996年关于中层干部任免的有关文件(该文件存续至2003年),为田某主体身份的确定提供了有效依据。该案例说明了监察机关在收集书证过程中依法收集原件的重要性,因为原件能直接证明与案件相关的事实。本案江苏市淮安市纪委监委在审查调查违纪违法案件过程中,收集合法有效的书证对案件定性处理有着重要作用。①

关联法条

《中国共产党纪律检查机关监督执纪工作规则》第46条;《人民检察院刑事诉讼规则》第209条

第一百二十二条　调取外文材料作为证据使用的,应当交由具有资质的机构和人员出具中文译本。中文译本应当加盖翻译机构公章。

条文主旨

本条是关于监察机关调取外文材料的规定。

---

① 参见朱淦:《收集书证的注意事项》,载《中国纪检监察报》2021年6月23日,第6版。

条文解读

本条是调取外文材料作为证据使用的规定,本条规定的目的在于规范监察机关调取的外文材料的使用途径,提高调取效率,便于作为证据使用。调取外文材料作为证据使用的,应当交由具有资质的机构和人员出具中文译本。司法权是一个国家的重要主权之一,在司法权行使的过程中,必须尊重本国的文化,包括文字、语言表达习惯、人情、风俗等。有一些文字材料确实不是中文书就,应当允许此类证据的提交,但提交的同时必须转换为中华人民共和国的语言文字,并且,调取的该类外文资料必须交由具有资质的机构和人员出具中文译本。"具有资质"说明该类机构和人员获得了相应的法律认证或许可从事相关翻译活动。此外,相关中文译本应当加盖翻译机构公章。公章在所有印章中具有最高的效力,在现行的司法实践中,审查是否盖有法人公章成为判断法律行为是否成立和生效的重要标准。该翻译机构对相关中文译本加盖公章说明了该机构认可了经翻译后文本的准确性。

实务难点指引

监察机关在调取外文资料作为证据使用时,会面临一定的困难,可能需要跨国协作才能掌握某些信息,譬如基于取证的需要而获取被调查对象在外国银行的储蓄信息、被调查对象在外国的房产信息等。但是,随着互联网时代资产转移技术的不断更新,腐败分子资产转移的方式复杂多样,且容易以合法形式掩盖非法目的,而银行自动监管系统很难识别其中的赃款。同时,资金转移的交易信息量十分庞杂,人工甄别工作量巨大,难以有效识别。事实上,这需要我国同其他国家一道进行反腐败国际合作,对于在国外存在的重要的涉案外文资料,及时通过司法协助或司法互助途径予以获取。此外,在请求司法协助或司法互助途径之前,监察机关应遵照《国际刑事司法协助法》的相关规定,准备好可能需要向外国提供的案件资料,具体包括:犯罪嫌疑人、关联人和证人的个人信息及其金融信息,如护照号码、出生年月日和出生地、离港路线及证件等。实践中,特别要注意犯罪嫌疑人及其家属通过各种途径取得的假身份证或者冒名顶替他人的真身份证以及据此冒领的港澳台居民身份证。此外,办案人员还应当收集涉案人个人合法收入与纳税资料,为日后开展国际合作之用。

关联法条

《民事诉讼法》第70条;《最高人民法院关于适用〈中华人民共和国刑事诉讼法〉的解释》第78条

第一百二十三条　收集、提取电子数据，能够扣押原始存储介质的，应当予以扣押、封存并在笔录中记录封存状态。无法扣押原始存储介质的，可以提取电子数据，但应当在笔录中记明不能扣押的原因、原始存储介质的存放地点或者电子数据的来源等情况。

由于客观原因无法或者不宜采取前款规定方式收集、提取电子数据的，可以采取打印、拍照或者录像等方式固定相关证据，并在笔录中说明原因。

收集、提取的电子数据，足以保证完整性，无删除、修改、增加等情形的，可以作为证据使用。

收集、提取电子数据，应当制作笔录，记录案由、对象、内容，收集、提取电子数据的时间、地点、方法、过程，并附电子数据清单，注明类别、文件格式、完整性校验值等，由调查人员、电子数据持有人（提供人）签名或者盖章；电子数据持有人（提供人）无法签名或者拒绝签名的，应当在笔录中记明，由见证人签名或者盖章。有条件的，应当对相关活动进行录像。

条文主旨

本条是关于监察机关收集、提取电子数据的规定。

条文解读

规定本条的目的在于明确收集、提取电子数据的具体要求。电子数据是案件发生过程中形成的，以数字化形式存储、处理、传输的，能够证明案件事实的数据。电子数据在物质形态、存在方式及外在特征等方面均有别于传统证据类型，与物证、书证、证人证言等传统的证据形式相比，电子数据能够比较客观、形象地反映案件事实，因而在监察调查工作尤其是在职务犯罪案件的调查工作中越来越受到重视。

本条第 1 款规定了收集、提取电子证据的最佳证据原则和要求。监察机关在收集、提取电子数据时，应当能够扣押电子数据的原始存储介质并进行封存，在笔录中记录封存状态。因为其他原因无法扣押原始存储介质的，可以提取电子数据，但应当在笔录中详细记明不能扣押的原因、原始存储介质的存放地点或者电子数据的来源等情况。

本条第 2 款规定了不能按照本条第 1 款规定收集、提取电子数据的替代措施。监察机关收集、提取电子数据以扣押、封存原始存储介质并记明笔录为原则。当由于客观原因无法或者不宜采取上述方式收集、提取电子数据时，可以选择打印、拍照或者录像等方式固定相关证据，并在笔录中说明原因。

本条第3款规定了收集、提取的电子数据作为证据使用的前提，即电子数据足以保证完整性，无删除、修改、增加等情形，只有完整无损无删改的电子数据才能作为证据。

本条第4款规定了记录收集、提取电子数据的过程的要求。为保证监察机关收集、提取电子数据的公平公正公开，防止调查权被滥用，对于调查人员收集、提取电子数据的过程应当制作笔录，笔录的内容应包括案由、对象、内容，收集、提取电子数据的时间、地点、方法、过程。由于电子数据的特殊性，调查人员还应当制作电子数据清单，注明电子数据的类别、文件格式、完整性校验值等，将填写完的电子数据清单附于笔录后，由调查人员、电子数据持有人（提供人）签名或盖章。当出现电子数据持有人（提供人）无法签名或者拒绝签名的特殊情况时，调查人员应当在笔录中记明，并由见证人签名或者盖章。具备录像条件的，监察机关应当对收集、提取电子数据的相关活动全过程进行录像。

实务难点指引

电子数据作为现代网络信息技术衍生的新型证据形式，其虚拟性特征使证据收集更加注重客观真实。在收集、提取电子数据时，如何确保收集、提取到的电子数据的真实性呢？具体来讲，其一，在电子数据提取、分析过程中，要注意通过判断存储信息的介质，来推断生成的电子数据是否真实可靠。同时，注意是否存在人为删除、增加、修改计算机内某些信息的行为。其二，在获取电子数据后，将相关数据从原始介质复制到专用证据存储设备时，注意对整个拷贝过程用摄像机等设备全程记录；对数据原始存储介质进行封存、提取的过程中应制作文书，由提取人、见证人等相关人员签名或盖章。其三，注意收集、提取的电子数据是否完整，与案件相关联的电子数据是否收集全面。比如，随着云技术的不断发展，一些被调查人会将电子数据存储在网络云盘中，这就要求调查人员在收集电子数据时，尽可能做到全面收集。[①]

典型案例

某市副市长A某利用职务便利，为房地产开发商B某承揽工程提供帮助，B某送给A某一幢位于市中心的花园洋房。B某在市郊开发建设了某别墅区，A某又为

---

① 参见王汉文、樊帅：《电子数据取证应注意的几个问题》，载《中国纪检监察报》2020年9月2日，第8版。

B某在工程验收手续、通电通水等方面提供了帮助。为掩人耳目,B某以明显低于市场的价格将其中一套别墅卖给了A某。其后,A某将洋房出租,别墅自住。A某爱喝茅台酒,A某指使下属用公款购买了1批价值180万元的茅台奥运纪念酒,采用虚列支出等方式平账后,将该批茅台纪念酒藏于自己的市郊别墅中。经举报,市纪委监委发现了A某涉嫌受贿、贪污的线索,并对A某立案审查调查。[①] A某对自己的相关问题供认不讳。市纪委监委随后对A某的别墅进行了搜查,发现了A某承认用公款购买的茅台奥运纪念酒和别墅购买合同,同时在别墅的电脑中发现了A某指使下属做假账的相关手续文件。考虑到茅台酒放于市郊,搬运不便,市纪委监委随即对茅台酒予以查封,到不动产登记交易机构调取了A某别墅的购房合同,对A某电脑中的电子数据(相关手续文件)安排专业人员进行提取。该案中,A某电脑中的电子数据(即A某指使下属做假账的相关手续文件)被专业人员合法提取,如果该数据具有完整性,且无删除、修改、增加等情形,那么其可以作为合法的证据形式,有助于案件的调查。

关联法条

《最高人民法院关于适用〈中华人民共和国刑事诉讼法〉的解释》第110、111、118条;《公安机关办理刑事案件程序规定》第65、66条;《关于办理刑事案件收集提取和审查判断电子数据若干问题的规定》第5、8—10条

第一百二十四条　调取的物证、书证、视听资料等原件,经查明与案件无关的,经审批,应当在查明后三日以内退还,并办理交接手续。

条文主旨

本条是关于监察机关退还调取的证据的规定。

条文解读

规定本条的目的在于规范调取程序的后续退还工作,及时返还被调取人的财物、文件与材料,保障被调取人的财产权。调取物证、书证、视听资料等原件的目的是证实违法犯罪行为。但是,监察机关在运用调取措施调查案件的同时也要切实保障公

① 参见张锴波:《科学运用调查措施中的查封、扣押　查封扣押的实际运用》,载《中国纪检监察报》2020年2月19日,第8版。

民的相关权利。所以，经查明所调取的物证、书证、视听资料等原件与案件无关后，应当及时返还这些物件材料。及时返还的前提是要查明这些物件材料“与案件无关”，这意味着在返还之前监察机关需要事先进行查证它们与案件是否具有关联性。如果监察机关不能查明所调取的物证、书证、视听资料等原件与案件有关，则应当退还。退还物证、书证、视听资料等原件采取“令状主义”，即需要经过审批。需要注意的是，审批流程应该在查明后的 3 日内完成，审批完毕若没有发现问题就应该及时退还这些物件材料。在退还过程中，程序意识不可或缺，不能仅仅完成实质上的退还动作，还应该就所退还的物证、书证、视听资料等原件办理交接手续，退还物品和交接手续的步骤均完成后才可以视为退还流程的结束。

实务难点指引

按照本条规定，调取的物证、书证、视听资料等原件经查明与案件无关时，应该按时退还。实务中，监察机关在审查调取的证据时，如何界定证据是“与案件无关”的呢？拓展来说，随着以审判为中心的诉讼制度改革的推进，非法证据排除规则在刑事诉讼中得以确立，审查调查活动中取得的证据是否可以适用非法证据排除规则呢？其实，监察证据的最终归宿是转换为刑事证据，审查监察证据的关联性与审查刑事证据的关联性并无本质上的区别。而在构建符合监察规律的非法证据排除规则方面，首先，根据监察取证活动的特点，统一整个案件流程中对“非法证据”的认定标准；其次，根据案件处置行为性质的差异，制定差异化的排除规则的标准；最后，明确不同案件发展阶段非法证据排除规则标准的使用方法。

第十节 查封、扣押

第一百二十五条 监察机关按规定报批后，可以依法查封、扣押用以证明被调查人涉嫌违法犯罪以及情节轻重的财物、文件、电子数据等证据材料。

对于被调查人到案时随身携带的物品，以及被调查人或者其他相关人员主动上交的财物和文件，依法需要扣押的，依照前款规定办理。对于被调查人随身携带的与案件无关的个人用品，应当逐件登记，随案移交或者退还。

条文主旨

本条是关于监察机关运用查封、扣押措施调查案件的规定。

条文解读

规定本条的目的在于确定监察机关查封、扣押的权力，使监察机关更好地查明职务违法犯罪案件的事实，提高办案效率，威慑腐败犯罪。查封，是指监察机关对涉案人员的财物、文件、电子数据等证据材料就地封存的调查措施。扣押，是指为防止被调查人处分、转移财产而对涉案财产采取的扣留、保管的调查措施。查封、扣押是监察机关调查职务犯罪案件时收集、固定证据的重要措施。监察机关在调查过程中，发现的被调查人涉嫌职务违法或职务犯罪的财物、文件、电子数据等证据材料，需要及时、全面、准确地收集、固定，防止涉嫌违法犯罪的单位或者人员藏匿、毁灭证据，以便及时有效地查清案件。①

本条第1款规定了查封、扣押的前提、对象和内容。查封、扣押采取“令状主义”，应当在立案后进行，查封、扣押之前要严格履行审批手续，报同级监委分管领导审批。查封、扣押作为一种职权行为，应当秉持严谨的态度和细致的作风，监察机关要依法进行查封、扣押。查封、扣押的材料需要能够作为证据，具有相应的关联性，能用来证明被调查对象涉嫌违法犯罪以及情节轻重的行为。对于不能立即查明是否与案件有关的可疑的文件、资料和其他物品也可以查封、扣押，但是应当及时进行审查。查封、扣押财物和文件并不局限于有罪证据，凡是能够证明犯罪嫌疑人无罪、罪轻、从轻、减轻或者免除处罚的财物和文件也属于上述规定范围之内。查封的对象包括财物、文件、电子数据等证据材料。

本条第2款补充规定了查封、扣押的其他情形以及针对该情形的后续处理步骤。对于被调查人到案时随身携带的物品，以及被调查人或者其他相关人员主动上交的财物和文件，监察机关依法需要扣押的，按规定报批后，可以进行查封、扣押。因案件可能已进入调查阶段，所以对于经过查明与案件无关的被调查人随身携带的私人物品，在逐件登记后，应随案移交或退还。

实务难点指引

本条第2款中规定，“对于被调查人随身携带的与案件无关的个人用品，应当逐件登记，随案移交或者退还”。实务中，监察机关在查封、扣押时应该如何界定被调查人的物品是否与案件相关？实际上，只需要确保扣押的财物与调查的违纪违法犯罪

---

① 参见中共中央纪律检查委员会中华人民共和国国家监察委员会法规室编写：《〈中华人民共和国监察法〉释义》，中国方正出版社2018年版，第143－144页。

行为有关联,能够或者有可能证明该违纪违法行为的真实情况。试举一例,在搜查被调查人相关住所时,要根据前期已获取的信息,可以有针对性地查封、扣押与案件相关的财物,并非要将所有贵重财物悉数查封、扣押,可对可疑财物进行拍照或录像,后期根据需要再补充扣押重要涉案财物。在作查封、扣押相关笔录时,注意请财物持有人或保管人说明拟被查封、扣押财物的来源,或根据同期发现的其他信息对其来源进行追溯,这样也可以为后期的调查综合分析提供可靠信息。①

关联法条

《监察法》第 25 条;《中国共产党纪律检查机关监督执纪工作规则》第 40、47 条;《刑事诉讼法》第 141、142、145 条;《公安机关办理刑事案件程序规定》第 227 条;《中共中央办公厅、国务院办公厅印发〈关于进一步规范刑事诉讼涉案财物处置工作的意见〉的通知》第 2 条

第一百二十六条　查封、扣押时,应当出具《查封/扣押通知书》,调查人员不得少于二人。持有人拒绝交出应当查封、扣押的财物和文件的,可以依法强制查封、扣押。

调查人员对于查封、扣押的财物和文件,应当会同在场见证人和被查封、扣押财物持有人进行清点核对,开列《查封/扣押财物、文件清单》,由调查人员、见证人和持有人签名或者盖章。持有人不在场或者拒绝签名、盖章的,调查人员应当在清单上记明。

查封、扣押财物,应当为被调查人及其所扶养的亲属保留必需的生活费用和物品。

条文主旨

本条是关于监察机关运用查封、扣押措施调查案件的程序规定。

条文解读

规定本条的目的在于规范监察机关查封、扣押的流程,完善查封、扣押的步骤,规范相关登记表及清单的填写,维护监察机关的权威,在查封、扣押过程中体现人文

---

① 参见李国正:《查封扣押措施使用中应注意的几个问题》,载中央纪委国家监委网站:https://www.ccdi.gov.cn/yaowen/202105/t20210512_241769.html,2021 年 9 月 20 日最后访问。

关怀。

本条第1款是对查封、扣押时的程序规定。查封、扣押应出具《查封/扣押通知书》,其中应当载明查封、扣押的事由、原因、财物、数量、时间。为了保证公平公正,防止调查人员独断专行,查封、扣押的人数不得少于两人。基于监察机关执行职务行为的正当性和强制性,当持有人拒绝交出应当查封、扣押的财物和文件时,监察机关可以依法强制进行查封、扣押。

本条第2款是对查封、扣押的文书的规定。执行查封、扣押措施时,对于查封、扣押的财物和文件,调查人员应当会同在场见证人和被查封、扣押财物持有人、见证人一同当面进行清点核对,逐一拍照、登记、编号,开列清单,由上述人员核对签字或者盖章。开列的《查封/扣押财物、文件清单》,要详细备注查封、扣押的时间、地点。为了保障被调查人的权利,查封、扣押时还应当有见证人在场,调查人员、见证人和持有人需要签名或者盖章。当持有人不在场或者拒绝签名、盖章时,调查人员应当在清单上记明。

本条第3款规定了查封、扣押时生活必需费用和物品的保留。被查封、扣押的对象作为我国公民,为了维护其基本权利,监察机关应体恤其生活所需,为被调查人以及其所扶养的亲属保留必需的生活费用和物品。

典型案例

2020年4月23日,经中山市委批准,中山市纪委监委对余某某严重违纪违法问题进行了立案审查调查。[①] 余某某于2019年8月23日被留置,同年11月22日被刑事拘留,同年12月5日被逮捕。根据中山市人民检察院的指控,余某某利用职务便利和职权或地位形成的便利条件,为他人在承接道路绿化工程、承接医疗设备采购项目、买卖工业用地等事项上提供帮助,多次非法收受上述人员给予的财物共计人民币3566.988万元。本案中,根据中山市监察委员会出具的《查封通知书》及回执,证实了中山市监察委员会查封余某某名下多套房产的行为,也证实了余某某的供述辩解。中山市监察委员会出具的《查封通知书》及回执体现了监察机关依法规范监察程序,严格实施查封措施的严谨态度。

关联法条

《监察法》第41条;《中国共产党纪律检查机关监督执纪工作规则》第42、47、48条;《公安机

① 广东省佛山市中级人民法院(2020)粤06刑初28号刑事判决书。

关办理刑事案件程序规定》第229、230条;《人民检察院刑事诉讼涉案财物管理规定》第4条;《公安机关涉案财物管理若干规定》第6条;《中共中央办公厅、国务院办公厅印发〈关于进一步规范刑事诉讼涉案财物处置工作的意见〉的通知》第2条

第一百二十七条　查封、扣押不动产和置于该不动产上不宜移动的设施、家具和其他相关财物,以及车辆、船舶、航空器和大型机械、设备等财物,必要时可以依法扣押其权利证书,经拍照或者录像后原地封存。调查人员应当在查封清单上记明相关财物的所在地址和特征,已经拍照或者录像及其权利证书被扣押的情况,由调查人员、见证人和持有人签名或者盖章。持有人不在场或者拒绝签名、盖章的,调查人员应当在清单上记明。

查封、扣押前款规定财物的,必要时可以将被查封财物交给持有人或者其近亲属保管。调查人员应当告知保管人妥善保管,不得对被查封财物进行转移、变卖、毁损、抵押、赠予等处理。

调查人员应当将《查封/扣押通知书》送达不动产、生产设备或者车辆、船舶、航空器等财物的登记、管理部门,告知其在查封期间禁止办理抵押、转让、出售等权属关系变更、转移登记手续。相关情况应当在查封清单上记明。被查封、扣押的财物已经办理抵押登记的,监察机关在执行没收、追缴、责令退赔等决定时应当及时通知抵押权人。

条文主旨

本条是关于监察机关查封、扣押不动产和特殊的动产的规定。

条文解读

规定本条的目的在于明确查封、扣押不动产和特殊的动产的具体流程,规范查封、扣押的步骤,保障被调查人的财产权和其他合法权利。

本条第1款规定了查封、扣押不动产和特殊的动产的具体程序。本款规定的查封、扣押对象包括了不动产和置于该不动产上不宜移动的设施、家具和其他相关财物,以及车辆、船舶、航空器和大型机械、设备等财物,这些财物总体可以类型化为不动产和特殊的动产。因为此类不动产和特殊的动产价值较高、难以移动,且一般来说只有进行了公示才能发生民事法律效力,所以监察机关在必要时可以扣押其权利证书,经拍照或者录像后原地封存就能达到查封、扣押的效果。基于不动产和特殊动产

的相关特性，对于此类财物，除了本条例第 126 条规定的事项外，调查人员还应当在其查封清单上记明相关财物的所在地址和特征，已经拍照或者录像及其权利证书已被扣押的情况，并由调查人员、见证人和持有人签名或者盖章。持有人不在场或者拒绝签名、盖章的，调查人员应当在清单上记明。

本条第 2 款是关于查封、扣押的不动产和特殊的动产保管事项的规定。前面已经提到，由于此类财物价值较高，不易随案移送，所以监察机关在必要时可以将被查封财物交给持有人或者其近亲属保管。交付保管后，监察机关应当履行相应的告知和监管义务，要求保管人对于被查封押的财物妥善保管，不得对被查封财物进行转移、变卖、毁损、抵押、赠予等处理。当保管人对被查封押的财物进行违法处理后，监察机关应当终止保管人的保管行为，并且依法追究保管人的法律责任。

本条第 3 款规定了调查人员对查封、扣押不动产和特殊的动产相关部门的告知义务。本款规定的送达对象包括了不动产、生产设备或者车辆、船舶、航空器等财物的登记、管理部门。调查人员应当向该类部门出示《查封/扣押通知书》，送达并告知其在查封期间禁止办理抵押、转让、出售等权属关系变更、转移登记手续。如果被查封、扣押的财物已经办理抵押登记的，监察机关和相关部门应当及时通知抵押权人，以维护抵押权人的正当权益。

实务难点指引

买受人在司法拍卖中公开竞价拍得的房产，如果存在监察机关的查封情况下该房产能否过户？对此，如果若监察机关对涉案不动产的首次实行查封措施，那么即使在法院申请执行的申请人拥有抵押权，执行法院也只能暂停处置程序。所以，监察机关对其首封的涉案不动产，在刑事案件办理完毕之前不应把处置权移交给执行法院。但如果法院对涉案不动产进行了首次查封，那么监察机关的查封就属于轮候查封。法院依法对涉案不动产予以拍卖后，不动产协助部门应当配合法院为竞拍买受人及时办理过户手续。若不予配合，执行法院可以依据《民事诉讼法》第 114 条关于协助执行单位拒不履行协助义务的规定，追究不动产部门不予协助的相应法律责任。①

典型案例

盘锦市河务管理处原处长张某某 2018 年 7 月 11 日被盘锦市监察委员会采取留

① 参见赵光强、张绍忠：《涉刑事轮候查封不动产的执行》，载《法律适用》2018 年第 23 期。

置措施，于2019年1月9日被刑事拘留，同年1月10日被执行逮捕。[1] 根据该案的裁判文书记载，被告人张某某利用职务便利，以其实际控制的公司、企业名义，采取签订虚假合同或者虚增工程量的手段套取公款共计人民币565.235791万元，其中463.235791万元被其个人非法占有。在调查过程中，监察机关在扣押一辆本田雅阁轿车的同时，还扣押了机动车行驶证、机动车登记证书等相应的权利凭证，说明监察机关在查封、扣押不动产和置于该不动产上不宜移动的设施、家具和其他相关财物，以及车辆、船舶、航空器和大型机械、设备等财物的权利证书时，应当以必要性为原则。本案中，机动车行驶证、机动车登记证书对于认定该汽车的物权归属和证实被调查对象的违法行为具有关键作用，故监察机关扣押权利证书的行为是必要的。

关联法条

《最高人民法院关于适用〈中华人民共和国刑事诉讼法〉的解释》第237条；《人民检察院刑事诉讼涉案财物管理规定》第12条；《公安机关涉案财物管理若干规定》第17条

第一百二十八条　查封、扣押下列物品，应当依法进行相应的处理：

（一）查封、扣押外币、金银珠宝、文物、名贵字画以及其他不易辨别真伪的贵重物品，具备当场密封条件的，应当当场密封，由二名以上调查人员在密封材料上签名并记明密封时间。不具备当场密封条件的，应当在笔录中记明，以拍照、录像等方法加以保全后进行封存。查封、扣押的贵重物品需要鉴定的，应当及时鉴定。

（二）查封、扣押存折、银行卡、有价证券等支付凭证和具有一定特征能够证明案情的现金，应当记明特征、编号、种类、面值、张数、金额等，当场密封，由二名以上调查人员在密封材料上签名并记明密封时间。

（三）查封、扣押易损毁、灭失、变质等不宜长期保存的物品以及有消费期限的卡、券，应当在笔录中记明，以拍照、录像等方法加以保全后进行封存，或者经审批委托有关机构变卖、拍卖。变卖、拍卖的价款存入专用账户保管，待调查终结后一并处理。

---

① 辽宁省盘锦市中级人民法院（2020）辽11刑终46号刑事裁定书。

（四）对于可以作为证据使用的录音录像、电子数据存储介质，应当记明案由、对象、内容，录制、复制的时间、地点、规格、类别、应用长度、文件格式及长度等，制作清单。具备查封、扣押条件的电子设备、存储介质应当密封保存。必要时，可以请有关机关协助。

（五）对被调查人使用违法犯罪所得与合法收入共同购置的不可分割的财产，可以先行查封、扣押。对无法分割退还的财产，涉及违法的，可以在结案后委托有关单位拍卖、变卖，退还不属于违法所得的部分及孳息；涉及职务犯罪的，依法移送司法机关处置。

（六）查封、扣押危险品、违禁品，应当及时送交有关部门，或者根据工作需要严格封存保管。

条文主旨

本条是关于监察机关查封、扣押特殊物品的相应规定。

条文解读

规定本条的目的在于规范监察机关对被查封、扣押的特殊物品的处理行为。

本条第1项规定了监察机关查封、扣押贵重物品的要求。外币、金银珠宝、文物、名贵字画以及其他不易辨别真伪的贵重物品具有金额大、价值高的特点，为了妥善保管此类物品，查封、扣押时具备当场密封条件的，应当立即密封。从规避风险和防止权力被滥用的角度出发，在密封此类贵重财物时应该由二名以上调查人员在密封材料上签名并记录密封的时间。如果当场不具备密封条件，调查人员应当在笔录中记明原因，并且以拍照、录像等方法加以保全后进行封存。原则上，价值越高的物品保管方式越严格，因此对于价值不明的物品应当通过及时鉴定的方式知悉其具体价值。对于查封、扣押的贵重物品，能够鉴定的应该及时鉴定。

本条第2项规定了对监察机关查封、扣押支付凭证和现金的要求。对于存折、银行卡、有价证券等支付凭证和具有一定特征能够证明案情的现金，调查人员应当记明特征、编号、种类、面值、张数、金额等，因为这些支付凭证和现金具有一定的价值，所以调查人员应当当场将其密封，由二名以上调查人员在密封材料上签名并记明密封时间。

本条第3项规定了对监察机关查封、扣押易损毁、灭失、变质等不宜长期保存的物品以及有消费期限的卡、券的要求。对于易损毁、灭失、变质等不宜长期保存的物品以及有消费期限的卡、券，为及时固定、保全证据，调查人员应当在笔录中记明，同时以拍照、录像等方法加以保全后进行封存。对于不经过及时处理价值会有所贬损的物品，应该经审批委托有关机构变卖、拍卖。为了保证变卖、拍卖工作的廉洁性，变卖、拍卖的价款应该存入专用账户保管，待调查终结后一并处理。

本条第4项规定了对监察机关查封、扣押可作为证据使用的录音录像、电子证据的存储介质的要求。存储介质是指存储数据的载体，具有一定的特殊性。调查人员在查封录音录像、电子证据的存储介质时，应当记明案由、对象、内容，录制、复制的时间、地点、规格、类别、应用长度、文件格式及长度等，并且制作清单。为了固定证据，具备查封、扣押条件的电子设备、存储介质应当密封保存。必要时，还可以请求有关机关予以协助。

本条第5项规定了对监察机关查封、扣押被调查人不可分割的财产的要求。为在维护被调查人的财产权和调查职务犯罪之间作出平衡，对于被调查人使用违法犯罪所得与合法收入共同购置的不可分割的财产，监察机关可以先行查封、扣押。对无法分割退还的财产，涉及违法的，应当在结案后委托有关单位拍卖、变卖，退还不属于违法所得的部分及孳息；涉及职务犯罪的，则依法移送司法机关处置。

本条第6项规定了对监察机关查封、扣押危险品、违禁品的要求。危险品是指能对健康、安全、财产和环境构成危险的物品。违禁品指法律规定不准私自制造、购买、使用、持有、储存、运输进出口的物品。为了保护调查人员、被调查人以及相关人员的人身安全，对于危险品、违禁品，应当及时将该类物品送交有关部门进行专门处理，或者根据工作需要严格封存保管。

实务难点指引

实务中，查封、扣押存折、银行卡、有价证券等支付凭证时有哪些需要注意的情形呢？对于银行卡、存折等银行或证券账户的物理介质，要在《查封/扣押财物、文件清单》上详细备注查封、扣押的时间、地点。因为查封或扣押的物理介质对所显示的数额并不能完全代表相应账户内的资金数量，该账户可能由其他的方式予以控制或及时转出，造成“保管上的失误”。需要注意的是，相关人员主动或按要求向专用账户上交涉嫌违纪及职务违法犯罪款项时，银行出具的客户回单是“单据”，并不是款项实物，因此查封、扣押清单填报时要注意，只能在“款物名称”栏填写“交款单据或客户回单”等描述性内容，并在“备注”栏内说明上交款项的金额，不能在“款物名称”栏内直接填写为“××元”。因为相关人员提交的客户回单只能证明曾经向纪检监察专用账户转款。该款项是否到达指定的专用账户，需要纪检监察机关涉案财物管理部门核对确认。所以，只有获取涉案财物管理部门出具的款项到账凭证后，该客户回单、到账收据、查封扣押清单的组合才能作为一套完整的证据资料。

典型案例

根据《监察法实施条例》第128条的规定，监察机关在实施查封、扣押措施的过程中，对于部分涉案财物需要实施密封措施。内蒙古自治区纪委监委在开展密涉案财物的密封工作上具有独到之处，起到了一定的带头示范作用。[①] 内蒙古自治区纪委监委案件监督管理室专门设计制作了涉案财物专用密封袋，查扣的贵重物品须用其密封，填写案件代码、被审查调查对象姓名、承办部门、承办人和接收人，并在备注中注明密封日期。内蒙古自治区纪委监委案件监督管理室督查指导处处长郝慧明指出，"密封袋一次性粘贴密封，辨认、鉴定、调取时拆封后就必须重新密封签字，不仅有效防止调包等行为，也确保取证全程留痕"。

关联法条

《最高人民法院关于适用〈中华人民共和国刑事诉讼法〉的解释》第437条；《公安机关办理刑事案件程序规定》第230、236条；《公安机关涉案财物管理若干规定》第11条；《人民检察院刑事诉讼涉案财物管理规定》第12条

第一百二十九条　对于需要启封的财物和文件，应当由二名以上调查人员共同办理。重新密封时，由二名以上调查人员在密封材料上签名、记明时间。

条文主旨

本条是关于监察机关启封和重新密封财物和文件的规定。

条文解读

规定本条的目的在于明确监察机关启封已被密封的财物和文件的程序，促使监察机关严格依法履行职责，推进调查工作的规范化、法治化。本条分为两部分。第一部分是对办理启封财物和文件工作的调查人员的人数规定，为了保证启封工作的廉

① 参见韩亚栋：《构建监察链　写清明白账　依法规范处理涉案财物》，载《中国纪检监察报》2020年8月7日，第4版。

洁性与严谨性，对于需要启封的财物和文件，应当由二名以上调查人员共同办理。第二部分是对相关调查人员重新密封的要求的规定。本条例第 128 条规定了首次密封相关物品时的要求。同首次密封的规定一致，相关调查人员在重新密封时，也应当由二名以上调查人员在密封材料上签名、记明时间。

实务难点指引

实务中，监察机关将已经启封的财物或文件重新密封时，是否需要由原来启封该财物或文件的调查人员签名？查封财物和文件的调查人员，其查封行为实际上是作为监察机关工作人员的职务行为，需要报请上级批准。启封行为为职务行为，而再次查封时的调查人员其所进行的同样是职务行为，代表的是机关意志而非本人意志，故其不具有人员上的不可替代性。所以重新密封时，按照法律规定，只需要由二名以上调查人员在密封材料上签名、记明时间，而不是一定需要由原来启封该财物或文件的调查人员来签名。

关联法条

《中国共产党纪律检查机关监督执纪工作规则》第 42 条；《人民检察院刑事诉讼涉案财物管理规定》第 15 条；《公安机关办理刑事案件适用查封、冻结措施有关规定》第 39 条

第一百三十条　查封、扣押涉案财物，应当按规定将涉案财物详细信息、《查封/扣押财物、文件清单》录入并上传监察机关涉案财物信息管理系统。

对于涉案款项，应当在采取措施后十五日以内存入监察机关指定的专用账户。对于涉案物品，应当在采取措施后三十日以内移交涉案财物保管部门保管。因特殊原因不能按时存入专用账户或者移交保管的，应当按规定报批，将保管情况录入涉案财物信息管理系统，在原因消除后及时存入或者移交。

条文主旨

本条是关于监察机关后续处理查封、扣押的涉案财物的规定。

条文解读

规定本条的目的在于完善职务犯罪案件调查中的涉案财物管理，令监察机关善用涉案财物信息管理系统，提高监察机关信息化能力，促进依规依纪依法调查，严格

内部管理，严防“灯下黑”。涉案财物管理是纪检监察工作的重要组成部分。党的十八大以来，随着纪检监察工作力度的加大，涉案财物数量大幅增长，暂扣、处置过程中的风险逐渐加大，管理难度与日俱增。为彻底解决涉案财物管理底数不清、账物不符、监管乏力、重复劳动等问题，2016 年 6 月，中央纪委决定由案件监督管理室牵头建设涉案财物信息管理系统。该系统依托纪检监察内网运行，分别设置了委领导、监督检查（审查调查）部门、机关事务管理局、案件审理室和案件监督管理室 5 类用户，具有涉案财物登记、移交、保管、审理、处置、监督、查询等功能。通过该系统，将所有涉案财物信息纳入集中统一管理，确保每件涉案财物来源清晰，去向明了，轨迹可查，全程监控，实现了“情况明、数字准”，有效提高了涉案财物管理工作信息化水平。①

本条第 1 款规定了监察机关将查封、扣押涉案财物信息及文书录上传涉案财物信息管理系统的程序。监察机关在对涉案财物采取查封、扣押措施后，应按照相关规定，将涉案财物详细信息以及《查封/扣押财物、文件清单》录入并上传至监察机关涉案财物信息管理系统，从而避免出现“有物无单”“有单无物”的情形。

本条第 2 款规定了涉案款项和涉案物品的管理。为促进依规依纪依法调查，严格涉案财物的内部管理，监察机关对于涉案款项，应当在采取措施后 15 日以内存入监察机关指定的专用账户；对于涉案物品，应当在采取措施后 30 日以内移交涉案财物保管部门保管。在保管的过程中，监察机关还应当确定专门的人员定期对被查封、扣押的涉案财物进行对账核查，确保账实相符。如果出现特殊原因导致涉案款项和涉案物品不能按时存入专用账户或者移交保管的，应当按规定报批，在报批后将保管情况录入涉案财物信息管理系统，并在原因消除后及时存入或者移交。

典型案例

纪检监察机关全面推开使用涉案财物信息管理系统，减少了各部门之间的重复劳动，提高了涉案财物管理质量和效率，也有助于加强对涉案财物从来源到处置的全流程监管。以内蒙古自治区纪委监委为例，2020 年，在某留置对象家中，内蒙古自治区纪委监委某专案组两位同志，将刚刚查扣的涉案财物，一一录入中央纪委国家监委涉案财物信息管理系统。整个过程在同步录音录像下完成，并请家属、第三方见证人见证。涉案财物从进到出有登记、有编号、有影像、有去向。作为全面启用涉案财物信息管理系统的四个试用省区市之一，内蒙古自治区纪委监委自 2019 年 10 月起启

① 参见周根山：《中央纪委国家监委机关 全面使用涉案财物信息管理系统》，载《中国纪检监察报》2018 年 6 月 26 日，第 1 版。

用该系统后，要求新立案案件的涉案财物必须全部录入系统，严格按照操作指南全流程、全要素使用系统。截至 2020 年 7 月，自治区纪委监委机关 50 个专案共录入涉案物品 12417 件，涉案款 3.1 亿元，已审理涉案物品 2078 件，涉案款 906 万元，切实做到了"情况明、数字准"。①

关联法条

《公安机关涉案财物管理若干规定》第 9、10、12—14 条；《关于进一步规范刑事诉讼涉案财物处置工作的意见》第 4、5 条

第一百三十一条　对于已移交涉案财物保管部门保管的涉案财物，根据调查工作需要，经审批可以临时调用，并应当确保完好。调用结束后，应当及时归还。调用和归还时，调查人员、保管人员应当当面清点查验。保管部门应当对调用和归还情况进行登记，全程录像并上传涉案财物信息管理系统。

条文主旨

本条是关于已移交涉案财物保管部门保管的涉案财物调用和归还的规定。

条文解读

规定本条的目的在于明确临时调用已移交保管的涉案财物的程序，促进临时调用程序的法治化、规范化。

本条分为三部分。第一部分规定了临时调用已移交保管的涉案财物的前提。临时调用已移交保管的涉案财物采取"令状主义"，即需要经过严格的审批手续，并且审查时需要确定临时调用是根据调查工作需要。调取、交接都需要进行严格的登记，只有经过批准才能临时调用已移交涉案财物保管部门保管的涉案财物。

第二部分规定了临时调用和归还时调查人员、保管人员的责任。在临时调用和归还已移交涉案财物保管部门保管的涉案财物时，调查人员、保管人员应当当面清点查验，确保完好，避免涉案财物出现丢失、破损或其他影响涉案财物完整性的情况。

第三部分规定了临时调用保管部门的责任。对于已移交保管的涉案财物，保管

---

① 参见韩亚栋：《构建监察链　写清明白账　依法规范处理涉案财物》，载《中国纪检监察报》2020 年 8 月 7 日，第 4 版。

部门不仅应当对调用的情况进行登记，还应该对归还情况进行登记，并且对于调用和归还过程应当全程录音录像并上传涉案财物信息管理系统。

实务难点指引

经过审批后，对于已移交涉案财物保管部门保管的涉案财物，根据调查工作需要可以临时调用。那么临时调用的期限在实践中该如何把握呢？由于临时调用的目的是进一步开展调查工作，如进行鉴定、举证等，为确保监察程序的有效进行，涉案财物的调用应该做到合法、高效。在调用完毕后，相关工作人员应当无停留地立即归还涉案财物，因特殊原因不能按时存入专用账户或者移交保管的，应当按规定报批，并将相关情况录入涉案财物信息管理系统。

关联法条

《公安机关涉案财物管理若干规定》第 8、12、15、16 条；《人民检察院刑事诉讼涉案财物管理规定》第 21 条

第一百三十二条　对于被扣押的股票、债券、基金份额等财产，以及即将到期的汇票、本票、支票，依法需要出售或者变现的，按照本条例关于出售冻结财产的规定办理。

条文主旨

本条是关于监察机关出售被扣押或即将到期的有价证券的规定。

条文解读

规定本条的目的是确保监察机关依法出售、变现被扣押的有价证券，促进相关程序的衔接。由于债券、股票、基金份额等财产以及有效期即将届满的汇票、本票、支票等有价证券市场价值波动大，为了减少办案过程中不必要的损失，防止财富被浪费，所以对于依法需要出售或者变现的上述财产和资产，监察机关可以依法先行处置。本条采用了准用性规则，即对于出售或者变现的被扣押的股票、债券、基金份额等财产以及即将到期的汇票、本票、支票等有价证券，应按照本条例关于出售冻结财产的规定办理。本条例第 110 条第 2、3 款规定，“对于被冻结的股票、债券、基金份额等财产，权利人或者其法定代理人、委托代理人申请出售，不损害国家利益、被害人利益，

不影响调查正常进行的，经审批可以在案件办结前由相关机构依法出售或者变现。对于被冻结的汇票、本票、支票即将到期的，经审批可以在案件办结前由相关机构依法出售或者变现。出售上述财产的，应当出具《许可出售冻结财产通知书》。出售或者变现所得价款应当继续冻结在其对应的银行账户中；没有对应的银行账户的，应当存入监察机关指定的专用账户保管，并将存款凭证送监察机关登记。监察机关应当及时向权利人或者其法定代理人、委托代理人出具《出售冻结财产通知书》，并要求其签名。拒绝签名的，调查人员应当在文书上记明。”

实务难点指引

如何做好扣押有价证券的后续出售或变现的工作？根据本条例第132条的规定，“对于被扣押的股票、债券、基金份额等财产，以及即将到期的汇票、本票、支票，依法需要出售或者变现的，按照本条例关于出售冻结财产的规定办理”。实际上，可以按照如下方式做好后续衔接工作，即对于搜查发现的银行卡、证券基金等开户资料或凭证，扣押后要及时查询确认开户信息、资金余额和交易流水等，比较分析；根据需要采取配套的冻结措施，通知银行或其他金融机构暂停支付或交易；调查组要加强对登记表及清单的管理，按规定加强实体财物的保管，依照规定及时存入指定的专用账户或者移交涉案财物管理部门保管。

关联法条

《公安机关涉案财物管理若干规定》第21条；《关于进一步规范刑事诉讼涉案财物处置工作的意见》第7条

第一百三十三条　监察机关接受司法机关、其他监察机关等国家机关移送的涉案财物后，该国家机关采取的查封、扣押期限届满，监察机关续行查封、扣押的顺位与该国家机关查封、扣押的顺位相同。

条文主旨

本条是关于监察机关续行查封、扣押顺位的规定。

条文解读

规定本条的目的在于保护被调查人的合法财产，确保轮候查封、扣押过程的规范化、法治化。本条规定了监察机关续行查封、扣押的顺位。执行实践中,同一涉案财物被轮候查封的现象非常普遍,甚至存在多次轮候查封,若查封机关属于同一系统内,则不存在分歧。然而,如果查封机关属于不同的系统,如法院、检察院、公安机关、监察委员会等,那么想自行协商解决或报共同上级机关决定并达成书面意见则很难操作。本条对监察机关续行查封、扣押的顺位作出规定,即监察机关接收司法机关、其他监察机关等国家机关移送的涉案财物后,在该国家机关采取的查封、扣押期限届满后,基于监察机关的政治属性,监察机关可以承续前一国家机关查封、扣押的顺位,即监察机关续行查封、扣押的顺位与该国家机关查封、扣押的顺位相同。

实务难点指引

监察机关在向不动产登记机构送达执行文书要求对不动产进行查封时,如果出现该不动产是前顺位司法机关、其他监察机关已办理过查封登记的情形,不动产登记机构应当告知监察机关该不动产已被查封的事实及相关情况,并为其在不动产登记簿上记载排队等候查封的相关情况。那么,此种后续的轮候查封是否具有法律效力呢?事实上,轮候查封不是查封登记,不发生查封的法律效力,《不动产登记暂行条例》及《不动产登记暂行条例实施细则》中没有轮候查封登记这一登记类型。轮候查封只是起到了排队替补作用,只有转为查封登记后,才能发生查封的法律效力。[①]

第一百三十四条　对查封、扣押的财物和文件,应当及时进行核查。经查明与案件无关的,经审批,应当在查明后三日以内解除查封、扣押,予以退还。解除查封、扣押的,应当向有关单位、原持有人或者近亲属送达《解除查封/扣押通知书》,附《解除查封/扣押财物、文件清单》,要求其签名或者盖章。

条文主旨

本条是关于监察机关解除查封、扣押措施的规定。

条文解读

规定本条的目的在于及时保障被查封、扣押对象的财产权,规范查封、扣押财物的解除和退还程序。

---

① 参见刘翎燕:《查封期限引发的争议》,载《中国房地产》2019 年第 10 期。

本条分为三部分。第一部分规定了查封、扣押的核查要求。监察机关对查封、扣押的财物和文件，应当及时进行核查。“及时”表明监察机关应该在完成查封、扣押的程序后应从快从速进行核查，避免因为核查不及时导致被调查对象的权利受到减损。核查的事项主要是查封、扣押财物与案件是否存在关联性。

第二部分规定了查封、扣押措施解除的前提与时限。由于查封、扣押措施本身并不改变物品的权属关系，为了更好地保护物品权利人的合法权益，查明财物、文件与案件并无关联的，监察机关有义务解除相关措施并退还。解除查封、扣押措施的前提是“经查明与案件无关”，此外同样应当经过审批。解除查封、扣押措施和退还的时限是查明后的3日以内。

第三部分是对解除查封、扣押的文书的规定。根据《监察法》和本条例相关条文，监察机关在查封、扣押时应当出具《查封/扣押通知书》，开列《查封/扣押财物、文件清单》。与之相对应的是，在解除查封、扣押时，也应当向有关单位、原持有人或者近亲属送达《解除查封/扣押通知书》，附《解除查封/扣押财物、文件清单》，并且要求上述对象签名或者盖章。

实务难点指引

实务中，监察机关在运用查封、扣押措施调查案件时，如果查封、扣押的财物属于不可分割物，应该怎么处理呢？其实，对被调查人使用违规违纪违法所得与合法收入共同购置的不可分割财产，检察机关可以先行查封、扣押，待结案后予以拍卖、变卖，后再对不属于违规违纪违法所得的部分依法予以返还。

关联法条

《公安机关涉案财物管理若干规定》第6条；《人民检察院刑事诉讼涉案财物管理规定》第4条

第一百三十五条　在立案调查之前，对监察对象及相关人员主动上交的涉案财物，经审批可以接收。

接收时，应当由二名以上调查人员，会同持有人和见证人进行清点核对，当场填写《主动上交财物登记表》。调查人员、持有人和见证人应当在登记表上签名或者盖章。

对于主动上交的财物，应当根据立案及调查情况及时决定是否依法查封、扣押。

条文主旨

本条是关于立案调查之前监察机关接收主动上交的涉案财物的规定。

条文解读

规定本条的目的在于明确立案调查之前监察机关接收主动上交的涉案财物的程序步骤，实现接收程序的法治化、规范化，在深入开展反腐败工作的同时保障被调查人的财产权。监察机关进行调查活动，要防止被调查人及相关人员转移、抽逃涉案财物，给党和国家带来损失。监察机关在立案调查之前接收主动上交的涉案财物是收集、固定证据的重要措施，能够使监察机关快速了解案件情况，迅速固定关键证据，对于突破案件发挥着重要作用。

本条第1款规定了监察机关在立案调查之前接收主动上交的涉案财物的前提。因为临时接收强调的是暂时性和提前性，所以接收措施一般是在立案调查之前的线索处置、初步核实阶段使用。本条规定的接收的对象是监察对象及相关人员主动上交的涉案财物。同查封、扣押措施一样，监察机关接收主动上交的涉案财物同样采"令状主义"，需要得到一般授权，经过审批后才能使用该措施。

本条第2款是对接收的具体程序和文书的规定。监察机关采取临时接收措施时，调查人员不得少于二人。对于临时接收的财物，应当会同持有人、保管人或者见证人进行清点核对，当场填写《暂予扣留、封存涉案财物登记表》。包括调查人员在内的上述人员都应当在登记表上签名或者盖章。

本条第3款规定了对主动上交的财物的处理。即对于临时接收的财物，监察机关应当根据立案及调查情况及时决定是否依法查封、扣押，如果满足查封、扣押的条件，监察机关经过审查报批后可以依法决定实施查封、扣押措施。

实务难点指引

查封、扣押是监察机关常用的调查措施，查封、扣押和本条规定的接收措施的区别是一个值得探讨的问题。根据相关规定，它们在适用阶段以及适用对象等方面存在一定的差异。其一，查封、扣押应当在立案后进行，而接收只能在立案调查之前的阶段使用；其二，被查封、扣押的涉案财物应当为被调查人的违法及职务犯罪所得，而被接收的涉案财物为监察对象及相关人员在立案调查之前主动上交的财物。这里需要注意的是，在办案过程中，相关调查措施会随着案件的进程而相应地转换。在立案调查之前，核查组对被核查人及相关人员主动上交的财物予以接收；后经立案调查，查明该暂扣财物系被调查人涉嫌职务犯罪所得，调查人员则应变更查扣措施，对涉案财物进行扣押并及时制作扣押财物清单和涉案财物移交清单，依规依纪依法保管涉案财物。[①]

典型案例

2018年9月，重庆市纪委监委对万州区委原副书记洪某某严重违纪违法问题进行了立案审查和监察调查。在该案中的涉案财物移交中，办案人员将搜查到的金条等物品依法予以暂扣，经案件监督管理室、办公厅及办案组三方签字，入库保管。[②] 审查调查结束后，根据案件审理室的处置意见，这批财物作为违纪违法所得，需要依法上交国库，办案人员按规定再次与办公厅对接办理正式移交手续，由办公厅依法出库上交，并向案件监督管理室报备，做到扣押、保管、接收、处置各环节都按程序进行，相互监督制约。以该案中的涉案财物移交为例，涉案财物属于违纪违法所得，被暂扣后的金条被依法上交国库，体现了监察机关合法处置涉案财物的工作态度与严谨的工作作风。

关联法条

《中国共产党纪律检查机关监督执纪工作规则》第34、47条

第十一节　勘验检查

第一百三十六条　监察机关按规定报批后，可以依法对与违法犯罪有关的场所、物品、人身、尸体、电子数据等进行勘验检查。

条文主旨

本条是关于监察机关运用勘验检查措施调查案件的规定。

条文解读

规定本条的目的在于促使监察机关准确、快速地查明案情，保证勘验检查过程客

---

① 参见杨德森：《涉案财物如何查扣和处理》，载《中国纪检监察报》2020年10月21日，第8版。

② 参见瞿芃：《重庆市纪委监委专项清理涉案财物　全面摸清底数　细化监管责任》，载《中国纪检监察报》2020年9月7日，第1版。

观、公正,确保结论的准确性。勘验、检查是监察机关的调查措施之一。勘验检查是未亲历案件事实者于案发后对案件有关场所、物品、人身等进行观察检验的行为。一般而言,勘验、检查的对象为违法犯罪有关的场所、物品、人身、尸体和电子数据等。勘验的对象为无生命客体,如场所、生物尸体、电子数据等,检查的对象为有生命客体,如人身。作为监察机关的调查手段之一,勘验检查同样采取"令状主义",需要报批之后才能进行。监察机关是勘验检查职权的主体,因此监察机关之外的非特定主体均为义务客体,配合监察机关调查职务违法和职务犯罪行为是每个社会主体的义务。勘验检查的对象包括与违法犯罪有关的场所、人身、痕迹、物品、尸体、电子数据等,具体措施包括现场勘验,物证、书证检验,人身检查等。

实务难点指引

监察机关制作的勘验检查笔录是否一定客观?答案是否定的。既然勘验检查是由调查人员去实施的,那么勘验检查笔录的制作难免带有主观色彩。这需要相关工作人员在勘验检查笔录的审查上下功夫,运用科学的思维方法辨明真伪,应警惕证据收集与运用的主观性对证据内容真实性的影响,勘验检查笔录不能"绝对信任",应有效排查影响证据真实性、可靠性的主观因素,确保勘验检查笔录的客观真实,便于后续证据转换。

典型案例

某市K区M派出所在编民警S某与辖区内经营色情场所的H某是小学同学,二人来往较多。S某曾多次向H某通风报信,帮助其躲避警方"扫黄打非"清理行动,并先后多次收受H某所送的大量财物。K区纪委监委接到群众举报后,对反映的问题进行了初步核实,基本证实了这一事实,于是对S某立案审查调查并采取了留置措施。调查过程中,S某、H某都承认此事,并称是通过短信、微信联系的,但事后都作了删除处理。为了调取相关证据、形成完整的证据链,纪委监委决定委托公安机关对S某、H某的手机进行勘验检查,通过法定程序收集恢复提取S某和H某手机上的电子数据。通过对手机进行勘验,调查人员恢复提取了被删除的短信、微信数据,发现S某曾3次通过短信、2次通过微信向H某通风报信,并且信息内容十分明确。[①] 本案中,勘验措施的使用对于案件的调查起到了重要作用。

---

① 本书编写组编写:《〈中华人民共和国监察法〉案例解读》,中国方正出版社2018年版,第228－229页。

关联法条

《监察法》第26条;《中国共产党纪律检查机关监督执纪工作规则》第40条;《刑事诉讼法》第128条;《人民检察院刑事诉讼规则》第335条

第一百三十七条　依法需要勘验检查的,应当制作《勘验检查证》;需要委托勘验检查的,应当出具《委托勘验检查书》,送具有专门知识、勘验检查资格的单位(人员)办理。

条文主旨

本条是关于监察机关运用勘验检查措施调查案件的文书要求的规定。

条文解读

规定本条的目的在于规范勘验检查过程中的文书出示,促进依规依纪依法审查调查。对于监察机关的调查人员,依法需要勘验检查的,应当制作《勘验检查证》。与其他调查措施一样,进行勘验检查的调查人员也需要出示此项调查行为的证明文件,以佐证其行为的合法性。有些勘验检查工作,监察机关调查人员即可进行,但有些勘验、检验活动比较复杂,需要更多的专业知识,因此,在必要的时候,监察机关可以指派或者聘请具有专门知识和相关资质的人员进行。需要委托勘验检查的,应当出具《委托勘验检查书》,送具有专门知识、勘验检查资格的单位(人员)办理。需要注意的是,被指派或者聘请参与勘验检查的人员只能就案件中的专门性问题作出结论,不能就法律适用问题作出结论。

实务难点指引

监察机关在委托勘验检查时需要注意哪些情况呢?其一,监察机关所指派或者聘请参与勘验检查的人员,应当与案件没有利害关系。其二,调查人员不能对其进行技术上的干预,更不能强迫或者暗示其作出某种不真实的倾向性结论。其三,被指派或者聘请参与勘验检查的人员只能就案件中与自身业务相关的专门性问题发表看法,但不能就法律适用性问题发表看法。

关联法条

《监察法》第26条;《刑事诉讼法》第130条;《公安机关刑事案件现场勘验检查规则》第6、13条

第一百三十八条　勘验检查应当由二名以上调查人员主持，邀请与案件无关的见证人在场。勘验检查情况应当制作笔录，并由参加勘验检查人员和见证人签名。

勘验检查现场、拆封电子数据存储介质应当全程同步录音录像。对现场情况应当拍摄现场照片、制作现场图，并由勘验检查人员签名。

条文主旨

本条是关于监察机关运用勘验检查措施调查案件的程序的规定。

条文解读

规定本条的目的在于维护监察机关的权威，规范勘验检查措施的程序，便于监察机关收集证据。

本条第1款分为两部分。第一部分是对勘验检查人员的规定。为了保证勘验、检查工作的合法性、有序性，满足调查工作的需要，勘验、检查工作应当在监察机关调查人员的组织和主持下进行，并且应当由二名以上调查人员主持。为了保证勘验检查工作的公平公正，监察机关应当邀请与案件无关的见证人在场，对于见证人的数量没有强制性规定。第二部分是对勘验检查工作相关文书的规定。对于勘验检查情况调查人员应当制作笔录。勘验笔录，是指办案人员对于与犯罪有关的场所、物品、痕迹、尸体等勘查、检验中所作的记载，包括文字记录、绘图、照相、录像、模型等材料。勘验笔录可以分为现场勘验笔录、物证检验笔录、尸体检验笔录、侦查实验笔录等。由于勘验笔录是办案人员依照法定程序并运用一定的设备和技术手段对勘验对象情况的客观记载，所以，其客观性较强，也比较可靠。它的主要作用在于固定证据及其所表现的各种特征，供进一步研究分析使用，以利于发现和收集证据，确定调查方向，揭露和证实犯罪人，鉴别其他证据的真伪，认定案件事实。检查笔录，是指办案人员为确定被害人、犯罪嫌疑人、被告人的某些特征、伤害情况或生理状态，而对他们的人身进行检验和观察后所作的客观记载。检查笔录以文字记载为主，也可采取拍照等其他有利于准确、客观记录的方法。无论是勘验笔录还是检查笔录都需要勘验检查人员和见证人签名。

本条第2款规定了监察机关调查人员勘验检查现场、拆封电子数据存储介质的要求。基于电子证据高科技型和易被破坏性的特点，为了更好地保存证据，监察机关在运用勘验检查措施调查时，对于勘验检查现场、拆封电子数据存储介质应当全程同步录音录像。并且,对现场情况应当拍摄现场照片、制作现场图,并由勘验检查人员签名。

实务难点指引

按照本条例规定,监察机关在运用勘验检查措施调查案件时需要制作《勘验检查证》,制作勘验检查笔录,并且需要对勘验检查的全过程录音录像。勘验过程中制作录音录像的主要目的是留存备查,其所证明的主要是调查人员进行重要取证工作的过程事实,具有过程证据的性质。法庭可以通过有针对性地播放讯问录音录像的方式对取证活动的合法性进行调查,因此,监察机关制作的录音录像资料,在被告方对取证过程的合法性提出质疑时,亦可被作为证据材料出示,以便对有争议的调查取证行为的合法性加以调查核实。实践中,监察机关应确保勘验检查录音录像工作的全程性、完整性,注意勘验检查录音录像与勘验笔录的一致性,充分发挥勘验检查录音录像证明取证工作合法性的作用。

典型案例

2018年,某市某区纪委监委对下辖某街道党工委书记钱某涉嫌受贿的问题线索进行初核。[①] 在初核过程中,核查组对涉案苗木进行了两次现场勘验,形成了勘验检查笔录,确定了苗木数额,作为拟立案审查调查的证据。经审核发现,核查组制作的勘验检查笔录,未见邀请见证人的内容,参加勘验人员和见证人亦未签名,不符合证据的形式要件,且两份笔录上所载的苗木数额相差较大,于是某地纪委监委在审核时建议核查组予以补正、作出合理说明或者重新勘验检查。监察机关在初步核实中可以采取勘验检查措施,但需严格依法进行。按照《监察法》第26条和《监察法实施条例》第138条相关规定,某市某区纪检监察机关虽然依法制作了勘验笔录,但是未见邀请见证人的内容,参加勘验人员和见证人亦未签名,不符合证据的形式要件,更未达到刑事诉讼对证据的形式与实质相统一的要求,从而影响了后续的处理,需要引以为戒。

关联法条

《监察法》第41条;《刑事诉讼法》第133条;《最高人民法院关于适用〈中华人民共和国刑

---

① 参见胡胜华:《线索处置情况审核有哪些常用方法》,载《中国纪检监察报》2020年11月18日,第8版。

事诉讼法〉的解释》第86、103条;《人民检察院刑事诉讼规则》第413条;《公安机关办理刑事案件程序规定》第194条;《公安机关刑事案件现场勘验检查规则》第24、31条;《公安机关办理刑事案件电子数据取证规则》第10条

第一百三十九条　为了确定被调查人或者相关人员的某些特征、伤害情况或者生理状态,可以依法对其人身进行检查。必要时可以聘请法医或者医师进行人身检查。检查女性身体,应当由女性工作人员或者医师进行。被调查人拒绝检查的,可以依法强制检查。

人身检查不得采用损害被检查人生命、健康或者贬低其名誉、人格的方法。对人身检查过程中知悉的个人隐私,应当严格保密。

对人身检查的情况应当制作笔录,由参加检查的调查人员、检查人员、被检查人员和见证人签名。被检查人员拒绝签名的,调查人员应当在笔录中记明。

条文主旨

本条是关于监察机关对被调查人或相关人员进行人身检查的规定。

条文解读

规定本条的目的在于规范监察机关人身检查的程序,保护被调查人的各项合法权利。对人身进行检查是监察机关确定被害人、犯罪嫌疑人的某些特征、伤害情况或者生理状态,以查明案件事实的调查活动。确定被调查人或者相关人员的某些特征,需要通过人身检查,查看被调查人或者相关人员的身体表面有什么特征,如相貌、皮肤颜色、特殊痕迹、身体各部有无缺损等;确定被调查人或者相关人员的伤害情况,通过检查查看被害人伤害的部位、程度、伤势形状等;确定生理状态,主要是检查被调查人或者相关人员有无生理缺陷,比如智力发育情况,是否智力低下,各种生理机能情况怎样等。这些检查,有利于查清案件的性质、犯罪的手段和方法及犯罪的情节,这对认定犯罪事实、查明犯罪人,都有重要意义。为了保护公民的合法权利,保证对人身检查的顺利进行,调查人员进行人身检查时,必须严格按照法律的规定进行。

本条第1款规定了人身检查的程序。人身检查的目的是确定被调查人或者相关人员的某些特征、伤害情况或者生理状态。因为人身检查需要具备专门知识的储备,所以监察机关在必要时可以聘请法医或者医师进行人身检查。人身检查根据适用

对象不同而有所区分，由于女性的身体检查具有一定的敏感性与隐私性，为了最大限度保护女性身体权益，保证检查活动顺利进行，防止被检查人诬告、陷害调查人员，本条特别规定，检查女性身体，应当由女性工作人员或者医师进行。监察机关的检查措施具有强制性，为了行使对公职人员的监督职责，严厉惩治腐败，被调查人拒绝检查的，可以依法强制检查，当女性被调查人拒绝检查的，也可以依法强制检查。

本条第 2 款规定了对被检查人权利的保护。生命权是最根本的人权，人身检查不得采用损害被检查人生命、健康的方式或手段。《宪法》第 38 条中规定，“中华人民共和国公民的人格尊严不受侵犯。”监察机关在运用检查措施调查案件过程中，不得损害公民的人格尊严，不能采用贬低被检查人名誉、人格的方法。隐私是自然人的私人生活安宁和不愿为他人知晓的私密空间、私密活动、私密信息。监察机关对人身检查过程中知悉的个人隐私，应当严格保密。

本条第 3 款是对人身检查的文书的规定。对人身检查的情况应当制作笔录，由参加检查的调查人员、检查人员、被检查人员和见证人签名。被检查人员拒绝签名的，调查人员应当在笔录中记明。

实务难点指引

监察机关在调查案件过程中，为了确保被调查人或者相关人员的某些特征和情况，需要对被调查人或者相关人员采取人身检查措施。实务中，在检查对象为女性时，可能面临一些困难。按照相关法律法规规定，检查女性身体，应当由女性工作人员或者医师进行。但是在缺乏女性工作人员或者女性医生的情况下，被调查对象可能基于羞耻心或以其他理由拒绝监察机关的人身检查。在这种情况下，调查人员应当尽量照顾被调查人的情绪，做好被调查人的安抚工作，同时安排男性医师进行人身检查。倘若被调查对象仍然拒绝检查的，监察机关可以考量被调查对象的合理要求，安排女性工作人员或者女性医师前来检查，也可以安排男性医师强制进行检查。

关联法条

《监察法》第 26、41 条；《刑事诉讼法》第 132、133 条；《人民检察院刑事诉讼规则》第 199、335、336 条；《公安机关办理刑事案件程序规定》第 217 条；《公安机关刑事案件现场勘验检查规则》第 33、34 条

第一百四十条　为查明案情，在必要的时候，经审批可以依法进行调查实验。调查实验，可以聘请有关专业人员参加，也可以要求被调查人、被害人、证人参加。

进行调查实验，应当全程同步录音录像，制作调查实验笔录，由参加实验的人签名。进行调查实验，禁止一切足以造成危险、侮辱人格的行为。

条文主旨

本条是关于监察机关进行调查实验的规定。

条文解读

调查实验是指监察机关在调查过程中，调查人员为了确定对案件调查有重要意义的某一事实或现象是否存在，或在某种条件下能否发生、怎样发生，参考发案时的种种条件，将该事实或现象重新再现的一种调查措施。调查实验的作用在于为确定是否立案提供依据；为查明案情提供依据；为审查职务违法犯罪证据提供依据。调查实验可以独立进行，也可以在现场勘验过程中进行，但其并不是每个案件的必经程序。通过调查实验确定在一定条件下能否听到某种声音或看到某种现象；在一定条件下能否完成某一种行为；在什么条件下能够发生某种现象；在某种条件下某种行为和某种痕迹是否一致；在某种条件下使用某种工具能否留下某种痕迹等。

本条第1款规定了调查实验的前提和参与人。只有为了查明案情，监察机关为了确定对案件调查有重要意义的某一事实或现象是否存在，或在某种条件下能否发生，怎样发生，在必要的时候经过审批才可以进行调查实验。因为职务违法和职务犯罪情况复杂，手段和形式多种多样，特别是利用现代科学技术手段实施的违法犯罪，采用一般的调查措施可能难以得出正确结论，必须运用一定的科学方法和专门知识才能查明案件情况，所以调查实验可以聘请有关专业人员参加。此外，为了保证调查实验的公开公平，也可以邀请被调查人、被害人、证人参加。值得注意的是，被调查人、被害人、证人的参与属于自愿行为，不能强迫。

本条第2款是对调查实验的程序要求和限制。为了保障被调查人的合法权利，进行调查实验，应当进行全程同步录音录像，并制作调查实验笔录，由参加实验的人签名。因为调查实验可能涉及不同种类的实验行为或方法，所以监察机关在进行调查实验时，切记不能使用危险、侮辱人格、造成不良影响的行为，要时刻尊重被调查人的人格尊严，依规依纪依法进行调查实验。

实务难点指引

根据相关法律法规，调查实验笔录作为监察机关调查取得的证据材料，可以在刑事诉讼中作为证据使用。监察机关应依照法定程序，参照《刑事诉讼法》对证据形式要件和实质要件的要求，合法、客观地进行调查实验。在调查实验笔录成为诉讼证据之后，随之而来的问题就是如何有效地对调查笔录的证据资格进行审查判断，以确保其作为定案根据的可靠性。实践中，调查实验笔录往往面临着程序规范性不足、缺乏外部监督制约的困境。笔者认为，对调查实验笔录的证据资格，可以参照侦查实验笔录"相似性规则"来进行审查判断。《最高人民法院关于适用〈中华人民共和国刑事诉讼法〉的解释》第107条规定，"侦查实验的条件与事件发生时的条件有明显差异，或者存在影响实验结论科学性的其他情形的，侦查实验笔录不得作为定案的根据"。根据上述规定，实验条件的相似性也成了我国司法实务中侦查实验笔录证据能力问题的主要审查内容。所以，类比参照于既有的侦查实验审查经历，监察实务中在审查调查实验笔录的证据资格时，也应注重审查实验条件的相似性，其中包括实验场所的一致性、实验工具的同一性、实验环境的相似性、实验主体的同质性、实验过程的完整性、实验活动的反复性6个方面的内容。

典型案例

2018年3月26日，赣州市赣县区监察委员会对原上犹县城管局主任科员彭某某涉嫌受贿犯罪问题进行立案调查。① 在本案调查过程中，监察机关为证实同案人的供述与辩解而进行了调查实验。根据调查实验笔录及物证照片卷五第78—80页证实：经实验，同案人高某某提供的一个白色编织袋可以装下100万元人民币。本案中，通过监察机关运用调查实验证实的事实为案件的后续调查和查实发挥了关键作用。

关联法条

《刑事诉讼法》第135条；《最高人民法院关于适用〈中华人民共和国刑事诉讼法〉的解释》第106、107条；《人民检察院刑事诉讼规则》第201条；《公安机关办理刑事案件程序规定》第221条；《公安机关刑事案件现场勘验检查规则》第69—72条

---

① 江西省安远县人民法院(2018)赣0726刑初119号刑事判决书。

第一百四十一条　调查人员在必要时，可以依法让被害人、证人和被调查人对与违法犯罪有关的物品、文件、尸体或者场所进行辨认；也可以让被害人、证人对被调查人进行辨认，或者让被调查人对涉案人员进行辨认。

辨认工作应当由二名以上调查人员主持进行。在辨认前，应当向辨认人详细询问辨认对象的具体特征，避免辨认人见到辨认对象，并告知辨认人作虚假辨认应当承担的法律责任。几名辨认人对同一辨认对象进行辨认时，应当由辨认人个别进行。辨认应当形成笔录，并由调查人员、辨认人签名。

条文主旨

本条是关于监察机关组织开展辨认工作的规定。

条文解读

辨认是指调查人员在调查职务违法和职务犯罪案件的过程中，为了查明案件的有关事实，组织对于犯罪有关的物品、文件、尸体、场所或者被调查人对象进行辨别、作出判断的调查活动。

本条第 1 款规定了辨认的前提、主体和对象。辨认，指的是调查人员基于查明案情的需要，在必要的时候让案件的被害人、证人、被调查人对与案情有关的物品、文件、尸体、场所或者犯罪嫌疑人进行辨认的行为。辨认活动开展的前提是“必要”，如果监察机关的调查人员认为确有必要，就可以依法组织开展辨认活动。一般来说，辨认的主体是被害人、证人和被调查人，辨认的对象是与违法犯罪有关的物品、文件、尸体或者场所。监察辨认的主客体存在转换的可能，监察机关也可以让被害人、证人对被调查人进行辨认，或者让被调查人对涉案人员进行辨认。

本条第 2 款是关于辨认程序的规定。为了确保辨认程序的顺利开展和平稳进行，辨认工作应当由二名以上调查人员主持进行。辨认前，监察机关应当充分做好准备工作，调查人员应向辨认人详细询问辨认对象的具体特征，避免辨认人提前见到辨认对象，从而影响辨认的公正性和准确性，监察机关应当告知辨认人作虚假辨认所应承担的法律责任。特别需要注意的是，辨认应当个别进行。具体来说，在几名辨认人对同一辨认对象进行辨认时，应当由辨认人依次逐一对该辨认对象进行辨认，避免两个及两个以上辨认人共同辨认的情况出现。为了保证辨认的合法公正，辨认应当形成笔录，并由调查人员、辨认人签名。

实务难点指引

在调查程序中，监察机关适时适当组织开展辨认工作对于查明案件事实具有重要作用。调查人员在必要时，可以依法让辨认人对辨认对象进行辨认，而辨认工作的开展对于辨认人的能力具有一定的要求。实务中，监察机关对于如何认定辨认人的辨认能力存在一定的困难。其实，可以通过审核讯问、询问、谈话和搜查笔录、扣押物品清单等证据，确认辨认人是否为知道、了解案件某一过程的相关人员，辨认人对相关人员和物品的具体特征描述是否清晰明确，进而判断辨认人是否具备辨认能力。一般情况下，辨认人对辨认对象描述得越详细、准确，与其他证据相印证的程度越高，辨认结果存在偏差的可能性就越低，辨认结果也就越可靠；反之，其可靠性则越低。对于不易辨识的物品或者难以找到相似物，而辨认人能够辨认出来的，在笔录中必须对物品的特征作出描述，以解释辨认的合理性。在本人已经无法说明人物或物品特征、不具备辨认条件的情况下，一般不再组织辨认。①

关联法条

《最高人民法院关于适用〈中华人民共和国刑事诉讼法〉的解释》第104、105条；《人民检察院刑事诉讼规则》第223—225条；《公安机关办理刑事案件程序规定》第258、259条

第一百四十二条　辨认人员时，被辨认的人数不得少于七人，照片不得少于十张。

辨认人不愿公开进行辨认时，应当在不暴露辨认人的情况下进行辨认，并为其保守秘密。

条文主旨

本条是关于监察机关组织开展辨认人员工作的规定。

条文解读

规定本条的目的在于规范监察机关组织开展辨认人员的程序，明确监察机关保护辨认人的义务，有利于维护辨认人的合法权利。一般对人的辨认有两种方法：一是

---

① 参见马艳燕：《怎样审核辨认笔录》，载《中国纪检监察报》2021年5月26日，第6版。

在混杂条件下直接对被辨认人进行辨认，即辨认人通过对调查人员提供的一组辨认对象的外貌或动作姿势直接观察或感知、比较来进行辨认。二是在混杂条件下对被辨认人的照片进行辨认，即辨认人通过对调查人员提供的一组辨认照片上人的外貌的直接观察或感知、比较来进行辨认。

本条第 1 款规定了被辨认人员及其照片的数量。为了增加辨认人员的难度，最大概率降低盲选的巧合，监察机关组织辨认人员时，应该将被辨认的人员或其照片混入其他人员或照片中。组织辨认前，应当向辨认人详细询问辨认对象的具体特征，严格禁止辨认人提前见到辨认对象。辨认人员时，被辨认的人数不得少于 7 人，照片不得少于 10 张。辨认活动需要见证人，但应尽量避免出现见证人影响辨认活动的客观真实性的情况发生。

本条第 2 款规定了对辨认人的保护。辨认可以在公开情况下进行，也可以不公开进行。为了保护辨认人的合法权利和人身安全，辨认人不愿公开进行辨认的，监察机关应当在不暴露辨认人的情况下组织进行辨认，并为其保守秘密。

实务难点指引

根据本条例第 142 条第 1 款的规定，辨认人员时，被辨认人数不得少于 7 人，照片不得少于 10 张。那么在实践中，监察机关开展辨认活动选择被辨认的对象时，除了对被辨认人的数量有要求外，还有没有其他方面的细节需要注意呢？实际上，在选择陪衬人员时，需要注意混杂的人员应具有“类似特征”，还应该考虑诸如性别因素、民族因素、年龄因素、外貌因素、体型因素等多种变量，最终应该确保辨认对象能够得到区分，但是需要控制变量到一定界限，使辨认对象不至于过度差异。

典型案例

2018 年 9 月 11 日，萧县建设投资有限公司原董事长兼总经理、萧县融资担保有限公司总经理朱某某因涉嫌犯受贿罪、国有公司人员失职罪被萧县监察委员会留置。[①] 根据本案判决书，本案中监察机关在获取证人证言时与证人徐某某取得了联系，经对办案人员出示的朱某某的户籍信息上的照片辨认，证人徐某某认出是朱某某来购买的第二个车位，从而证实了朱某某的部分犯罪事实。对于朱某某户籍信息上照片的辨认，按照《监察法实施条例》第 142 条第 1 款的规定，监察机关出示的照片应不少于 10 张。

---

① 安徽省宿州市中级人民法院(2020)皖 13 刑终 50 号刑事裁定书。

关联法条

《人民检察院刑事诉讼规则》第226条;《公安机关办理刑事案件程序规定》第260、261条

第一百四十三条　组织辨认物品时一般应当辨认实物。被辨认的物品系名贵字画等贵重物品或者存在不便搬运等情况的,可以对实物照片进行辨认。辨认人进行辨认时,应当在辨认出的实物照片与附纸骑缝上捺指印予以确认,在附纸上写明该实物涉案情况并签名、捺指印。

辨认物品时,同类物品不得少于五件,照片不得少于五张。

对于难以找到相似物品的特定物,可以将该物品照片交由辨认人进行确认后,在照片与附纸骑缝上捺指印,在附纸上写明该物品涉案情况并签名、捺指印。在辨认人确认前,应当向其详细询问物品的具体特征,并对确认过程和结果形成笔录。

条文主旨

本条是关于监察机关组织开展辨认物品工作的规定。

条文解读

本条第1款分为三部分。第一部分规定了辨认物品的原则,即一般应当辨认实物,且辨认物品应当在监察机关的组织下有序进行。第二部分规定了辨认物品的例外情形,即被辨认的物品系名贵字画等贵重物品或者存在不便搬运等情况。由于此类物品价值较高或不便移动,此时可以不遵循上部分所述的以辨认实物为原则,而可以对该实物的照片进行辨认。第三部分规定了对辨认人确认辨认结果的要求。辨认人应在辨认出的实物照片与附纸骑缝上捺指印予以确认,在附纸上写明该实物涉案情况并签名、捺指印,以确认辨认行为的效力。

本条第2款规定了混杂条件下辨认物品的要求。为确保辨认的效果,最大概率降低盲选的巧合,辨认物品应当在混杂条件下进行。辨认物品时,同类物品不得少于5件,照片不得少于5张。

本条第3款规定了对于辨认特定物的要求。对于难以找到相似物品的特定物,可以将该物品照片交由辨认人进行确认并在照片上签字。辨认人应当在照片与附纸骑缝上捺指印,在附纸上写明该物品涉案情况并签名、捺指印。在辨认人确认前,应

当向其详细询问物品的具体特征，并对确认过程和结果形成辨认笔录，以备审查。

实务难点指引

监察机关组织辨认物品过程中，不仅要遵照本条例第 143 条的规定，保证辨认物品的数量，同时在选取同类物品的时候也要再三考虑，以确保辨认结果的公正性。有的调查人员只追求数量满足法律规定，而没有结合辨认对象的特征选择陪衬客体。例如，在实务中，某地监察机关在组织对涉案 50 克金条的辨认过程中，选择 100 克金条和 200 克金条作为陪衬物品，即便辨认人顺利辨认出涉案的 50 克金条，该辨认结果也不能作为定案根据使用。有的陪衬物品照片大小不同，放置方向不同，有的带有编号，有的没有编号，有的有包装，有的没有包装，导致混杂辨认因缺乏相似度或者相似程度悬殊，大大降低了辨认结果的真实性，甚至会影响其作为证据的能力。①

事实上，监察机关在组织辨认物品时，可以完善辨认前的准备工作。相关调查人员应当确保辨认物品数量符合法律规定、质量相近、在具有充分辨识度的同时又不能相差过大。而且，监察机关在选取同类物品时，应先审核物品是种类物还是特定物。对于除了原有的品类特征外并无其他明显特征的，如同一型号手机、同一品牌香烟、钱币等种类以及难以找到相似物品的特定物，应该遵照本条例的规定，在将该物品照片交由辨认人进行确认后，让辨认人在该特定物照片与附纸骑缝上捺指印，在附纸上写明该物品涉案情况并签名、捺指印。在辨认人确认前，应当向其详细询问物品的具体特征，并对确认过程和结果形成笔录。

典型案例

2017 年 7 月 20 日，兰溪市粮食局原党委书记、局长蒋某某被兰溪市监察委员会采取留置措施，同年 9 月 1 日被依法逮捕。② 根据本案判决书，监察机关根据书画 3 幅（实物）和书画辨认照片，证实了从被告人蒋某某家中扣押的 3 幅书画系收受他人贿赂的事实。根据《监察法实施条例》第 143 条，监察机关组织辨认此 3 幅书画，一般应当辨认原物，本案中由于书画较为贵重，出于维护涉案财物价值的需要，监察机关要求辨认人对这 3 幅书画的照片进行辨认，并且要求辨认人对相应的照片与附纸骑缝上捺指印予以确认，在附纸上写明该实物的涉案情况并进行签名、捺指印。

---

① 参见马艳燕：《怎样审核辨认笔录》，载《中国纪检监察报》2021 年 5 月 26 日，第 6 版。

② 浙江省兰溪市人民法院（2017）浙 0781 刑初 332 号刑事判决书。

关联法条

《人民检察院刑事诉讼规则》第226条;《公安机关办理刑事案件程序规定》第260条

第一百四十四条　辨认笔录具有下列情形之一的,不得作为认定案件的依据:

(一)辨认开始前使辨认人见到辨认对象的;

(二)辨认活动没有个别进行的;

(三)辨认对象没有混杂在具有类似特征的其他对象中,或者供辨认的对象数量不符合规定的,但特定辨认对象除外;

(四)辨认中给辨认人明显暗示或者明显有指认嫌疑的;

(五)辨认不是在调查人员主持下进行的;

(六)违反有关规定,不能确定辨认笔录真实性的其他情形。

辨认笔录存在其他瑕疵的,应当结合全案证据审查其真实性和关联性,作出综合判断。

条文主旨

本条是关于辨认笔录的规定。

条文解读

规定本条的目的在于严格辨认笔录的形式,依规依纪依法形成辨认笔录,便于后续审查和证据转化。监察机关在调查过程中形成的辨认笔录是在调查人员的主持下,由被调查人、证人对涉案人员、物品、文件等进行辨认时,记载辨认情况和结果的文字记录。辨认笔录对于确定调查方向、印证其他证据、查明案件事实具有重要意义。辨认笔录是以笔录的方式全面、客观地记录辨认全过程和辨认结果并有在场相关人员签名的笔录。

本条第1款规定了辨认笔录不得作为认定案件的依据的情形,分为6项。第1项是辨认开始前使辨认人见到辨认对象的情形。一旦辨认人事先见到辨认对象将会受到一定的偏见或诱导,容易形成先入之见,从而使后续的辨认程序沦为一种形式,导致辨认人的辨认结论不是来自"现场见闻"而是由于"事先所见"。第2项是辨认活动没有个别进行的情形。需要注意的是,辨认活动中应该遵循个别辨认规则。在某些情况下,即使辨认人记忆中的信息是正确的,但由于辨认组织者采取了不规范、不科学的行为,对辨认人的记忆造成了干扰,也会导致最终的辨认结论出现误差。辨认应当在无干扰的“真空”环境里进行,但在实践中,为了方便起见,一些调查人员经常在同一时间、同一场所召集所有辨认人开展辨认,辨认结论的可靠性因此大受影响。第3项是辨认对象没有混杂在具有类似特征的其他对象中,或者供辨认的对象数量不符合规定的情形。为减少辨认出错的概率,加大辨认的难度,故在设置辨认陪衬的人或物品时,不仅有数量上的要求,而且应保证辨认陪衬与目标物之间具有高度相似性。值得注意的是,同一辨认人对于同一案件有关的辨认对象进行多组辨认的,不得重复使用陪衬照片或陪衬人。第4项是辨认中给辨认人明显暗示或者明显有指认嫌疑的情形。辨认前通过讯问、询问或谈话工作让辨认人供述、陈述辨认对象的详细特征是体现辨认结果客观真实性的程序保障措施,但不论是在辨认前还是辨认时,监察机关都不能有明显暗示或指认行为。第5项是辨认不是在调查人员主持下进行的情形。辨认活动具有相当的专业性,应当由监察机关的调查人员主持开展,不是在调查人员主持下进行的辨认所形成的笔录不得作为认定案件的依据。第6项是违反有关规定,不能确定辨认笔录真实性的其他情形。该项作为兜底补充性情形,规定了这些情形中监察机关的审查重点为辨认笔录的真实性。

本条第2款规定了辨认笔录存在其他瑕疵的情形。辨认笔录形成过程中可能出现各种各样难以预料的情况,此时监察机关应当结合全案证据审查其真实性和关联性,从而作出综合判断,判断该笔录能否作为认定案件的依据。

关联法条

《最高人民法院关于适用〈中华人民共和国刑事诉讼法〉的解释》第104、105条

第十二节　鉴　　定

第一百四十五条　监察机关为解决案件中的专门性问题,按规定报批后,可以依法进行鉴定。

鉴定时应当出具《委托鉴定书》,由二名以上调查人员送交具有鉴定资格的鉴定机构、鉴定人进行鉴定。

条文主旨

本条是关于监察机关运用鉴定措施开展调查活动的规定。

条文解读

监察机关在调查过程中的鉴定权，是一种监督鉴定权，与诉讼中的鉴定在时间和属性上有一定的交叉，但不完全相同。在监察事务中，监察机关的鉴定可以参照《全国人民代表大会常务委员会关于司法鉴定管理问题的决定》进行规范。鉴定通常是指办案机关为了解决案件中的专门性问题，指派或聘请具有专门知识的人，就案件中某些专门性问题进行鉴别和判断的活动。鉴定人出具的鉴定意见是《监察法》规定的证据种类之一。鉴定对于查明事实真相，揭露犯罪、保护公民权利具有重要作用。监察机关的鉴定是否科学准确，关系到能否正确认定职务违法犯罪案件的事实，尤其在调查疑难案件中，充分运用最新科学技术进行鉴定，可以取得其他证据无法取代的结果。所以，为了保证鉴定的准确性、科学性，监察机关运用鉴定措施必须严格依照法律规定进行。

本条第1款规定了监察机关运用鉴定措施调查案件的前提。首先，进行鉴定的目的是解决案件中的“专门性问题”。本条所规定的“专门性问题”，主要是指监察机关在调查过程中遇到的必须运用专门的知识和经验作出科学判断的问题。实践中，对一些专门性问题进行的鉴定主要包括：(1)法医类鉴定，包括法医病理鉴定、法医临床鉴定、法医精神类鉴定、法医物证鉴定和法医毒物鉴定；(2)物证类鉴定，包括文书鉴定、痕迹鉴定；(3)声像资料鉴定，包括对录音带、录像带、磁盘、光盘、图片等载体上所记录的声音、图像信息的真实性、完整性及其所反映的情况、过程进行的鉴定，以及对记录的声音、图像中的语音、人体、物体作出的认定。此外，有的案件还需要会计鉴定，包括对账目、表册、单据、发票、支票等书面材料进行鉴别判断；技术问题鉴定，包括对涉及工业、交通、建筑等科学技术方面进行鉴别判断等。其次，作为监察机关的调查措施之一，鉴定措施采取“令状主义”，经过监察机关相关负责人审批，制作委托鉴定文书，可以依法进行鉴定。鉴定的主体是国家监察机关，监察鉴定的启动权由国家垄断，但当事人有向监察机关申请启动鉴定的权利。

本条第2款规定了监察机关委托鉴定的流程。鉴定时应当出具《委托鉴定书》，由2名以上调查人员送交具有鉴定资格的鉴定机构、鉴定人进行鉴定。监督并不是监察机关一家的事情，支持、配合、协助监察机关的工作，是全体公民共同的社会责任，其中就包括专业人士运用专业知识进行鉴定。监察机关指派、聘请的鉴定机构，需要具有相应部门认定的鉴定资格。监察机关指派、聘请的鉴定人，需要具备法律法规规定的条件,可以是公安机关等侦查机关的刑事技术人员或其他专职人员,也可以是其他具有专门知识的鉴定人。[①]

实务难点指引

根据本条例规定,“鉴定时应当出具《委托鉴定书》”。实务中,《委托鉴定书》如何能做到规范出具?首先,监察机关的《委托鉴定书》中不仅要包括鉴定目的和要求,还要包括鉴定物品的具体情况,从而保证鉴定意见的准确性。同时,《委托鉴定书》要将鉴定解决的问题表述明确,对鉴定对象名称、特征、数量等基本情况的表述要与相关笔录达到一致。具体而言,监察机关的办案人员要审核《委托鉴定书》是否包括物品的品名、规格、种类、数量、来源,物品的购置、生产、使用时间等要素;物品使用、损坏程度的记录;起获、扣押、追缴物品的时间、地点等,与涉案人员交代笔录、相关提取笔录、扣押物品清单等记载的内容是否相符;检材是否充足、可靠,如有无实物、实物照片、发票等。[②]

关联法条

《监察法》第25、27条;《中国共产党纪律检查机关监督执纪工作规则》第34、40、47条;《刑事诉讼法》第146条;《全国人民代表大会常务委员会关于司法鉴定管理问题的决定》第1、2、8、9、17条;《人民检察院刑事诉讼规则》第332条;《司法鉴定程序通则》第11—17条

第一百四十六条　监察机关可以依法开展下列鉴定:

(一)对笔迹、印刷文件、污损文件、制成时间不明的文件和以其他形式表现的文件等进行鉴定;

(二)对案件中涉及的财务会计资料及相关财物进行会计鉴定;

(三)对被调查人、证人的行为能力进行精神病鉴定;

(四)对人体造成的损害或者死因进行人身伤亡医学鉴定;

(五)对录音录像资料进行鉴定;

(六)对因电子信息技术应用而出现的材料及其派生物进行电子证据鉴定;

(七)其他可以依法进行的专业鉴定。

---

① 中共中央纪律检查委员会中华人民共和国国家监察委员会法规室编写:《〈中华人民共和国监察法〉释义》,中国方正出版社2018年版,第149-152页。

② 参见马艳燕:《审核鉴定意见需注意哪些问题》,载《中国纪检监察报》2021年3月3日,第8版。

条文主旨

本条是关于监察机关鉴定范围的规定。

条文解读

规定本条的目的在于明确监察机关鉴定的范围和种类,依规依纪依法开展鉴定工作。

本条第1项是对笔迹、印刷文件、污损文件、制成时间不明的文件和以其他形式表现的文件等进行鉴定的规定。文件检验鉴定应当由具备文件检验鉴定资格的人员实施。监察机关在办理案件时,需要进行文件检验鉴定,应当填写委托书,提出委托要求。委托文件检验鉴定时,应当提供文件物证的原件,样本材料应当符合检验要求并经过委托单位确认。

本条第2项是对案件中涉及的财务会计资料及相关财物进行会计鉴定的规定。会计鉴定是指在办理有关经济、财务方面的犯罪案件时,由会计专业人员对有关账簿、表册等进行核查鉴定,以确定是否与真实情况和有关制度相符,有无伪造、销毁、涂改等犯罪行为存在,会计鉴定在与职务犯罪作斗争的过程中具有重要意义。

本条第3项是对被调查人、证人的行为能力进行精神病鉴定的规定。进行精神病鉴定的主要任务是对涉及法律问题又患有或被怀疑患有精神疾病的当事人进行精神病学鉴定,为监察机关查办职务违法犯罪案件和后续的审查起诉、审判环节提供专家证词和审理案件的医学依据。对精神病的鉴定首先是从临床精神病学的基础出发,全面检查分析,确定有无精神病,同时从法律的角度确定犯罪时的精神状态及严重程度和它与犯罪的因果关系两方面考虑,具体判断标准如下:一是不能辨认自己的行为,一个人虽患有精神疾病,但如果仍有辨认自己行为的能力,还是要负相应的刑事责任。二是不能控制自己的行为,即虽可能有辨认能力但丧失了控制能力,其行为已无法受到主观意识的支配和控制。三是必须是在发生危害行为的当时处于不能辨认或者不能控制自己行为的状态。四是在精神疾病的间歇期或是疾病缓和期出现危害行为的,因其精神活动已恢复正常,即不能评定为无责任能力。五是处于智能缺损状态,即尚未完全丧失辨认或者控制自己行为能力的状态,应当在一定程度上负刑事责任。

本条第4项是对人体造成的损害或者死因进行人身伤亡医学鉴定的规定。人身伤亡医学鉴定又包括人身伤害医学鉴定和人身死亡医学鉴定。

本条第5项是对录音录像资料进行鉴定的规定。录音录像资料鉴定又称为声像资料鉴定,包括但不限于:(1)声像资料的完整性检验;(2)说话人鉴定;(3)语音人身分析;(4)噪声分析;(5)噪声降除;(6)微弱语音增强;(7)图像鉴定;(8)声像器材的鉴定;(9)音像制品检验鉴定;(10)语音内容整理;(11)动态特征、质量、数量的检验鉴定;(12)声纹鉴定;(13)录音资料内容整理;(14)录音资料真实性检验;(15)图像辨认。

本条第6项是对因电子信息技术应用而出现的材料及其派生物进行电子证据鉴定的规定。电子证据是指由电子信息技术应用而出现的各种能够证明案件真实情况的材料及其派生物。电子证据鉴定是鉴定人根据相关的理论和方法,对电子证据进行检验鉴定,并作出意见的一项专门性技术活动。电子证据的鉴定范围包括:(1)电子证据数据内容一致性的认定;(2)对各类存储介质或设备存储数据内容的认定;(3)对各类存储介质或设备已删除数据内容的认定;(4)加密文件数据内容的认定;(5)计算机程序功能或系统状况的认定;(6)电子证据的真伪及形成过程的认定;(7)根据需要进行的关于电子证据的其他认定。

本条第7项是其他可以依法进行的专业鉴定的规定。此项为本条款的兜底款项。随着时代的不同发展,为解决案件中的专门性问题,需要鉴定的对象的范围和种类也在不断扩大,因此本款项的设置有助于监察机关灵活应对时代变化给监察鉴定工作带来的挑战。

实务难点指引

随着信息技术的发展,电子数据作为一种独立的法定证据形式,在调查职务违法犯罪案件实践中的作用愈加凸显。委托第三方鉴定机构进行鉴定是将电子数据转换固定的一种重要途径,特别是对于声像类信息的真实性、完整性鉴别及电子笔迹鉴定等“专门性问题”,需要由专业机构的专业人员,运用专门的知识,对电子数据进行鉴定后形成鉴定意见,才能将电子数据转换为证据使用。实务中,若出现监察机关委托第三方进行鉴定时应该注意哪些问题呢?

在电子数据委托鉴定过程中,必须做到合法合规、严谨细致,特别注意以下几个方面的内容:一是经过严格的审批手续。依照程序报监察机关相关部门负责人批准后实施,并制作委托鉴定文书,不得私自或者以个人名义开展委托鉴定工作。二是受委托的鉴定机构必须具备法律法规规定的条件,拥有司法部门的授权,能够满足电子数据鉴定所需的鉴定设备、专业技术人员等软硬件要求,并保证鉴定结果的科学、客观、公平、公正。三是电子数据的提取、保管、送检过程必须符合程序规定,保持数据存储介质的封装状态,确保电子数据的真实性、完整性、可靠性。四是在委托鉴定过程中还应做好鉴定人回避、鉴定机构监督、鉴定结果保密、鉴定意见审查等方面的工作，但是调查人员不能对鉴定人进行技术上的干预，更不能强迫或暗示鉴定人或鉴定机构作出倾向性结论。①

关联法条

《物证类司法鉴定执业分类规定》第4—15条；《刑法》第18条；《刑事诉讼法》第149条；《精神卫生法》第34条

第一百四十七条　监察机关应当为鉴定提供必要条件，向鉴定人送交有关检材和对比样本等原始材料，介绍与鉴定有关的情况。调查人员应当明确提出要求鉴定事项，但不得暗示或者强迫鉴定人作出某种鉴定意见。

监察机关应当做好检材的保管和送检工作，记明检材送检环节的责任人，确保检材在流转环节的同一性和不被污染。

条文主旨

本条是关于监察机关为鉴定程序提供必要条件和做好相关保障工作的规定。

条文解读

规定本条的目的在于明确监察机关在鉴定过程中的责任和义务，确保鉴定过程符合法律规定，保障鉴定行为和鉴定结果的独立性。

本条第1款规定了监察机关在鉴定过程中的责任和义务。监察机关在调查过程中的鉴定权为监督鉴定权，这意味着监察机关在鉴定过程中不直接进行鉴定工作，而是需要依照法律法规委托送交具有鉴定资格的鉴定机构、鉴定人进行鉴定。在委托鉴定时，监察机关要主动配合，并力所能及地为鉴定提供必要条件，主动向鉴定人送交有关检材和对比样本等原始材料，介绍与鉴定有关的情况。并且调查人员应当明确提出要求鉴定事项，不能对鉴定人进行技术上的干预，更不能强迫或暗示鉴定人或鉴定机构作出某种不真实的倾向性结论。

本条第2款规定了监察机关对于检材的保管和送检义务。检验材料的保管对于后续鉴定工作的进行至关重要，如果检验材料在前一步骤的工作中遭到污染、破坏，那么

---

① 参见武斌：《电子数据取证如何规范高效》，载《中国纪检监察报》2021年7月7日，第6版。

其后续鉴定的有效性就会受到非常大的影响。因此，监察机关应当做好检材的保管和送检工作，记明检材送检环节的责任人，确保检材在流转环节的同一性和不被污染。

关联法条

《人民检察院刑事诉讼规则》第 219 条；《公安机关办理行政案件程序规定》第 88 条；《公安机关办理刑事案件程序规定》第 250 条；《司法鉴定程序通则》第 18、24 条；《最高人民法院关于适用〈中华人民共和国刑事诉讼法〉的解释》第 97 条；《司法鉴定机构　鉴定人记录和报告干预司法鉴定活动的有关规定》第 2—7 条

第一百四十八条　鉴定人应当在出具的鉴定意见上签名，并附鉴定机构和鉴定人的资质证明或者其他证明文件。多个鉴定人的鉴定意见不一致的，应当在鉴定意见上记明分歧的内容和理由，并且分别签名。

监察机关对于法庭审理中依法决定鉴定人出庭作证的，应当予以协调。

鉴定人故意作虚假鉴定的，应当依法追究法律责任。

条文主旨

本条是关于鉴定人的规定。

条文解读

规定本条的目的在于明确鉴定人的义务和法律责任，规范鉴定人的鉴定行为，有助于监察机关切实践行协助义务，严格履行鉴定程序。

本条第 1 款规定了鉴定人的义务。鉴定人，是指取得鉴定人资格，在鉴定机构中从事法医类、物证类、声像资料、司法会计鉴定以及心理测试等工作的专业技术人员。鉴定人应当按照依法、科学、公正、独立的原则开展鉴定工作。鉴定人依法享有以下权利：(1)了解与鉴定有关的案件情况，要求委托单位提供鉴定所需的资料；(2)进行必要的勘验、检查；(3)查阅与鉴定有关的案件材料，询问与鉴定事项有关的人员；(4)对违反法律规定委托的案件、不具备鉴定条件或者提供虚假鉴定资料的案件，有权拒绝鉴定；(5)对与鉴定无关问题的询问，有权拒绝回答；与其他鉴定人意见不一致时，有权保留意见；(6)法律、法规规定的其他权利。鉴定人参与鉴定的主要目的是帮助专门机关查清案件事实。因此，鉴定人应当履行下列义务：(1)严格遵守法律、法规和鉴定工作规章制度；(2)保守案件秘密；(3)妥善保管送检的检材、样本和资料；

(4)接受委托单位与鉴定有关问题的咨询;(5)出庭接受质证;(6)法律、法规规定的其他义务。因此,鉴定人应当在出具的鉴定意见上签名。除了签名之外,鉴定人还需要在签名的鉴定意见后面附鉴定机构和鉴定人的资质证明或者其他证明文件,以证明鉴定机构和鉴定人具备鉴定的资格。如果存在多个鉴定人,并且多个鉴定人的鉴定意见不一致,不以其中一个鉴定人的意见为主要依据,而应当在鉴定意见上记明分歧的内容和理由,并且由鉴定人分别签名。

本条第2款规定了监察机关对于鉴定人出庭作证的协助义务。鉴定人出庭作证充分保障了当事人对鉴定意见提出异议的权利,有助于在庭审过程中给予诉讼当事人解疑释惑的机会,确保体现司法公正与效率。让鉴定人出庭作证接受当事人的质询和法庭询问,成为对鉴定意见质证的一种正当程序和必要方式。由于鉴定结论是鉴定人在观察、检验、分析等科学技术活动的基础上得出的主观性认识结论,解答的是案件中的专门性问题,因此,鉴定结论是否正当需要经过诉讼双方的质证与法庭的最终认可。鉴定人出庭作证就鉴定人的资格、鉴定的方法和过程、鉴定对象等一系列问题直接接受当事人和法庭的询问,才能保证鉴定结论证据的可靠性。监察机关对于法庭审理中依法决定鉴定人出庭作证的,应当予以协调配合,以保证鉴定结果的质证和转化。

本条第3款规定了鉴定人虚假鉴定的法律责任。鉴定人故意作虚假鉴定的,应当依法追究其法律责任。构成犯罪的,应当依法追究其刑事责任。虚假鉴定,是指出示不符合事实的鉴定意见,也即鉴定人作出了与自己的知识或技能所得到的结论相反的结论。由于不了解情况,或粗心大意、业务水平低而提供了错误的鉴定,同样属于作虚假鉴定,该鉴定意见不应予以采信,但不属于故意范畴,所以不应按照"故意作虚假鉴定"进行处罚。

实务难点指引

由于社会生活的复杂性,需要鉴定的事项涉及各个领域,因此鉴定的种类很多,承担每类鉴定任务的机构或人员也各不相同。鉴定所涉及的专门性问题虽然种类多样,但具有严格的法定性。各鉴定机构被赋予的鉴定资质并不相同,所以监察机关必须注重鉴定机构的资质审查,防止鉴定意见因鉴定机构资质不适格而在司法过程中被排除。①

实务中,监察机关委托有关机构或人员进行鉴定时,应注意审查是否具有法定资

① 参见浙江省杭州市纪委监委第七审查调查室:《科学运用审查调查措施中的鉴定　有效借助外力加强证据效力》,载《中国纪检监察报》2020年3月4日,第8版。

质,特别是要与司法机关的有关规定相衔接。以监察调查中最常见的涉案物品真伪甄别和价格认定为例,此类鉴定包括前后关联的两种鉴定类别,或者说两个鉴定步骤。首先是真伪甄别,不同物品需要由不同的机构或人员来鉴定,对于某些特殊的物品,鉴定则更为复杂。比如字画,需要根据作者是否在世来确定鉴定人,如果作者在世,应当委托作者本人来鉴定真伪;如果作者不在世,应当委托经国家文物局确认有资质的涉案文物鉴定评估机构来鉴定真伪。其他物品如黄金、玉石、手表、瓷器、紫砂壶等,均需分别委托有资质的专业机构或人员来鉴定真伪。只有物品被鉴定为真品后才能进入价格认定环节。目前,法定的价格认定机构是县级以上各级政府价格主管部门下属的价格认证中心,监察机关有价格认定需求时应当委托价格认证中心来进行。除涉案物品的真伪甄别和价格认定之外,会计鉴定和资产评估在近年来职务犯罪案件调查中也越来越普遍,一般分别委托会计师事务所和资产评估机构进行。值得注意的是,这两类机构在业务上存在一定的交叉,但按照财政部分业经营的要求,二者的资质是不一样的,办案中一定要根据实际需求来准确选择鉴定机构,鉴定事项不得超过鉴定机构的项目范围和技术条件。如果是通过财务会计资料确认有关财务数据,比如企业年度利润、获得某业务收入的准确金额等,一般需要委托会计师事务所进行司法会计鉴定;如果是确定公司股权价值(比如在收受干股案件中确定干股价值),则需要委托资产评估机构对公司的资产进行评估。另外,还需要注意的是,司法机关对某些鉴定机构还提出了特殊的资质要求。①

典型案例

2018年9月13日,海晏县政协党组成员、海晏县政协第十届委员会常务副主席、海晏县第十五届人民代表大会代表王某因受贿一案经海北州监察委员会决定,被采取留置措施。本案中,为证实本案被调查人王某的玩忽职守行为,海北州监察委员会委托鉴定机构进行了鉴定。根据判决书载明的事实,此次鉴定过程中,有以下证据:海北州监察委员会委托鉴定书、青海大正会计师事务所有限公司司法鉴定意见书、司法鉴定成果移交清单、司法鉴定许可证、司法鉴定人执业证、鉴定意见通知书。② 在一审判决中,以上证据被祁连县人民法院认可而作为定案证据,其中就包括了青海大正会计师事务所有限公司出具的青大正鉴字(2018)008号司法鉴定意见书,这体现了鉴定意见对于案件最终宣判的重要作用。

---

① 参见张元星:《监察调查中运用鉴定措施应注意的问题》,载《中国纪检监察》2020年第14期。

② 青海省祁连县人民法院(2019)青2222刑初8号刑事判决书。

关联法条

《刑事诉讼法》第147条;《全国人民代表大会常务委员会关于司法鉴定管理问题的决定》第10、12条;《最高人民法院关于适用〈中华人民共和国刑事诉讼法〉的解释》第97—99条;《司法鉴定程序通则》第33—46条;《司法部关于进一步规范和完善司法鉴定人出庭作证活动的指导意见》

第一百四十九条　调查人员应当对鉴定意见进行审查。对经审查作为证据使用的鉴定意见,应当告知被调查人及相关单位、人员,送达《鉴定意见告知书》。

被调查人或者相关单位、人员提出补充鉴定或者重新鉴定申请,经审查符合法定要求的,应当按规定报批,进行补充鉴定或者重新鉴定。

对鉴定意见告知情况可以制作笔录,载明告知内容和被告知人的意见等。

条文主旨

本条是关于审查鉴定意见、补充鉴定和重新鉴定的规定。

条文解读

本条第1款规定了调查人员的审查、告知和送达的义务。调查人员应当对鉴定意见进行审查。在审查鉴定意见时,一要审核鉴定意见的形式要件是否完备,是否注明提起鉴定的事由、鉴定委托人、鉴定机构、鉴定要求、鉴定过程、鉴定方法、鉴定日期等相关内容,是否由鉴定机构加盖鉴定专用章并由鉴定人签名、盖章,鉴定意见是否明确等。二要审核实质要件,比如鉴定机构和鉴定人是否具有法定资质,鉴定是否超过鉴定机构业务范围和技术条件,检材来源、取得、保管、送检是否符合法律及相关规定,鉴定的程序、方法、分析过程是否符合专业的检验鉴定程序和技术方法要求,鉴定人是否存在回避情形等。三要审核鉴定意见能否与在案的其他证据相互印证,有无明显冲突。如果出现冲突,能否有合理的解释。为保证被调查人的权利,对经审查作为证据使用的鉴定意见,监察机关应当告知被调查人及相关单位、人员,送达《鉴定意见告知书》。调查机关有将鉴定意见告知被调查人及相关单位、人员的义务。该项义务主要是为了确保当事人知情权的实现,并以此为基础更好地制定救济策略。履行该义务的主体是监察机关;义务的内容是告知对经审查作为证据使用的鉴定意见,并送达《鉴定意见告知书》。

本条第2款规定了被调查人申请补充鉴定以及重新鉴定的权利。实践中,很多鉴定意见对于职务犯罪的认定以及量刑具有重要意义。因此,为了保障被调查人的权利,应当允许被调查人对鉴定意见提出异议。被调查人或者相关单位、人员知晓鉴定意见后,有权申请补充或重新鉴定。该项权利可以视为对被调查对象的救济。对于补充鉴定和重新鉴定的内容,本条例第150、151条作出了规定。

本条第3款规定了对鉴定意见告知情况制作笔录的要求。为充分保障被调查人及相关单位、人员的知情权、参与权和监督权,对鉴定意见告知情况可以制作笔录,以备相关需要。需要注意的是,本条例对鉴定意见告知情况是否制作笔录的用词是"可以",而不是"应当",所以监察机关对鉴定意见告知情况的笔录制作有一定的主观裁量权。在制作该笔录过程中,监察机关需要在笔录中载明告知内容和被告知人的意见等。

典型案例

2020年5月10日,元阳县小新街乡党委书记、元阳县交通运输局原局长龙某某被红河州监察委员会采取留置措施。[①] 在收集被调查人龙某某挪用公款的证据时,红河州监察委委托相关机关进行了鉴定。根据该案判决书,证实被调查人龙某某挪用公款事实的部分证据包括鉴定委托书、鉴定意见书、鉴定意见告知书、红河州公安局司法鉴定中心鉴定文书。通过该案可以看出,红河州监察委员会不仅对鉴定意见进行了合法审查,而且在审查后将本案中作为证据使用的鉴定意见告知了被调查人及相关单位、人员,还送达了《鉴定意见告知书》,切实履行了依法监察的要求。

关联法条

《刑事诉讼法》第148、192条;《人民检察院刑事诉讼规则》第221、334、404条

第一百五十条　经审查具有下列情形之一的,应当补充鉴定:

(一)鉴定内容有明显遗漏的;

(二)发现新的有鉴定意义的证物的;

(三)对鉴定证物有新的鉴定要求的;

(四)鉴定意见不完整,委托事项无法确定的;

(五)其他需要补充鉴定的情形。

---

① 云南省河口瑶族自治县人民法院(2021)云2532刑初2号刑事判决书。

条文主旨

本条是关于补充鉴定情形的规定。

条文解读

规定本条的目的在于明确补充鉴定的程序规定,保障被调查人的合法权利。本条共分为5项,规定了监察机关补充鉴定的5种情形。补充鉴定是指为使鉴定结论更加充实完善,而在原鉴定的基础上对案件中某些遗漏的专门性问题进行鉴别和判断并得出结论的一种活动。补充鉴定的认定需要经过监察机关的相关审查,经过审查监察机关认定需要补充鉴定的,才能启动补充鉴定程序。根据本条例第150条规定,应当补充鉴定的情形包括下列5种:(1)鉴定内容有明显遗漏的;(2)发现新的有鉴定意义的证物的;(3)对鉴定证物有新的鉴定要求的;(4)鉴定意见不完整,委托事项无法确定的;(5)其他需要补充鉴定的情形。

实务难点指引

需要补充鉴定的,是应当另行确定鉴定机构和鉴定人,还是可以保持原来的鉴定机构和鉴定人不变?本条例第150条并没有明确规定补充鉴定是否应当另行确定鉴定机构和鉴定人,但第151条规定了重新鉴定的情况下,应当另行确定鉴定机构和鉴定人。笔者认为,在监察机关认为需要补充鉴定的情形下,可以保持原来的鉴定机构和鉴定人不变。事实上,补充鉴定的目的在于弥补原鉴定结论的不足,从而保证鉴定的全面性和客观性。鉴定人员和鉴定机构是否更换并不会影响补充鉴定的鉴定结果和鉴定目的,所以可以由原鉴定机构和鉴定人进行补充鉴定的工作。

关联法条

《人民检察院刑事诉讼规则》第334、344条;《司法鉴定程序通则》第30条;《公安机关鉴定规则》第42条

第一百五十一条　经审查具有下列情形之一的,应当重新鉴定:

(一)鉴定程序违法或者违反相关专业技术要求的;

(二)鉴定机构、鉴定人不具备鉴定资质和条件的;

(三)鉴定人故意作出虚假鉴定或者违反回避规定的;

(四)鉴定意见依据明显不足的;

（五）检材虚假或者被损坏的；

（六）其他应当重新鉴定的情形。

决定重新鉴定的，应当另行确定鉴定机构和鉴定人。

条文主旨

本条是关于重新鉴定情形的规定。

条文解读

重新鉴定是监察机关经过审查后认为原鉴定结论难以采信时，委托原鉴定人以外的鉴定机构和鉴定人对同一专门性问题进行再次鉴定的行为。重新鉴定是我国鉴定救济的一种非常重要的途径，它在发现案件事实真相、维护当事人合法权益等方面发挥着重要的作用。在我国目前的刑事司法实践中，重新鉴定的启动频率较高，在某种程度上更正了错误的鉴定意见，尊重了当事人合法的诉讼权利。

本条第1款分为6项，分别规定了重新鉴定的6种情形。重新鉴定的主体是监察机关，监察机关启动重新鉴定程序需要经过事先审查。经审查具有下列情形之一的，应当重新鉴定：(1)鉴定程序违法或者违反相关专业技术要求的；(2)鉴定机构、鉴定人不具备鉴定资质和条件的；(3)鉴定人故意作出虚假鉴定或者违反回避规定的；(4)鉴定意见依据明显不足的；(5)检材虚假或者被损坏的；(6)其他应当重新鉴定的情形。

本条第2款规定了重新鉴定中对于鉴定人和鉴定机构的要求。监察机关决定重新鉴定的，应当进行审查。为了保证重新鉴定结果的客观性、公正性和权威性，监察机关决定重新鉴定的，应当另行确定鉴定机构和鉴定人。

实务难点指引

鉴定机构社会化后，鉴定意见不客观、不公正的现象时有发生，申请重新鉴定的比例有上涨的趋势。加之在我国的鉴定实践中，重新鉴定申请权的无限制行使，导致同一问题反复鉴定，鉴定意见之间的矛盾不仅无法排除，而且越发复杂。这种多头鉴定、重复鉴定问题，也同样严重影响了鉴定的客观性、科学性和权威性，在一定程度上影响了司法公正，也浪费了相当多的鉴定资源。如何规范重新鉴定程序，防止重复鉴定浪费司法资源、造成诉讼拖延是一个复杂的课题。实务中，我国现行法律法规及相关司法解释对重新鉴定的次数限制问题并不明确。反复鉴定是当前鉴定体制诸多弊端的集中体现。重新鉴定是当事人的合法权益，也是法律规定的正当程序，但是为了查明案件事实而无限度地启动重新鉴定是不妥当的。无限制地重新鉴定，容易造成案件久拖不决，给当事人带来诉累，不仅损害了鉴定的客观性、科学性和权威性，也极大地损害了国家法律的严肃性。笔者认为，监察机关在审查重新鉴定的前提条件时，应适当限制重新鉴定的次数，在保障监察鉴定的客观性、公正性和权威性，维护被调查人合法权利的同时，对于多次重新鉴定而久拖不决的现象也应当坚决制止，提高办案效率。

关联法条

《刑事诉讼法》第197、204条；《最高人民法院关于适用〈中华人民共和国刑事诉讼法〉的解释》第228、273条；《公安机关办理刑事案件程序规定》第255条；《人民检察院刑事诉讼规则》第220、221、334条；《司法鉴定程序通则》第31、32、35条；《公安机关鉴定规则》第43、44条

第一百五十二条　因无鉴定机构，或者根据法律法规等规定，监察机关可以指派、聘请具有专门知识的人就案件的专门性问题出具报告。

条文主旨

本条是关于监察机关指派、聘请具有专门知识的人进行检验的规定。

条文解读

随着科技的发展及科技对人们生活、工作的日益影响，监察机关的调查活动将不可避免涉及诸多专门性问题。而监察机关的工作人员往往并非技术专家，其在解决案件中的专门性问题时可能会面临知识不足的困境。于是，解决案件中专门性问题，成为预防惩治腐败犯罪过程中极为常见的现实需求；鉴定更成为诉讼中解决专门性问题的重要路径。然而，许多诉讼并无理想状态下那种有鉴定资质的机构或人员可接受某些专门性问题的鉴定委托。

我国《监察法》和本条例确立了案件中的有鉴定必要的专门性问题通过鉴定解决的单一机制，该机制排斥有专门知识的人脱离鉴定意见而就案件中的专门性问题提出意见。所以，本条例第152条规定："因无鉴定机构，或者根据法律法规等规定，监察机关可以指派、聘请具有专门知识的人就案件的专门性问题出具报告。"值得注意的是，并非所有的专门性问题都需要进行鉴定。因为鉴定资质、鉴定范围等限制，有些专门性问题无法进行鉴定。另外，因为有些专门性问题无须进行鉴定，可直接依赖

办案人员的经验或勘验、检查等调查措施等来解决。所以,只有在满足“无鉴定机构,或者根据法律法规等规定”的情况下,才可以指派、聘请具有专门知识的人进行检验。

所谓“有专门知识的人”,是指相对有基本认知及常识的普通人士而言那些具有别样、特殊学识或经验的人。正是借助其拥有的别样、特殊学识或经验,其方可针对诉讼中某专门性问题,以鉴定人或专家辅助人的身份给出相应的分析、解说或判断意见。“专门性问题”的特点包括:(1)通常不应是法律问题。因为如若是纪检监察方面的问题,那么对于从事纪检监察职业人员而言其自身便应能解决。(2)专门性问题的解决需凭借科学知识、专业技能、专门领域的工作经验等专门知识。对于一些常识性、日常生活中经常出现的不需借助专门知识就可以解决的问题,监察人员等应自行判断。(3)从内容上看,专门性问题既包括自然科学领域的,也包括人文社科领域的,其中尤以自然科学领域的问题为典型。①

值得注意的是,监察机关是可以指派、聘请具有专门知识的人进行检验,而不是应当指派、聘请具有专门知识的人进行检验。最后,专门知识的人出具的检验报告可以作为参考,而不是作为鉴定的直接依据。

关联法条

《监察法》第 27 条;《刑事诉讼法》第 146、197 条;《最高人民法院关于适用〈中华人民共和国刑事诉讼法〉的解释》第 100、101、250 条;《最高人民检察院关于指派、聘请有专门知识的人参与办案若干问题的规定(试行)》第 2、3 条

第十三节 技术调查

第一百五十三条　监察机关根据调查涉嫌重大贪污贿赂等职务犯罪需要,依照规定的权限和程序报经批准,可以依法采取技术调查措施,按照规定交公安机关或者国家有关执法机关依法执行。

前款所称重大贪污贿赂等职务犯罪,是指具有下列情形之一:

(一)案情重大复杂,涉及国家利益或者重大公共利益的;

(二)被调查人可能被判处十年以上有期徒刑、无期徒刑或者死刑的;

(三)案件在全国或者本省、自治区、直辖市范围内有较大影响的。

---

① 参见李学军:《诉讼中专门性问题的解决之道——兼论我国鉴定制度和法定证据形式的完善》,载《政法论坛》2020 年第 6 期。

条文主旨

本条是关于监察机关采取技术调查措施的条件的规定。

条文解读

职务犯罪通常具有高智能性、高隐蔽性的特点,常规调查手段往往力有不及,此时就需要借助技术调查措施。技术调查措施,是指利用现代科技手段,秘密收集、获取犯罪证据的各种调查措施的总称,一般包括电话监听、电子监控、秘密拍照或录像、邮件检查等方式。因为技术调查措施具有技术性、隐蔽性等特点,会在一定程度上损害到被调查对象的隐私权,所以需要在打击职务犯罪与保障合法权益之间保持恰当平衡。对此,《监察法》第 28 条对技术调查措施的规范运用作出规定,而本条,就是对这一规定的进一步细化。根据本条规定,监察机关采取技术调查措施必须同时满足以下四个方面的内容:

一是技术调查措施的案件范围只能限定于重大贪污贿赂等职务犯罪。“重大”,一般是指犯罪数额巨大、情节严重,造成严重损失,产生恶劣影响,或者案情复杂难辨等。根据本条第 2 款规定,具体包括以下三种情形:(1)案情重大复杂,涉及国家利益或者重大公共利益的;(2)被调查人可能被判处 10 年以上有期徒刑、无期徒刑或者死刑的;(3)案件在全国或者本省、自治区、直辖市范围内有较大影响的。在实际判断时,需要结合案件情况,从犯罪行为、危害后果、社会影响、调查难度等方面予以综合考量。此外,“职务犯罪”不限于贪污贿赂犯罪,对于滥用职权、玩忽职守等其他职务犯罪,如果确有必要,监察机关也可以采用技术调查手段。

二是监察机关是否采取技术调查措施要“根据调查涉嫌重大贪污贿赂等职务犯罪需要”。也就是说,并非调查重大职务犯罪均可以采取技术调查措施,而是要结合案件实际情况,在审慎、严肃的评估之后,确有需要的,才可以采取技术调查措施。因此,对于案情简单的重大贪污贿赂等职务犯罪,如果采取常规调查手段即可以达到调查目的的,则不能采取技术调查措施。

三是必须按照规定的权限和程序报经批准。这是一项程序性条件。监察机关采取技术调查措施,需要履行严格的批准程序,从而对是否满足上述两个实体条件作进一步审查。对此,一方面,要按照规定的权限报经批准,即由具有申报权限的部门、人员向具有批准权限的部门、人员提出申请,并由后者根据相关材料作出是否批准的决定;另一方面,要按照规定的程序报经批准,即由相关主体根据一系列法定流程,对是否准许监察机关采取调查措施作出申报和批准,而不能不当地简化或越过法定流程。

四是委托公安机关或者国家有关执法机关执行，监察机关不能自行采取技术调查措施。技术调查措施对专业性具有一定要求，需要专门的工具和技能，交由有关机关执行，可以保证技术调查的顺利进行，也有助于保护公民的隐私权、个人信息权等。同时，也可以通过机关之间的配合、制约，来规范技术调查措施的使用。除了委托公安机关，也可以根据案件情况，委托其他国家有关执法机关，如国家安全机关等采取技术调查措施。

关联法条

《监察法》第 28 条；《中国共产党纪律检查机关监督执纪工作规则》第 34 条第 2 款；《刑事诉讼法》第 150 条

第一百五十四条　依法采取技术调查措施的，监察机关应当出具《采取技术调查措施委托函》《采取技术调查措施决定书》和《采取技术调查措施适用对象情况表》，送交有关机关执行。其中，设区的市级以下监察机关委托有关执行机关采取技术调查措施，还应当提供《立案决定书》。

条文主旨

本条是关于委托执行技术调查措施时所需文书材料的规定。

条文解读

在依照规定的权限和程序报经批准后，监察机关应当向公安机关等有关执行机关出具 3 份文书材料。其中，《采取技术调查措施委托函》是以监察机关名义向执行机关发出、委托执行机关采取技术调查措施的函件，函件应记载采取技术调查措施的种类、适用对象、期限等基本信息。《采取技术调查措施决定书》是监察机关经报批程序后签发的决定文书，应记载采取技术调查措施的事由、原因、种类、适用对象、期限、签发日期等基本信息。决定书是开展技术调查措施的直接依据和核心文件，根据《监察法》第 28 条的规定，决定书的签发日期是技术调查措施期限的起算之日。《采取技术调查措施适用对象情况表》是监察机关制作的情况说明文件，应记载技术调查措施适用对象的基本情况，包括适用对象的姓名、出生年月、身份证件、住址等信息。

另外，根据本条例第 55 条的规定，设区的市级以下监察机关在初步核实中不得采取技术调查措施，因此设区的市级以下监察机关还必须向有关执行机关提供《立案决定书》,以证明采取技术调查措施的适用对象已经被立案调查,而不是在初步核实阶段。这里的"设区的市级以下"不含设区的市级。监察机关所出具的上述文书材料,属于案卷材料的重要组成部分。根据《国家监察委员会与最高人民检察院办理职务犯罪案件工作衔接办法》第 26 条规定,监察机关在向人民检察院移送案件时,需要随案移送采取技术调查措施的决定书等材料。

实务难点指引

负责具体执行技术调查措施的国家机关有哪些?一般是公安机关,另外还包括国家安全机关、军事机关等。这些机关有权在其刑事案件管辖范围内采取技术侦查措施,鉴于技术调查措施与技术侦查措施原理相通、手段相似,技术调查措施的具体执行一般也由这些机关负责。其中,根据《公安机关办理刑事案件程序规定》第 264 条的规定,技术侦查措施由设区的市一级以上公安机关负责,市级以下的区县级公安机关无此权限。因此,设区的市级以下监察机关需要采取技术调查措施的,应由上一级监察机关委托其同级公安机关执行。

典型案例

江西省万安县纪委监委在办理某地房地产测绘队工作人员涉嫌受贿、滥用职权一案时,为使潜逃的犯罪嫌疑人李某尽快归案,对其采取技术调查措施。专案组人员领取了《万安县监察委员会采取技术调查措施决定书》,仔细填写了事由、采取措施原因、采取措施种类、起算时间等详细信息。经批准后,案管室进行编号并盖章。决定书一式四联,第一联统一保存备查,第二联附卷,第三联交技术调查措施执行机关,第四联由执行机关填写、盖章并退回附卷。专案组还填写了《万安县监察委员会采取技术调查措施委托函》和《采取技术调查措施适用对象情况表》。经过严格审批后,专案组把相关文件交至公安机关。①

关联法条

《公安机关办理刑事案件程序规定》第 264、265 条

① 参见何韬:《采取技术调查措施须严格履行审批手续》,载《中国纪检监察报》2019 年 6 月 11 日,第 1 版。

第一百五十五条　技术调查措施的期限按照监察法的规定执行，期限届满前未办理延期手续的，到期自动解除。

对于不需要继续采取技术调查措施的，监察机关应当按规定及时报批，将《解除技术调查措施决定书》送交有关机关执行。

需要依法变更技术调查措施种类或者增加适用对象的，监察机关应当重新办理报批和委托手续，依法送交有关机关执行。

条文主旨

本条是关于技术调查措施的期限、解除程序、变更程序的规定。

条文解读

为全面规范技术调查措施，本条例除了对技术调查措施设置了严格的准入门槛和报批手续外，还对技术调查措施在实施过程中可能出现的解除、变更等程序问题作了规定。

第一，根据《监察法》第28条第2款的规定，技术调查措施的期限为3个月，自批准决定签发之日起算。3个月期满后，技术调查措施自动解除，不需要另行办理解除手续。对于复杂、疑难案件，期限届满仍有必要继续采取技术调查措施的，监察机关需要重新履行审批手续，经过批准的，技术调查措施有效期可以延长，延长期限并非默认为3个月，而可以进行适当的调整，但每次延长的有效期不得超过3个月。

第二，《监察法》第28条第2款同时规定，对于不需要继续采取技术调查措施的，应当及时解除，这是对个人、组织合法权益的保障。虽然采取技术调查措施的批准决定在3个月内有效，但在有效期内，如果不再需要采取技术调查措施的，监察机关应当按规定及时报批，形成《解除技术调查措施决定书》送交有关执行机关，由后者终止技术调查措施的使用。需要强调的是，对这些技术调查措施的解除应当及时作出，不得无故拖延，防止因延迟解除而不当侵害有关当事人的合法权益。

第三，监察机关采取技术调查措施，必须严格按照批准的措施种类和适用对象交由有关执行机关执行。如果监察机关认为需要依法变更技术调查措施种类或者增加适用对象的，相当于采取新的技术调查措施，应当根据本条例第153、154条等规定，重新办理报批和委托手续，送交有关机关执行。

实务难点指引

技术调查措施的原始期限3个月是否为固定期限？根据《监察法》第28条第2款，技术调查措施的批准决定自签发之日起3个月以内有效，这一条文仅规定了批准决定的有效期，而没有直接对技术调查措施本身的实施期限作出规定，但同一条款对期限延长的规定则允许对延长的有效期进行调整。因此，技术调查措施的原始期限为固定的3个月，监察机关不需要在批准决定中将期限变更为3个月以内的任意期限，而且期限起算于批准决定签发日，监察机关不能将期限起算设置于批准决定签发后的其他时间。

关联法条

《监察法》第28条第2款；《刑事诉讼法》第151、152条；《公安机关办理刑事案件程序规定》第266、267条

第一百五十六条　对于采取技术调查措施收集的信息和材料，依法需要作为刑事诉讼证据使用的，监察机关应当按规定报批，出具《调取技术调查证据材料通知书》向有关执行机关调取。

对于采取技术调查措施收集的物证、书证及其他证据材料，监察机关应当制作书面说明，写明获取证据的时间、地点、数量、特征以及采取技术调查措施的批准机关、种类等。调查人员应当在书面说明上签名。

对于采取技术调查措施获取的证据材料，如果使用该证据材料可能危及有关人员的人身安全，或者可能产生其他严重后果的，应当采取不暴露有关人员身份、技术方法等保护措施。必要时，可以建议由审判人员在庭外进行核实。

条文主旨

本条是关于技术调查措施收集的材料作为证据使用以及相关保护措施的规定。

条文解读

根据《最高人民法院关于适用〈中华人民共和国刑事诉讼法〉的解释》第116条的规定，依法采取技术调查措施收集的材料在刑事诉讼中可以作为证据使用，这些材料作为证据使用时，应当随案移送。为保障职务犯罪案件移送检察机关审查起诉的

顺利进行，监察机关在采取技术调查措施中提取保存有关证据时，应严格按照司法解释的规定做好相关的证据使用和保护措施。

第一，监察机关不是技术调查措施的法定执行机关，通过技术调查措施手机的信息和材料存放在执行机关。因此，依法需要将这些信息和材料作为刑事诉讼证据使用的，监察机关应当按规定履行审批手续，向有关执行机关出具《调取技术调查证据材料通知书》，向其调取有关信息和材料。

第二，根据《最高人民法院关于适用〈中华人民共和国刑事诉讼法〉的解释》第118条的规定，移送技术调查证据材料的，应当附采取技术调查措施的法律文书、技术调查证据材料清单和有关说明材料。因此，监察机关应当对采用技术调查措施收集的证据材料制作书面说明，写明获取证据的时间、地点、数量、特征以及采取技术调查措施的批准机关、种类等。调查人员应当在书面说明上签名。另外，对于采用技术调查措施收集的视听资料、电子数据的，监察机关可以参照上述司法解释第118条的规定，制作新的存储介质，并附制作说明，写明原始证据材料、原始存储介质的存放地点等信息，由制作人签名，并加盖单位印章。

第三，对于采取技术调查措施获取的证据材料，如果使用该证据材料可能危及调查人员、线人等有关人员的人身安全，或者可能产生其他严重后果的，如使用该证据材料会造成泄密、泄露技术调查过程和方法、提高罪犯的反侦查能力、妨碍了对其他案件的调查等后果，为保护有关人员的人身安全、避免其他严重后果的发生，应当采取不暴露有关人员身份、技术方法等保护措施。根据《最高人民法院关于适用〈中华人民共和国刑事诉讼法〉的解释》第117条的规定，这类保护措施主要有：(1)使用化名等代替调查、侦查人员及有关人员的个人信息；(2)不具体写明技术调查、侦查措施使用的技术设备和技术方法；(3)其他必要的保护措施。另外，本条第3款还规定了庭外核实证据的程序，即必要的时候，可以由审判人员在庭外对证据进行核实。这里规定的“必要时”，主要指以下两种情况：(1)采取不暴露有关人员身份、技术方法不足以使审判人员确信这些证据材料的真实性、可靠性，无法作出判决；(2)采取不暴露有关人员身份、技术方法等保护措施还是无法防止严重后果的发生。在这两种情况下，可以由审判人员在庭外，对调查的方法、过程等进行核实，向调查人员了解有关情况，查看相关的物证、书证及其他证据材料，包括观看相关的录音录像等。应当注意的是，在庭外对证据材料进行核实的审判人员必须承担对有关人员身份、技术调查措施的具体方法的保密义务。

实务难点指引

对于采取技术调查措施收集的证据材料，监察机关应如何确保其能够达到足够的证据能力和证明力？监察机关可以参照《最高人民法院关于适用〈中华人民共和国刑事诉讼法〉的解释》第119条的规定，着重审查以下内容：(1)技术调查措施所针对的案件是否符合法律规定；(2)技术调查措施是否经过严格的批准手续，按照规定交有关机关执行；(3)采取技术调查措施的种类、适用对象和期限是否按照批准决定载明的内容执行；(4)采取技术调查措施收集的证据材料与其他证据是否矛盾；存在矛盾的，能否得到合理解释。

关联法条

《最高人民法院关于适用〈中华人民共和国刑事诉讼法〉的解释》第112、116—122条；《人民检察院刑事诉讼规则》第230条；《公安机关办理刑事案件程序规定》第268条

第一百五十七条　调查人员对采取技术调查措施过程中知悉的国家秘密、商业秘密、个人隐私，应当严格保密。

采取技术调查措施获取的证据、线索及其他有关材料，只能用于对违法犯罪的调查、起诉和审判，不得用于其他用途。

对采取技术调查措施获取的与案件无关的材料，应当经审批及时销毁。对销毁情况应当制作记录，由调查人员签名。

条文主旨

本条是关于技术调查措施保密的规定。

条文解读

调查人员在运用技术调查措施时会获得大量信息材料，其中可能会涉及一些秘密信息、隐私信息或无关材料，为确保这些信息材料不被泄露，保护国家利益和自然人、法人及非法人组织的合法权益，本条款对这些信息材料的处理作了相应的保密规定。

第一，《监察法》第18条第2款规定，监察机关及其工作人员对监督、调查过程中知悉的国家秘密、商业秘密、个人隐私，应当保密。其中，国家秘密是指关系国家安全和利益，依照法定程序确定，在一定时间内只限一定范围的人员知悉的事项；商业秘密是指不为公众所知悉、具有商业价值并经权利人采取相应保密措施的技术信息、经营信息等商业信息；个人隐私是指自然人个人生活中不愿为他人公开或知悉的秘密。

保密法、刑法、民法典、反不正当竞争法等法律对国家秘密、商业秘密、个人隐私的保护作了规定。调查人员在使用技术调查措施获取与案件有关的证据和线索的同时，不可避免地会知悉一些国家秘密、企业的商业秘密、自然人个人隐私，为维护国家安全，保护个人、组织的合法权益，调查人员应当妥善保管、严格保密，防止泄露这些信息。

第二，为体现从严限制技术调查措施的制度原则，采取技术调查措施所获取的材料只能用于对违法犯罪的调查、起诉和审判，这里的“违法犯罪”包括监察调查所涉及的职务犯罪案件，还可能涉及职务犯罪以外的其他违法犯罪行为。不得将技术调查措施获取的材料用于其他用途，这里的“其他用途”包括但不限于行政管理、民事纠纷的调处解决、商业用途等。

第三，调查人员在使用技术调查措施过程中，可能会收集到一些与案件无关的材料。为保护有关当事人的合法权益，对于这些材料调查人员应当报经有关负责人审批，确认可以销毁的应及时销毁。对销毁情况还应当制作记录，由调查人员签字确认。

关联法条

《刑事诉讼法》第152条；《人民检察院刑事诉讼规则》第231条；《公安机关办理刑事案件程序规定》第269、270条

第十四节　通　　缉

第一百五十八条　县级以上监察机关对在逃的应当被留置人员，依法决定在本行政区域内通缉的，应当按规定报批，送交同级公安机关执行。送交执行时，应当出具《通缉决定书》，附《留置决定书》等法律文书和被通缉人员信息，以及承办单位、承办人员等有关情况。

通缉范围超出本行政区域的，应当报有决定权的上级监察机关出具《通缉决定书》，并附《留置决定书》及相关材料，送交同级公安机关执行。

条文主旨

本条是关于监察机关运用通缉措施追捕潜逃的被调查人的条件与程序规定。

条文解读

本条第1款规定了县级以上监察机关运用通缉措施，且通缉范围在本行政区域内的情况。本款主要包括三个方面的内容：(1)被通缉对象需要满足一定条件。被通缉的人必须是涉嫌职务违法犯罪的被调查人，且该被调查人依法应当留置，但该被调查人因逃避调查下落不明。既包括应当依法留置但下落不明的涉嫌职务犯罪的被调查人，也包括已经依法留置，但又逃跑的被调查人。(2)通缉的决定机关是监察机关，而通缉的执行机关是同级公安机关。(3)监察机关决定通缉并送交公安机关执行时，应当出具《通缉决定书》，并附《留置决定书》等法律文书，说明被通缉人员信息，以及承办单位、承办人员等有关情况。①

本条第2款规定了通缉范围超出本行政区域的情形。通缉范围超出本行政区域时，监察机关应当报请有决定权的上级监察机关决定，此时，执行机关是相应的同级公安机关。

典型案例

H省Z市纪委监委正在调查市扶贫办主任Y某重大贪污贿赂和挪用公款案件，在前期摸底过程中，Y某听闻风声后外逃，Z市纪委监委立刻决定在全市范围内发布通缉令，由Z市公安局公布，并负责追捕归案。追捕过程中，根据交通出行信息分析，Y某已逃至邻近的A省B市，Z市纪委监委遂将此情况报告H省纪委监委。H省纪委监委研究决定后，鉴于案情重大紧急，报经中央纪委国家监委同意后，迅速联系A省纪委监委予以协调，由A省公安厅、B市公安局发布通缉令，经两省公安机关通力协作，通过“大数据”筛查和“点对点”技术支持进行布控，并最终成功将Y某抓获。由本案可知，党对反腐败工作的集中统一领导是我国所具有的独特优势，在党的统一指挥下，监察机关协调公安机关发布通缉令通缉被调查人。而超出本行政区域后，则由上级监察机关进行协调，整个过程分工明确、井然有序、规范顺畅。Y某逃至A省B市后，通缉范围超过了本行政区域。Z市监委向H省监委报告情况，由上级监委决定。H省监委在被调查人不在H省的情况下，报请有权决定的上级监察机关——国家监委同意后，联系A省监委予以协调，最终由A省公安厅、B市公安局发布通缉令，成功抓获了在逃人员。②

---

① 参见中共中央纪律检查委员会中华人民共和国国家监察委员会法规室编写：《〈中华人民共和国监察法〉释义》，中国方正出版社2018年版，第156页。

② 本书编写组编写：《〈中华人民共和国监察法〉案例解读》，中国方正出版社2018年版，第250－251页。

关联法条

《监察法》第29条;《刑事诉讼法》第155条;《人民检察院刑事诉讼规则》第514条;《公安机关办理刑事案件程序规定》第274—277、280、281条

第一百五十九条　国家监察委员会依法需要提请公安部对在逃人员发布公安部通缉令的,应当先提请公安部采取网上追逃措施。如情况紧急,可以向公安部同时出具《通缉决定书》和《提请采取网上追逃措施函》。

省级以下监察机关报请国家监察委员会提请公安部发布公安部通缉令的,应当先提请本地公安机关采取网上追逃措施。

条文主旨

本条是关于国监委提请公安部发布通缉令的程序。

条文解读

依据《公安机关办理刑事案件程序规定》第274条第2款的规定,县级以上公安机关在自己管辖的地区内,可以直接发布通缉令。"公安部通缉令"是由公安部发布的面向全国通缉在逃人员的命令,公安部对重大在逃人员实行的是"A、B级通缉令"。依据《公安机关办理刑事案件程序规定》第351条的规定,网上追逃指的是通过网上工作平台发布犯罪嫌疑人相关信息、拘留证或者逮捕证。网上追逃是公安机关内部的协作方式,仅供公安机关查询比对,对外保密。各级公安机关在申请发布"公安部通缉令"之前,被通缉人信息必须先上网,及时录入"公安部在逃人员信息数据库"。

本条第1款规定了国家监察委员会依法需要提请公安部对在逃人员发布公安部通缉令的情况。在提请公安部发布公安部通缉令前,应当先提请公安部采取网上追逃措施。网上追逃与公开通缉不同,网上追逃的相关信息在公安机关内部流通,而公开通缉的信息视情况在报刊、电视等新闻媒体和全国性的计算机公共信息网络上适量发布。当情况紧急时,国家监察委员会可以同时向公安部出具《通缉决定书》和《提请采取网上追逃措施函》。

本条第2款规定了省级以下监察机关报请国家监察委员会提请公安部发布公安部通缉令的情况。省级以下监察机关报请国家监察委员会之前,应当先提请本地公安机关采取网上追逃措施。

第一百六十条 监察机关接到公安机关抓获被通缉人员的通知后，应当立即核实被抓获人员身份，并在接到通知后二十四小时以内派员办理交接手续。边远或者交通不便地区，至迟不得超过三日。

公安机关在移交前，将被抓获人员送往当地监察机关留置场所临时看管的，当地监察机关应当接收，并保障临时看管期间的安全，对工作信息严格保密。

监察机关需要提请公安机关协助将被抓获人员带回的，应当按规定报批，请本地同级公安机关依法予以协助。提请协助时，应当出具《提请协助采取留置措施函》，附《留置决定书》复印件及相关材料。

条文主旨

本条是关于抓获被通缉人员后相关程序的规定。

条文解读

本条第1款规定，监察机关在接到公安机关抓获被通缉人员的通知后，应当立即核实被抓获人员身份。一般来说，应当在接到通知后24小时以内派员办理交接手续，只有处于边远或者交通不便的地区时，才可放宽至3日以内。换言之，核实被抓获人员的身份应当由监察机关负责。这是因为，监察机关是通缉的决定机关，公安机关辅助监察机关缉捕在逃犯罪嫌疑人，监察机关最完整地掌握案件的基本案情、被通缉人的相关信息等。

本条第2款规定，公安机关在移交前，倘若需要将被抓获人员暂时送交当地监察机关留置场所临时看管的，当地监察机关"应当"接收。另外，基于调查活动的特殊性，当地监察机关除保障看管期间的安全外，还需要对工作信息严格保密。

本条第3款规定，监察机关需要提请公安机关协助将被抓获人员带回的，"应当"按规定报批，协助的主体是"同级"公安机关。提请协助时，需要出具《提请协助采取留置措施函》，并附上《留置决定书》复印件等材料。

关联法条

《公安机关办理刑事案件程序规定》第277条

第一百六十一条　监察机关对于被通缉人员已经归案、死亡，或者依法撤销留置决定以及发现有其他不需要继续采取通缉措施情形的，应当经审批出具《撤销通缉通知书》，送交协助采取原措施的公安机关执行。

条文主旨

本条是关于不需要继续采取通缉措施的规定。

条文解读

当出现下列情形时，不再需要采取通缉措施：(1)被通缉人员已经归案、死亡。(2)监察机关依法撤销留置决定，不再符合确定为通缉对象的条件。(3)发现其他不需要采取通缉措施的情形。此时，应当由通缉措施决定机关即监察机关出具《撤销通缉通知书》，送交执行原通缉措施的公安机关执行。

实务难点指引

需要留意本条中的主体。当不再需要采取通缉措施，应由原通缉决定机关审批出具《撤销通缉通知书》，送交协助采取原措施的公安机关，解除通缉令。原执行机关应当在原通缉范围内撤销通缉令、悬赏通告等。

典型案例

某省省委巡视组在对当地某大学进行专项巡视期间，接到群众举报，反映该校党委副书记、校长J某在学校基建工程中收受承包商巨额贿赂1000万元，J某得知风声后畏罪潜逃。该省委监委决定对J某进行通缉，按程序报批后由该省公安厅发布A级通缉令，宣布对涉案人员J某进行通缉。1个月后，J某到监察机关投案自首。随后，该省纪委监委通知公安机关解除通缉令。[①]

关联法条

《公安机关办理刑事案件程序规定》第281条

---

① 本书编写组编写：《〈中华人民共和国监察法〉案例解读》，中国方正出版社2018年版，第247－249页。

第十五节　限制出境

第一百六十二条　监察机关为防止被调查人及相关人员逃匿境外，按规定报批后，可以依法决定采取限制出境措施，交由移民管理机构依法执行。

条文主旨

本条是关于监察机关运用限制出境措施调查案件的启动条件与相关程序的规定。

条文解读

赋予监察机关采取限制出境措施的权限，主要目的是保障调查工作的顺利进行，防止因被调查人及相关人员逃匿境外，而不能掌握违法犯罪事实及证据，导致调查工作停滞。本条包含适用对象、审批程序、执行主体三方面内容。本条例所指的“被调查人及相关人员”既包括涉嫌职务违法犯罪的被调查人，也包括涉嫌行贿犯罪或者共同职务犯罪的涉案人员，以及与案件有关的其他相关人员。实践中，根据工作需要，主要是对有可能逃匿境外的人员决定采取限制出境措施。采取限制出境必须由省级以上监察机关批准，只有严格按规定报批后，才可以依法决定采取限制出境措施。[①]另外，监察机关作出采取限制出境措施的决定后，应当交由移民管理机构执行。

关联法条

《监察法》第 30 条；《中国共产党纪律检查机关监督执纪工作规则》第 34 条第 2 款；《中央纪委、中组部、外交部、公安部、国家安全部、监察部、人事部、商务部关于进一步加强党员干部出国(境)管理的通知》；《关于对配偶子女均已移居国(境)外的国家工作人员加强管理的暂行规定》；《关于加强国家工作人员因私事出国(境)管理的暂行规定》

---

① 参见中共中央纪律检查委员会中华人民共和国国家监察委员会法规室编写：《〈中华人民共和国监察法〉释义》，中国方正出版社 2018 年版，第 157 - 159 页。

第一百六十三条　监察机关采取限制出境措施应当出具有关函件，与《采取限制出境措施决定书》一并送交移民管理机构执行。其中，采取边控措施的，应当附《边控对象通知书》；采取法定不批准出境措施的，应当附《法定不准出境人员报备表》。

条文主旨

本条是关于监察机关采取限制出境措施应当出具有关函件的规定。

条文解读

依据本条规定，监察机关采取限制出境措施，应当出具有关函件，严格按照监督执纪工作规则、监督执法工作规定，并结合具体操作办法报相应领导履行审批手续，制作《采取限制出境措施决定书》《边控对象通知书》《法定不准出境人员报备表》和公函等材料，并同移民管理机构等办理交控手续，从而防止被调查人及涉案人员出逃。本条具体规定了以下三种情形：(1)监察机关采取限制出境措施，应当出具有关函件，制作《采取限制出境措施决定书》，一并交由移民管理机构执行。(2)当需要采取边控措施时，除有关公函和《采取限制出境措施决定书》外，还需附《边控对象通知书》。(3)当需要采取法定不批准出境措施时，除公函和《采取限制出境措施决定书》外，还需附《法定不准出境人员报备表》。

实务难点指引

边控措施，即边境控制措施，是为了防止被调查人员及涉案人员借出境之机逃避法律责任，给境内的国家、集体或个人财产等带来重大损失，而通过法定程序在国边境口岸对之采取限制出境的一种保全措施。此前，关于边控的相关法律规定，主要体现在《出境入境管理法》中。本条例延续了上述规定，为可能借出境逃避法律责任的被调查人员及涉案人员设定了边控措施。值得注意的是，本条中，决定机关是监察机关，执行机关是移民管理机构。尤其需要强调的是，为了充分保障公民权利，相关案件应当严格依法尽快办理，从严掌握。应当将限制出境等措施理解为系列措施中的一环，在审查调查工作中嵌入防逃程序，在初核阶段做好防逃预案，精准判断关键时间节点，用好边控措施，建立防逃预警机制。同时，对于出逃高发领域，加强护照管理和出入境审批、报备机制，建立应急快速报告和联动机制。① 另外，采取限制出境措施往往意味着面临紧急情况，但监察活动必须严格依规依纪依法执行，一措施一审批，一个程序都不能少。这要求广大办案人员熟练掌握政策、规范相关文书写作，通过提前模拟、事前预案确保整个过程既规范，又高效。

典型案例

宁化县纪委监委对张某某涉嫌严重违纪违法问题展开初核。在外围调查获取了张某某涉嫌受贿的一些证据后，县纪委监委多次对主要行贿人某物流公司股东郑某某进行谈话，但郑某某心事重重，不配合调查。调查发现，张某某曾收受郑某某8万多元财物和相关礼品。郑某某涉嫌行贿，且有普通护照和港澳通行证，种种迹象表明其有出逃的可能。根据《监察法》规定，采取限制出境的审批主体和程序非常严格，必须由省级以上监察机关批准。审查调查组和案管室随即分工合作。福建省宁化县纪委监委干部小张在案管室拿到《边控对象通知书》后，认真细致地在表格上填写涉案人员信息和申请限制出境的理由、时间，送交县纪委监委主要领导签字；案管室同志抓紧撰写边控申请材料，随同《边控对象通知书》上报三明市纪委监委案管室，由其送交市纪委监委主要领导审核。市纪委监委领导审核签字后，及时上报省纪委监委批准，省纪委监委协调省公安厅边防部门对郑某某采取限制出境措施，限制时间为3个月。由本案可知，采取限制出境措施一般面临的情况都比较紧急，但必须严格依规依纪依法执行，该有的程序"一个都不能少"。这就要求纪检监察干部熟练掌握政策、规范文书制作，通过做好预案、提前模拟等方式确保整个过程规范高效。②

关联法条

《出境入境管理法》第12条；《出境入境边防检查条例》第8条；《中国公民往来台湾地区管理办法》第12条；《中国公民因私事往来香港地区或者澳门地区的暂行管理办法》第13条

---

① 参见侯颗：《一体推进追逃防逃追赃》，载《中国纪检监察报》2020年1月15日，第2版。

② 参见张红艳：《限制出境　该有的程序"一个都不能少"》，载《中国纪检监察报》2018年7月15日，第1版。

第一百六十四条　限制出境措施有效期不超过三个月，到期自动解除。

到期后仍有必要继续采取措施的，应当按原程序报批。承办部门应当出具有关函件，在到期前与《延长限制出境措施期限决定书》一并送交移民管理机构执行。延长期限每次不得超过三个月。

条文主旨

本条是关于解除和延长限制出境措施的规定。

条文解读

依据本条第1款的规定，限制出境措施的有效期不超过3个月，到期自动解除。换言之，解除限制出境措施的具体情形有三：一是3个月限制期限届满，到期自动解除。二是审查调查目的已经实现，监察机关主动解除。三是监察机关决定的具体期限届满，到期自动解除。

本条第2款是关于延长限制出境措施的规定。限制出境措施期限届满后可以延长，但仍须按照原程序报批，由省级以上监察机关审批。在限制出境措施到期前，将相关公函和《延长限制出境措施期限决定书》一并送交移民管理机构。延长期限每次不得超过3个月，但未限制延长的次数。

实务难点指引

执行限制出境措施期间，对期限尚未届满但不需要继续采取限制出境措施的，监察机关应当及时作出解除决定，并通知移民管理机构予以执行。另外，当案件需要延长限制出境措施的期限时，应当在限制期限届满之前及时办理延长手续，实现无缝对接，为防逃工作筑起“保险墙”。

第一百六十五条　监察机关接到口岸移民管理机构查获被决定采取留置措施的边控对象的通知后，应当于二十四小时以内到达口岸办理移交手续。无法及时到达的，应当委托当地监察机关及时前往口岸办理移交手续。当地监察机关应当予以协助。

条文主旨

本条是关于移交边控对象的规定。

条文解读

本条规定了以下两种情形:(1)一般情况下,口岸移民管理机构查获被决定采取留置措施的边控对象后,应及时通知监察机关,监察机关于24小时内到达口岸办理移交手续。(2)无法及时到达时,原监察机关"应当"委托当地监察机关及时前往口岸办理移交手续,当地监察机关"应当"予以协助。

实务难点指引

《监察法》根植于党对反腐败工作的统一领导,力在构建集中统一、权威高效的监察体系。整个反腐败的队伍是有机统一的,是互相协助的,这不仅体现于监察系统内部,也体现于监察机关与移民管理机构等各单位之间。此处,口岸移民管理机构通知的监察机关,应是作出采取留置措施决定的相应监察机关。原监察机关无法及时到达的,应当委托当地监察机关及时前往口岸办理移交手续,当地监察机关应当予以协助。

关联法条

《出境入境管理法》第6、11、59、60、65条

第一百六十六条　对于不需要继续采取限制出境措施的,应当按规定报批,及时予以解除。承办部门应当出具有关函件,与《解除限制出境措施决定书》一并送交移民管理机构执行。

条文主旨

本条是关于主动解除限制出境措施的规定。

条文解读

依据本条规定,在具体执行过程中,对期限尚未届满但不需要继续采取限制出境措施的,监察机关应当及时作出解除决定。相应承办部门应当将相关公函与《解除限制出境措施决定书》一并送交移民管理机构,由移民管理机构解除限制出境措施。

实务难点指引

实务中,监察机关需要充分调动主观能动性,根据个案实际,做到充分研判,果断、及时适用或者解除限制出境措施。在案件进行过程中,如适用对象的违纪违法程

度、外逃可能性等发生变化，需适时决定是否仍需要继续采取限制出境措施。例如，当案件的证人已依法履行作证义务，如实供述证人证言，可主动解除限制出境措施，以最大限度地保护公民权利。

关联法条

《人民检察院刑事诉讼规则》第235条；《公安机关办理刑事案件程序规定》第278条第1款

第一百六十七条　县级以上监察机关在重要紧急情况下，经审批可以依法直接向口岸所在地口岸移民管理机构提请办理临时限制出境措施。

条文主旨

本条是关于县级以上监察机关在重要紧急情况下提请办理临时限制措施的规定。

条文解读

本条规定的是办理临时限制出境措施的例外情形，换言之，在重要紧急情况下，县级以上（包括县级）监察机关在经过审批后，可以直接向口岸所在地的口岸移民管理机构提请办理临时限制出境措施。

实务难点指引

值得注意的是，本条运用时应受到双重限制：第一，在重要紧急情况下；第二，县级以上监察机关提请办理临时限制出境措施需要依法审批。只有当符合这两个条件时，才能够运用临时限制出境措施。此条规定参照了《公安机关办理刑事案件程序规定》第278条第2款的相关规定，即"紧急情况下，需要采取边控措施的，县级以上公安机关可以出具公函，先向有关口岸所在地出入境边防检查机关交控，但应当在七日以内按照规定程序办理全国范围内的边控措施"。县级以上监察机关在紧急情况下需要采取边控措施的，经审批可以直接向口岸所在地口岸移民管理机构提请办理临时限制出境措施。

关联法条

《最高人民法院关于适用〈中华人民共和国刑事诉讼法〉的解释》第487条；《公安机关办理刑事案件程序规定》第278条

第五章　监察程序

第一节　线索处置

第一百六十八条　监察机关应当对问题线索归口受理、集中管理、分类处置、定期清理。

条文主旨

本条是关于监察机关对于问题线索如何处理的总体规定。

条文解读

线索是监察程序推进的前提，一些线索往往构成监察中的关键证据。《监察法》第35条规定："监察机关对于报案或者举报，应当接受并按照有关规定处理。对于不属于本机关管辖的，应当移送主管机关处理。"依照本条之规定，监察机关对于报案或者举报中的线索，必须接受并严格按照有关规定处理，不得不作为，对于不属于本机关管辖的，应当移送主管机关进行处理。

信访、举报所得到的线索是处理有关案件的主要渠道之一。并且，在相当长的时间内，问题线索是被称为案件线索的。"案件线索改称反映领导干部问题线索，都不仅仅是称谓的变化，更是内涵的深化，体现了职能的转变。"①

依照有关规定，纪检监察机关按照管理权限受理的信访案件主要包括六种类型：一是对党组织、党员违反政治纪律、组织纪律、廉洁纪律、群众纪律、工作纪律、生活纪律等党的纪律行为的检举控告。二是对监察对象（《监察法》规定的六类公职人员）不依法履职，违反秉公用权、廉洁从政从业以及道德操守等规定，涉嫌贪污贿赂、滥用

---

①　参见王岐山：《全面从严治党　把纪律挺在前面　忠诚履行党章赋予的神圣职责——在中国共产党第十八届中央纪律检查委员会第六次全体会议上的工作报告》，载《中国纪检监察》2016年第2期。

职权、玩忽职守、权力寻租、利益输送、徇私舞弊以及浪费国家资财等职务违法犯罪行为的检举控告。三是党员对党纪处分或者纪律检查机关所作的其他处理不服，提出的申诉。四是监察对象对监察机关涉及本人的处理决定不服，提出的申诉；被调查人及其近亲属对监察机关及其工作人员违反法律法规、侵害被调查人合法权益的行为，提出的申诉。五是对原行政监察机关作出的政纪处分和其他处理决定不服未超过申请期限，提出的申诉。六是对党风廉政建设和反腐败工作的批评建议。

在我国纪检监察体系中，纪检监察机关信访举报部门归口受理同级党委管理的党组织和党员、干部以及监察对象涉嫌违纪或者职务违法、职务犯罪问题的信访举报，统一接收有关纪检监察机关、派驻或者派出机构以及其他单位移交的相关信访举报。集中管理要求纪检监察相关部门对于案件线索可以归口受理，但应当予以集中管理，以避免管理线索中出现混乱。同时，对于问题线索应当定期清理，对于问题线索的清理指的是纪检监察机关对相关线索予以审查、整理，并确认有关线索是否依然有价值。通过清理可以即时处理无价值之线索，保证能集中力量办理案件。

关联法条

《监察法》第36—38条；《中国共产党纪律检查机关监督执纪工作规则》第20条；《中国共产党党内监督条例》第29、32条

第一百六十九条　监察机关对于报案或者举报应当依法接受。属于本级监察机关管辖的，依法予以受理；属于其他监察机关管辖的，应当在五个工作日以内予以转送。

监察机关可以向下级监察机关发函交办检举控告，并进行督办，下级监察机关应当按期回复办理结果。

条文主旨

本条是关于监察机关处理报案或者举报的规定。

条文解读

本条规定主要包括三个方面的内容：首先是明确了监察机关对于报案或者举报有接受的义务。“报案”和“举报”存在一定的差异，所谓报案指的是有关单位或者个人（包括案件当事人）发现有职务违法或职务犯罪事实的发生，但嫌疑人不明之时，向

纪检监察机关揭露和报告的行为。而举报指的是案件当事人以外的有关单位将其发现的事实以及职务犯罪或职务违法嫌疑人向纪检监察机关揭发报告的行为。两者的主要不同之处在于，报案的主体包括案件的被害人而且主要是案件的被害人，而举报的主体是案外的单位和个人；并且，举报所提供的信息往往更加具体明确。[①]

其次是对于报案或举报的处理。第一，对于属于本级监察机关管辖的，依法予以受理，这是"本级监察机关"的职责所在，依照本条例第45条的规定，"监察机关开展监督、调查、处置，按照管理权限与属地管辖相结合的原则，实行分级负责制。"不同监察机关其职权存在差异，对于属于法定的由本级监察机关管辖的问题线索，相应的监察机关必须受理。第二，对于不属于本监察机关管辖的，应当在5个工作日内予以转送。监察机关在管理权限和属地管辖方面其职权受到了较为严格的限制，如报案人将甲市的有关案件举报给乙市的监察机关，此时就不属于乙市地域管辖的范围。为方便人民群众和有关单位报案、举报，对于不属于本监察机关管辖的，监察机关不可推脱，而应当在5个工作日内转送。这一规定的目的在于最大限度地方便人民群众，只要有发现公职人员涉嫌职务违法或者职务犯罪，就可以向任何一个级别的监察机关报案或者举报，而不论举报或者报案是否"对口"。

最后是监察机关可以向下级监察机关发函交办检举控告，并进行督办。根据《宪法》第125条第2款的规定，"国家监察委员会领导地方各级监察委员会的工作，上级监察委员会领导下级监察委员会的工作。"可见，监察机关内部是领导与被领导的关系，也就是作为最高监察机关的国家监察委员会领导地方各级监察委员会的工作，上级监察委员会领导下级监察委员会的工作。[②] 监察机关之所以采取这种领导体制，其目的是保证党对防腐败工作的集中统一领导，确保下级监察机关对上级监察机关的服从。在此领导体制之下，上级监察机关可以向下级监察机关交办检举控告案件，并对相关情况进行督办。同时，为了保障下级监察机关办理检举控告的速度和及时处理疑难问题，下级监察机关应当按期向上级机关回复办理结果。

实务难点指引

对于报案或者举报，监察机关应当依法予以受理，但相关问题仍有待进一步明确。如报案或者举报应当以何种方式提出，对于这一问题，《监察法》《中国共产党纪律检查机关监督执纪工作规则》等法律和党内法规均未明确，基于权利保障和方便报

① 参见樊崇义主编：《刑事诉讼法学》，法律出版社2020年版，第328－329页。
② 参见秦前红主编：《监察法学教程》，法律出版社2019年版，第187页。

案人、举报人之考虑，笔者认为可以借鉴《刑事诉讼法》的规定，报案、举报可以用书面或者口头方式提出。接受口头报案、举报的工作人员，应当写成笔录，经宣读无误后，由报案人、举报人签名或者盖章或者按手印。接受报案、举报的工作人员，应当向报案人、举报人说明诬告应负的法律责任。

此外，报案人或者举报人基于主客观原因的限制，其报案或者举报可能存在不实之处，对此应当如何处理？就诉讼来说，法律所能达到的往往是一种法律上的真实，在绝大多数情况下难以实现客观真实，易言之，二者之间难以实现完全吻合。就报案人或者举报人而言，难以掌握相关事实的全部情况是常态，只要不是以违法的方式捏造事实、伪造证据，即使存在出入也应当认定为不应当承担法律责任。在报案人、举报人的权益保障方面，监察机关和其他国家机关应当保障报案人、举报人及其近亲属的安全。报案人举报人如果不愿公开自己的姓名和报案、控告、举报的行为，应当为其保守秘密。

关联法条

《纪检监察机关处理检举控告工作规则》第3—7、11—13、15、16、20—23、31—34、47—52条

第一百七十条　对于涉嫌职务违法或者职务犯罪的公职人员主动投案的，应当依法接待和办理。

条文主旨

本条是关于嫌疑人主动投案应当如何处理的规定。

条文解读

本条主要包括两方面的内容：一是主动投案，要求涉嫌职务违法或者职务犯罪的公职人员在主观方面表现为认识到自己的行为构成了职务违法或者职务犯罪，并愿意接受法律的制裁，对自己的行为表现出悔意，体现了嫌疑人改过自新的善意。在客观上表现为嫌疑人存在主动向监察机关（但不限于监察机关）投案的行为，主动投案，是指：(1)党员、监察对象的涉嫌违纪或者职务违法、职务犯罪问题，未被纪检监察机关掌握，或者虽被掌握，但尚未受到纪检监察机关的审查调查谈话、讯问或者尚未被采取留置措施时，主动向纪检监察机关投案；(2)涉案人员的涉嫌行贿犯罪或者共同职务违法、职务犯罪问题，未被纪检监察机关掌握，或者虽被掌握，但尚未受到纪检监

察机关的询问、审查调查谈话、讯问或者尚未被采取留置措施时,主动向纪检监察机关投案。二是监察机关对于嫌疑人主动投案的应当接待和办理,基于嫌疑人对案件的亲历性,其对自己是否有违法犯罪行为,行为的轻重以及犯罪的具体过程和情节等,比其他人更为清楚。因此,嫌疑人的投案可以更加全面地反映出其违法犯罪的动机、目的、手段、时间、地点、主观恶性等方面的情况,及时投案能够及时查处案件,减少办案成本,有效化解矛盾。

关联法条

《公职人员政务处分法》第 11 条;《中国共产党纪律检查机关监督执纪工作规则》第 3 条;《中国共产党纪律处分条例》第 17、38 条

第一百七十一条　监察机关对于执法机关、司法机关等其他机关移送的问题线索,应当及时审核,并按照下列方式办理:

(一)本单位有管辖权的,及时研究提出处置意见;

(二)本单位没有管辖权但其他监察机关有管辖权的,在五个工作日以内转送有管辖权的监察机关;

(三)本单位对部分问题线索有管辖权的,对有管辖权的部分提出处置意见,并及时将其他问题线索转送有管辖权的机关;

(四)监察机关没有管辖权的,及时退回移送机关。

条文主旨

本条是关于监察机关对于其他机关移送问题线索有关制度和管辖的规定。

条文解读

监察过程中线索来源具有多样性,不仅包括监察机关自己发现的线索、人民群众和有关单位报案举报,还包括其他机关在履行职务过程中发现的线索。《监察法》规定人民法院、人民检察院、公安机关、审计机关等机关在工作中发现公职人员涉嫌职务违法犯罪线索的,应当移送监察机关,由监察机关依法调查处置。如此规定,在于发挥不同的国家机关的作用,在反腐败过程中形成合力。监察机关对于执法机关、司法机关等其他机关移送的问题线索,应当及时审核的规定,有助于明确监察机关的职权,避免在反腐败过程中出现推诿和争执。

本条列举了4项内容,第1项是如果其他机关移送的问题线索属于本监察机关管辖的范围,则应当及时研究提出处置意见。《监察法》规定了监察机关管辖原则,即不同机关按照监察管理权限管辖本辖区内的监察事项,对于其他机关移送的问题线索,相关监察机关应当及时研究并提出监察意见。在法定期限内办理处理问题线索是法治的要求,对于相关问题不能久拖不决,影响反腐败的进行和相关人员权利的保障。虽然《监察法》和本条例并未规定具体的期限,但相关监察机关也应当在合理的期限内及时研究并提出监察意见。

第2项是如果受移送的监察机关对问题线索并无管辖权,应当在5个工作日内移送有管辖权的机关。不同机关之间分工不同,执法机关、司法机关等可能难以完全了解不同监察机关的管辖权之别,其移送可能存在"偏差"。对此,受移送的监察机关不可推诿,也应当接受,在认定属于自己无管辖权但其他机关有管辖权的,在5个工作日内转送有管辖权的监察机关。

第3项是受移送的机关如果对受移送的部分问题线索有管辖权,则对有管辖权的部分提出处置意见。监察法律关系中的管辖是国家监察机关在受理职务违法犯罪案件方面的权限和职责划分,科学合理地划定管辖权对于监察权的有效行使具有积极意义。实践中职务违法犯罪嫌疑人的行为可能涉及几个监察机关,既包括可能涉及同级不同地监察机关,也可能涉及不同级别的监察机关。于此情形下,受移送的监察机关应当对自己有管辖权的部分提出处置意见,对于超出自己管辖范围的问题线索应当移送有管辖权的监察机关。

第4项规定指的是如果受移送的问题监察机关无管辖权的,则应当及时将问题线索退回移送机关,即"从哪里来,回到哪里去"。根据《监察法》第11条的规定,监察机关的职权是依照《监察法》和有关法律规定履行监督、调查、处置职责,具体而言是廉政教育权;对国家公职人员职务违法和职务犯罪的调查权;对国家公职人员职务违法和职务犯罪的处置权。所以,如果移送的线索并非《监察法》第11条规定的监察机关的职权,则应当将移送的线索退回给移送机关。

实务难点指引

问题线索的移送后,受移送机关应当在什么时间内提出处置意见,现有的规定并未明确,基于及时处理线索、确保证据及时收集等方面的考量,应当明确处理的时间,以避免相关问题久拖不决。《中国共产党纪律检查机关监督执纪工作规则》规定线索处置的处置意见应当在收到问题线索之日起1个月内提出,因此,对于处置意见应当在1个月内提出。对于本身无管辖权,但其他机关有管辖权的,本条例规定的是在5

个工作日内转送有管辖权的监察机关，基于监察机关的领导体制，对于不同级别之间的移送，应当认定为是逐级移送，如县级监察机关移送给省级监察机关的问题线索，应当首先移送给设区的市级监察机关，而后移送给省级监察机关。

关联法条

《监察法》第34条；《中国共产党巡视工作条例》第20、28、29条；《中国共产党党内监督条例》第37、40、41条

第一百七十二条　信访举报部门归口受理本机关管辖监察对象涉嫌职务违法和职务犯罪问题的检举控告，统一接收有关监察机关以及其他单位移送的相关检举控告，移交本机关监督检查部门或者相关部门，并将移交情况通报案件监督管理部门。

案件监督管理部门统一接收巡视巡察机构和审计机关、执法机关、司法机关等其他机关移送的职务违法和职务犯罪问题线索，按程序移交本机关监督检查部门或者相关部门办理。

监督检查部门、调查部门在工作中发现的相关问题线索，属于本部门受理范围的，应当报送案件监督管理部门备案；属于本机关其他部门受理范围的，经审批后移交案件监督管理部门分办。

条文主旨

本条是关于信访举报归口受理以及问题线索如何处理的规定。

条文解读

本条第1款是信访举报归口受理的问题。按照《监察法》《公职人员政务处分法》等法律的规定，监察机关按照管理权限受理的信访举报主要包括对违反政治纪律的检举控告；对违反请示报告制度、档案管理制度的检举控告；对违反民主集中制原则等行为的检举控告；对贪污贿赂等行为的检举控告；对滥用职权等行为的检举控告；等等。信访举报部门应当统一接收有关监察机关以及其他单位移送的相关检举控告，在接收之后移交本机关监督检查部门或者相关部门，并将移交情况通报案件监督管理部门。

本条第2款是监察机关的案件监督管理部门统一办理有关机关移交的问题线

索,依照《监察法》和有关党内法规的规定,巡视巡察机构和审计机关、执法机关、司法机关等其他机关发现涉嫌违纪或者职务违法、职务犯罪的问题线索,应当及时将案件移交给案件监督管理部门统一办理。案件监督管理部门对于其他机关和机构移送的问题线索,应当统一接收,并按照规定的程序移交给本机关监督检查部门或者相关部门办理。

本条第 3 款是在监察过程中发现问题线索的处理要求。监督检查部门、调查部门在工作中发现同级监察机关管辖的人员的问题线索,应当及时向案件监督管理部门备案;对于不属于本部门管理范围的,经监察机关相关负责人审批后及时移交案件监督管理部门分办。

关联法条

《纪检监察机关处理检举控告工作规则》第 8—10、14、17—19 条;《中国共产党纪律检查机关监督执纪工作规则》第 20 条

第一百七十三条　案件监督管理部门应当对问题线索实行集中管理、动态更新,定期汇总、核对问题线索及处置情况,向监察机关主要负责人报告,并向相关部门通报。

问题线索承办部门应当指定专人负责管理线索,逐件编号登记、建立管理台账。线索管理处置各环节应当由经手人员签名,全程登记备查,及时与案件监督管理部门核对。

条文主旨

本条是关于监察机关案件监督管理部门和问题线索承办部门管理问题线索相关工作要求的规定。

条文解读

如何管理好问题线索是监察工作得以良好开展的基本条件。建立规范合理的问题线索管理制度有助于破解上述难题,实现对纪检监察人员权力行使的有效制约。案件监督管理部门对问题线索实行集中管理、动态更新有助于实现对问题线索的全面掌握、统筹管理,进而避免出现对案件管理的不规范,杜绝以案谋私现象的发生。案件监督管理部门还应当对问题线索进行定期汇总、核对问题线索及处置情况,以提

升对问题线索处置的规范化水平。实践中，这些处置有的是程序性的，还有的是实质性的，程序性的是案件监督管理部门按照监督执纪部门的联系范围和职责权限提出分流方案，报批准后将问题线索移送有关监督执纪部门，由监督执纪部门按照谈话函询、初步核实、暂存待查、予以了结这四类处置方式研判处理；实质性的是案件监督管理部门对问题线索既提出分流方案，又提出具体处置意见，报批后由相关监督执纪部门办理。

为落实责任制，确保有专人负责线索的管理，案件监督管理部门还应当将问题线索制定由专人负责。案件监督管理部门在接收问题线索后，应当安排专人管理、逐件编号登记、建立问题管理台账，如此可以确保案件管理不遗漏，管理部门有专人负责案件管理，避免推诿。同时，线索管理的全过程都应当由经手人签名，所有的流程应当登记备案，确保程序规范化，为避免出现差错，还要同案件监督管理部门核对，及时发现可能出现的问题，纠正错误。

关联法条

《中国共产党纪律检查机关监督执纪工作规则》第11、12、22—25条；《纪检监察机关处理检举控告工作规则》第17—19条

第一百七十四条　监督检查部门应当结合问题线索所涉及地区、部门、单位总体情况进行综合分析，提出处置意见并制定处置方案，经审批按照谈话、函询、初步核实、暂存待查、予以了结等方式进行处置，或者按照职责移送调查部门处置。

函询应当以监察机关办公厅（室）名义发函给被反映人，并抄送其所在单位和派驻监察机构主要负责人。被函询人应当在收到函件后十五个工作日以内写出说明材料，由其所在单位主要负责人签署意见后发函回复。被函询人为所在单位主要负责人的，或者被函询人所作说明涉及所在单位主要负责人的，应当直接发函回复监察机关。

被函询人已经退休的，按照第二款规定程序办理。

监察机关根据工作需要，经审批可以对谈话、函询情况进行核实。

条文主旨

本条是关于监督检查部门对问题线索处置方式和处置时间的规定。

条文解读

如何以及在什么期限内处置问题线索是监察机关的职责所在。本条第1款是问题线索经审查后的四种处理方式。如上所述,问题线索的发现和处理是监察工作开展的前提和基础。如何处理问题线索事关反腐败顺利推进保障相关人员的合法权益,问题线索往往不是孤立存在的,会涉及不同地区、不同部门和单位的不同情况,因此,应当因地和因时制宜,准确把握党中央对反腐形势的判断,准确运用监督执纪"四种形态",经常开展批评和自我批评、约谈函询,让"红红脸、出出汗"成为常态;党纪轻处分、组织调整成为违纪处理的大多数;党纪重处分、重大职务调整的成为少数;严重违纪涉嫌违法立案审查的成为极少数,实现政治效果、社会效果和法律效果的平衡。

对问题线索在结合所涉及地区、部门、单位总体情况进行综合分析,提出不同的处置意见。首先,如果问题线索反映的是一般问题,通常进行的是谈话和函询,谈话以面对面的方式进行,函询以书面方式展开,两者既可以分别使用,也可以叠加使用。谈话函询可以充分发挥"红红脸、出出汗"的效果,使问题早发现、早解决,给有关人员改过自新的机会。其次,初步核实针对的是涉嫌职务违法或者职务犯罪的问题线索较为具体、明确,有查证的可能,通过对问题线索的核实,判断相关线索的真实性,进而决定是否开展立案审查,维护监察工作的严肃性和准确性。再次,暂存待查指的是问题线索虽然具有可查性,但是囿于各种主客观条件,暂不具备核查条件,而将相关问题线索予以暂存,待条件成熟之时就开启调查工作。最后,予以了结是问题线索反映的问题不真实或者不具备开展核查工作的可能性,就对问题线索予以了结。具体情形包括:虽有职务违法事实,但情节轻微不需要追究法律责任;已经建议有关单位作出处理的;以及问题线索反映的人员已经过世等情形。

本条第2款是有关函询的规定。依照《宪法》的规定,中华人民共和国的国家机构实行民主集中制的原则,同时,请示报告制度是中国共产党的一项重要政治纪律和组织原则,更是贯彻落实民主集中制原则的有效措施。纪检监察机关机关合署办公,在监督执纪工作中均应当遵循请示报告制度,本款规定,函询应当以监察机关办公厅或者办公室的名义发函给问题线索的被反映人,同时抄送被反映人所在的单位和派驻检察机构的主要负责人,这一规定正是民主集中制和执行请示报告制度的体现。这就有助于同党中央保持高度一致,确保党对监察工作的领导。而被函询人应当在收到函件后15个工作日内出具书面材料,并由其所在单位主要负责人签署意见后发函回复。如果被函询人为所在单位主要负责人的,或者被函询人所作说明涉及所在单位主要负责人的,应当直接发函回复监察机关。

本条第3款是对已经退休人员函询的规定。反腐没有禁区,只要有违反党纪国法的行为均应当受到追究。一般情形下,为了维护社会生活和法律关系的稳定,法律均规定了追责时效,如《行政处罚法》第36条第1款规定:“违法行为在二年内未被发现的,不再给予行政处罚;涉及公民生命健康安全、金融安全且有危害后果的,上述期限延长至五年。法律另有规定的除外。”《治安管理处罚法》第22条规定:“违反治安管理行为在六个月内没有被公安机关发现的,不再处罚。”纪检监察于此存在一定的差异,基于全面从严治党和锻造高素质干部队伍的需要,对党员领导干部的要求比普通公民更高,无追责时间限制更体现了党中央全面从严治党的决心。所以,对于已经退休的人员只要有问题线索存在,就应当按规定接受函询,不能因为退休就出现所谓的“平安着陆”。

本条第4款是为保证函询的准确性而规定的,监察机关根据实际需要,对监督检查部门作出的谈话、函询经审批可以进行核实。如此,通过多重审查,能够有效保证对问题线索的处置符合法律规定,确保监察权的规范行使。

关联法条

《中国共产党纪律检查机关监督执纪工作规则》第21、27、29—31条

第一百七十五条　检举控告人使用本人真实姓名或者本单位名称,有电话等具体联系方式的,属于实名检举控告。监察机关对实名检举控告应当优先办理、优先处置,依法给予答复。虽有署名但不是检举控告人真实姓名(单位名称)或者无法验证的检举控告,按照匿名检举控告处理。

信访举报部门对属于本机关受理的实名检举控告,应当在收到检举控告之日起十五个工作日以内按规定告知实名检举控告人受理情况,并做好记录。

调查人员应当将实名检举控告的处理结果在办结之日起十五个工作日以内向检举控告人反馈,并记录反馈情况。对检举控告人提出异议的应当如实记录,并向其进行说明;对提供新证据材料的,应当依法核查处理。

条文主旨

本条是关于监察机关对检举控告如何处理的规定。

条文解读

《监察法》第 3 条规定，各级监察委员会是行使国家监察职能的专责机关，“专责机关”表明监察委员会有专业化特征、专门性职责，更加突出强调了监察委员会的责任，行使监察权不仅是监察委员会的职权，更是其职责和使命担当。[①] 但是，反腐败是全体国民的共同要求，单靠监察机关和其他国家机关难以实现反腐效能的最大化，应当充分调动人民群众的积极性，形成合力。

检举控告是监察机关发现问题线索的“主渠道”。国家公务人员的工作往往同人民群众的切身利益直接相关，人民更能了解具体情况，通过具体措施保障人民群众参与到反腐败斗争中具有十分重要的意义。十九届中央纪委三次全会指出，“认真做好来信来访来电网络举报受理，搭建互联网、大数据监督平台，积极畅通渠道，拓展线索来源”。本条对如何保障检举控告人的权益作出了具体规定。

本条第 1 款规定使用实名举报的应当如何处理。检举控告人使用真实姓名或者本单位名称，有电话等具体联系方式的，属于实名举报。一般来说，实名举报之人可能掌握更多的信息，也更有可能面临不利的境况，所承担的风险较大，所以本条规定监察机关对实名检举控告应当优先办理、优先处置，依法给予答复。本条尽可能扩大实名举报范围，不仅包括以真实姓名所作的举报，还包括以本单位名称和有电话等具体联系方式的，就可以认定为实名举报。实名举报更有利于监察机关核实线索，有助于反腐工作的顺利推进，中纪委国家监委 12388 官网“网上举报须知”明确规定“纪检监察机关提倡实名举报”。对于虽有署名，但不是真实姓名、真实单位名以及无法验证的检举控告的，按照匿名检举控告处理。

本条第 2 款是对于实名检举控告的处理期限和其他要求。对于实名举报的，信访举报部门理应在法定期限内办理。因此，信访举报部门对于上述实名举报，如果属于本机关受理的，则应当在收到检举控告之日起 15 个工作日内按照规定告知实名举报检举人受理情况，并做好相关记录。

本条第 3 款是为了保证实名检举控告人的知情权和积极性，对于实名检举控告的，监察机关调查人员当在办结之日起 15 个工作日内将处理结果反馈给检举控告人，并记录反馈情况。对于反馈结果，如果检举控告人不服提出异议，则应当如实记录，并向检举控告人说明。如果检举控告人能提供新的证据材料，则监察机关应当对

---

① 参见中共中央纪律检查委员会中华人民共和国国家监察委员会法规室编写：《〈中华人民共和国监察法〉释义》，中国方正出版社 2018 年版，第 63 页。

新的证据材料依法核查处理。

实务难点指引

实名检举控告的认定对于问题线索的处理具有非常重要的意义。本条规定了实名认定的情形包括真实姓名或者本单位名称以及有电话等具体联系方式的，基于尽快处理检举控告线索和保护检举控告人积极性的考虑，宜将本条作扩大解释。

关联法条

《纪检监察机关处理检举控告工作规则》第24—30、35、36条

第二节 初步核实

第一百七十六条 监察机关对具有可查性的职务违法和职务犯罪问题线索，应当按规定报批后，依法开展初步核实工作。

条文主旨

本条是关于监察机关开展初步核实工作的要求。

条文解读

初步核实针对的是涉嫌职务违法或者职务犯罪的问题线索较为具体、明确，有查证的可能，通过对问题线索的核实，判断相关线索的真实性，进而决定是否开展立案审查，维护监察工作的严肃性和准确性。其任务是了解反映的主要问题是否存在，为是否立案提供依据。在监察工作中，问题线索来源多样，可能来自监察机关自己的发现，其他国家机关的移送，还有可能来自人民群众的检举控告，这些问题线索来源多样，并不一定具有可查性。所以，对于具有可查性的问题线索，应当依法开展初步核实工作。

关联法条

《监察法》第38条；《中国共产党章程》第46条第4款；《中国共产党纪律检查机关监督执纪工作规则》第10、17、30、32条

第一百七十七条　采取初步核实方式处置问题线索，应当确定初步核实对象，制定工作方案，明确需要核实的问题和采取的措施，成立核查组。

在初步核实中应当注重收集客观性证据，确保真实性和准确性。

条文主旨

本条是关于监察机关开展初步核实工作的具体要求。

条文解读

初步核实工作是核实问题线索的重要方式，有必要确定这一工作的程序和方法。如果监察机关相关负责任批准采取初步核实工作，则应当明确核实工作的具体对象、工作方案和要采取的具体措施。在履行报批手续的前提下，由监察机关相关负责人审批，对问题线索做必要的核实，以确定问题线索的真实性、可靠性。经批准开展初步核实工作，承办工作部门应当首先确定初步核实对象，成立核查组。初步核实方案应当包括核实工作的依据，核查组的组成人员，需要予以核实的问题，开展核实工作的具体方法、步骤、期限等。在人数方面，依照《监察法》第 41 条的规定，核查人数最少不得少于 2 人。

本条第 2 款是对初步核实工作的要求。初步核实工作是为监察立案提供依据，是立案的前提和基础。初步核实工作为了确定问题线索是否存在，是否具备可查性。所以，核实之时均应当客观公正，不能先入为主，搞“有罪推定”，应当结合问题线索前面调查。本条虽然规定要注重收集客观性证据，但在特定情况下也应当收集言词类证据，做到证据收集的全面准确。通过两方面的努力，确保初步核实的真实性和准确性，为最终是否立案提供依据。

关联法条

《中国共产党纪律检查机关监督执纪工作规则》第 32—34 条

第一百七十八条　在初步核实中发现或者受理被核查人新的具有可查性的问题线索的，应当经审批纳入原初核方案开展核查。

条文主旨

本条是关于初步核实中发现有新的可查性证据应当如何处理的规定。

条文解读

证据的发现是一个动态过程，在初步核实过程中，问题线索指向的问题可能会被排除，也可能在初步核实过程中发现被核查人具有新的可查性问题线索。对此，如果发现新的问题线索重新按规定重新审批，确定核实对象，制订工作方案，明确需核实的问题和采取的措施，重新成立核查组，会造成监察制度资源的浪费，也可能使问题线索流失，重新启动初步核实程序确无必要。所以，对于在初步核实过程中新发现或者受理被核查人有新的可查性问题线索的，在经过审批后纳入原初核方案进行核查。

第一百七十九条　核查组在初步核实工作结束后应当撰写初步核实情况报告，列明被核查人基本情况、反映的主要问题、办理依据、初步核实结果、存在疑点、处理建议，由全体人员签名。

承办部门应当综合分析初步核实情况，按照拟立案调查、予以了结、谈话提醒、暂存待查，或者移送有关部门、机关处理等方式提出处置建议，按照批准初步核实的程序报批。

条文主旨

本条是关于监察机关初步核实工作结束后的报告、处置以及审批的规定。

条文解读

本条包括两款内容。依照本条第 1 款，初步核实工作由核查组具体负责办理。核查组是初步核实工作的直接责任主体。在初步核实工作结束之后，由核查组撰写初步核实情况报告，初步核实情况报告的主要内容包括被核查人的基本情况、反映的主要问题、办理依据、初步核实结果、存在的疑点和对问题线索的处理建议。为了保证权责一致、有权必有责，核查组撰写的初步核实情况报告应当由全体人员签名备查。

本条第 2 款规定的是问题线索承办部门对初步核实情况报告的处理。承办部门一般是审查调查部门或者监督检查部门。核查组在承办部门的直接领导下开展工作，对于核查组撰写的初步核实情况报告，承办部门应当对初步核实情况进行综合分析，并提出处置建议：第一，经过核实，依照本条例第 180 条的规定，若发现被核查人存在职务违法或者职务犯罪的，需要追究其法律责任的，应按照规定的程序报请立案;第二,对于问题存在或者无证据证明存在问题的,则予以了结;第三,问题轻微不需要追究其法律责任的,但是需要对本人谈话提醒的,应当按照规定程序报批后处理;第四,初步核实发现尚不能完全排除问题存在的可能性,在现有条件下难以进一步开展工作的,则应当在履行报批手续后予以暂存待查,待条件成熟之时就开启调查工作;第五,发现被核查之人存在职务违法问题,但不需要给予政务处分的,可以通过视情况移送给有关部门或者机关处理并提出处置意见。上述初步核实情况报告必须严格履行报批程序。

关联法条

《中国共产党纪律检查机关监督执纪工作规则》第 35 条

第三节 立 案

第一百八十条 监察机关经过初步核实,对于已经掌握监察对象涉嫌职务违法或者职务犯罪的部分事实和证据,认为需要追究其法律责任的,应当按规定报批后,依法立案调查。

条文主旨

本条是关于监察机关立案的条件和程序的规定。

条文解读

经过初步核实,监察机关可以作出不同的处理。对于需要立案的要求较高,具体来说,立案需要符合以下三个要求。

第一,经过监察机关初步核实,已经掌握监察对象涉嫌职务违法或者职务犯罪的部分事实和证据,所谓部分事实和证据而不是全部事实和证据。若要在初步核实阶段就掌握全部事实和证据既无必要也不现实,如果要掌握全部证据才能立案将导致相当多的问题线索最终无法立案,并且,最终是否能作为证据只能由人民法院认定。

第二,认为需要追究监察对象的法律责任。如上所述,存在证据和事实并不必然就要追究法律责任,也可能是问题轻微,作谈话处理。所以,要进入立案程序还必须要追究被监察对象的法律责任。

第三,按照规定履行报批手续。监察机关有关负责人应当依照规定的权限和程序审批，对于符合立案要求的，批准立案；对于不符合立案要求的，不批准立案。按照《中国共产党纪律检查机关监督执纪工作规则》第38条的规定，审批是指符合立案条件的，承办部门应当起草立案审查调查呈批报告，经纪检监察机关主要负责人审批，报同级党委主要负责人批准，予以立案审查调查。立案审查调查决定应当向被审查调查人宣布，并向被审查调查人所在党委（党组）主要负责人通报。

关联法条

《监察法》第39、61条；《中国共产党章程》第46条；《中国共产党纪律检查机关监督执纪工作规则》第10、37、38条

第一百八十一条 监察机关立案调查职务违法或者职务犯罪案件，需要对涉嫌行贿犯罪、介绍贿赂犯罪或者共同职务犯罪的涉案人员立案调查的，应当一并办理立案手续。需要交由下级监察机关立案的，经审批交由下级监察机关办理立案手续。

对单位涉嫌受贿、行贿等职务犯罪，需要追究法律责任的，依法对该单位办理立案调查手续。对事故（事件）中存在职务违法或者职务犯罪问题，需要追究法律责任，但相关责任人员尚不明确的，可以以事立案。对单位立案或者以事立案后，经调查确定相关责任人员的，按照管理权限报批确定被调查人。

监察机关根据人民法院生效刑事判决、裁定和人民检察院不起诉决定认定的事实，需要对监察对象给予政务处分的，可以由相关监督检查部门依据司法机关的生效判决、裁定、决定及其认定的事实、性质和情节，提出给予政务处分的意见，按程序移送审理。对依法被追究行政法律责任的监察对象，需要给予政务处分的，应当依法办理立案手续。

条文主旨

本条是监察机关办理职务违法或职务犯罪案件的规定。

条文解读

职务违法或者职务犯罪案件所涉及的主体往往并不仅仅是公职人员，还包括非公职人员，如依照《刑法》的规定，受贿罪指国家工作人员利用职务上的便利，索取他人财物，或者非法收受他人财物，为他人谋取利益的行为。由此观之，受贿罪就可能

存在犯行贿罪之人。为了一并查处职务违法或者职务犯罪案件,将涉嫌行贿罪、介绍贿赂犯罪等嫌疑人立案调查的,可以避免证据灭失,保证监察调查工作的客观性、公正性。

本条第1款是对监察机关办理职务违法或者职务犯罪案件的规定。职务犯罪中的相当一部分犯罪同非公职人员密切相关,如受贿罪中存在谋取不正当利益的行贿人,介绍贿赂罪的犯罪主体可能是公职人员以外的公民。基于这一特征,监察机关在立案调查职务违法或者职务犯罪案件之时,可能需要对涉嫌行贿犯罪、介绍贿赂犯罪或者共同职务犯罪的涉案人员立案调查,于此情形下,监察机关应当一并办理立案手续。在必要时,有的案件经审批可以由上级监察机关交由下级监察机关立案。

本条第2款是对单位犯罪调查的规定。《刑法》第30条规定:"公司、企业、事业单位、机关、团体实施的危害社会的行为,法律规定为单位犯罪的,应当负刑事责任。"本条即是关于单位犯罪的规定,对于单位犯罪,我国采取的是双罚制,也就是即罚单位也罚直接负责的主管人员和其他直接责任人员。职务犯罪中,单位受贿罪、对单位行贿罪、私分罚没财物罪等犯罪主体均包括单位。如果单位涉嫌职务犯罪,需要追究法律责任,应当对该单位办理立案调查手续。事故或者事件中存在职务违法或者职务犯罪,如大型群众性活动重大安全事故罪一般有着较为明确的事故责任人,在证据不充分或者有其他特殊情形之时,可以以事立案,也就是不以嫌疑人为立案对象,而是针对事项开展调查,于调查清楚之时再确定应当追究责任之人。确定相关责任人,应当按照《监察法》第38条和本条例第46条等条文规定的管理权限经审批确定被调查人。

本条第3款是对政务与刑事责任追究,行政处罚衔接协调事项的规定。公职人员受到刑事追责,其行为不一定是职务犯罪,还有可能涉及其他刑事犯罪。一般而言,公职人员的职务犯罪由监察机关调查,而非职务犯罪则由其他国家机关调查,并不必然先涉及监察机关,如故意杀人罪,其一般程序是公安机关侦查,人民检察院提起公诉,人民法院作出判决,与此过程中并无监察机关。所以,如果人民法院作出了生效的判决或者裁定,或者人民检察院作出了不起诉决定,监察机关应当根据两个机关认定的事实,对于需要给予监察对象政务处分的,可以由检查部门依据司法机关的生效判决、裁定、决定及其认定的事实、性质和情节,提出给予政务处分的意见,并按照程序移送审理。

对于行政法律责任,如果公职人员被追究行政法律责任,如受到行政处罚,应当给予政务处分的,监察机关可以根据行政处罚决定认定的事实和情节给予政务处分。当然,被追究行政法律责任和司法决定的决定存在一个重大不同,就是行政处罚决定应当办理立案手续，经过立案程序调查。这一区别的原因在于司法机关的决定具有终局性，即“司法最终原则”，而行政机关的决定并不具有此般效力。所以，行政机关作出的决定，应当依法办理立案手续，待立案调查核实之后，再给予政务处分。

实务难点指引

监察机关依照其他机关的决定作出的政务处分，如果其他机关改变了原来的决定、判决或者裁定的，并且这种改变对于政务处分的依据产生了影响，则监察机关应当根据改变后的判决、裁定和决定等重新作出处理。如果司法机关和行政机关改变了原决定、判决或者裁定，但并不对政务处分的决定产生影响，则无须重新作出处理。

关联法条

《公职人员政务处分法》第 49 条；《中国共产党纪律检查机关监督执纪工作规则》第 9 条；《最高人民法院关于适用〈中华人民共和国刑事诉讼法〉的解释》第 336、340 条

第一百八十二条　对案情简单、经过初步核实已查清主要职务违法事实，应当追究监察对象法律责任，不再需要开展调查的，立案和移送审理可以一并报批，履行立案程序后再移送审理。

条文主旨

本条是关于对案情简单，需要追究监察对象法律责任的有关规定。

条文解读

监察工作任务繁重，需要处理的案件较多，将有效的资源发挥到最大限度是实现国家治理现代化的必然之选。一般情况下，职务违法的案件经过初步核实之后，若发现监察对象存在涉嫌职务违法或者职务犯罪的部分证据和事实的，认为需要追究其法律责任的，在履行报批手续后，立案调查。但是，如果案情较为简单，初步核实之时就已经查清主要违法事实的，就无必要将所有流程“过一遍”。因此，对于那些案情较为简单，经初步核实程序已经查清楚主要职务违法事实的，如果确定要对监察对象追究法律责任并且无须再开展调查的，立案和移送审理可以一并报有关负责人审批，在履行立案程序后再移送审理。

第一百八十三条　上级监察机关需要指定下级监察机关立案调查的，应当按规定报批，向被指定管辖的监察机关出具《指定管辖决定书》，由其办理立案手续。

条文主旨

本条是关于上级监察机关指定下级监察机关立案调查之时的程序要求。

条文解读

监察机关上下级之间是领导与被领导的关系，上级机关可以将本属于自己管辖的事项在有需要之时指定给所辖的下级监察机关管辖，这就是关于指定管辖的规定。指定管辖有助于增强监察工作的灵活性，是对一般管辖原则的补充。如上级机关工作任务较重，通过指定管辖将案件交由工作任务较少的机关管辖可以保证尽快完成工作。指定管辖一般适用于以下情形：第一，地域管辖不明，2 个或 2 个以上的监察机关都认为自己拥有管辖权或者都不具有管辖权。如涉嫌职务犯罪的行为分属 2 个或者 2 个以上行政区域的监察对象共同行为，可以由上级监察机关制定其中一个下级监察机关将有管辖权的监察对象的涉嫌职务犯罪的行为交由另一个有管辖权的监察机关管辖。第二，由于其他原因，原来的监察机关不适宜或者不能办理特定的监察事项。此时，可以由上级监察机关制定某下级监察机关管辖。[①] 上级机关制定下级监察机关立案调查的，应当按照规定履行报批手续，并向被制定监察的监察机关出具《指定管辖决定书》，明确制定管辖的事项。

关联法条

《监察法》第 17 条第 1 款；《中国共产党纪律检查机关监督执纪工作规则》第 9 条第 1 款

第一百八十四条　批准立案后，应当由二名以上调查人员出示证件，向被调查人宣布立案决定。宣布立案决定后，应当及时向被调查人所在单位等相关组织送达《立案通知书》，并向被调查人所在单位主要负责人通报。

---

① 参见中共中央纪律检查委员会中华人民共和国国家监察委员会法规室编写：《〈中华人民共和国监察法〉释义》，中国方正出版社 2018 年版，第 119－120 页。

对涉嫌严重职务违法或者职务犯罪的公职人员立案调查并采取留置措施的，应当按规定通知被调查人家属，并向社会公开发布。

条文主旨

本条是关于监察机关开展立案调查工作相关要求的规定。

条文解读

监察调查工作对监察对象的权利影响极大，所以，这一过程应当受到严格的监督，加强对监察权行使的监督、防止权力滥用。本条规定在立案之后，调查工作应当由2人以上进行，同时出具证件并向被调查人宣布立案决定。本条规定2名以上调查员共同进行，首先是有利于相互配合、互相监督，防止单个人徇私舞弊或者发生刑讯逼供、诱供等非法调查行为；其次是防止被调查人诬告调查人员存在刑讯逼供的行为；最后是有助于客观、真实地获取和固定证据。调查过程中出示证件的目的是表明身份，从而使被调查人和有关单位能够积极配合调查工作。监察机关采取调查措施应当宣布立案决定，还应当出具书面通知，向被调查人所在单位送达《立案通知书》，以表明调查人员的权限。立案之后应当通知有关单位的主要负责人，其目的是保障其知情权，也是为了使相关单位更好地配合调查。对涉嫌严重职务违法或者职务犯罪的公职人员立案调查并采取留置措施的，应当按照规定通知被调查人的家属，同时应当向全社会公开发布，其目的是让监察机关的行为接受社会公众的监督，向社会公开也是反腐败斗争宣传教育之需。

实务难点指引

如何开展调查对于监察工作的推进至为重要。监察调查过程中应当做到实体权限和程序合法，不能因为授权和程序方面的瑕疵而导致调查中收集的证据被认定为无效。所以，在监察调查中应当在调查人数、授权说明、向有关人员通报等方面均做到符合法律法规的规定。

值得注意的是，本条规定在涉嫌严重职务违法或者职务犯罪被立案调查并采取留置措施的，应当向社会公开发布。而《监察法》第39条第3款规定："立案调查决定应当向被调查人宣布，并通报相关组织。涉嫌严重职务违法或者职务犯罪的，应当通知被调查人家属，并向社会公开发布。"本条例将向社会发布的范围明显限缩，只限于被采取留置措施的人员。应当认定本条例的规定是对《监察法》的进一步明确，从体系解释角度来看,《监察法》第44条第1款规定:“对被调查人采取留置措施后,应当在二十四小时以内,通知被留置人员所在单位和家属,但有可能毁灭、伪造证据,干扰证人作证或者串供等有碍调查情形的除外。有碍调查的情形消失后,应当立即通知被留置人员所在单位和家属。”需要向被调查人家属通报的情形限于留置措施。并且,涉嫌严重职务违法或者职务犯罪的被调查人很可能已经被采取留置措施,一般的谈话、询问与讯问适用于可能发生职务违法的监察对象。

关联法条

《中国共产党党务公开条例(试行)》第12条;《中国共产党纪律检查机关监督执纪工作规则》第38、42条

第四节 调　　查

第一百八十五条　监察机关对已经立案的职务违法或者职务犯罪案件应当依法进行调查,收集证据查明违法犯罪事实。

调查职务违法或者职务犯罪案件,对被调查人没有采取留置措施的,应当在立案后一年以内作出处理决定;对被调查人解除留置措施的,应当在解除留置措施后一年以内作出处理决定。案情重大复杂的案件,经上一级监察机关批准,可以适当延长,但延长期限不得超过六个月。

被调查人在监察机关立案调查以后逃匿的,调查期限自被调查人到案之日起重新计算。

条文主旨

本条是关于职务违法或者职务犯罪立案调查期限的规定。

条文解读

本条第1款是对监察机关依法调查的总体规定,监察机关对于已经立案的职务违法或者职务犯罪行为,应当依法开展调查,依法收集能够证明案件事实的证据,本款明确了监察机关调查的目的是依法查清犯罪事实。

本条第2款是关于采取留置措施期限的要求。根据《监察法》第22条的规定,留置措施适用于被调查人涉嫌贪污贿赂、失职渎职等严重职务违法或者职务犯罪,监察

机关已经掌握其部分违法犯罪事实及证据,仍有重要问题需要进一步调查,经监察机关依法审批,可以将其留置在特定场所。也就是说,留置措施适用的违法行为主要是贪污贿赂、失职渎职等行为,而且情节严重。其他的职务犯罪或者职务违法犯罪行为情节轻微的一般不采取留置措施。在监察机关的调查措施中,留置措施是对被调查人权益影响最大的一项职权。① 因此,应当更加规范地行使,从法律上设置更为严格的行使条件。

留置不能无限期留置,否则就背离了这一制度设计的初衷,《监察法》第 43 条第 2 款中规定:"留置时间不得超过三个月。在特殊情况下,可以延长一次,延长时间不得超过三个月。省级以下监察机关采取留置措施的,延长留置时间应当报上一级监察机关批准。"这就明确了留置的期限要求。如果监察机关没有对被调查人采取留置措施,则应当在立案之后 1 年内作出处理决定。若对被调查人采取了留置措施,则应当在留置措施解除后 1 年之内作出处理决定。如果案情重大复杂,在经过上级批准的情况下,可以适当延长期限,但是,最长不得超过 6 个月。由此可见,作出处理决定最长期限为 1 年 6 个月。

本条第 3 款规定的是被调查人员在立案后逃匿,调查期限计算的方式。在调查期间,如果被调查人逃匿的,调查期限应当自被调查人重新到案之日起重新开始计算。如此规定一方面是为了保证监察机关有足够的时间将案件调查清楚;另一方面是对逃匿的被调查人员采取更为严格措施,被调查人员的逃匿足以表明其主观恶性较大,有必要采取更为严格的措施。

关联法条

《监察法》第 39、40、63 条;《中国共产党纪律检查机关监督执纪工作规则》第 10、37、38 条

第一百八十六条　案件立案后,监察机关主要负责人应当依照法定程序批准确定调查方案。

监察机关应当组成调查组依法开展调查。调查工作应当严格按照批准的方案执行,不得随意扩大调查范围、变更调查对象和事项,对重要事项应当及时请示报告。调查人员在调查工作期间,未经批准不得单独接触任何涉案人员及其特定关系人,不得擅自采取调查措施。

---

① 参见秦前红主编:《监察法学教程》,法律出版社 2019 年版,第 258 页。

条文主旨

本条是关于案件立案后监察机关开展调查的权限要求的规定。

条文解读

本条第1款规定了立案后调查方案的确定，根据《监察法》第39条第2款的规定，监察机关主要负责人应当主持召开专题会议，依照法定程序批准确定立案调查方案，以确保调查工作有章可循。调查方案一般应当根据被调查人的职位、案件的社会影响、案件的性质、复杂程度等方面确定。调查方案一般应当明确需查明的问题、调查要采取的措施和方法等事项。

调查方案确定之后，监察机关应当成立调查组，通过调查组开展调查。调查工作不能随意为之，当严格按照已经批准的调查方案执行。当然，调查方案作为静态的文本难以应对动态的调查工作是监察调查过程中的常态，因此，有必要随着工作的深入而不断调整调查方案。但是，在调查过程中，不能随意扩大调查范围、变更调查对象和事项。其目的是保证调查人员的调查工作顺利进行，同时也为了保障调查人员依法行使职权。调查中的重要事项应当及时请示报告，依照《中国共产党重大事项请示报告条例》的规定，请示报告是为了严明党的政治纪律、组织纪律和工作纪律，保证全党全国服从党中央、政令畅通，请示报告可以采取书面也可以采取口头的方式进行。监察调查工作应当注重调查纪律，严格保密，未经批准，监督执纪工作人员不得单独接触任何涉案人员及其他特定的关系人，更不可擅自采取调查措施。

实务难点指引

在调查过程中，应当处理好调查方案要求的稳定性和实践工作变动性之间的关系。调查方案不可能涉及所有方面，难免挂一漏万。因此，有必要在实践中及时请示报告重大事项，以确保调查能够全面准确。监察调查要注重结果，也不可能忽视对调查过程的有效控制。综合施策，按照规定及时调整方案，针对具体问题作出具体判断才能提高办案的质量。

关联法条

《监察法》第39、42、57条；《中国共产党纪律检查机关监督执纪工作规则》第39、42、45条

第一百八十七条　调查组应当将调查认定的涉嫌违法犯罪事实形成书面材料，交给被调查人核对，听取其意见。被调查人应当在书面材料上签署意见。对被调查人签署不同意见或者拒不签署意见的，调查组应当作出说明或者注明情况。对被调查人提出申辩的事实、理由和证据应当进行核实，成立的予以采纳。

调查组对于立案调查的涉嫌行贿犯罪、介绍贿赂犯罪或者共同职务犯罪的涉案人员，在查明其涉嫌犯罪问题后，依照前款规定办理。

对于按照本条例规定，对立案和移送审理一并报批的案件，应当在报批前履行本条第一款规定的程序。

条文主旨

本条是关于调查结果形成书面材料和被调查人申辩的规定。

条文解读

监察调查结果对于监察对象之权益的影响非常大，可能对其声誉、人身自由等产生重大影响，应当审慎对待。调查结束之后，调查所认定的事实应当形成书面材料。本条规定，调查组应当将调查认定的被调查人涉嫌违法犯罪事实形成书面材料。为了保障被调查人的知情权，并确保调查结果的正确性，应当将书面材料交给被调查人核对，听取被调查人的意见。被调查人应当在书面材料上面签字，这体现了证据收集的基本要求。被调查人可能对调查结果存在不同意见，或者认为调查意见反映的问题不全面，不完全真实，或者是从根本上抗拒审查，于此情形下，可能会出现被调查人拒不签署调查意见或者签署不同调查意见的情形，对于这一情况，调查组应当在调查意见书中作出说明或者注明情况。

中国共产党对于腐败是零容忍，坚持"有腐必反、有贪必肃"，但也应当注重保障被调查人的合法权益，做到法治反腐。因此，有必要保证被调查人的申辩权，这是实现程序正义的要求。如果被调查人提出申辩的事实、理由和证据，调查组应当进行核实，被调查人申辩的事实、理由经核实后发现成立的，应当予以采纳。对于涉嫌行贿犯罪、介绍贿赂犯罪或者共同职务犯罪的涉案人员，调查组如果查明了涉案人员的犯罪问题，应当依照本条的规定处理。

关联法条

《中国共产党纪律检查机关监督执纪工作规则》第 43、44、51 条

第一百八十八条　调查组在调查工作结束后应当集体讨论，形成调查报告。调查报告应当列明被调查人基本情况、问题线索来源及调查依据、调查过程，涉嫌的主要职务违法或者职务犯罪事实，被调查人的态度和认识，处置建议及法律依据，并由调查组组长以及有关人员签名。

对调查过程中发现的重要问题和形成的意见建议，应当形成专题报告。

条文主旨

本条是关于监察机关调查结束后形成调查报告要求的规定。

条文解读

本条第 1 款是调查报告的内容和要求。调查组于调查工作结束之后，应当集体讨论形成调查报告，对于立案调查的重要问题必须经过集体讨论之后，由调查组组长和有关人员签名才能形成报告。调查报告的内容应当包括被调查人的基本情况、问题线索的来源、调查依据、调查的过程，设想的主要职务违法或者职务犯罪的事实，被调查人的态度和认识，对被调查人的处置建议及法律依据等，并由调查组组长以及有关人员签名。对于违法犯罪证据，应当全面收集，依法依规开展，如此才能实现高效权威反腐。

本条第 2 款是对于调查过程中发现的重要问题和意见建议，应当形成单独专题报告。从体系解释角度看，本款规定的专题报告是调查报告之外的报告。实践中，专题报告一般是对于调查工作中发现的涉及面较广，具有代表性的问题。通过专题报告的分析，有针对性地提出意见，为今后的工作改进提供参考。

关联法条

《中国共产党纪律检查机关监督执纪工作规则》第 51、52 条；《中国共产党问责条例》第 11 条

第一百八十九条 调查组对被调查人涉嫌职务犯罪拟依法移送人民检察院审查起诉的，应当起草《起诉建议书》。《起诉建议书》应当载明被调查人基本情况，调查简况，认罪认罚情况，采取留置措施的时间，涉嫌职务犯罪事实以及证据，对被调查人从重、从轻、减轻或者免除处罚等情节，提出对被调查人移送起诉的理由和法律依据，采取强制措施的建议，并注明移送案卷数及涉案财物等内容。

调查组应当形成被调查人到案经过及量刑情节方面的材料，包括案件来源、到案经过，自动投案、如实供述、立功等量刑情节，认罪悔罪态度、退赃、避免和减少损害结果发生等方面的情况说明及相关材料。被检举揭发的问题已被立案、查破，被检举揭发人已被采取调查措施或者刑事强制措施、起诉或者审判的，还应当附有关法律文书。

条文主旨

本条是关于监察机关移送审查起诉的有关要求的规定。

条文解读

监察机关是专司监察工作的国家机关，人民检察院是法律监督机关和提起公诉的机关，监察机关调查的案件涉嫌职务犯罪的，能否最终被定罪量刑应当通过人民法院的依法审判实现。因此，监察机关调查终结的案件，如果该案件涉嫌职务犯罪，应依法移送人民检察院审查起诉，依照《刑事诉讼法》的有关规定，审查起诉的内容包括犯罪事实是否清楚、有无遗漏罪行、是否应当追究刑事责任、有无附带民事诉讼、侦查活动是否存在违法情形等。调查组对被调查人涉嫌职务犯罪移送人民检察院审查起诉的应当起草《起诉建议书》。

《起诉建议书》应当全面、准确、具体，载明被调查人的基本情况、监察机关调查的情况，采取留置措施的时间，被调查人涉嫌职务犯罪的事实以及证据，是否有从重、从轻、减轻处罚等情节。注明对被调查人移送起诉的理由和法律依据，采取何种刑事强制措施的建议，同时注明移送案卷数目和涉案财物等内容。监察机关的起诉建议不仅应当包括嫌疑人涉嫌职务犯罪的证据，还应当载明嫌疑人是否有从轻、减轻处罚的情节。具体来说，应当包括被调查人到案经过以及量刑情节方面的材料，包括：案件来源于自首、检举控告；嫌疑人到案经过，是否有自首情节，属于主动投案；在调查过程中其认罪态度如何，是否是如实供述，是否有立功情节，认罪悔罪态度如何；是否有退赃、避免和减少损害结果发生等情节。如果被检举揭发的问题已被立案、查破，被检举揭发人已被采取调查措施或者刑事强制措施、起诉或者审判的，监察机关还应当附有关法律文书。

之所以如此规定，主要目的在于鼓励被调查人改过自新，将功折罪，积极配合监察机关的调查，体现了我们党“惩前毖后、治病救人”，反对“不教而诛”的理念。也能监察人力物力，提升反腐败的工作效率。

关联法条

《监察法》第31、32条；《国家监察委员会与最高人民检察院办理职务犯罪案件工作衔接办法》第2条

第一百九十条　经调查认为被调查人构成职务违法或者职务犯罪的，应当区分不同情况提出相应处理意见，经审批将调查报告、职务违法或者职务犯罪事实材料、涉案财物报告、涉案人员处理意见等材料，连同全部证据和文书手续移送审理。

对涉嫌职务犯罪的案件材料应当按照刑事诉讼要求单独立卷，与《起诉建议书》、涉案财物报告、同步录音录像资料及其自查报告等材料一并移送审理。

调查全过程形成的材料应当案结卷成、事毕归档。

条文主旨

本条是关于监察机关调查结束后移送审理和案件归档的规定。

条文解读

本条第1款规定案件经过调查，如果认为被调查人构成职务违法或者职务犯罪，应根据职务违法或者职务犯罪的不同情况作出处理意见。职务违法和职务犯罪的社会危害性不同，在处理上对证据的要求也存在不同，所以应当根据不同情况作出不同的处理意见。对调查报告的审查是监察机关的一项重要职责，调查报告、职务违法或者职务犯罪事实材料、涉案财物报告、涉案人员处理意见等材料经过审批之后连同全部证据和文书手续移送审理。

本条第2款规定，对于涉嫌职务犯罪的案件材料应按照《刑事诉讼法》的规定，独立成卷，与《起诉建议书》、同步录音录像资料和涉案财物报告以及自查报告等材料一

并移送审理。《起诉建议书》应当包括被调查人基本情况，调查简况，采取留置措施的时间，涉嫌职务犯罪事实以及证据，被调查人从重、从轻、减轻处罚等情节，提出对被调查人移送起诉的理由和法律依据等事项。同步录音录像一起移送可以在确保审查部门可以全面掌握调查情况，在调查过程中是否有违法行为，保证审理之时能够客观公正。涉案财物报告应当对每一笔涉案财物与认定的职务违法、职务犯罪事实一一对应，同时还应当列明财物名称、数量、单位、特征、折合金额等情况。

本条第 3 款规定，调查全过程形成的材料应当立卷归档。问题线索、监察调查中收集的证据、被调查人的供述和辩解等均应当归档。依照《监察法》《刑事诉讼法》等有关规定，证据的取得应当严格遵循法定标准，不得刑讯逼供，以非法方法收集的证据应当依法予以排除，不得作为案件处置的依据。证据应当形成完整的证据链，职务犯罪定罪的证据还应当达到排除合理怀疑的程度。将材料归档有助于日后查阅，确保每一个案件都能经得住历史的考验，实现法治化反腐。

关联法条

《中国共产党纪律检查机关监督执纪工作规则》第 52 条

第五节　审　　理

第一百九十一条　案件审理部门收到移送审理的案件后，应当审核材料是否齐全、手续是否完备。对被调查人涉嫌职务犯罪的，还应当审核相关案卷材料是否符合职务犯罪案件立卷要求，是否在调查报告中单独表述已查明的涉嫌犯罪问题，是否形成《起诉建议书》。

经审核符合移送条件的，应当予以受理；不符合移送条件的，经审批可以暂缓受理或者不予受理，并要求调查部门补充完善材料。

条文主旨

本条是关于案件移送审理后审核要求的规定。

条文解读

法治反腐要求将每一个环节都置于法律控制之下，符合法律要求。因此，案件移送审理之后，案件审理部门还应当严格把关，不能将自己的审核流于形式，确保每一个环节都符合法律规定，符合法治反腐的要求。本条第 1 款规定了案件审理部门在收到移送审理的案件之后，应当按照规定审核材料是否齐备。具体来说，应当审查事实材料、涉案财物报告、涉案人员处理意见、全部证据等。手续方面包括是否取得授权、是否严格按照调查方案进行、重大事项是否及时请示报告等。

职务犯罪较之职务违法的证明标准、审查要求更为严格，应当结合全案证据，达到排除合理怀疑的程度，所有的证据可以形成相互印证、完整稳定的证据链。职务违法的证明标准稍低，一般而言达到高度盖然性优势即可，其证明标准可以适当低于职务犯罪的证明标准。对于被调查人涉嫌职务犯罪的，案件审理部门收到移送审理的案件后，还应当审核相关案卷材料是否符合职务犯罪案件立卷要求。职务犯罪立卷要求包括：有犯罪事实的存在和该犯罪事实依法需要追究刑事责任，仅有犯罪事实的存在不一定需要立卷。如果被调查人涉嫌职务犯罪，送审材料中还应当单独列明已查明涉嫌的犯罪问题。同时还应当形成《起诉建议书》，载明被调查人基本情况，调查简况，采取留置措施的时间，涉嫌职务犯罪事实以及证据，被调查人从重、从轻、减轻处罚等情节，提出对被调查人移送起诉的理由和法律依据，采取强制措施的建议等。

本条第 2 款规定，对于移送审理的案件，经审核如果认为符合上述移送条件的，案件受理部门应当移送。如果不符合移送条件，经有关负责人审批可以暂缓受理或者不予受理，并可以要求调查部门补充完善材料，待材料补充完善之后再审核是否符合移送条件。

关联法条

《监察法》第 36 条；《中国共产党纪律检查机关监督执纪工作规则》第 11、52 条

第一百九十二条　案件审理部门受理案件后，应当成立由二人以上组成的审理组，全面审理案卷材料。

案件审理部门对于受理的案件，应当以监察法、政务处分法、刑法、《中华人民共和国刑事诉讼法》等法律法规为准绳，对案件事实证据、性质认定、程序手续、涉案财物等进行全面审理。

案件审理部门应当强化监督制约职能，对案件严格审核把关，坚持实事求是、独立审理，依法提出审理意见。坚持调查与审理相分离的原则，案件调查人员不得参与审理。

条文主旨

本条是关于案件受理部门审查要求的规定。

条文解读

案件受理部门受理案件之后应当严格按照要求审理案卷。本条第1款规定了审理组及其工作要求。案件审理部门受理案件后，应当及时成立由2人以上组成的审理组，并确定主要承办人。审理组成立后，应当按照要求认真审理，全面系统地审理案卷材料，并针对案卷材料反映的违法犯罪事实提出认定意见和处理意见。

本条第2款是案件审理部门审理案件的具体依据和要求。监察机关案件受理部门对于受理的案件必须依法审核。依照本款的规定，案件审理的基本要求是"事实证据、性质认定、程序手续、涉案财物等进行全面审理"，做到事实清楚、证据确凿、定性准确、处理恰当、程序合法、手续完备。事实清楚是审理工作最基本的要求，结合诉讼法的有关规定，事实清楚指的是审查结论所依据的事实清楚。证据确凿指的是审核所依据的事实均有证据加以证明，所有的证据均是依法取得，职务犯罪的证据还应当达到排除合理怀疑的证明标准。定性准确指的是在认定事实清楚、证据确凿的基础上，对职务违法或者职务犯罪行为人的行为性质认定准确，无偏差。定性准确是正确处理监察案件的关键，定性是要确定被调查人的行为是构成职务违法还是职务犯罪，此罪还是彼罪，如果定性不准必然导致案件处理存在问题。处理恰当指的是根据上述认定的事实、证据、对案件的定性，依据法律法规和党内法规，给予被调查人恰当的处理。手续完备、程序合法是指处理监察案件应当符合法定程序，不仅实体处理合法，程序方面也应当严格依法进行，这是以法治思维和法治方式反腐的必然要求。上述规定是监察机关在处理职务违法和职务犯罪过程中必须遵循的基本准则，也是确保监察工作符合法律规定的保障。

本条第3款是关于监察机关调查与审理相分离原则的要求。监察机关在工作中应当加强监督制约，确保权力规范行使，案件审理部门对案件的审核应当独立进行，对案件审核严格把关，以事实为根据，以法律为准绳。审理部门对案件的审核应当独立进行，调查人员不得参与其中，其目的是保障审核工作的客观公正，如果由调查人员参与审核，将会产生自己审查自己而难以保证公正的难题，案件处理的权威性也难以保证。因此，有必要坚持调查和审理相分离的原则，案件调查人员不得参与案件审理。

关联法条

《监察法》第 5 条;《中国共产党纪律检查机关监督执纪工作规则》第 53—55 条

第一百九十三条　审理工作应当坚持民主集中制原则,经集体审议形成审理意见。

条文主旨

本条是关于监察机关案件审理部门贯彻民主集中制原则的要求的规定。

条文解读

民主集中制是《宪法》规定的国家机构必须贯彻的原则,是党和国家机关的根本组织制度。监察机关在监察工作中也要贯彻民主集中制原则。案件审理部门在审理过程中,应当贯彻民主集中制,集体审议,广泛听取不同意见,群策群力,如此可以最大限度地避免出现失误,保证办案质量,确保每一个案件都能经得起历史的考验。民主集中制在审理过程中的具体要求包括:(1)要集体审议,案件审理部门在集体审议的基础上提出审理意见,交由监察机关审议;(2)在决定的作出方面,应当集体讨论决定,实行少数服从多数的原则,不得个人决定重大事项。

关联法条

《中国共产党纪律检查机关监督执纪工作规则》第 10 条

第一百九十四条　审理工作应当在受理之日起一个月以内完成,重大复杂案件经批准可以适当延长。

条文主旨

本条是关于审理时限的要求。

条文解读

时限要求在法律关系中具有十分重要的意义,如民法中的一般诉讼时效为 3 年,刑法中也存在超过法定期限而刑罚权归于消灭。法律规定期限的一个重要原因在于促使权利人在法定期限内行使权利，从而确保法律关系的问题，社会和谐得以维护。监察机关审理案件既要以事实为根据、以法律为准绳，又要注重效率，不能久拖不决，严格按照法律规定的时间进行。案件审理工作应当在1个月内完成。当然，这一要求不是绝对的，如果案情重大复杂，在1个月内难以完成，或者案件审理部门和案件调查部门对案件事实认定、案件定性、如何处理方面分歧较大，经监察机关负责人批准可以适当延长审理期限。

关联法条

《中国共产党纪律检查机关监督执纪工作规则》第55条第3款

第一百九十五条　案件审理部门根据案件审理情况，经审批可以与被调查人谈话，告知其在审理阶段的权利义务，核对涉嫌违法犯罪事实，听取其辩解意见，了解有关情况。与被调查人谈话时，案件审理人员不得少于二人。

具有下列情形之一的，一般应当与被调查人谈话：

（一）对被调查人采取留置措施，拟移送起诉的；

（二）可能存在以非法方法收集证据情形的；

（三）被调查人对涉嫌违法犯罪事实材料签署不同意见或者拒不签署意见的；

（四）被调查人要求向案件审理人员当面陈述的；

（五）其他有必要与被调查人进行谈话的情形。

条文主旨

本条是关于与被调查人谈话的规定。

条文解读

监察工作若要顺利推进，每一个决定若能均符合法律规定，经得起历史的检验，就应当有明确的保障机制。保障被调查人的辩解权，听取其辩解意见不仅是保障被调查人权益的需要，也是依法开展监察工作的必需。本条较为详细地规定了监察案件审理部门与被调查人谈话的情形。

案件审理部门在案件审核过程中，根据案件审理的实际情况，如案件事实存在疑问、有关证据存在不足、证据来源的合法性存在疑问等，经监察机关负责人审批，可以与被调查人谈话，核对被调查人职务违法或职务犯罪的事实，听取其辩解意见。同时，也应当告知被调查人在审理阶段的权利和义务。案件审理过程中的谈话应当由2人以上共同进行，这样有利于相互配合、互相监督，防止单个人徇私舞弊或者发生刑讯逼供、诱供等非法调查行为；另外，亦能防止被调查人诬告谈话人员存在不法行为。

如果存在特定情形，可能对案件事实认定、审理结果产生重要影响，就必须与被调查人谈话。第一，被调查人被采取留置措施，拟移送起诉的，依照《监察法》第22条的规定，留置只有在特定情形下才能适用于特定的对象。依照监察法的有关规定，留置应当符合以下三个条件：一是涉嫌贪污贿赂、失职渎职等严重职务违法或职务犯罪行为，情节轻微的职务违法或者职务犯罪不采取留置措施；二是证据要求，监察机关掌握了部分犯罪事实和证据，而且有重要问题需要进一步调查的；三是具备法定条件，(1)涉及案情重大、复杂的；(2)可能逃跑、自杀的；(3)可能串供或者伪造、隐匿、毁灭证据的；(4)可能有其他妨碍调查行为的。三个条件兼具才能采取留置措施。被采取留置措施，表明案情较为复杂重大，为了全面掌握案件情况，就应当同被调查人谈话。

第二，可能存在以非法方法收集证据的。证据是监察工作推进的前提和基础，应当以合法的方式收集证据。《监察法》第33条规定："监察机关依照本法规定收集的物证、书证、证人证言、被调查人供述和辩解、视听资料、电子数据等证据材料，在刑事诉讼中可以作为证据使用。监察机关在收集、固定、审查、运用证据时，应当与刑事审判关于证据的要求和标准相一致。以非法方法收集的证据应当依法予以排除，不得作为案件处置的依据。"第40条规定："监察机关对职务违法和职务犯罪案件，应当进行调查，收集被调查人有无违法犯罪以及情节轻重的证据，查明违法犯罪事实，形成相互印证、完整稳定的证据链。严禁以威胁、引诱、欺骗及其他非法方式收集证据，严禁侮辱、打骂、虐待、体罚或者变相体罚被调查人和涉案人员。"如果证据收集存在违法情形，可能会被检察机关退回补充侦查，甚至会被人民法院当成非法证据予以排除，影响不可谓不大。因此，如果发现可能存在以非法方法收集证据的，应当与被调查人谈话，核对情况。

第三，被调查人对涉嫌违法犯罪事实材料签署不同意见或者拒不签署意见的。本条例第187条中规定："被调查人应当在书面材料上签署意见。对被调查人签署不同意见或者拒不签署意见的，调查组应当作出说明或者注明情况。"被调查人可能对调查结果存在不同意见，或者认为调查意见反映的问题不全面，不完全真实，或者是从根本上抗拒审查，于此情形下，可能会出现被调查人拒不签署调查意见或者签署不同调查意见的情形。出现这种情形，表明问题较为严重，或者说是存在较大分歧和疑点。因此,在这种情形下,应当与被调查人谈话。

第四,被调查人可能会要求与案件审理人员当面进行陈述。监察制度设计中,调查人员和案件审理人员不同的一个重要原因是保证对监察权行使的有效制约,加强对"监察人员的监督",如果在调查中存在非法取证或者其他违法行为的,为了避免由自己审查自己,如果被调查人要求向案件审理人员当面陈述的,就应当与被调查人进行谈话。

本条第2款第5项是兜底条款。任何制定法都难以穷尽现实中的所有问题,都有可能挂一漏万,规定兜底条款具有现实必要性。所以,本条规定"其他有必要与被调查人进行谈话的情形",也应当与被调查人谈话。

关联法条

《中国共产党纪律检查机关监督执纪工作规则》第55条

第一百九十六条　经审理认为主要违法犯罪事实不清、证据不足的,应当经审批将案件退回承办部门重新调查。

有下列情形之一,需要补充完善证据的,经审批可以退回补充调查:

(一)部分事实不清、证据不足的;

(二)遗漏违法犯罪事实的;

(三)其他需要进一步查清案件事实的情形。

案件审理部门将案件退回重新调查或者补充调查的,应当出具审核意见,写明调查事项、理由、调查方向、需要补充收集的证据及其证明作用等,连同案卷材料一并送交承办部门。

承办部门补充调查结束后,应当经审批将补证情况报告及相关证据材料,连同案卷材料一并移送案件审理部门;对确实无法查明的事项或者无法补充的证据,应当作出书面说明。重新调查终结后,应当重新形成调查报告,依法移送审理。

重新调查完毕移送审理的,审理期限重新计算。补充调查期间不计入审理期限。

条文主旨

本条是关于案件在审理阶段退回重新调查或补充调查的规定。

条文解读

囿于主客观原因,在调查过程中可能出现收集的证据不充分,难以证明案件事实,或者调查中所调查的违法犯罪事实尚未完全清楚等情形。本条规定了经审批之后,应当将案件退回承办调查部门重新调查的情形主要包括违法犯罪事实不清、证据不足。

退回补充调查的情形与此不同,就程度上而言,退回重新调查适用于主要事实不清和主要证据不足的情形。而退回补充调查适用的情形相对而言轻微,适用于个别事实不清、证据不足的;遗漏了违法犯罪事实的以及其他需要进一步查清案件事实的情形。无论是退回重新调查还是退回补充调查,均需要经过审批方可实施。

案件审理部门若将案件退回重新调查或者补充调查的,应当出具审核意见。审核意见应当包括:重新调查或者补充调查的具体事项,如补足证据或者查清案件事实;重新调查或者补充调查的理由,是事实不清还是证据不足,抑或有其他需要重新调查或者补充调查的理由;调查的方向,应当写明补充调查或者重新调查的方向;明确补充收集的证据和证明的作用等。同时,案件审理部门应当连同案卷材料移交案件承办部门。

案件承办部门在补充调查结束之后,经审批应当将补充调查情况和相关的证据材料连同案件材料一并移送案件审理部门进行审理。对于经过补充调查依然无法查清的事实和证据,应当提供书面说明,说明不能查清的事实和证据以及难以查清的缘由等。对于重新调查的,由于重新调查相当于一次新的调查,所以应当形成新的调查报告,将调查报告移送案件审理部门进行审理。

在审理期限方面,重新调查由于是全新的调查,其审理期限重新开始计算。补充调查的期限不计入审理期限。

实务难点指引

监察调查中,应当查清案件事实和证据,并且证据之间应当形成完整的证据链。对于职务违法和职务犯罪案件,应当依照《监察法》和本条例的规定查清案件事实。有疑问的是,由于职务违法和职务犯罪的证明标准存在一定的差异,如果经审理认为主要违法或犯罪事实不清、证据不足的,在何种程度上应当将案件退回承办部门重新调查?基于不同性质案件证明标准的差异,应当明确,职务违法和职务犯罪案件退回重新调查的适用情形存在不同。职务违法的证明标准应当与行政诉讼案件的证明标准类似,达到高度盖然性优势,若未能达到该标准,则应当认定为事实不清、证据不足。而职务犯罪案件的证明标准同刑事诉讼案件一样,应当达到"排除合理怀疑"。对此,退回重新调查应当遵循刑事诉讼案件的要求,存在犯罪事实不清、证据不足或者存在遗漏罪行、遗漏同案犯罪嫌疑人等情形时,就可以退回重新调查。

关联法条

《中国共产党纪律检查机关监督执纪工作规则》第55条

第一百九十七条　审理工作结束后应当形成审理报告,载明被调查人基本情况、调查简况、涉嫌违法或者犯罪事实、被调查人态度和认识、涉案财物处置、承办部门意见、审理意见等内容,提请监察机关集体审议。

对被调查人涉嫌职务犯罪需要追究刑事责任的,应当形成《起诉意见书》,作为审理报告附件。《起诉意见书》应当忠实于事实真象,载明被调查人基本情况,调查简况,采取留置措施的时间,依法查明的犯罪事实和证据,从重、从轻、减轻或者免除处罚等情节,涉案财物情况,涉嫌罪名和法律依据,采取强制措施的建议,以及其他需要说明的情况。

案件审理部门经审理认为现有证据不足以证明被调查人存在违法犯罪行为,且通过退回补充调查仍无法达到证明标准的,应当提出撤销案件的建议。

条文主旨

本条是关于审理报告和《起诉意见书》的规定。

条文解读

在监察工作中,不同阶段有不同的任务,也应当形成不同的法律文书,如在初步核实过程中,依照本条例第178条的规定,应当形成初步核实情况报告。审理报告是监察机关案件审理部门在案件审理结束之后就移送审理的案件的事实、证据、案件定性、如何处理等方面形成的法律文书。依照本条之规定,审理报告应当包括被调查人基本情况、调查简况、涉嫌违法或者犯罪事实、被调查人态度和认识、涉案财物处置、承办部门意见、审理意见等内容。基于民主集中制的要求,审理报告应当提交监察机关集体审议。

如果被调查人的行为涉嫌职务犯罪,并且需要追究刑事责任的,应当制作起诉意见书。根据《监察法》第45条的规定,涉嫌职务犯罪的,监察机关经调查认为事实清楚，证据确实、充分的，制作起诉意见书，连同案卷材料、证据一并移送人民检察院依法审查，提起公诉。所以，制作《起诉意见书》应当在查清案件事实基础上，做到证据确实、充分。《起诉意见书》作为审理报告的附件，应当在审理报告中单独表述经审理认定的涉嫌职务犯罪的事实，《起诉意见书》应当根据案件事实和调查取得的证据制作，应当反映被调查人的基本情况，调查简况，监察机关采取留置措施的时间，调查中查明的犯罪事实和证据，是否存在从重、从轻、减轻处罚或者免除等情节。涉案财物的情况，被调查人涉嫌的罪名和法律依据，采取强制措施的建议等情况。

依照《监察法》的规定，监察机关对职务违法和职务犯罪案件，应当进行调查，收集被调查人有无违法犯罪以及情节轻重的证据，查明违法犯罪事实，形成相互印证、完整稳定的证据链。案件审理部门在审理案件中如果发现已经取得的证据尚未达到证明标准的要求，无法证明被调查人存在职务违法或者职务犯罪行为的，并且经过退回补充侦查依旧无法达到监察案件证明标准的，监察机关案件审理部门应当提出撤销案件的建议。

实务难点指引

实践中，监察机关同纪委合署办公，对于党员领导干部的违纪违法问题，应当体现党内法规和党纪的特色。党员领导干部违法违纪行为的案件审理报告，根据《中国共产党纪律检查机关监督执纪工作规则》第55条的规定，案件审理报告“应当体现党内审查特色，依据《中国共产党纪律处分条例》认定违纪事实性质，分析被审查调查人违反党章、背离党的性质宗旨的错误本质，反映其态度、认识以及思想转变过程。”所以，党员干部的审理报告应当体现违反党内法规、违反国家法律和职务犯罪的内容。

关联法条

《监察法》第45条；《中国共产党党内监督条例》第32条；《中国共产党纪律检查机关监督执纪工作规则》第55、56、65条

第一百九十八条　上级监察机关办理下级监察机关管辖案件的，可以经审理后按程序直接进行处置，也可以经审理形成处置意见后，交由下级监察机关办理。

条文主旨

本条是关于上级监察机关办理下级监察机关管辖案件的规定。

条文解读

监察机关上下级之间是领导与被领导的关系，根据本条例第 47 条的规定，上级监察机关对于下一级监察机关管辖范围内的职务违法和职务犯罪案件，具有下列情形之一，认为由其管辖更为适宜的，可以依法提级管辖：(1)在本辖区有重大影响的；(2)涉及多个下级监察机关管辖的监察对象，调查工作开展难度大的；(3)其他需要提级管辖的重大、复杂案件。上级监察机关对于所辖各级监察机关管辖范围内的有重大影响的案件，认为有必要时，可以依法直接调查或者组织、指挥、参与调查。也就是说，基于案件实际情况的需要，上级监察机关可以办理下级监察机关管辖的案件，也可以将下级监察机关有管辖权的监察事项指定给其他监察机关管辖。上级监察机关办理下级监察机关管辖案件的，可以在经过审理之后直接按照《监察法》《公职人员政务处分法》等的规定进行处置。如果交由下级监察机关办理更为合适，也可以在审理之后形成处置意见，依照《监察法》和本条例的规定，处置方式包括谈话函询、初步核实、暂存待查、予以了结四种方式，在形成处置意见之后交由下级监察机关办理。

关联法条

《监察法》第 16 条；《党组讨论和决定党员处分事项工作程序规定(试行)》第 4— 6 条

第一百九十九条　**被指定管辖的监察机关在调查结束后应当将案件移送审理，提请监察机关集体审议。**

上级监察机关将其所管辖的案件指定管辖的，被指定管辖的下级监察机关应当按照前款规定办理后，将案件报上级监察机关依法作出政务处分决定。上级监察机关在作出决定前，应当进行审理。

上级监察机关将下级监察机关管辖的案件指定其他下级监察机关管辖的，被指定管辖的监察机关应当按照第一款规定办理后，将案件送交有管理权限的监察机关依法作出政务处分决定。有管理权限的监察机关应当进行审理，审理意见与被指定管辖的监察机关意见不一致的，双方应当进行沟通；经沟通不能取得一致意见的，报请有权决定的上级监察机关决定。经协商，有管理权限的监察机关在被指定管辖的监察机关审理阶段可以提前阅卷，沟通了解情况。

对于前款规定的重大、复杂案件，被指定管辖的监察机关经集体审议后将处理意见报有权决定的上级监察机关审核同意的，有管理权限的监察机关可以经集体审议后依法处置。

条文主旨

本条是关于被指定管辖的案件如何处理的规定。

条文解读

本条第1款规定了被指定管辖的监察机关在调查结束后应当如何处理。被指定管辖的监察机关在调查完结之后，应当依照规定将案件移送审理，依照本条例的规定，经监察机关调查认为被调查人构成职务违法或者职务犯罪的，应当区分不同情况提出相应处理意见，经审批将调查报告、职务违法或者职务犯罪事实材料、涉案财物报告、涉案人员处理意见等材料，连同全部证据和文书手续移送审理。对涉嫌职务犯罪的案件材料应当按照刑事诉讼要求单独立卷，与《起诉建议书》、同步录音录像资料和涉案财物报告等材料一并移送审理。案件审理部门收到移送审理的案件后，应当审核材料是否齐全、手续是否完备。对被调查人涉嫌职务犯罪的，还应当审核相关案卷材料是否符合职务犯罪案件立卷要求，是否在调查报告中单独表述已查明的涉嫌犯罪问题，是否形成《起诉建议书》。经审核符合移送条件的，应当予以受理；不符合移送条件的，经审批可以暂缓受理或者不予受理，并要求补充完善材料。对于移送审理的案件，应当提请监察机关集体审议。

本条第2款规定了本应由上级监察机关管辖的案件被指定给下级机关管辖的，下级监察机关应当将案件报请上级机关作出处置。上级机关基于实际需要，将本应由自己管辖的案件指定给下级机关管辖，被指定的下级监察机关应当按照本条第1款的规定办理，被指定管辖的下级监察机关按照第1款规定办理之后，应当将案件报上级监察机关作出政务处分决定等处置。依照《公职人员政务处分法》的规定，政务处分的种类包括警告、记过、记大过、降级、撤职、开除六种类型。

上级监察机关在作出具体处置决定之前，应当对案件进行审理，审核材料是否齐全、手续是否完备。对被调查人涉嫌职务犯罪的，还应当审核相关案卷材料是否符合职务犯罪案件立卷要求，是否在调查报告中单独表述已查明的涉嫌犯罪问题，是否形成《起诉建议书》。经审核符合移送条件的，应当予以受理；不符合移送条件的，经审批可以暂缓受理或者不予受理，并要求补充完善材料。

本条第 3 款规定了上级监察机关可以将下级监察机关管辖的案件指定给其他下级监察机关管辖，如某市监委将本应由 A 县监委管辖的案件制定给该市 B 县监委管辖。被指定管辖的监察机关在审查结束后应当将案件移送审理，提请监察机关集体审议，并由被指定管辖的监察机关将案件移送给有管理权限的监察机关作出政务处分决定等处置。有管理权限的监察机关应当进行审理，如果审理过程中发现自己与被指定管辖的监察机关意见存在不一致的，双方应当沟通协商解决。协商不能取得一致的，报请有权决定的上级监察机关决定。为方便有管辖权的监察机关正确处理案件，有管辖权的监察机关和被指定管辖的监察机关协商一致后，有管辖权的监察机关于被指定管辖的监察机关审理阶段即可提前阅卷，了解案件情况。

本条第 4 款规定了重大、复杂的案件，被指定管辖的监察机关将处理意见报有权决定的上级监察机关审核。依照本条例第 217 条的规定重大案件一般是指在本省、自治区、直辖市或者全国范围内有较大影响的案件，对于重大、复杂案件，被指定管辖的监察机关经审议后将处理意见报有权决定的上级监察机关审核同意的，有管辖权的监察机关可以经集体审议后依法作出处置决定。

关联法条

《监察法》第 16、17 条；《公职人员政务处分法》第 51 条

第六节　处　　置

第二百条　监察机关根据监督、调查结果，依据监察法、政务处分法等规定进行处置。

条文主旨

本条是关于监察机关开展处置活动时应当遵循的基本原则的规定。

条文解读

按照《监察法》的规定，监察委员会依法履行监督、调查、处置职责。“处置”是指监察机关在履行监督、调查职责后，对确认违法、犯罪的行为进行处理的监察活动，是监察机关的主要职责之一。本条即为监察机关处置活动的总括性规定。根据《监察法》第 5 条的规定，国家监察工作以事实为根据，以法律为准绳。本条正是体现了监

察机关处置活动应当遵循"以事实为根据，以法律为准绳"的基本原则。

一方面，监察机关的处置活动必须"以事实为依据"，即要求监察机关办理案件必须实事求是，依据客观现实认定案件事实。这里的事实是指通过合法的监督、调查手段获得的证据而得以证明的事实。只有尊重客观事实，证明的事实所依据的证据充分且合法，监察处置活动才具备合法性与正当性。《监察法》第 33 条明确规定，以非法方法收集的证据应当依法予以排除，不得作为案件处置的依据。"非法证据排除规则"是实现监察程序公正的重要规则。这意味着，如果证明的事实所依据的证据的获得手段与途径不合法，如采用了刑讯逼供等侵犯人权的手段，那么相关证据就缺乏法律效力，从而所证明的事实就不能作为监察处置活动的事实依据。

另一方面，监察机关的处置活动必须"以法律为准绳"，即要求监察机关的处置活动必须要在查明案件事实的基础上，依照相关法律之规定对案件作出正确的处理，准确认定涉案人员是否构成违法、犯罪，以及适用何种处罚，从而作出公正的处置决定。这一要求是监察法"依法监察"原则的根本体现。《监察法》第 5 条规定，国家监察工作严格遵照《宪法》和法律。"依法监察"原则是《宪法》所确立的"法治原则"的体现，《宪法》第 5 条第 1 款规定，中华人民共和国实行依法治国，建设社会主义法治国家。根据《监察法》第 1 条的规定，国家监察的目的是加强对所有行使公权力的公职人员的监督，实现国家监察全面覆盖，深入开展反腐败工作，推进国家治理体系和治理能力现代化。既然国家监察是推进国家治理的重要方式，而国家治理以法治为基本方式，那么国家监察自然也需要遵循法治原则。法治原则意味着任何公权力都必须要在法治的框架内运行，这意味着监察权也必须受到法律的制约。"依法监察"原则在监察处置活动中的具体展开主要包括两方面：一是监察处置活动的"程序法定"，即监察机关进行的处置活动必须依照法定程序进行，要明确区分不同处置活动的相应程序要求。二是监察处置活动的"适用条件法定"，即不同的处置措施有不同的适用条件，必须要符合相关构成要件才能采取相应处置措施，从而确保处置措施的合法适用，防止监察机关及其工作人员滥用处置权力，避免被调查人的权利受不法侵害。

实务难点指引

本条的实务难点在于监察机关进行处置活动的法律依据的选择。本条规定了监察机关进行处置活动的法律依据主要包括《监察法》《公职人员政务处分法》等，此中的"等"如何理解？是"等内等"还是"等外等"？这里理解为"等内等"较为适宜，这是"法治原则"与"依法监察原则"的具体要求。《监察法》及其实施条例的颁布之目的在于确保监察活动在法治范围内进行，若理解为"等外等"则可能会扩大监察活动的随意性，与监察立法的目的相悖。因此，应当将"等"控制在相对稳定的范围之内。理解为"等内等"则意味着监察处置活动的依据是《监察法》《公职人员政务处分法》等具有相同性质的法律规范展开处置活动，不能随意扩大或者改变处置活动的种类、适用条件以及程序。

关联法条

《监察法》第 11、13、36、45 条

第二百零一条　监察机关对于公职人员有职务违法行为但情节较轻的，可以依法进行谈话提醒、批评教育、责令检查，或者予以诫勉。上述方式可以单独使用，也可以依据规定合并使用。

谈话提醒、批评教育应当由监察机关相关负责人或者承办部门负责人进行，可以由被谈话提醒、批评教育人所在单位有关负责人陪同；经批准也可以委托其所在单位主要负责人进行。对谈话提醒、批评教育情况应当制作记录。

被责令检查的公职人员应当作出书面检查并进行整改。整改情况在一定范围内通报。

诫勉由监察机关以谈话或者书面方式进行。以谈话方式进行的，应当制作记录。

条文主旨

本条是关于监察机关对于公职人员有职务违法行为但情节较轻的如何进行处置的规定。

条文解读

《监察法》第 45 条规定，对有职务违法行为但情节较轻的公职人员，监察机关按照管理权限，可以直接或者委托有关机关、人员，进行谈话提醒、批评教育、责令检查，或者予以诫勉。本条是该条内容的具体化。本条由四个方面的内容组成：

第一，本条的适用情节是公职人员有职务违法行为但情节较轻。这其中包含两个要素：一是存在职务违法行为；二是职务违法行为的情节较轻。"职务违法行为"是指行使公权力的公职人员利用职务之便所实施的违反法律规范的行为，但是该行为

尚未违反刑法规范,未达到职务犯罪的追诉标准。[①] 依据《监察法》第 11 条的规定,监察机关重点监督、调查和处置的职务违法行为包括贪污贿赂、滥用职权、玩忽职守、权力寻租、利益输送、徇私舞弊以及浪费国家资财等。上述情形即可能是职务违法行为,也可能是职务犯罪行为,主要看上述情形是否达到职务犯罪的程度,是否达到犯罪的立案标准。"情节较轻"是指职务违法行为的社会危害性较低,尚未因为职务违法而明显侵害社会公共利益,使公众的生命与财产受到威胁,因此可以免于处分或免于承担相关法律责任。

第二,在公职人员有职务违法行为,但情节较轻的情况下,监察机关可以采用的处置方式包括:(1)谈话提醒;(2)批评教育;(3)责令检查;(4)诫勉。上述处置方式是监察机关发现苗头性、倾向性问题或者轻微违纪问题时的常用手段,可以提高纪检监察监督的针对性和实效性。上述处置方式虽然不会产生具体的法律后果,但是能够发挥警示、教育作用,目的在于让相关存在错误、不当行为的人员"红红脸、出出汗"。这是中国共产党"惩前毖后、治病救人"方针的贯彻,也是《监察法》"惩戒与教育相结合""宽严相济"理念的贯彻。如《监察法》第 5 条明确规定,国家监察工作严格遵照惩戒与教育相结合,宽严相济。"谈话提醒"是通过谈话的方式警醒被谈话人员,防止轻微违纪问题进一步扩大。这里的谈话提醒是经过调查之后的处置阶段所采取的措施,与《监察法》第 19 条规定中涉及的具有预防性质的"谈话"具有阶段性差别。"批评教育"是指出相关被批评教育人员的错误并对其进行教育,提出整改意见,促使其及时改正问题。"责令检查"是让相关被责令检查人员主动反思自身问题并及时改正问题。"诫勉"是对相关被诫勉人员进行谈话规诫,对其整改情况进行监督管理,组织跟踪考核。[②]

第三,关于上述处置方式的行使限制。依据本条之规定,上述处置方式可以单独使用,即只使用一种处置方式;或可以合并使用,即同时采用 2 种或 2 种以上的处置方式,但限定条件是"依据规定"使用。这意味着上述规定的处置手段通常情况下只使用一种较为合适的手段,而在有具体规定的情况下则可以合并使用。

第四,关于上述处置方式的行使程序。一是对于谈话提醒、批评教育这两种处置手段,其行使主体应当是监察机关相关负责人或者承办部门负责人,其他主体无权采取这一处置手段。特殊情况是经过批准后委托有职务违法行为但情节较轻的公职人

---

① 参见姚建龙、尹娜娜:《监察法视野下职务违法与职务犯罪的界分——以监察程序的完善为重点》,载《上海政法学院学报》2018 年第 6 期。

② 参见马怀德主编:《〈中华人民共和国监察法〉理解与适用》,中国法制出版社 2018 年版,第 173 页。

员所在的单位主要负责人进行谈话提醒、批评教育。本条还要求采取谈话提醒、批评教育这两种处置手段时应当制作记录，这是对谈话提醒、批评教育的程序性规定，是行使这两种处置方式时的必备要素。这是因为谈话提醒、批评教育通常都是以口头的方式进行，容易流于形式。记录能够避免谈话提醒、批评教育走向形式化，也有利于后续对监察工作的监督与整改，推进监察机关办案严格化、合法化、程序化。二是责令检查这一处置手段包含三个基本要素：(1)被责令检查人员作出书面检查；(2)被责令检查人员进行整改；(3)被责令检查人员的整改情况在一定范围内通报，三个要素缺一不可，共同确保了责令检查手段的有效性。书面检查确保了责令检查手段不流于形式，通报确保了责令检查的效果得到外部监督。这里的通报通常是指被责令检查人员所在单位的范围内通报。三是诫勉这一处置手段包含两个基本要素：(1)行使方式既可以通过谈话方式进行，也可以通过书面方式进行，监察机关具有裁量权，主要视案情决定最为适宜的手段；(2)采用谈话方式进行的诫勉活动应当制作记录，其原理与采取谈话提醒方式时需要进行记录的原理一致。

关联法条

《监察法》第45条；《公职人员政务处分法》第11、12条；《公务员法》第57条；《中国共产党纪律检查机关监督执纪工作规则》第30条

第二百零二条　对违法的公职人员依法需要给予政务处分的，应当根据情节轻重作出警告、记过、记大过、降级、撤职、开除的政务处分决定，制作政务处分决定书。

条文主旨

本条是关于政务处分决定的程序性规定。

条文解读

《监察法》第45条规定，监察机关根据监督、调查结果，依法对违法的公职人员依照法定程序作出警告、记过、记大过、降级、撤职、开除等政务处分决定。本条是对该条所规定的政务处分这一处置手段的程序性规定，主要包含三个方面的内容：

第一，本条的适用对象是违法的公职人员，适用于公职人员存在较为严重的职务

违法行为但尚未构成犯罪的情形。与上一条“具有违法行为但情节较轻”情形相比，本条的适用情形是已经产生了社会公共利益的损害事实，具有一定社会危害性，属于必须予以追究的情况。

第二，本条所对应的监察机关的处置行为是政务处分，本条又规定依据情节轻重，所给予的政务处分的具体类型包括警告、记过、记大过、降级、撤职、开除等 6 种政务处分手段。这 6 种手段的适用情节是由轻到重，逐次递增。作出这样的区分说明监察法治正迈向精细化。“警告”是对违法的公职人员的警示与告诫，是政务处分诸多种类中最为轻微的一种，适用的是违法行为情节较轻但是必须给予政务处分的情形。“记过”与“记大过”亦是对违法的公职人员给予警示与告诫，但相较于警告，记过、记大过的程度更重，一般适用于违法行为情节已经产生一定不利后果的情形。“降级”是降低公职人员的级别以及降低相应的工资与待遇，相较于警告、记过、记大过，降级不仅产生警示与告诫的效果，还会产生公职人员的实质性损失，一般适用于违法行为情节比较严重的情形。“撤职”是指撤销存在违法行为的公职人员所担任的职务，撤职是保留公职人员身份，但是对存在违法行为的公职人员实施的最为严厉的处分，适用的情形是违法行为情节严重。“开除”是解除存在违法行为的公职人员与所在单位的人事关系或劳动关系，剥夺公职人员身份。开除是对存在违法行为的公职人员最严厉的政务处分行为，适用情形是违法行为特别严重。①

第三，本条规定了政务处分决定行为的必备要素，即要求必须制作政务处分决定书。依据《公职人员政务处分法》第 45 条规定，政务处分决定书应当载明的内容包括：(1)被处分人的姓名、工作单位和职务；(2)违法事实和证据；(3)政务处分的种类和依据；(4)不服政务处分决定，申请复审、复核的途径和期限；(5)作出政务处分决定的机关名称和日期，以及应当盖有作出决定的监察机关的印章。上述要素确保了政务处分决定作出的合法性与合理性，是依法监察原则的贯彻与落实。

关联法条

《监察法》第 45 条；《公职人员政务处分法》第 3—51 条；《中国共产党纪律处分条例》第 8—29、33 条

---

① 参见秦前红编著：《〈中华人民共和国公职人员政务处分法〉解读与适用》，法律出版社 2020 年版，第 20 页。

第二百零三条 监察机关应当将政务处分决定书在作出后一个月以内送达被处分人和被处分人所在机关、单位，并依法履行宣布、书面告知程序。

政务处分决定自作出之日起生效。有关机关、单位、组织应当依法及时执行处分决定，并将执行情况向监察机关报告。处分决定应当在作出之日起一个月以内执行完毕，特殊情况下经监察机关批准可以适当延长办理期限，最迟不得超过六个月。

条文主旨

本条是关于政务处分决定书的送达、宣布、告知、生效日期、效力的基本规定。

条文解读

政务处分决定书的送达具有重要意义。"送达"是政务处分活动中不可缺少的组成部分，能够保障受政务处分的公职人员的抗辩权利与知情权利，从而保障受政务处分的公职人员的正当程序权利，体现了监察法治秉持程序正义的基本理念。《公职人员政务处分法》第46条规定："政务处分决定书应当及时送达被处分人和被处分人所在机关、单位，并在一定范围内宣布。作出政务处分决定后，监察机关应当根据被处分人的具体身份书面告知相关的机关、单位。"该条并未对政务处分决定书送达的具体时间等进行限制。本条即为《公职人员政务处分法》第46条的进一步规定，主要包含六个方面的内容：

(1)政务处分决定书的送达主体是作出政务处分决定书的监察机关。

(2)政务处分决定书的送达时间限定为决定书作出后的1个月之内，需要注意的是，这其中的"一个月"并非指"工作日"，起算日期以政务处分决定书上的落款日期为准。若遇到不可抗力，如地震、台风、海啸等自然灾害而影响送达时间，则可以适当延长或重新送达政务处分决定书。

(3)政务处分决定书的送达对象为被处分人以及被处分人所在机关、单位，这两个主体缺一不可，都必须送达。

(4)作出政务处分决定的监察机关负有宣布、书面告知义务。依据《公职人员政务处分法》第46条，"宣布"指依照程序要求，将政务处分决定书在一定范围内宣布，通常是被政务处分人所在机关、单位。"书面告知"指依照程序要求，监察机关根据被处分人的具体身份书面告知相关的机关、单位。对于宣布程序、书面告知程序，二者的时间限定同样是1个月之内。

(5)政务处分决定的生效日期是政务处分决定作出之日起,区别于行政行为以送达为生效标志,这是区分行政处罚与政务处分决定的重要标志。

(6)政务处分决定的效力不仅及于受政务处分人员,也对受政务处分人员所在机关、单位、组织等有关主体产生效力。本条规定了有关主体执行政务处分决定的义务与报告执行情况的义务。如受到降级以上政务处分的公职人员,其所在的人事部门就应当按照管理权限办理职务、工资及其他有关待遇等的变更手续。这一规定是为了强化政务处分决定的执行。对于前者而言,要求有关主体履行执行义务之时应当依法进行,从而符合监察法治的基本要求,讲究程序正义与实体正义。同时也需要及时进行从而符合效率原则,提高政务处分作用的实效性。本条亦对执行效率的要求作出具体规定,即政务处分决定应当在处分决定作出之日起1个月内执行完毕。在特殊情况下,如出现不可抗力而导致执行不能,则可以适当延长办理期限。但是必须满足两个基本要素:一是程序性要求,即经监察机关批准,批准主体通常为作出政务处分决定的机关。二是最长时限要求,即不超过6个月。

实务难点指引

本条在实践中需要注意的是送达的方式。本条规定的政务处分决定书的送达对象包括受政务处分的公职人员及其所在的机关、单位或组织,这可能导致的问题包括:一是二者的送达难度存在区别,出现一方收到而另一方面没有收到的情况。尤其是出现受政务处分的公职人员故意不签收此类文书的情况。二是由于送达对象增加,送达受到地理位置、交通因素、邮递原因而影响送达的概率增加。对于第一种情况,可以借鉴《刑事诉讼法》《行政处罚法》《民事诉讼法》关于送达时出现类似情况的有关规定。当然,需要注意的是,由于本条规定的是两个不同的被送达主体,因此不能将单位代收与单位签收混同,以此推定已经送达当事人。对于第二种情况,可以考虑综合应用不同的送达方式,提前预判送达难度从而确定送达方式,并且注意当出现不可抗力情况导致送达中断,重新送达或继续送达两种不同方式的时间限制差异,避免出现程序问题。

关联法条

《公职人员政务处分法》第46、54、62条;《中国共产党纪律检查机关监督执纪工作规则》第56条

第二百零四条　监察机关对不履行或者不正确履行职责造成严重后果或者恶劣影响的领导人员，可以按照管理权限采取通报、诫勉、政务处分等方式进行问责；提出组织处理的建议。

条文主旨

本条是关于监察问责与监察建议形式的规定。

条文解读

《监察法》第 45 条规定，监察机关根据监督、调查结果，对不履行或者不正确履行职责负有责任的领导人员，按照管理权限对其直接作出问责决定，或者向有权作出问责决定的机关提出问责建议。本条是对该内容的具体规定。国家公权力的运作应遵循“权责统一”的法理逻辑，有权必有责，权责相对等，失责必然被追究。对在党和国家事业中失职失责的领导人员进行问责是从严治政的利器，[①]通过问责能够强化公职人员的责任意识。本条主要包括以下三个方面的内容：

（1）本条的适用对象是国家机关中负有责任的领导人员，而并非一般的工作人员。习近平总书记指出，要坚持抓住领导干部这个“关键少数”。领导干部在一定范围内负有主体责任、监督责任、领导责任，只有抓住领导干部这个“关键少数”才能促进领导干部坚持把自己摆进工作、把职责摆进工作，勇于担当、敢于负责，不推卸责任。

（2）本条适用的情形是：首先是存在领导人员不履行职责或者不正确履行职责这一事实前提。对于领导人员的职责需要依法认定，可以参见相关法律规范以及党内法规的规定。其次是领导人员不履行职责或者不正确履行职责这一事实产生严重后果或者恶劣影响。《中国共产党问责条例》第 7 条对应当予以问责的情形作出了具体规定，包括党的领导弱化、党的政治建设抓得不实、党的思想建设缺失、党的组织建设薄弱、党的作风建设松懈、党的纪律建设抓得不严等情形。

（3）在符合上述条件之后，监察机关可以给予相关领导人员问责处置。问责主要包括 3 种方式：通报、诫勉、政务处分。“通报”是进行严肃批评，责令作出书面检查、切实整改，并在一定范围内通报。“诫勉”是以谈话或者书面方式进行批评与教育。

---

① 参见中共中央纪律检查委员会中华人民共和国国家监察委员会法规室编写：《〈中华人民共和国监察法〉释义》，中国方正出版社 2018 年版，第 206 页。

"政务处分"是对失职失责、危害严重,应当给予政务处分的,依照《公职人员政务处分法》追究政治责任。上述3种方式的适用应当视具体事实情节而定,情节相对较轻的适用通报,情节相对较重的适用政务处分。同时,本条规定"等"则意味着通常情况下采取上述3种方式,在特殊情况下监察机关可以采取其他方式,但是这些方式应当与通报、诫勉、政务处分相当,并且应当按照具体情形合法、合理使用。除了采取问责的处置手段,监察机关还可以采用监察建议的手段对符合问责情形的领导人员提出组织调整或组织处理的建议。"组织调整建议"是指监察机关可以建议有关单位该受处置的领导人员不宜再担任相关职位的领导人员,建议进行调整。"组织处理建议"是指监察机关可以建议有关单位如何处置相关领导人员,包括停职检查、责令辞职、免职、降职等。这本质是监察机关以监察建议的形式介入组织内部对相关领导人员处理,从而发挥监察建议的作用。

实务难点指引

第一,上述问责方式可以单独使用,也可以依据规定合并使用。第二,问责与组织处置的监察建议可以并列使用,也可以分开使用。即监察机关对于相关领导人员可以只采用问责手段或者组织处置建议手段,也可以合并使用。第三,问责需要分清责任。依据《中国共产党问责条例》之规定,党组织领导班子在职责范围内负有全面领导责任,领导班子主要负责人和直接主管的班子成员在职责范围内承担主要领导责任,参与决策和工作的班子成员在职责范围内承担重要领导责任。

典型案例

J省H市Q区某小区改造项目施工现场发生一起安全事故。Q区纪委监委在对事故进行问责追责过程中发现,事故的背后是"指尖上的形式主义"在作祟,即网络政务工作群组"变味",充斥形式主义。Q区纪委监委对直接责任人王某某给予撤职处分。该案共立案查处5人,问责2人,提醒谈话1人。在该案中,监察机关对不履行或者不正确履行职责造成严重后果或者恶劣影响的领导人员王某某等人正是根据具体情节采取了多种问责方式。①

关联法条

《监察法》第45条;《中国共产党问责条例》第4—16条

---

① 参见初英杰:《持之以恒整治指尖上的形式主义——从群里吼到实地走》,载《中国纪检监察报》2021年7月5日,第6版。

第二百零五条　监察机关依法向监察对象所在单位提出监察建议的，应当经审批制作监察建议书。

监察建议书一般应当包括下列内容：

（一）监督调查情况；

（二）调查中发现的主要问题及其产生的原因；

（三）整改建议、要求和期限；

（四）向监察机关反馈整改情况的要求。

条文主旨

本条是关于监察建议书的具体要求的规定。

条文解读

《监察法》第45条规定，监察机关根据监督、调查结果，依法对监察对象所在单位廉政建设和履行职责存在的问题等提出监察建议。"监察建议书"是监察机关作出监察建议的形式载体，是指载有监察机关根据监督调查情况指出调查中发现的主要问题及其产生的原因，并提出具体整改建议的具有法律效力的法律文书。本条对监察建议书的具体要求作出了规定。第一，监察建议书的制作需要经过审批，不得随意制作。审批制确保了监察建议的权威性，保障了监察建议内容的准确性。第二，监察建议书应当载明的内容包括：(1)监督调查情况、调查中发现的主要问题及其产生的原因，即为什么需要提出监察建议。一方面，需要客观陈述监督调查情况的事实，如被调查人违法乱纪的具体事实与相关证据；另一方面，需要客观陈述调查中发现的问题，包括被建议单位廉政建设、履行职责，如制度建设、权力配置和运行制约机制、监督体系等方面存在的问题，从而促进完善制度机制，以及分析上述问题产生的原因。(2)提出具体的整改建议、整改要求以及整改期限。提出整改建议即"怎么做"，是为被建议单位所存在的问题提供整改方向与要求。提出整改期限是为了防止被建议单位怠慢监察机关所提出的整改建议。(3)设定被建议单位反馈整改情况的义务，要求被建议单位向监察机关反馈整改情况，从而避免监察建议陷入形式主义。上述内容在监察建议书中缺一不可，否则属于形式不规范的监察建议书。

实务难点指引

第一，关于监督调查情况、调查中发现的主要问题，监察机关应当实事求是地记载，详细、准确地指出问题之所在，尤其是问题需要找准、原因分析需要深刻，这直接影响到监察建议的实效性与准确性。第二，监察机关所提出的监察建议，应当务实，做到具体问题具体分析，确保监察建议能够落地。第三，监察建议的时间限制应当合法、合理，不宜过长，也不宜过短。时间过长会导致监察建议被怠慢，时间过短不利于监察建议的落实。

典型案例

X县纪委监委在办理一起违纪案件时发现，该县Q镇存在村级项目经费财务报销不规范，"白条入账"等问题。在对相关人员进行调查处理的同时，纪委监委向该镇发出了监察建议书。X县纪委监委在对违纪违法人员进行严肃处理的同时，充分发挥监察建议书的监督提醒作用，针对被建议单位廉政建设、履职不力等方面的问题，列清单、析原因、提建议，并要求被建议单位在规定时间内就建议的采纳情况与整改落实情况提交书面报告。①

关联法条

《监察法》第62条；《公职人员政务处分法》第3条；《纪检监察机关处理检举控告工作规则》第34条；《中国共产党纪律检查机关监督执纪工作规则》第19条

第二百零六条　监察机关经调查，对没有证据证明或者现有证据不足以证明被调查人存在违法犯罪行为的，应当依法撤销案件。省级以下监察机关撤销案件后，应当在七个工作日以内向上一级监察机关报送备案报告。上一级监察机关监督检查部门负责备案工作。

省级以下监察机关拟撤销上级监察机关指定管辖或者交办案件的，应当将《撤销案件意见书》连同案卷材料，在法定调查期限到期七个工作日前报指定管辖或者交办案件的监察机关审查。对于重大、复杂案件，在法定调查期限到期十个工作日前报指定管辖或者交办案件的监察机关审查。

指定管辖或者交办案件的监察机关由监督检查部门负责审查工作。指定管辖或者交办案件的监察机关同意撤销案件的，下级监察机关应当作出撤销案件决定，制作《撤销案件决定书》；指定管辖或者交办案件的监察机关不同意撤

① 参见甘娜、宋海燕：《湖北咸丰发出监察建议书12份　督促整改问题15个》，载《中国纪检监察报》2018年9月9日，第2版。

销案件的，下级监察机关应当执行该决定。

监察机关对于撤销案件的决定应当向被调查人宣布，由其在《撤销案件决定书》上签名、捺指印，立即解除留置措施，并通知其所在机关、单位。

撤销案件后又发现重要事实或者有充分证据，认为被调查人有违法犯罪事实需要追究法律责任的，应当重新立案调查。

条文主旨

本条是关于监察机关撤销案件的有关规定。

条文解读

《监察法》第45条第2款规定，监察机关经调查，对没有证据证明被调查人存在违法犯罪行为的，应当撤销案件，并通知被调查人所在单位。本条是对该款的进一步规定。撤销案件制度是监察制度的重要组成部分，撤销案件属于监察机关的自我纠正行为，目的在于及时终止错误或不当的监察调查行为，从而保障被调查的公职人员的合法权益，也保证了监察调查活动的权威性。本条的法理依据有两点：一是贯彻了监察机关“以事实为依据，以法律为准绳”的基本原则，要求监察机关秉持实事求是的工作态度，若无法证实或者现有证据不足以证实被调查的公职人员存在违法或犯罪的事实，就应当尊重客观事实，撤销案件。二是贯彻了宪法保障权利的基本精神。监察调查活动会带来被调查的公职人员的部分权益的暂时性克减。而若被调查的公职人员不存在违法或者犯罪的事实，这种克减就是侵犯了被调查的公职人员的合法权益，因此应当立即结束。具体而言，本条主要包含以下三个方面的内容：

第一，撤销案件的前提条件是监察机关经过调查后发现没有证据或者现有证据不足以证明被调查人存在违法犯罪行为，且这里的证据必须是经过合法程序所获得的，即经过非法证据排除规则的检验。

第二，撤销案件必须依法进行，如此才能贯彻“依法监察”的基本原则。本条对撤销案件的程序要求作了规定。首先，不同的主体所享有的撤销案件的自主性与程序要求有所区别。对于省级以下监察机关撤销案件，除上级监察机关指定管辖或者交办的案件以外，其他均具有自主权，可以自行撤销，并制作《撤销案件决定书》。但是，应当在7个工作日内向上一级监察机关报送备案报告。这是我国监察制度领导体制的特征之体现，即上级监察机关领导下级监察机关的工作。因此，下级监察机关自然需要及时向上级监察机关对重要事项进行报告，撤销案件就是重要事项，应当及时做备案报告。而对于上级监察机关指定管辖或者交办的案件,省级以下监察机关无自主撤销权。这同样是由我国监察制度领导体制的特征所决定,针对此类案件,省级以下监察机关并不享有自主撤销权,须经指定管辖或交办的监察机关审查。报送审查的材料包括《撤销案件意见书》、案卷材料。报送审查的时间限制是法定调查期限到期7个工作日前。针对重大、复杂案件,报送审查的时间限制放宽为法定调查期限到期10个工作日前。只有完成上述程序,当指定管辖或者交办案件的监察机关同意撤销案件时,下级监察机关才能作出撤销案件决定,并需要制作《撤销案件决定书》;若不同意撤销案件,下级监察机关就无法撤销案件,需要继续执行。其次,撤销案件的必经程序包括:(1)监察机关向被调查人宣布撤销案件的决定。(2)被调查人在《撤销案件决定书》上签名、捺指印。上述两项程序能够确保被调查人的知情权。(3)解除留置措施。在本条中,解除留置措施的时间被限定为"立即解除",这体现了监察机关对监察工作效能原则的贯彻,也体现了监察机关尊重与保障被调查的公职人员的权益,因为监察调查活动会涉及被调查的公职人员的权益的暂时性克减,若不立即解除留置等措施,会造成被调查的公职人员的权益克减。由于此时的克减缺乏客观的事实基础与合理怀疑的阻却,因此要求必须立即解除。(4)通知被调查人所在单位。这一程序性措施有利于监察机关为被调查人消除影响,必要时监察机关可以在一定范围内对被调查人的情况予以澄清,[①]从而保障被调查人的合法权益。

第三,本条设立了撤销案件后的重新立案调查程序。如前所述,监察机关办案需要遵循"以事实为依据,以法律为准绳"的基本原则,在无法证实或现有证据不足以证实被调查的公职人员存在违法犯罪事实的情况下,监察机关自然应当尊重客观事实,撤销案件。但是,若出现可以重新证明被调查的公职人员存在违法犯罪的事实,并且依法应当被追究法律责任的情况,那么自然也需要尊重客观事实,重新进行立案调查。这一程序的设立能够提高腐败治理的效果,确保腐败行为无处遁形。

关联法条

《监察法》第45条;《公职人员政务处分法》第44条

第二百零七条　对于涉嫌行贿等犯罪的非监察对象,案件调查终结后依法移送起诉。综合考虑行为性质、手段、后果、时间节点、认罪悔罪态度等具体情

① 参见马怀德主编:《〈中华人民共和国监察法〉理解与适用》,中国法制出版社2018年版,第177页。

况，对于情节较轻，经审批不予移送起诉的，应当采取批评教育、责令具结悔过等方式处置；应当给予行政处罚的，依法移送有关行政执法部门。

对于有行贿行为的涉案单位和人员，按规定记入相关信息记录，可以作为信用评价的依据。

对于涉案单位和人员通过行贿等非法手段取得的财物及孳息，应当依法予以没收、追缴或者责令退赔。对于违法取得的其他不正当利益，依照法律法规及有关规定予以纠正处理。

条文主旨

本条是关于涉嫌行贿等犯罪的非监察对象的处置方式的规定。

条文解读

监察机关在调查职务违法和职务犯罪时，其主要调查对象就是作为其监察对象的公职人员和有关人员，不过非监察对象在涉嫌行贿等犯罪时，同样在监察调查范围之内，这既是实现国家监察全面覆盖的应有之义，也是打击腐败行为、推进廉政建设的必要内容。因此，根据调查结果，就需要对这部分非监察对象作出处置，本条的目的即在于规范和保障监察机关对非监察对象的处置工作，既防止其滥用处置权限，又保证其依法履行处置职责。

本条第 1 款规定，根据案件调查情况，监察机关对非监察对象有 3 种处置方式：(1)移送起诉。经过调查，如果非监察对象涉嫌行贿等犯罪的，案件调查终结后应移送起诉。本条对于移送起诉的条件、内容虽未作出具体规定，但是根据《监察法》第 45 条规定以及本实施条例第 212 条规定，非监察对象被移送起诉的条件是经调查犯罪事实清楚，证据确实充分，移送对象除了非监察对象外，还包括案卷材料、证据、起诉意见书，接受移送的主体是检察机关。(2)批评教育、责令具结悔过等方式处置。综合考虑行为性质、手段、后果、时间节点、认罪悔罪态度等具体情况，对于情节较轻的，不构成犯罪也未达到行政违法程度的，经过审批可以不移送起诉，但应当采取批评教育、责令具结悔过等方式处置，让非监察对象认识到自身错误，真正悔过，并且向社会传达对其行为的否定评价。(3)行政处罚。对于情节较轻的，未构成犯罪但达到行政违法程度的，经过审批可以不移送起诉，但应当给予相应的行政处罚，对此将非监察对象移送给有关的行政执法部门，由行政机关根据相关立法作出行政处罚决定。

本条第 2 款规定，对于行贿行为的涉案单位和人员，可以记入信用记录，作出信用评价。为了全面预防腐败行为,对于行贿的涉案单位和人员,除了第 1 款规定的处置手段之外,还可以借助当前的信用评价体系,对其作出负面评价,从而在其参与社会活动、经济活动时,作出更为严格、谨慎的评价,提高其准入门槛,从而预防违法犯罪行为的发生概率。对此,可以根据法律规定,将行贿情况记入相关信息记录,并作为将来信用评价的依据。

本条第 3 款规定通过行贿等非法手段所取得利益的处置方式。任何人不得因其非法行为而获利,对于违法犯罪所得的利益,需要依法作出恰当处理。涉案单位和人员通过行贿等非法手段获取的不正当利益一般可以分为两种,并对应不同的处置方式:(1)对于以非法手段所取得的财物及孳息,应当依法予以没收、追缴或者责令退赔。"没收"是指将违法取得的财物强制收归国有,没收的财物一律上缴国库。"追缴",是指将违法取得的财物予以追回的行为,追缴的财物退回原所有人或者原持有人;依法不应退回的,上缴国库。"责令退赔",是指责令违法的公职人员将违法取得的财物予以归还,或者违法取得的财物已经被消耗、毁损的,用与之价值相当的财物予以赔偿的行为。(2)对于违法取得的其他不正当利益,如因行贿而获得荣誉表彰等,则根据具体情况,依照法律法规及有关规定予以纠正处理。

关联法条

《监察法》第 46 条;《刑法》第 37 条

第二百零八条　对查封、扣押、冻结的涉嫌职务犯罪所得财物及孳息应当妥善保管,并制作《移送司法机关涉案财物清单》随案移送人民检察院。对作为证据使用的实物应当随案移送;对不宜移送的,应当将清单、照片和其他证明文件随案移送。

对于移送人民检察院的涉案财物,价值不明的,应当在移送起诉前委托进行价格认定。在价格认定过程中,需要对涉案财物先行作出真伪鉴定或者出具技术、质量检测报告的,应当委托有关鉴定机构或者检测机构进行真伪鉴定或者技术、质量检测。

对不属于犯罪所得但属于违法取得的财物及孳息,应当依法予以没收、追缴或者责令退赔,并出具有关法律文书。

对经认定不属于违法所得的财物及孳息,应当及时予以返还,并办理签收手续。

条文主旨

本条是关于涉案财物及孳息如何处置的规定。

条文解读

在职务犯罪调查中所涉及的财物及孳息，需要根据调查结果，区分不同情形予以不同处理，本条就是专门规范监察机关处置涉案财物及孳息的规定。

本条第1款是针对涉嫌职务犯罪所得财物及孳息的处理，即随案移送。对于这部分经由查封、扣押、冻结的财物及孳息，首先需要由监察机关妥善保管，包括确定保管人员、制作《移送司法机关涉案财物清单》、定期对账核实等。在调查结束移送检察院起诉时，要将制作的《移送司法机关涉案财物清单》以及作为证据使用的实物随案移送人民检察院，实物根据特殊情况不宜移送的，也应当将相关清单、照片和其他证明文件随案移送。

本条第2款是关于涉案财物的价格认定的规定。对于移送人民检察院的涉案财物，除了金钱之外往往还包括其他财物，当这些财物价值不明的，监察机关应当在移送起诉前及时委托专业机构和专业人员进行价格认定，对财物价格作出具体评估，以便于准确定罪量刑。在价格认定过程中，如果需要对涉案财物先行作出真伪鉴定或者出具技术、质量检测报告的，应当先委托有关鉴定机构或者检测机构进行真伪鉴定或者技术、质量检测，再以此为基础进行最后的价格认定。

本条第3款是针对不属于犯罪所得但属于违法取得的财物及孳息的处理，即没收、追缴或者责令退赔。不属于犯罪所得的财物及孳息，不需要随案移送，直接由监察机关根据案件情况作出相应处理。对于违法取得的财物，依法予以没收、追缴或者责令退赔，并出具详细载明处理结果的有关法律文书。

本条第4款是针对不属于违法所得的财物及孳息的处理，即及时返还。当涉案财物及孳息既非犯罪所得也非违法所得时，就是属于被调查人的合法财产，应当受到法律的保护，对此，监察机关在调查完毕之后，须及时予以返还，并办理相应的签收手续。需要注意的是，如果原合法财物被消耗、毁损的，需要用价值相当的财物予以赔偿。

关联法条

《监察法》第46条；《中国共产党纪律检查机关监督执纪工作规则》第58条

第二百零九条　监察机关经调查,对违法取得的财物及孳息决定追缴或者责令退赔的,可以依法要求公安、自然资源、住房城乡建设、市场监管、金融监管等部门以及银行等机构、单位予以协助。

追缴涉案财物以追缴原物为原则,原物已经转化为其他财物的,应当追缴转化后的财物;有证据证明依法应当追缴、没收的涉案财物无法找到、被他人善意取得、价值灭失减损或者与其他合法财产混合且不可分割的,可以依法追缴、没收其他等值财产。

追缴或者责令退赔应当自处置决定作出之日起一个月以内执行完毕。因被调查人的原因逾期执行的除外。

人民检察院、人民法院依法将不认定为犯罪所得的相关涉案财物退回监察机关的,监察机关应当依法处理。

条文主旨

本条是关于监察机关处理涉案财物的具体规则的规定。

条文解读

《监察法》第46条规定,监察机关经调查,对违法取得的财物,依法予以没收、追缴或者责令退赔;对涉嫌犯罪取得的财物,应当随案移送人民检察院。本条是该条的具体规定。“追缴”是指将违法取得的财务予以追回,包括违反规定侵占的公共财产等。“责令退赔”是指责令违法的公职人员将违法取得的财务予以归还,如果违法所得的财务已经被消耗、毁损,应当予以等价赔偿。[①] 追缴或责令退赔是及时挽回腐败分子的违法乱纪行为对党和国家事业及其他组织或个人财产造成的损失的重要手段。[②] 具体而言,本条主要包含以下五个方面的内容:

(1)本条规定了公安、自然资源、住房和城乡建设、市场监管、金融监管等部门以及银行等金融机构协助监察机关对违法取得的财物及孳息进行追缴或者责令退赔的义务。这是《监察法》“配合制约原则”的贯彻。《宪法》第127条第2款规定,监察机关办理职务违法和职务犯罪案件,应当与审判机关、检察机关、执法部门互相配合,互

---

① 参见中共中央纪律检查委员会中华人民共和国国家监察委员会法规室编写:《〈中华人民共和国监察法〉释义》,中国方正出版社2018年版,第209－210页。

② 参见秦前红主编:《监察法学教程》,法律出版社2019年版,第366页。

相制约。《监察法》第 4 条第 3 款也作了同样的规定。通过国家机关之间相互配合实现腐败治理合力，实现腐败治理效能最大化。本条正是基于“配合原则”设定了多部门的协助义务，因为上述部门或机构更能获得准确、全面的涉案财产信息，从而有利于监察机关开展追缴或责令退赔等处置活动。

(2)本条的适用对象是违法取得的财物及孳息。同时，本条设定了追缴涉案财物的基本原则，即以追缴原物为主。之所以如此规定，是因为追缴的物品可能转换为其他形式，而再进行追缴则可能产生新的法律问题。

(3)本条规定了追缴涉案财物的特定情形的处理方式：一是若出现原物已经转化为其他财物的情形，由于仅涉及财物的形式转换，并未涉及第三人利益，因此需要追缴的是转化后的财物。二是若应当追缴、没收的涉案财物出现无法找到、被他人善意取得、价值灭失减损、与其他合法财产混合且不可分割等情况，则可以追缴、没收其他等值财产。之所以作出这样的规定，是因为被他人善意取得、与其他合法财产混合且不可分割等情形往往涉及第三人利益，此时若强制执行追缴，则可能会造成第三人合法利益减损，不符合监察法治保护公共利益的基本立意。

(4)本条限定了追缴或者责令退赔的时间，即为自处置决定作出之日起 1 个月内，从而强化了监察机关执行追缴或责令退赔的效率，避免因为时间拖延而导致涉案财务价值流失，是高效监察取向的体现。当然，若是由被调查人的原因造成追缴或者责令退赔逾期，如被调查人故意隐藏所需追缴的财物，则可以适当延期，但必须控制在合理的时间之内。

(5)对于人民检察院、人民法院退回的不认定为犯罪所得的相关涉案财物，监察机关应当依法处置。依据《公职人员政务处分法》第 25 条规定，公职人员违法取得的财物和用于违法行为的本人财物，应当退还原所有人或者原持有人的，依法予以退还；属于国家财产或者不应当退还以及无法退还的，上缴国库。

实务难点指引

追缴涉案财物的特定情形的处理，需要注意“应当”与“可以”的区分。若出现原物已经转化为其他财物的情形，是“应当”追缴转化后的财物。若追缴、没收的涉案财物出现无法找到、被他人善意取得、价值灭失减损、与其他合法财产混合且不可分割等情况，则是“可以”追缴、没收其他等值财产。在前一种情形中，监察机关无裁量权，必须追缴。而后一种情形中，监察机关享有裁量权，可以选择是否追缴、没收其他等值财产。是否追缴需要具体问题具体分析，考虑其他等值财产的没收是否会产生对第三人利益、公共利益的负面影响。

典型案例

在“中国华融资产管理股份有限公司原董事长赖某某涉嫌严重违法违纪案”中，由于所涉贪腐金额巨大，审查组在全力开展追赃工作的同时，加强其与公安机关、银保监会、国家外汇管理局、华融公司的协调沟通，多措并举对资产、资金进行变现、追缴。①

关联法条

《监察法》第46条；《国家监察委员会办公厅、公安部办公厅关于规范公安机关协助监察机关在涉案财物处理中办理机动车登记工作的通知》；《国家监察委员会办公厅、自然资源部办公厅关于不动产登记机构协助监察机关在涉案财物处理中办理不动产登记工作的通知》

第二百一十条　监察对象对监察机关作出的涉及本人的处理决定不服的，可以在收到处理决定之日起一个月以内，向作出决定的监察机关申请复审。复审机关应当依法受理，并在受理后一个月以内作出复审决定。监察对象对复审决定仍不服的，可以在收到复审决定之日起一个月以内，向上一级监察机关申请复核。复核机关应当依法受理，并在受理后二个月以内作出复核决定。

上一级监察机关的复核决定和国家监察委员会的复审、复核决定为最终决定。

条文主旨

本条是关于监察对象复审、复核的规定。

条文解读

复审复核制度是监察救济的重要一环。“复审”，是指监察机关对原处理决定进行审查、核实并作出复审决定的活动。“复核”，是指上一级监察机关对下一级监察机关作出的复审决定进行审查、核实并作出复核决定的活动。获得救济的权利是宪法权利。《宪法》第41条规定，中华人民共和国公民对于任何国家机关和国家工作人员

① 参见韩亚栋：《赖某某案涉案财物近17亿元已追缴》，载《中国纪检监察报》2020年8月14日，第4版。

的违法失职行为,有向有关国家机关提出申诉、控告或者检举的权利。监察机关案件处理结果直接关系到监察对象的利益,正所谓"无救济则无权利",建立复审复核制度是监察法对宪法所规定的公民享有的申诉权利的贯彻与落实,从而达到保障公民权利之效果。这也是我国《监察法》第 5 条所规定的"保障当事人的合法权益"的应有之义。同时,复审复核制度所依托的复审权、复核权,都属于程序性权利,程序性权利是宪法人权保障原则的基本要求,监察对象无论是否有实施违法或犯罪行为,都享有监察救济的程序性权利,这是现代法治所追求的正当程序的基本要求,如此才能防止公权力滥用和不当行使,避免出现冤假错案。具体而言,本条主要包含了六个方面的内容:

第一,申请复审、复核的主体是监察对象。依据《监察法》第 15 条规定,监察对象包括:(1)中国共产党机关、人民代表大会及其常务委员会机关、人民政府、监察委员会、人民法院、人民检察院、中国人民政治协商会议各级委员会机关、民主党派机关和工商业联合会机关的公务员,以及参照《公务员法》管理的人员;(2)法律、法规授权或者受国家机关依法委托管理公共事务的组织中从事公务的人员;(3)国有企业管理人员;(4)公办的教育、科研、文化、医疗卫生、体育等单位中从事管理的人员;(5)基层群众性自治组织中从事管理的人员;(6)其他依法履行公职的人员。

第二,本条规定了受理复审、复核申请的主体。受理复审申请的主体是作出处理决定的监察机关,这是监察机关自我纠错的表现。受理复核申请的主体是作出对复审决定的监察机关的上一级监察机关。这是我国监察体制的特征所决定的,上一级监察机关领导下一级监察机关,因此对于下一级监察机关的复审决定是否有误,上一级监察机关有复核的义务。

第三,复审复核的启动事由是监察对象"不服"监察机关对本人的处理决定,包括:(1)不认可监察机关的事实认定,如认为没有违法犯罪事实,或有违法犯罪的事实但与监察机关所认定的事实不符;(2)不认可监察机关的法律定性,如认为自身属于轻微犯罪但监察机关认定为严重犯罪,或认为是某一犯罪但监察机关认定为其他犯罪。①

第四,监察复审复核制度实行二审制。二审制度避免了监察资源的浪费,防止监察对象无理纠缠。首先,监察对象向作出处理决定的监察机关提出复审申请。也就是说,监察对象对监察处理决定不服,必须先通过原机关提出复审申请。其次,若监察对象对复审决定不服,监察对象向作出处理决定的监察机关的上一级监察机关申

---

① 参见吴建雄主编:《监督、调查、处置法律规范研究》,人民出版社 2018 年版,第 245 页。

请复核。这一规定能够消减监察对象对作出决定的原监察机关“自我复审”而产生的不信任，从而增强监察调查与处置的权威性。[①] 经过复核的决定为最终决定。需要注意的是，向国家监察委员会提出复审的为最终决定，向国家监察委的下一级部门提出复审后向国家监察委提出复核，复核为最终决定。

第五，对监察复审复核的时间进行了限制。一方面，对申请复审复核的监察对象，时间限定在1个月，逾期则不具有申请复审复核程序的机会。复审的时间限定是收到处理决定的1个月之内，复核的时间限定是收到复审决定的1个月之内。收到处理决定通常是指送达之日。另一方面，对受理复审复核的机关作出复审复核决定的时间进行限制。复审机关应当在受理后1个月内作出复审决定。复核机关应当在受理后2个月内作出复核决定。对作出复审复核决定的时间进行限制，是为了督促监察机关及时处理复审复核申请，提高监察机关的工作效率，避免出现因监察机关拖延工作而导致的监察对象正当权益受损。

第六，对监察处理主体的程序作出限制。依据本条之规定，要求依照法定程序受理。这意味着，只要符合法律规定的条件的复审复核申请都应当受理。这实际上预防了监察机关不受理复审复核申请的情形，解决了监察对象救济无门的问题。

实务难点指引

监察机关在受理复审或复核申请时应当遵循怎样的标准？由于复审复核是监察对象的救济渠道，并且这也是内部的最终救济渠道，若在申请受理环节设置了过高的受理标准，即采用实质标准，那么就可能导致监察对象救济无门，复审复核制度形同虚设。同时，由于处理决定不服或对复审决定不服，都属于主观认识，这一认识是否有理有据，不应当成为影响监察对象的程序权利的理由。

典型案例

某市纪委监委经立案审查调查，于5月3日对严重违反党纪和职务违法的该市环保局副局长A某作出撤销党内职务处分和撤职政务处分决定。A某于5月4日收到政务处分决定书，对政务处分决定不服，于5月10日依法向市监察委员会申请复审。市监察委员会于6月1日作出复审决定，维持原政务处分决定。A某于6月4日收到复审决定书，仍不服，于6月8日依法向省监察委员会申请复核。省监察委员会于7月19日作出复核决定，认为原政务处分决定事实清楚、证据确实充分、适用法律

① 参见吴建雄主编：《监督、调查、处置法律规范研究》，人民出版社2018年版，第246页。

法规正确、定性准确、处理恰当、程序合法,维持原政务处分决定。A某现任所有职务,降低两个职务层级,确定为副主任科员,按照规定相应降低工资等待遇。政务处分决定自作出之日起交有关部门执行。①

关联法条

《监察法》第49条;《公职人员政务处分法》第55—60条;《中国共产党纪律检查机关监督执纪工作规则》第59条

第二百一十一条　复审、复核机关承办部门应当成立工作组,调阅原案卷宗,必要时可以进行调查取证。承办部门应当集体研究,提出办理意见,经审批作出复审、复核决定。决定应当送达申请人,抄送相关单位,并在一定范围内宣布。

复审、复核期间,不停止原处理决定的执行。复审、复核机关经审查认定处理决定有错误或者不当的,应当依法撤销、变更原处理决定,或者责令原处理机关及时予以纠正。复审、复核机关经审查认定处理决定事实清楚、适用法律正确的,应当予以维持。

坚持复审复核与调查审理分离,原案调查、审理人员不得参与复审复核。

条文主旨

本条是关于复审、复核过程的基本原则与程序的规定。

条文解读

复审复核工作涉及监察对象的权益,也涉及监察机关办案的质量,因此为了复审复核工作能够有序、规范地开展,通过设定复审复核工作的基本规则,保障其在法治框架下进行。本条规定了四个方面的内容:

1. 复审、复核的基本程序

一方面,需要对案件事实进行复查,以确保案件事实认定的准确性。复查是以案卷材料书面审查为原则,对案件的主要事实、证据进行复查。如果认为必要,即出现

---

① 参见本书编写组编:《〈中华人民共和国监察法〉案例解读》,中国方正出版社2018年版,第424-425页。

书面审查发现案件事实认定存在瑕疵，需要进行调查取证的，可以进行调查取证。调查取证意味着可以请原办案机关就有关问题进行说明、补充完善证据材料等，涉及专业技术问题等可以征求有关部门意见。[①] 另一方面，需要对案件法律适用与定性进行复查，以确保法律适用与案件定性的准确。案件法律适用与定性的复查遵循集体研究原则，由承办部门集体研究，进而提出办理意见。这是为了集思广益，听取各方意见与建议，从而确保决策的准确性，确保监察案件办理中不出现徇私枉法行为。按照本条之规定，集体研究原则主要包括了“集体讨论”“综合意见提出办理意见”“审批”“作出决定”四个环节。

2. 本条规定了不停止执行原处理决定原则

即复审、复核期间，不停止执行原处理决定。不停止执行原处理决定，有利于保障监察机关代表国家作出的处理决定、复审决定的效力，维护监察秩序与社会公共利益。因为复审复核的结果可能是原处理决定有误，但也可能是原处理决定无误，若出现无误而停止执行，那么将破坏监察工作秩序，进而影响腐败治理效果。

3. 本条规定了经审查认定处理决定“无误”“有误”“不当”三种不同情况的处理方式

“处理决定有错误”是指事实认定方面的错误与法律适用方面的错误。事实方面的错误是指认定处理决定事实不清楚，即出现证据无法印证事实的情况。法律适用方面的错误是指适用法律不正确，具体事实不符合原法律适用所依据的法律规范的构成要件，或具体事实应当适用其他法律规范作为法律依据的情形。认定处理决定不当是指处理决定不具有正当性，如不符合比例原则。针对经审查认定处理决定有错误或者不当的情况，该规定对复审、复核机关设定了两项义务：一是撤销原处理决定或变更原处理决定。二是责令原处理机关及时予以纠正，并且复审、复核机关负有监督义务。而若认定处理决定无误，则应当维持原处理决定。

4. 复审复核与调查审理分离原则

即原案调查、审理人员与复审复核人员不具有关联性，若存在关联性，则可以认定复审复核结果不具有正当性。这是为了保证复审复核的独立性，从而确保复审复核结果的公正性。因为原案调查、审理人员对案件存在先入为主的观念，若让他们参与复审复核工作，这一先入为主的观念将会影响复审复核结果的客观性、公正性，从而有损监察机关的权威，不利于维护监察对象的程序性权利。

---

① 参见中共中央纪律检查委员会中华人民共和国国家监察委员会法规室编写：《〈中国共产党纪律检查机关监督执纪工作规则〉释义》，中国方正出版社2019年版，第185页。

关联法条

《监察法》第 49 条;《中国共产党纪律检查机关监督执纪工作规则》第 59 条

第七节　移送审查起诉

第二百一十二条　监察机关决定对涉嫌职务犯罪的被调查人移送起诉的,应当出具《起诉意见书》,连同案卷材料、证据等,一并移送同级人民检察院。

监察机关案件审理部门负责与人民检察院审查起诉的衔接工作,调查、案件监督管理等部门应当予以协助。

国家监察委员会派驻或者派出的监察机构、监察专员调查的职务犯罪案件,应当依法移送省级人民检察院审查起诉。

条文主旨

本条是关于监察机关移送起诉的程序、对象以及衔接要求的规定。

条文解读

《监察法》第 45 条规定,对涉嫌职务犯罪的,监察机关经调查认为犯罪事实清楚,证据确实、充分的,制作起诉意见书,连同案卷材料、证据一并移送人民检察院依法审查、提起公诉。本条对检察机关移送起诉的程序、对象等作出了具体规定,确保了检察机关依法、及时地开展审查起诉工作,亦确保了监察机关与检察机关在办理职务犯罪案件过程的有序衔接。本条主要规定了五个方面的内容:

第一,涉嫌职务犯罪案件的移送主体是有管辖权的监察机关。

第二,涉嫌职务犯罪案件的移送内容是涉嫌职务犯罪的被调查人,以及监察机关所制作的《起诉意见书》、案卷材料与证据等。《起诉意见书》中应当载明:(1)犯罪嫌疑人的基本情况;(2)监察机关调查后认定的犯罪事实;(3)监察机关的处理意见及其依据与理由;(4)若案件涉及共同犯罪,监察机关应当说明不同犯罪嫌疑人在共同犯罪中的地位、作用、罪责、认罪认罚态度,并分别提出处理意见。案卷材料与证据主要包括报案、举报材料、调查过程中形成的各类笔录、书证、物证、视听资料、电子证据等。①

---

① 参见马怀德主编:《〈中华人民共和国监察法〉理解与适用》,中国法制出版社 2018 年版,第 176 页。

第三,涉嫌职务犯罪案件的移送条件是经过调查后,监察机关认为"犯罪事实清楚,证据确实、充分"。

第四,涉嫌职务犯罪案件的移送对象是有管辖权的检察机关,一般情况下是移送同级人民检察院。由国家监察委员会派驻的监察机构、国家监察委员会派出的监察机构、监察专员等调查的职务犯罪案件,这类案件通常影响重大,因此移送起诉对象是省级人民检察院。

第五,案件移送应当遵循相互配合原则。移送起诉体现了监察机关与检察机关之间相互配合、相互协作的关系,从而推动监察机关与检察机关在腐败治理上形成合力。因此,本条还规定了监察机关的调查部门、案件监督管理部门的协助义务,从而实现了监察机关与检察机关衔接工作的顺利开展。

关联法条

《监察法》第 45 条;《刑事诉讼法》第 169—176 条;《国家监察委员会与最高人民检察院办理职务犯罪案件工作衔接办法》第 2 条

第二百一十三条　涉嫌职务犯罪的被调查人和涉案人员符合监察法第三十一条、第三十二条规定情形的,结合其案发前的一贯表现、违法犯罪行为的情节、后果和影响等因素,监察机关经综合研判和集体审议,报上一级监察机关批准,可以在移送人民检察院时依法提出从轻、减轻或者免除处罚等从宽处罚建议。报请批准时,应当一并提供主要证据材料、忏悔反思材料。

上级监察机关相关监督检查部门负责审查工作,重点审核拟认定的从宽处罚情形、提出的从宽处罚建议,经审批在十五个工作日以内作出批复。

条文主旨

本条是关于认罪认罚从宽的适用条件、适用程序的规定。

条文解读

认罪认罚从宽是我党"惩前毖后、治病救人"方针的贯彻,亦是《监察法》"惩戒与教育相结合""宽严相济"理念的贯彻。认罪认罚说明了已有悔改之心,已经充分认识到自身的错误,有主动真诚悔过的行动表示,因此我国提倡以教育、感化、挽救多数人为出发点的恢复型监察,鼓励犯罪嫌疑人、被告人认罪悔罪。同时,认罪认罚从宽也符合监察经济原则,能够简化监察程序,提高监察案件的办理速度。

1. 认罪认罚从宽的适用条件

涉嫌职务犯罪的被调查人和涉案人员首先应当符合如下条件才能适用认罪认罚从宽:(1)自动投案,真诚悔罪悔过;(2)积极配合调查工作,如实供述监察机关还未掌握的违法犯罪行为;(3)积极退赃,减少损失;(4)具有重大立功表现或者案件涉及国家重大利益;(5)涉案人员揭发有关被调查人职务违法犯罪行为,查证属实;(6)提供重要线索,有助于调查其他案件等六类基本的认罪认罚事实前提。其次,在满足认罪认罚从宽的事实前提后,还需要结合具体犯罪行为考虑如下因素:(1)案发前的一贯表现;(2)违法犯罪行为的情节;(3)违法犯罪行为的后果;(4)违法犯罪行为的影响。也就是说,即便是符合上述六类认罪认罚事实前提,也需要考虑具体的犯罪行为所产生的影响。考察案发前的一贯表现是为了判断认罪认罚从宽后是否有再犯的可能,是否能够达到反腐败过程中救病治人的效果。考虑违法犯罪行为的情节是要考察违法犯罪行为是否严重、恶劣,这和违法犯罪行为的后果、违法犯罪行为的影响相关,若违法犯罪行为后果严重,危害了国家、公共利益,或者腐败行为产生了恶劣的社会影响等,则不能适用认罪认罚从宽的规定。

2. 认罪认罚从宽的适用程序

认罪认罚从宽决定的作出必须要经过严格的适用程序,包括"集体讨论—上级审批—作出决定"三个环节。首先,需要坚持集体讨论原则,进行综合研判、集体审议。集体讨论能够集思广益,确保认罪认罚从宽的准确适用。其次,报作出认罪认罚从宽决定的监察机关的上一级监察机关的监督检查部门批准,并提供主要证据材料和忏悔反思材料,时间限定为15个工作日之内。由上级监察机关审批是因为我国监察体制的特征是上级机关领导下级机关。证据材料与忏悔反思材料的一并提交是为了让上级机关更加清晰、准确地审查下级监察机关所作的认罪认罚从宽决定是否有误,从而确保认罪认罚从宽决定的准确性,这也意味着此种审查应当是实质审查。作出时间限定是为了避免上级监察机关低效审批导致案件办理进度延误,从而影响到认罪认罚人员的权益。

实务难点指引

第一,需要准确理解适用认罪认罚从宽的条件。"自动投案,真诚悔罪悔过"的情况可参见本条例第214条之规定;"积极配合调查工作,如实供述"可参见本条例第215条之规定;"积极退赃,减少损失"可参见本条例第216条之规定;"重大立功"可参见本条例第217条之规定;"提供重要线索"可参见本条例第218条之规定。

第二,关于上级监察机关与本级监察机关的职能定位之分配,下级监察机关是作出认罪认罚从宽决定的主体,对于认罪认罚从宽决定作出是否妥当具有主体责任。上级监察机关由于负有领导责任,同样需要承担主体责任。其审查不应当是形式审查,而应当是实质审查。审查的内容主要包括了从宽处罚情形的认定是否准确,从宽处罚情形与从宽处罚建议是否对应,是否准确。

关联法条

《监察法》第31、32条

第二百一十四条 涉嫌职务犯罪的被调查人有下列情形之一,如实交代自己主要犯罪事实的,可以认定为监察法第三十一条第一项规定的自动投案,真诚悔罪悔过:

(一)职务犯罪问题未被监察机关掌握,向监察机关投案的;

(二)在监察机关谈话、函询过程中,如实交代监察机关未掌握的涉嫌职务犯罪问题的;

(三)在初步核实阶段,尚未受到监察机关谈话时投案的;

(四)职务犯罪问题虽被监察机关立案,但尚未受到讯问或者采取留置措施,向监察机关投案的;

(五)因伤病等客观原因无法前往投案,先委托他人代为表达投案意愿,或者以书信、网络、电话、传真等方式表达投案意愿,后到监察机关接受处理的;

(六)涉嫌职务犯罪潜逃后又投案,包括在被通缉、抓捕过程中投案的;

(七)经查实确已准备去投案,或者正在投案途中被有关机关抓获的;

(八)经他人规劝或者在他人陪同下投案的;

(九)虽未向监察机关投案,但向其所在党组织、单位或者有关负责人员投案,向有关巡视巡察机构投案,以及向公安机关、人民检察院、人民法院投案的;

(十)具有其他应当视为自动投案的情形的。

被调查人自动投案后不能如实交代自己的主要犯罪事实,或者自动投案并如实供述自己的罪行后又翻供的,不能适用前款规定。

条文主旨

本条是关于"自动投案,真诚悔罪悔过"的具体情形的规定。

条文解读

《监察法》第31条规定，涉嫌职务犯罪的被调查人主动认罪认罚的，监察机关可以提出从宽处罚建议。其中，规定了四项认罪认罚的情形，本条即是对第1项内容“自动投案，真诚悔罪悔过”的细化。“自动投案”是指职务犯罪的被调查人在犯罪之后、到案之前，主动、自愿地将自己置于监察机关或者有关机关、个人的控制之下；“真诚悔罪悔过”则是指对自己的犯罪行为发自内心地予以反思、认罪，通常表现为如实交代自己的主要犯罪事实。可以说，“自动投案，真诚悔罪悔过”是《刑法》第67条第1款一般自首规定在《监察法》中的一种变相表达。

根据本条规定，“自动投案，真诚悔罪悔过”必须同时满足两个条件：第一，如实交代自己主要犯罪事实。“如实”交代，是指既不缩小也不扩大自己的犯罪罪行，“主要犯罪事实”是指经综合考虑，已交代犯罪事实重于未交代犯罪事实的危害程度。此条件对应“真诚悔罪悔过”。第二，“自动投案”。且具有以下10种情形之一：

一是职务犯罪问题未被监察机关掌握，向监察机关投案的。职务犯罪问题未被监察机关掌握，既包括职务犯罪问题尚未被任何人发现，也包括职务犯罪问题虽被他人发现但尚未举报，监察机关还未发现相关情况。向监察机关投案，是指主动向监察机关投案，自觉地置于其控制之下。

二是在监察机关谈话、函询过程中，如实交代监察机关未掌握的涉嫌职务犯罪问题的。谈话、函询是纪检监察机关处置问题线索的常见方式，“谈话”是指纪检监察机关收到问题线索时找被反映人谈话，让其说清楚相关问题，“函询”则是向被反映人发函，让其对被反映问题作出书面解释。谈话、函询还只是处于线索处置阶段，被调查人尚未置于监察机关控制之下，此时其如实交代监察机关未掌握的涉嫌职务犯罪问题的，自然属于“自动投案，真诚悔罪悔过”的一种。

三是在初步核实阶段，尚未受到监察机关谈话时投案的。初步核实也是纪检监察机关处置问题线索的方式之一，要求对具有可查性的涉嫌违纪或者职务违法、职务犯罪问题线索，扎实开展初步核实工作，收集客观性证据，确保真实性和准确性。在初步核实阶段，被调查人并未置于监察机关控制之下，尤其是其尚未受到监察机关谈话时更是如此，如果被调查人投案，如实交代自己主要犯罪事实的，属于“自动投案，真诚悔罪悔过”。

四是职务犯罪问题虽被监察机关立案，但尚未受到讯问或者采取留置措施，向监察机关投案的。监察机关立案，意味着经过初步核实，监察对象涉嫌职务违法犯罪，需要进行立案调查。但只要被调查人尚未受到讯问或者采取留置措施，就不属于到案,未置于监察机关控制之下,符合自动投案的前提条件。

五是因伤病等客观原因无法前往投案,先委托他人代为表达投案意愿,或者以书信、网络、电话、传真等方式表达投案意愿,后到监察机关接受处理的。此时,被调查人是具有投案的主动性、自愿性的,事实上也确实有投案及如实交代的行为,只是客观上无法立刻投案而有所延后,符合自动投案的条件。

六是涉嫌职务犯罪潜逃后又投案,包括在被通缉、抓捕过程中投案的。被调查人即使已经潜逃,包括正在被通缉、抓捕,只要又主动投案,如实交代自己主要犯罪事实的,都属于主动将自己置于监察机关控制之下。当然,如果正在被追捕,突然停下不跑的,不能看作自动投案,因为追捕本身即说明被调查人未完全脱离控制。

七是经查实确已准备去投案,或者正在投案途中被有关机关抓获的。即使被调查人还未投入监察机关控制之下,但只要准备投案,或者正在投案途中,均说明其投案的主动性,意味着其具有较低的预防必要性,也在一定程度上节约国家监察资源,可以认定为自动投案。

八是经他人规劝或者在他人陪同下投案的。无论是自己单独决定投案,还是经他人规劝或者陪同下投案,只要最终由被调查人自己的意志决定投案的,均说明其主动性、自愿性,可以认定为自动投案。

九是虽未向监察机关投案,但向其所在党组织、单位或者有关负责人员投案,向有关巡视巡察机构投案,以及向公安机关、人民检察院、人民法院投案的。这种情况下,向党组织、单位、巡视巡察机构或者司法机关投案的,实际上也能达到向监察机关投案的效果,可以认定为自动投案。

十是具有其他应当视为自动投案的情形的。这是兜底性的认定条款,可以根据纷繁复杂的案件情况赋予监察机关更大的自由裁量权,将诸如明知监察机关来抓捕自己,留在家里并未潜逃,也未拒捕的情形,认定为自动投案,从而更加符合认罪认罚的立法初衷。

除此之外,本条第 2 款也从反面规定了不能认定为"自动投案,真诚悔罪悔过"的情形:其一,被调查人自动投案后不能如实交代自己的主要犯罪事实的,包括未如实交代和未交代主要犯罪事实两种情况,均说明其未真诚悔罪悔过。其二,被调查人自动投案并如实供述自己的罪行后又翻供的,也说明其没有真诚悔罪悔过。这两种情况下,被调查人的预防必要性均未减少,也不能产生节约国家监察资源的政策效果,不符合认罪认罚的实质条件。

实务难点指引

面对复杂的案件情况,在本条列举的各种情形之外,该如何判断其他情形是否属于“自动投案，真诚悔罪悔过”？对此，需要从认罪认罚的制度设置初衷出发，判断被调查人的行为能否传达其改过自新的态度，体现出预防必要性的降低，以及能否为监察机关的调查提供有利条件，节约人力物力，提高反腐败的效力，这才是其核心所在。同时，也要进一步把握“自动投案，真诚悔罪悔过”的具体要求：一是自动投案，其核心在于被调查人主动、自觉地将自己置于监察机关控制之下；二是真诚悔罪悔过，其关键在于被调查人是否如实交代自己的主要犯罪事实。只要从认罪认罚的立法初衷出发，牢牢把握以上两点具体要求，就可以准确判断其他情形是否满足“自动投案，真诚悔罪悔过”的成立条件。

关联法条

《监察法》第31条；《刑法》第67条；《最高人民法院关于处理自首和立功具体应用法律若干问题的解释》第1条

第二百一十五条　涉嫌职务犯罪的被调查人有下列情形之一的，可以认定为监察法第三十一条第二项规定的积极配合调查工作，如实供述监察机关还未掌握的违法犯罪行为：

（一）监察机关所掌握线索针对的犯罪事实不成立，在此范围外被调查人主动交代其他罪行的；

（二）主动交代监察机关尚未掌握的犯罪事实，与监察机关已掌握的犯罪事实属不同种罪行的；

（三）主动交代监察机关尚未掌握的犯罪事实，与监察机关已掌握的犯罪事实属同种罪行的；

（四）监察机关掌握的证据不充分，被调查人如实交代有助于收集定案证据的。

前款所称同种罪行和不同种罪行，一般以罪名区分。被调查人如实供述其他罪行的罪名与监察机关已掌握犯罪的罪名不同，但属选择性罪名或者在法律、事实上密切关联的，应当认定为同种罪行。

条文主旨

本条是关于“积极配合调查工作，如实供述监察机关还未掌握的违法犯罪行为”的具体情形的规定。

条文解读

“积极配合调查工作，如实供述监察机关还未掌握的违法犯罪行为”属于《监察法》第31条第2项规定的可以适用认罪认罚的情形，而本条就是对这一情形的具体化。为了与第1项相区分，适用本项情形的前提条件应当是被调查人已经被讯问或者留置，处于监察机关控制之下，不再具有自动投案的条件。否定，只要被调查人尚未受到控制，结合本条例第214条的规定，被调查人在谈话、函询、初步核实、立案而未讯问或留置等阶段时，如实交代自己的主要犯罪事实，无论这个犯罪事实与监察机关掌握的违法犯罪行为是否一致，对交代的主要犯罪事实而言，都属于《监察法》第31条第1项的情形。可以说，“积极配合调查工作，如实供述监察机关还未掌握的违法犯罪行为”，从内在精神上类似于《刑法》第67条第2款规定的特别自首（准自首），只是在认定标准上作了更为宽松的规定。

本条第1款规定了“积极配合调查工作，如实供述监察机关还未掌握的违法犯罪行为”的四种具体情形：

一是监察机关所掌握线索针对的犯罪事实不成立，在此范围外被调查人主动交代其他罪行的。这意味着，监察机关经调查之后，其掌握线索所针对的犯罪事实并不能达到犯罪事实清楚、证据确实充分的程度，不成立犯罪。被调查人主动交代其他罪行的，就是在供述监察机关还未掌握的违法犯罪行为，也能体现出其积极配合调查其他罪行的态度。

二是主动交代监察机关尚未掌握的犯罪事实，与监察机关已掌握的犯罪事实属不同种罪行的。首先，监察机关已经掌握了被调查人的犯罪事实，被调查人也处于监察机关控制之下，针对监察机关已经掌握的犯罪事实供述，最多属于坦白，还不能达到相当于自首的要求，所以被调查人必须交代监察机关尚未掌握的犯罪事实。其次，被调查人交代的犯罪事实能否认定为监察机关未掌握，应根据不同情形区别对待。如果该罪行已被通缉，一般应以该监察机关是否在通缉令发布范围内作出判断，不在通缉令发布范围内的，应认定为还未掌握，在通缉令发布范围内的，应视为已掌握；如果该罪行已录入全国信息网络在逃人员信息数据库，应视为已掌握。如果该罪行未被通缉、也未录入全国信息网络在逃人员信息数据库，应以该监察机关是否实际掌握该犯罪事实为标准。最后，被调查人交代的犯罪罪行必须与监察机关已掌握的犯罪罪行属于不同罪行，其认定标准，将在本条第2款详述。

三是主动交代监察机关尚未掌握的犯罪事实，与监察机关已掌握的犯罪事实属同种罪行的。此情形与第2项情形有所不同，其区分在于被调查人交代的新的犯罪事实,是否与监察机关已掌握的犯罪事实属于同种罪行。属于不同种罪行的,适用第2项情形,属于同种罪行的,适用此第3项情形。这看起来似乎并无区分被调查人主动交代监察机关尚未掌握的犯罪事实,与监察机关已掌握的犯罪事实是否属同种罪行的必要,因为无论是否相同,均可以认定为"积极配合调查工作,如实供述监察机关还未掌握的违法犯罪行为"。但实际上,本项规定只是监察机关放宽了"特别自首"的认定标准,但由于第2项和第3项具有重要区别,在从宽幅度上应当作出区分,即第3项在从宽处罚时应更为严格一些,从宽幅度有所限制。

四是监察机关掌握的证据不充分,被调查人如实交代有助于收集定案证据的。监察机关虽然掌握相关证据,但可以证明的事实并不充分,此时也不能充分认定被调查人的罪行。被调查人对自己的罪行如实交代,供述了尚未被监察机关所掌握的证据,当其可以对收集定案证据产生重要帮助的,也可以认为是"如实供述监察机关还未掌握的违法犯罪行为",可以提出从宽处罚的建议。

本条第2款是对同种罪行和不同种罪行的区分标准的规定。经过对犯罪行为的类型化,《刑法》针对不同犯罪行为规定了不同的构成要件,也分别确立了不同的罪名。罪名不同,通常也就意味着犯罪行为不同,反之亦然。因此,同种罪行和不同种罪行,一般以罪名作为区分标准。只是在以下两种情况下,即使被调查人如实供述其他罪行的罪名与监察机关已掌握犯罪的罪名不同,也应认定为同种罪行:一是两个罪名属于选择性罪名的。选择型罪名,是指因罪状所包含的构成要件的具体内容比较复杂,罪名形式上为并列特点的罪名。例如,非法批准征收、征用、占用土地罪,根据案件情况,可能分别认定为非法批准征收土地罪、非法批准征用土地罪、非法批准占用土地罪,罪名不同,但在罪行上并无本质区别。二是两个罪名在法律、事实上密切关联的。例如,因受贿被采取留置措施后,又交代因受贿为他人谋取利益的行为,构成滥用职权罪的,应认定为同种罪行。

实务难点指引

在实践中,面对各种各样的案情,其难点在于如何准确认定被调查人交代的犯罪事实是否属于监察机关还未掌握的违法犯罪行为?关键需要把握两点:其一,被调查人交代的犯罪事实与监察机关实际掌握的犯罪事实是否具有重要区别。这种区别包括,属于不同罪行,或者虽属同种罪行但属于新的犯罪事实,是可以单独定罪的,或者监察机关虽有所掌握但并不充分,被调查人提供的犯罪事实相对于整个犯罪事实而言占有非常大的比例。其二,被调查人交代的犯罪事实对调查清楚其本人犯罪具有实质性帮助。这既包括认定被调查人成立新的罪名,或者罪名相同但属于新的犯罪行为，或者与监察机关调查的犯罪行为一致，但对于证据链的完善、犯罪的证明发挥重要作用。

关联法条

《监察法》第 31 条；《刑事诉讼法》第 182 条

第二百一十六条　涉嫌职务犯罪的被调查人有下列情形之一的，可以认定为监察法第三十一条第三项规定的积极退赃，减少损失：

（一）全额退赃的；

（二）退赃能力不足，但被调查人及其亲友在监察机关追缴赃款赃物过程中积极配合，且大部分已追缴到位的；

（三）犯罪后主动采取措施避免损失发生，或者积极采取有效措施减少、挽回大部分损失的。

条文主旨

本条是关于"积极退赃，减少损失"的具体情形的规定。

条文解读

职务犯罪中，往往涉及权钱交易，被调查人通常会收受贿赂，也会利用公权力为他人谋取利益，或者利用职务便利侵吞、窃取、骗取或者以其他手段非法占有公共财物。这些违法犯罪所得的一切财物，均应当依法没收、追缴或者责令退赔。但在调查实践中，被调查人会以各种形式藏匿赃款赃物，为后续追赃带来各种阻碍。对此，被调查人主动上交违法犯罪所得的赃款赃物，减少国家、集体和公民的合法权益可能遭受的损失，就显得尤为重要。因此，"积极退赃，减少损失"作为一种认罪认罚情形被规定在《监察法》第 31 条第 3 项中，而本条就是对这一情形的具体化。

积极退赃和减少损失往往是同时存在的，退赃也是较少损失的一种，不过有些被调查人属于滥用职权、玩忽职守等，本身并没有贪赃而是枉法，此时主动减少损失就可以了，所以积极退赃和减少损失是可以分开认定的。积极退赃，减少损失，二者都是一种罪后表现，可以在一定程度上说明被调查人的预防必要性较低，也是刑事政策上挽回国家、集体和个人损失的一种方式。本条将其进一步分为三种情形：

一是全额退赃的。被调查人贪污、受贿或者以其他非法手段获取的财物，在被调查时主动上交全部赃款赃物的，可以认为其态度积极，有一定的悔罪表现，也可以节约追赃所投入的监察资源。对此，要求全额退赃，既包括原有数额、价值的赃款赃物，也包括由其产生的孳息，必须全部上交、足额追回。

二是退赃能力不足，但被调查人及其亲友在监察机关追缴赃款赃物过程中积极配合，且大部分已追缴到位的。被调查人利用公权力而违法所得的赃款赃物，往往被用于购买房产、车辆等，贪图享乐、腐化堕落，通过高消费满足个人私欲。这种不当挥霍使得监察机关调查时，被调查人已经不具备全额退赃的能力。考虑到这种情况的多发性，本条第 2 项规定虽然被调查人退赃能力不足，但符合以下两个条件的，也可以认定为“积极退赃，减少损失”：(1)被调查人及其亲友在监察机关追缴赃款赃物过程中积极配合，即按照监察机关要求，提供赃款赃物的明细，主动上交剩余赃款赃物，以体现其积极退赃的态度，并节约追赃成本。(2)大部分赃款赃物追缴到位，即经过被调查人及其亲友的配合，虽然不能全额退赃，但可以追缴大部分的赃款赃物，也可以在一定程度上较少损失。如果大部分赃款赃物被挥霍，只能追缴少部分的赃款赃物，则不符合本项规定。

三是犯罪后主动采取措施避免损失发生，或者积极采取有效措施减少、挽回大部分损失的。这分为两种情况：(1)被调查人的职务犯罪行为尚未导致公共财产、国家和人民利益遭受损失，积极主动采取措施，并有效避免损失发生的。(2)被调查人的职务犯罪行为已经造成损失，但积极采取有效措施，减少损失的进一步发生，或者挽回损失，使大部分损失得以避免发生的。

关联法条

《监察法》第 31 条；《刑法》第 383 条

第二百一十七条　涉嫌职务犯罪的被调查人有下列情形之一的，可以认定为监察法第三十一条第四项规定的具有重大立功表现：

（一）检举揭发他人重大犯罪行为且经查证属实的；

（二）提供其他重大案件的重要线索且经查证属实的；

（三）阻止他人重大犯罪活动的；

（四）协助抓捕其他重大职务犯罪案件被调查人、重大犯罪嫌疑人（包括同案犯）的；

（五）为国家挽回重大损失等对国家和社会有其他重大贡献的。

前款所称重大犯罪一般是指依法可能被判处无期徒刑以上刑罚的犯罪行为；重大案件一般是指在本省、自治区、直辖市或者全国范围内有较大影响的案件；查证属实一般是指有关案件已被监察机关或者司法机关立案调查、侦查，被调查人、犯罪嫌疑人被监察机关采取留置措施或者被司法机关采取强制措施，或者被告人被人民法院作出有罪判决，并结合案件事实、证据进行判断。

监察法第三十一条第四项规定的案件涉及国家重大利益，是指案件涉及国家主权和领土完整、国家安全、外交、社会稳定、经济发展等情形。

条文主旨

本条是关于"具有重大立功表现或者案件涉及国家重大利益等情形的"的具体规定。

条文解读

《监察法》第 31 条第 4 项规定，具有重大立功表现或者案件涉及国家重大利益等情形的，监察机关可以提出从宽处罚建议。此项可以分为两点，即具有重大立功表现和案件涉及国家重大利益等情形，而本条就是对这两种情况的进一步细化。

一般而言，立功是指犯罪嫌疑人、被调查人等在犯罪后，做出的有利于预防、查获、制裁犯罪的行为。设立立功制度的根据在于：一是表明行为人对犯罪行为的痛恨，因而其再犯罪可能性会有所减少，二是基于政策考量，有利于发现、侦破其他犯罪案件，提高办案效率。只是《监察法》第 31 条第 4 项规定的只有重大立功，而不包括一般立功。本条第 1 款规定了 5 种重大立功表现的情形：一是检举揭发他人重大犯罪行为且经查证属实的。二是提供其他重大案件的重要线索且经查证属实的。三是阻止他人重大犯罪活动的，这三种情形第 2 款有进一步解释。四是协助抓捕其他重大职务犯罪案件被调查人、重大犯罪嫌疑人（包括同案犯）的，包括：(1) 按照监察机关的安排，以打电话、发信息等方式将其他重大职务犯罪案件被调查人、重大犯罪嫌疑人（包括同案犯）约至指定地点的；(2) 按照监察机关的安排，当场指认、辨认其他重大职务犯罪案件被调查人、重大犯罪嫌疑人（包括同案犯）；(3) 带领调查人员抓获其他重大职务犯罪案件被调查人、重大犯罪嫌疑人（包括同案犯）；(4) 提供司法机关尚未掌握的其他重大职务犯罪案件被调查人、重大犯罪嫌疑人的联络方式、藏匿地址，等等。五是为国家挽回重大损失等对国家和社会有其他重大贡献的，这是兜底性规定，其重点在于对国家和社会有其他重要贡献。需要注意的是，这里的为国家挽回重大损失,不包括被调查人因本人案件所可能造成的损失,因为犯罪后积极采取有效措施挽回损失的,属于“主动退赃,减少损失”的情形之一。

本条第2款是对第1款前三种情形的进一步解释。一是关于重大犯罪,一般是指依法可能被判处无期徒刑以上刑罚的犯罪行为。如果根据犯罪行为的事实、情节应当判处无期徒刑以上刑罚,因被判刑人有法定、酌定从宽情节,经依法从轻、减轻处罚后判处有期徒刑或者更轻刑罚的,不影响对被告人重大立功的认定。二是关于重大案件,一般是指在本省、自治区、直辖市或者全国范围内有较大影响的案件。三是关于查证属实,一般是指有关案件已被监察机关或者司法机关立案调查、侦查,被调查人、犯罪嫌疑人被监察机关采取留置措施或者被司法机关采取强制措施,或者被告人被人民法院作出有罪判决,并结合案件事实、证据进行判断。如果揭发的犯罪或者提供的线索,经过一定时间的调查或者侦查,不能查证并抓获被检举揭发的人,或者不能查实的,监察机关可以考虑不再等待查证结果,不能认定为查证属实。

本条第3款是关于“案件涉及国家重大利益”等情形的具体规定。国家重大利益,一般是指涉及国家层面的,与国家安全、社会稳定、经济发展等重大事项具有明显关联的各项利益,而本条第3款进一步将其规定为涉及国家主权和领土完整、国家安全、外交、社会稳定及经济发展等情形。将涉及国家重大利益等情形设置为从宽处罚建议的依据之一,主要是基于政策考量,是对特殊情况的变通处理。

关联法条

《监察法》第31条;《刑法》第68、78条;《刑事诉讼法》第182条

第二百一十八条　涉嫌行贿等犯罪的涉案人员有下列情形之一的,可以认定为监察法第三十二条规定的揭发有关被调查人职务违法犯罪行为,查证属实或者提供重要线索,有助于调查其他案件:

(一)揭发所涉案件以外的被调查人职务犯罪行为,经查证属实的;

(二)提供的重要线索指向具体的职务犯罪事实,对调查其他案件起到实质性推动作用的;

(三)提供的重要线索有助于加快其他案件办理进度,或者对其他案件固定关键证据、挽回损失、追逃追赃等起到积极作用的。

条文主旨

本条是关于监察机关对职务犯罪涉案人员可以提出从宽处罚建议的具体情形的规定。

条文解读

在职务犯罪中，除了被调查的公职人员，还有其他涉案人员，这些人因参与案件而掌握很多重要信息、证据，《监察法》第 32 条即是针对这部分人员规定了监察机关提出从宽处罚建议的内容，鼓励违法犯罪涉案人员积极配合调查工作，将功折罪争取宽大处理，也为监察机关顺利查清案件提供有利条件，节省人力物力，提高反腐败工作的效率。[①] 而本条，就是针对《监察法》第 32 条中"揭发有关被调查人职务违法犯罪行为，查证属实的，或者提供重要线索，有助于调查其他案件"这一规定的细化，具体规定了三种情形：

一是揭发所涉案件以外的被调查人职务犯罪行为，经查证属实的。首先，涉嫌行贿等犯罪的涉案人员需要揭发是所涉案件以外的被调查人的职务犯罪行为，如果是自己所涉案件的被调查人或者其他涉案人员，只能算是如实供述罪行的坦白行为，不能认定为将功补过。其次，涉案人员揭发的可以是重大职务犯罪行为，也可以是一般职务犯罪行为，二者均可以认定为"揭发有关被调查人职务违法犯罪行为"，只是在从宽处罚幅度上二者会有所区分。最后，涉案人员揭发的职务犯罪行为须经查证属实，其具体内容，详见本条例第 217 条规定的相关释义。

二是提供的重要线索指向具体的职务犯罪事实，对调查其他案件起到实质性推动作用的。此项情形需要同时满足三个条件：(1)涉案人员提供的必须是重要线索，如关键物证、关键证人等，对调查其他案件具有重要作用。(2)提供的线索必须指向具体犯罪事实，可以据此直接确定待调查的事实和对象，而不能语焉不详。(3)提供的线索对调查其他案件起到实质性推动作用，这意味着此线索必须尚未由监察机关所掌握，而且监察机关通过该线索，可以顺利查清相关违法犯罪案件。因此，涉案人员提供的只是一般线索；提供的线索没有指明具体犯罪事实的；提供的线索与查实的犯罪事实不具有关联性的；提供的线索对于其他案件的侦破或者其他犯罪嫌疑人的抓捕不具有实际作用的，不能认定为"提供重要线索，有助于调查其他案件"。

---

① 参见中共中央纪律检查委员会中华人民共和国国家监察委员会法规室编写：《〈中华人民共和国监察法〉释义》，中国方正出版社 2018 年版，第 165 页。

三是提供的重要线索有助于加快其他案件办理进度，或者对其他案件固定关键证据、挽回损失、追逃追赃等起到积极作用的。涉案人员提供的重要线索，即使指向的不是职务犯罪而是其他类型犯罪，或者并非尚未发现而是已经为监察机关所立案调查的犯罪，只要可以加快其他案件的办理进度，提高查案效率的，就属于有助于监察机关调查其他案件的。此外，这里的重要线索既可以是帮助其他案件固定关键证据，有助于查清案件事实的，也可以是帮助采取有效措施，发挥挽回损失、追逃追赃等积极作用。

需要注意的是，涉案人员揭发有关被调查人职务违法犯罪行为，或者提供调查其他案件的重要线索时，其线索、材料来源有下列情形之一的，不能认定为《监察法》第32条之要求：(1)本人通过非法手段或者非法途径获取的；(2)本人因原担任的查禁犯罪等职务获取的；(3)他人违反监管规定向犯罪分子提供的；(4)负有查禁犯罪活动职责的国家机关工作人员或者其他国家工作人员利用职务便利提供的。

关联法条

《监察法》第32条；《刑法》第68条

第二百一十九条　从宽处罚建议一般应当在移送起诉时作为《起诉意见书》内容一并提出，特殊情况下也可以在案件移送后、人民检察院提起公诉前，单独形成从宽处罚建议书移送人民检察院。对于从宽处罚建议所依据的证据材料，应当一并移送人民检察院。

监察机关对于被调查人在调查阶段认罪认罚，但不符合监察法规定的提出从宽处罚建议条件，在移送起诉时没有提出从宽处罚建议的，应当在《起诉意见书》中写明其自愿认罪认罚的情况。

条文主旨

本条是关于从宽处罚建议的提出时间、方式及相应材料的规定。

条文解读

本条规定了以下五个方面的内容：

第一，监察机关提出从宽处罚建议的时间一般为移送起诉时一并提出。这是因为监察机关的从宽处罚建议将会影响检察机关在审查起诉阶段的相关决定。

第二，从宽处罚建议作为《起诉意见书》的内容一并提出。也就是说，《起诉意见书》中需要载明涉嫌职务犯罪的被调查人和涉案人员是否存在符合《监察法》第 31 条、第 32 条所规定的情形。若存在，则需要结合涉嫌职务犯罪的被调查人和涉案人员案发前的一贯表现、违法犯罪行为的情节、后果和影响等因素，提出明确的从宽处罚建议。

第三，从宽处罚建议的材料要求。监察机关应当将从宽处罚建议所依据的证据材料一并移送检察机关。这是基于监检配合原则下的便利原则的考量，从而便利检察机关确认监察机关所作的从宽处罚建议决定是否正确。监察机关必须确保移送的证据材料的完整性。如此才能提高监察机关与检察机关在反腐败领域的合作效能。

第四，本条规定了特殊情况下从宽处罚建议的提出时间与方式。“特殊情况”是指如案件存在某一事实调查困难，从而影响到监察机关是否作出从宽处罚建议，但是监察机关又必须要移送起诉的情形。在此情形下，为了争取更多事实调查时间，以及不耽误诉讼程序，本条特别规定了从宽处罚建议可以单独移送检察机关。但是，为了保障既有的司法秩序，本条将单独移送的时间限定为案件移送后，人民检察院提起公诉前。也就是说，最迟必须在检察机关提起公诉前提出从宽处罚建议。这是因为当提起后，公诉机关就已经确认了公诉策略，此时再提出从宽处罚建议就会影响诉讼程序。

第五，本条规定了当出现被调查人认罪认罚但不符合《监察法》规定的从宽处罚的条件时的处理规范。针对这一情形，监察机关可以在移送起诉时不提出从宽处罚建议，但是却负有程序性义务，即应当在《起诉意见书》中写明被调查人自愿认罪认罚的情况。之所以如此规定，是为了在审查起诉阶段检察机关再次核实，进一步判断是否构成认罪认罚。这是监察机关办案过程中遵循实事求是的工作理念的体现，也是监察机关与检察机关共同合作的工作理念的体现。

关联法条

《监察法》第 31、32 条；《刑事诉讼法》第 173、174、176 条；《最高人民法院关于适用〈中华人民共和国刑事诉讼法〉的解释》第 347—358 条

第二百二十条　监察机关一般应当在正式移送起诉十日前，向拟移送的人民检察院采取书面通知等方式预告移送事宜。对于已采取留置措施的案件，发现被调查人因身体等原因存在不适宜羁押等可能影响刑事强制措施执行情形的，应当通报人民检察院。对于未采取留置措施的案件，可以根据案件具体情况，向人民检察院提出对被调查人采取刑事强制措施的建议。

条文主旨

本条是关于监察机关移送起诉前的告知义务的规定。

条文解读

本条创立了监察预告制度,监察机关向检察机关预告移送事宜,提高了监察机关与检察机关之间配合与衔接的效率,也提高了检察机关审查起诉的效率。具体而言,本条主要包含三个方面的内容:

第一,监察机关预告的方式。一般是书面通知拟移送的检察机关,书面通知是一种正式的通知方式,能够防止监察预告的形式化。当然,本条中的"等"意味着监察机关除了采取书面预告的方式,也可以采取其他适宜的方式预告,但以书面预告为主。

第二,监察机关预告的时间限制。一般为正式移送起诉 10 日前。作出时间限制有利于控制监察预告的随意性,确保监察预告制度顺利运作。

第三,监察机关预告的内容应当全面、准确。本条特别指出了对于可能影响刑事强制措施执行的相关信息应当进行预告,包括已采取留置措施的案件中发现被调查人因身体等原因存在不适宜羁押,如精神失常、传染性疾病、怀孕期、哺乳期妇女,等等。如此一来,可以避免重复审查,提高检察机关工作效率,也有利于检察机关提前作出相应调适,调整审查起诉方案。对于未采取留置措施的案件,监察机关可以根据具体案件情况,如被调查人的危害性、犯罪事实、身体情况等,提出对被调查人采取刑事强制措施的建议,如拘传、取保候审、监视居住、拘留、逮捕等。对于人民检察院来说,建议取保候审的情形包括:(1)可能判处管制、拘役或者独立适用附加刑的;(2)可能判处有期徒刑以上刑罚,采取取保候审不致发生社会危险性的;(3)患有严重疾病、生活不能自理,怀孕或者正在哺乳自己婴儿的妇女,采取取保候审不致发生社会危险性的;(4)羁押期限届满,案件尚未办结,需要采取取保候审的。建议监视居住的情形包括:(1)患有严重疾病、生活不能自理的;(2)怀孕或者正在哺乳自己婴儿的妇女;(3)系生活不能自理的人的唯一扶养人;(4)因为案件的特殊情况或者办理案件的需要,采取监视居住措施更为适宜的;(5)羁押期限届满,案件尚未办结,需要采取监视居住措施的。建议拘留的情形包括:(1)犯罪后企图自杀、逃跑或者在逃的;(2)有毁灭、伪造证据或者串供可能的。建议逮捕的情形包括:(1)可能实施新的犯罪的;(2)有危害国家安全、公共安全或者社会秩序的现实危险的;(3)可能毁灭、伪造证据,干扰证人作证或者串供的;(4)可能对被害人、举报人、控告人实施打击报复的;(5)企图自杀或者逃跑的。

关联法条

《刑事诉讼法》第 170 条;《人民检察院刑事诉讼规则》第 146 条;《国家监察委员会与最高人民检察院办理职务犯罪案件工作衔接办法》第 18 条

第二百二十一条　监察机关办理的职务犯罪案件移送起诉,需要指定起诉、审判管辖的,应当与同级人民检察院协商有关程序事宜。需要由同级人民检察院的上级人民检察院指定管辖的,应当商请同级人民检察院办理指定管辖事宜。

监察机关一般应当在移送起诉二十日前,将商请指定管辖函送交同级人民检察院。商请指定管辖函应当附案件基本情况,对于被调查人已被其他机关立案侦查的犯罪认为需要并案审查起诉的,一并进行说明。

派驻或者派出的监察机构、监察专员调查的职务犯罪案件需要指定起诉、审判管辖的,应当报派出机关办理指定管辖手续。

条文主旨

本条是关于监察机关指定起诉、审判管辖的规定。

条文解读

依照《监察法》第 16、17 条和《刑事诉讼法》第 24—27 条的规定,监察管辖是按照干部管理权限和属地(包括犯罪地、居住地)管辖相结合的原则确定。而起诉、审判管辖是按照犯罪地为主、居住地为辅的原则确定。对于监察机关立案调查的案件,若被调查人犯罪地或者居住地在本辖区,则本辖区司法机关有权管辖,不需要商请司法机关指定起诉、审判管辖。但若被调查人犯罪地和居住地均不在本辖区,则本辖区司法机关不具有管辖权,因此,监察机关在移送起诉前需要按程序先行商请司法机关确定起诉、审判管辖。① 而具体如何指定起诉、审判管辖?

一方面,本条规定了监察机关指定起诉、审判管辖时的协商原则。第一,监察机关需要指定起诉、审判管辖的,无论是何种指定,均须与同级检察机关协商,由同级检

① 参见《监察管辖与起诉、审判管辖如何衔接》,载中央纪委国家监委网站:https://www.ccdi.gov.cn/yaowen/202103/t20210303_236843.htmll,2021 年 8 月 20 日最后访问。

察机关办理指定管辖事宜。如设区的市级以上监察机关办理的职务犯罪案件，需要在本辖区内指定起诉、审判管辖的，由同级检察机关商同级人民法院办理指定管辖事宜；又如地方监察机关办理的职务犯罪案件，需要跨越本辖区指定起诉、审判管辖的，由承办案件的监察机关案件审理部门在移送起诉前与同级检察机关协商，由同级检察机关报有权决定的检察机关商同级人民法院办理；需要指定同级检察机关的上级机关管辖的情况，需要商请同级检察机关办理指定管辖事宜。[①] 第二，派驻或者派出的监察机构、监察专员调查的职务犯罪案件需要指定起诉、审判管辖时，由派出机关办理指定管辖手续。即国家监委派驻机构、派出机构和中管企业监察机构调查的职务犯罪案件及关联案件，以及交由地方监察机关调查或与地方监察机关联合调查的职务犯罪案件及关联案件，依法需要指定起诉、审判管辖的，由国家监委案件审理室会同相关监督检查室与最高人民检察院相关检察厅协商办理指定管辖事宜。[②] 这是因为派驻或者派出的监察机构、监察专员是对派出机关负责，因此移送起诉应当由主责的派出机关负责。

另一方面，本条规定了监察机关与检察机关协商的具体规则。第一，时间限定为移送起诉 20 日前。由于这其中涉及程序时间，监察机关应当秉持尽早、不拖延的原则进行协商。第二，将“商请指定管辖函”送交同级人民检察院，通过书面商请的方式进行。“商请指定管辖函”的内容应当包括：(1)案件基本情况。案件基本情况应当实事求是地载明，以体现移送管辖的必要性。(2)是否存在被调查人已被其他机关立案侦查的犯罪需要并案审查起诉，即出现一人犯数罪、共同犯罪、共同犯罪的犯罪嫌疑人还实施其他犯罪、多个犯罪嫌疑人实施的犯罪存在关联等情况。若存在，则需要在“商请指定管辖函”中进行说明，因为并案审查有利于检察机关查明案件事实和诉讼进行。说明的重点应当是本案与其他案件之间的关联性，并案审查的必要性。

实务难点指引

监察机关商请同级检察机关办理指定起诉、审判管辖手续前，应当首先审查立案调查的监察机关对案件有无管辖权。行使管辖权是基于管理权限、属地（包括犯罪地、居住地）管辖，或是有管辖权的上级监察机关指定管辖。其次，再根据被调查人的犯罪地、居住地等情况确定是否需要指定起诉、审判管辖，若犯罪地或者居住地在本

---

① 参见《监察管辖与起诉、审判管辖如何衔接》，载中央纪委国家监委网站：https://www.ccdi.gov.cn/yaowen/202103/t20210303_236843.htmll，2021 年 8 月 20 日最后访问。

② 参见《监察管辖与起诉、审判管辖如何衔接》，载中央纪委国家监委网站：https://www.ccdi.gov.cn/yaowen/202103/t20210303_236843.htmll，2021 年 8 月 20 日最后访问。

辖区，且拟由本辖区检察机关、法院审查起诉、审判的，不需要办理指定起诉、审判管辖；最后，经研究确定需要指定起诉、审判管辖的，按程序办理。属于监察机关与其他机关互涉案件的，监察机关应当与其他办案机关协商，并与同级检察机关沟通，明确并案审查起诉的检察机关及相关事宜。①

关联法条

《人民检察院刑事诉讼规则》第22、329条

第二百二十二条　上级监察机关指定下级监察机关进行调查，移送起诉时需要人民检察院依法指定管辖的，应当在移送起诉前由上级监察机关与同级人民检察院协商有关程序事宜。

条文主旨

本条是关于指定管辖的相关规定。

条文解读

《监察法》第17条规定，上级监察机关可以将其所管辖的监察事项指定下级监察机关管辖。本条规定了在移送起诉前由该上级监察机关与同级检察机关、人民法院协商指定管辖事宜。一方面，这是由我国监察体制中上级监察机关领导下级监察机关的特征所决定，体现了“谁指派谁负责”的法理。另一方面，由于案件是上级监察机关指定管辖，说明案件本身是由上级监察机关管辖，这就涉及职务犯罪案件与普通刑事案件相比的特殊性，特别是监察管辖与干部监督管理权限相联系，因此仍由上级监察机关商检察机关、人民法院办理，如此才有利于通畅监察与检察之间的衔接，也有利于提高监察机关指定管辖案件的办理质量。

关联法条

《人民检察院刑事诉讼规则》第329条

---

① 参见《监察管辖与起诉、审判管辖如何衔接》，载中央纪委国家监委网站：https://www.ccdi.gov.cn/yaowen/202103/t20210303_236843.htmll，2021年8月20日最后访问。

第二百二十三条　监察机关对已经移送起诉的职务犯罪案件，发现遗漏被调查人罪行需要补充移送起诉的，应当经审批出具《补充起诉意见书》，连同相关案卷材料、证据等一并移送同级人民检察院。

对于经人民检察院指定管辖的案件需要补充移送起诉的，可以直接移送原受理移送起诉的人民检察院；需要追加犯罪嫌疑人、被告人的，应当再次商请人民检察院办理指定管辖手续。

条文主旨

本条是关于补充移送起诉的相关规定。

条文解读

补充移送起诉制度彰显了监察机关实事求是的工作态度，也彰显了监察机关对结果正义的追求。随着科技的进步，犯罪手段不断升级，隐蔽性与复杂性不断提高。同时，腐败案件往往涉及面广，会存在相关人员故意隐瞒事实而影响案件调查，也会涉及违法所得向境外转移以及洗钱等问题，上述问题加大了监察调查的难度。而监察机关调查活动时间有限，在这一背景之下，监察机关偶尔遗漏被调查人员的罪行成为不可避免的事实。因此，设立补充移送起诉制度是漏罪后的重要补救制度。具体而言，本条主要包括三个方面的内容：

第一，补充移送起诉的条件是发现被调查人存在遗漏的罪行。

第二，补充移送起诉的程序要求。首先，经过上级监察机关的审批；其次，向同级检察机关出具《补充起诉意见书》，要求《补充起诉意见书》内容完整，准确载明遗漏罪行的法律定性及其所依据的客观事实，做到"以事实为依据，以法律为准绳"；最后，出具《补充起诉意见书》时须连同相关案卷材料、证据等一并移送。这里移送的案卷材料、证据是指补充移送起诉的相关案卷材料、证据。目的是确保补充起诉能够经得起检验，确保所补充起诉的罪行与客观事实相印证。

第三，补充移送起诉的对象通常为同级检察机关。对于经检察机关指定管辖的案件，补充移送起诉的对象是作出指定管辖决定的原受理移送起诉的检察机关。这是因为指定管辖的原理在于"谁指定，谁负责"，指定管辖后的检察机关应当向作出指定管辖决定的检察机关负责。因此，监察机关可以直接向原受理移送起诉的检察机关补充移送起诉。这一规定提高了监察机关补充移送起诉的便利性与实效性，亦可以提高检察机关的工作效率。这里还存在一个特殊的现象是，如果补充移送起诉时需要追加犯罪嫌疑人、被告人,应该如何操作?由于追加犯罪嫌疑人、被告人会涉及管辖问题,因此需要再次商请检察机关办理指定管辖手续。主要是商请办理指定起诉、审判管辖事宜后形成《起诉意见书》,连同案卷材料、证据一并移送被指定管辖的同级检察机关,由负责审查起诉的检察机关追加起诉或者另行起诉,属于共同犯罪的通常追加起诉。①

典型案例

李某是A市某局副局长,分管基建工作。在接受纪检监察机关审查调查期间,李某交代其收受老板黄某2万元人民币,并利用职务之便为黄某谋取利益的问题。但至案件留置期满前,审查调查部门始终无法与黄某取得联系。在该案审理期间,李某表示愿意将该2万元主动上交组织,并办理了相关手续。2019年3月,李某被开除党籍、开除公职,其涉嫌受贿120万元的问题移送检察机关依法审查起诉,涉案款物根据法律和党纪法规作出相应处理。2019年5月,A市监委在办理其他案件过程中找到了黄某,黄某主动交代了其与李某之间的经济往来情况。检察机关已对李某涉嫌受贿案提起公诉,法院尚未作出判决。该案最终经A市纪委监委会议研究,A市监委制作《补充起诉意见书》,将该起涉嫌受贿犯罪事实移送检察机关,对相关涉案款物处理以会议纪要形式作出书面决定,并将涉案款物清单、已处理凭证一并移送检察机关。检察机关收到《补充起诉意见书》及相关证明材料后,及时向法院进行了补充起诉。②

关联法条

《人民检察院刑事诉讼规则》第356、423条

① 参见《监察管辖与起诉、审判管辖如何衔接》,载中央纪委国家监委网站:https://www.ccdi.gov.cn/yaowen/202103/t20210303_236843.htmll,2021年8月20日最后访问。

② 参见王婷、王嵩:《移送审查起诉后查明的漏罪怎样处理》,载《中国纪检监察报》2019年7月31日,第8版。

第二百二十四条　对于涉嫌行贿犯罪、介绍贿赂犯罪或者共同职务犯罪等关联案件的涉案人员，移送起诉时一般应当随主案确定管辖。

主案与关联案件由不同监察机关立案调查的，调查关联案件的监察机关在移送起诉前，应当报告或者通报调查主案的监察机关，由其统一协调案件管辖事宜。因特殊原因，关联案件不宜随主案确定管辖的，调查主案的监察机关应当及时通报和协调有关事项。

条文主旨

本条是关于关联案件的管辖确定规则的规定。

条文解读

本条阐释了关联案件管辖如何确定的一般规则，对于提高腐败案件办理的效率具有重要意义。因为在数字化技术的驱动之下，犯罪手段不断升级，腐败案件关联性不断增强。针对关联案件的管辖权属，依据本条所确定的管辖之一般原则为“随主案确定管辖”。通常关联案件包括涉嫌行贿犯罪、介绍贿赂犯罪、共同职务犯罪，这些存在关联的案件的涉案人员在移送起诉时一般依据主案确定管辖，即监察机关移送起诉时一般应当由受理主案的检察机关、法院或者其下级检察机关、法院管辖，①从而保证案件审理效率的最大化。

在“随主案确定管辖”原则的适用过程中会遇到的难题是主案与关联案件由不同监察机关立案调查，此时依据“主案确定管辖”原则，调查关联案件的监察机关应当主动配合调查主案的监察机关，在移送起诉前报告或者通报调查主案的监察机关，让调查主案的监察机关协调案件管辖事宜，从而确保关联案件在后续审查起诉环节的有序衔接，提高腐败案件的办理效率。此外，本条还规定了随主案确定管辖原则的例外，即当存在特殊原因导致关联案件不宜随主案确定管辖，若案件需要指定管辖，那么调查主案的监察机关应当及时向调查关联案件的监察机关等相关单位通报，并且协调管辖主体。这一例外规则确保了关联案件确定管辖规则的灵活性，也能确保案件审理的公正性。

---

①　参见《监察管辖与起诉、审判管辖如何衔接》，载中纪委国家监委网站：https://www.ccdi.gov.cn/yaowen/202103/t20210303_236843.htmll，2021 年 8 月 20 日最后访问。

第二百二十五条　监察机关对于人民检察院在审查起诉中书面提出的下列要求应当予以配合：

（一）认为可能存在以非法方法收集证据情形，要求监察机关对证据收集的合法性作出说明或者提供相关证明材料的；

（二）排除非法证据后，要求监察机关另行指派调查人员重新取证的；

（三）对物证、书证、视听资料、电子数据及勘验检查、辨认、调查实验等笔录存在疑问，要求调查人员提供获取、制作的有关情况的；

（四）要求监察机关对案件中某些专门性问题进行鉴定，或者对勘验检查进行复验、复查的；

（五）认为主要犯罪事实已经查清，仍有部分证据需要补充完善，要求监察机关补充提供证据的；

（六）人民检察院依法提出的其他工作要求。

条文主旨

本条是关于监察机关与检察机关之间相互配合的具体要求。

条文解读

通过国家机关之间的相互配合，从而达成腐败治理的制度合力，是《监察法》“配合原则”的价值追求。配合是相互的，既需要强调在监察机关案件调查过程中其他国家机关的配合，也强调其他国家机关在腐败案件的办理过程中监察机关的配合义务。监察机关负责案件调查，因此对案件的了解较为全面，由监察机关配合检察机关可以实现案件移送起诉过程顺利与高效，避免检察机关重复调查从而浪费有限的检察资源。本条即为检察机关在审查起诉过程中可以要求监察机关配合的具体事项，主要包含五种情形：

第一，检察机关认为监察机关存在以非法方法收集证据的情形，如可能涉及：(1)采用殴打、违法使用戒具等暴力方法或者变相肉刑的恶劣手段，使被调查人遭受难以忍受的痛苦而违背意愿作出的供述；(2)采用以暴力或者严重损害本人及其近亲属合法权益等相威胁的方法，使被调查人遭受难以忍受的痛苦而违背意愿作出的供述；(3)采用非法拘禁等非法限制人身自由的方法收集的被调查人供述，或以威胁、引诱、欺骗及其他非法方式收集证据，以及出现侮辱、打骂、虐待、体罚或者变相体罚被调查人和涉案人员的情形。出现上述情形，检察机关可以要求监察机关对证据收集的合法性作出说明或者提供相关证明材料，此时监察机关需要予以配合。排除非法证据是现代法治的基本要求，是对宪法人权保障理念的追求，能够促进监察机关依法监察，防止冤假错案发生。

第二，检察机关排除非法证据后，要求监察机关另行指派调查人员重新取证时，监察机关需要予以配合。依据《人民检察院刑事诉讼规则》第 341 条之规定，人民检察院在审查起诉中发现有应当排除的非法证据，应当依法排除，同时可以要求监察机关或者公安机关另行指派调查人员或者侦查人员重新取证。重新取证的情况是监察机关无法对证据收集的合法性作出说明或者提供相关证明材料，因此被认为是非法证据予以排除。而部分证据被排除，就会导致案件事实的证明过程出现瑕疵，因此需要重新取证。此时，检察机关就可以要求监察机关予以配合，从而确保每一起案件经得起检验。

第三，检察机关对物证、书证、视听资料、电子数据及勘验检查、辨认、调查实验等笔录存在疑问，要求监察机关的调查人员提供获取、制作的有关情况时，监察机关需要予以配合。同样，依据《人民检察院刑事诉讼规则》第 336 条规定，人民检察院对物证、书证、视听资料、电子数据及勘验、检查、辨认、侦查实验等笔录存在疑问的，可以要求调查人员或者侦查人员提供获取、制作的有关情况，必要时也可以询问提供相关证据材料的人员和见证人并制作笔录附卷，对物证、书证、视听资料、电子数据进行鉴定。上述证据材料在实践中可能出现如物证、书证等与其他证据出现矛盾；对书证的修改缺乏解释，真实性缺乏鉴定；试听资料、电子数据没有及时提取或内容不完整；证据收集程序失范或来源不明；等等。作出这样的规定是为了进一步确保证明材料的合法性与正当性，因此才需要监察机关配合提供获取、制作相关证据材料的有关情况。

第四，检察机关要求监察机关对案件中某些专门性问题进行鉴定，或者对勘验检查进行复验、复查时，监察机关需要予以配合。同样，依据《人民检察院刑事诉讼规则》第 332 条之规定，检察机关认为需要对案件中某些专门性问题进行鉴定而监察机关或者公安机关没有鉴定的，应当要求监察机关或者公安机关进行鉴定。必要时，也可以由检察机关进行鉴定，或者由检察机关聘请有鉴定资格的人进行鉴定。检察机关自行进行鉴定的，可以商请监察机关或者公安机关派员参加，必要时可以聘请有鉴定资格或者有专门知识的人参加。依据《人民检察院刑事诉讼规则》第 335 条规定，检察机关审查案件时，对监察机关或者公安机关的勘验、检查，认为需要复验、复查的，应当要求其复验、复查，检察机关可以派员参加；也可以自行复验、复查，商请监察机关或者公安机关派员参加，必要时也可以指派检察技术人员或者聘请其他有专门知识的人参加。对案件中某些专门性问题进行鉴定,是指检察机关认为监察机关对于案件中重要的专门性问题没有鉴定,此时可以要求监察机关予以协助。对勘验检查进行复验、复查是为了确保勘验检查结果的准确性,从而保证案件结果的准确性、公正性。

第五,检察机关认为主要犯罪事实已经查清,仍有部分证据需要补充完善,要求监察机关补充提供证据时,监察机关应当予以配合。同样,《人民检察院刑事诉讼规则》第 340 条规定,检察机关对监察机关或者公安机关移送的案件进行审查后,在人民法院作出生效判决之前,认为需要补充提供证据材料的,可以书面要求监察机关或者公安机关提供。这种情况是案件的主要证据与待证事实基本可以呼应,但为了避免出现因证据瑕疵而导致案件审理结果的不公正,仍然需要进一步对证据进行完善,从而使证据充分、全面。

当然,从上述监察机关具体配合的事项来看,也体现了检察机关与监察机关相互制约的原则,即配合的过程中实现了制约,制约的过程中实现了配合。检察机关与监察机关相互制约是法治的基本原则,因为任何权力都存在腐化的可能,权力一旦腐化将会对人民群众的利益造成不利影响,这与监察制度追求反贪反腐,保卫人民利益的宗旨相悖。检察机关制约监察机关是制约监察权力的重要一环,正是基于监察机关与检察机关在腐败案件中存在交集与关联,因此检察机关的制约更为有效。检察机关通过对监察机关调查结论的重新审查,有利于确保监察机关办案结果的准确性,避免错案发生,也可避免监察机关不当作为或不作为。

除了上述 5 种监察机关配合检察机关的情况,本条还规定了"兜底"情况,即检察机关依法提出的其他工作要求。当然,这些要求首先需要"依法",即属于检察机关的法定职责范围、案件办理过程中必须了解的事实等,并且需要监察机关配合才能够完成。这一兜底条款的设定为今后监察机关与监察机关之间的相互制约、相互配合提供了规范空间。

关联法条

《监察法》第 47 条;《刑事诉讼法》第 56— 60 条;《人民检察院刑事诉讼规则》第 73、74、263、332、335、340、341、343、363、393、410、422 条

第二百二十六条　监察机关对于人民检察院依法退回补充调查的案件,应当向主要负责人报告,并积极开展补充调查工作。

条文主旨

本条是关于监察机关退回补充调查时的总体性规定。

条文解读

退回补充调查，是指经过审查后，检察机关认为监察机关移送的案件事实不清楚、证据不足，需要补充核实，因此退回监察机关补充调查。[①] 如出现：证人证言、犯罪嫌疑人供述和辩解等与部分主要情节不一致；物证、书证等证据材料部分尚未鉴定；实施犯罪的时间、地点、手段、危害后果等尚未完全明确；可能出现漏罪及其相关证据尚未完整；等等。相较于“自行补充侦查”，“退回补充调查”是先顺序的措施，考虑到了监察案件的敏感性、政治性，因此一般由监察机关自行补充调查，也是督促监察机关自我纠正。退回补充调查制度体现了检察机关对监察机关的制约与监督。本条主要包括两个方面的内容：

首先，对监察机关的补充调查活动作出了总体性规定，提出了“积极开展补充调查工作”的基本要求。“积极开展补充调查工作”是国家机关活动的基本要求，作为国家机关的重要组成部分，监察机关承担着腐败治理的重要任务，其理应秉持着“积极”的工作态度，即要求监察机关尽快办理补充调查。那么，“积极开展补充调查工作”具体应当如何理解？依据《监察法》第 47 条规定，对于补充调查的案件，应当在 1 个月内补充调查完毕。

其次，对于人民检察院退回补充调查的案件，监察机关需要向主要负责人报告。一方面，这是由我国监察体制的特征所决定的，上级监察机关领导下级监察机关，因此案件退回补充调查需要上级监察机关知悉；另一方面，向主要负责人报告有利于通过主要负责人的层层施压，确保补充调查的顺利开展而非流于形式。

实务难点指引

在实务过程中需要注意的有以下三个方面：第一，退回补充调查有次数限制，按照《监察法》第 47 条之规定，退回监察机关补充调查的次数以 2 次为限。第二，退回补充调查活动中，监察机关应当依据检察机关出具的补充调查决定书、补充调查提纲而开展补充调查活动。依据《人民检察院刑事诉讼规则》第 343 条之规定，需要退回

---

① 参见中共中央纪律检查委员会中华人民共和国国家监察委员会法规室编写：《〈中华人民共和国监察法〉释义》，中国方正出版社 2018 年版，第 214 页。

补充调查的案件,人民检察院应当出具补充调查决定书、补充调查提纲,写明补充调查的事项、理由、调查方向、需补充收集的证据及其证明作用等,连同案卷材料一并送交监察机关。第三,在部分情形下,检察机关可以自行补充侦查。依据《人民检察院刑事诉讼规则》第 344 条之规定,下列情形检察机关可以自行补充侦查:(1)证人证言、犯罪嫌疑人供述和辩解、被害人陈述的内容主要情节一致,个别情节不一致的;(2)物证、书证等证据材料需要补充鉴定的;(3)其他由人民检察院查证更为便利、更有效率、更有利于查清案件事实的情形。自行补充侦查完毕后,应当将相关证据材料入卷,同时抄送监察机关。检察机关自行补充侦查的,可以商请监察机关提供协助。

关联法条

《监察法》第 47 条;《刑事诉讼法》第 170 条;《人民检察院刑事诉讼规则》第 256、343、346、349、367 条

第二百二十七条　对人民检察院退回补充调查的案件,经审批分别作出下列处理:

(一)认定犯罪事实的证据不够充分的,应当在补充证据后,制作补充调查报告书,连同相关材料一并移送人民检察院审查,对无法补充完善的证据,应当作出书面情况说明,并加盖监察机关或者承办部门公章;

(二)在补充调查中发现新的同案犯或者增加、变更犯罪事实,需要追究刑事责任的,应当重新提出处理意见,移送人民检察院审查;

(三)犯罪事实的认定出现重大变化,认为不应当追究被调查人刑事责任的,应当重新提出处理意见,将处理结果书面通知人民检察院并说明理由;

(四)认为移送起诉的犯罪事实清楚,证据确实、充分的,应当说明理由,移送人民检察院依法审查。

条文主旨

本条是关于退回补充调查案件的处理规则。

条文解读

本条主要包含了监察机关处理退回补充调查案件的三个方面的规则:

第一,监察机关在处理退回补充调查案件之前都需要经过审批。

第二，退回补充调查中的一般规则。针对检察机关认为“认定犯罪事实的证据不够充分”的案件，即现有证据与待证事实无法形成呼应，监察机关在退回补充调查阶段的任务是补充相关证据，使认定犯罪事实的证据足够充分，让证据与待证事实形成呼应。这里需要注意的是，监察机关只需要补充的是证据不充分的部分而非全部。退回补充调查一般情况下会出现两种情况：(1)监察机关认为需要补充调查。如果监察机关获得了新的证据，在退回补充调查阶段有两个程序要求：一是制作“补充调查报告书”。二是将补充调查报告书与补充证据的材料一同移送检察机关审查。如果监察机关无法获得新的证据，例如出现不可抗力导致证据销毁或无法获取，监察机关则应制作“情况说明”。情况说明应当以书面形式呈现，内容应当细致翔实，说明清楚补充调查的过程以及证据无法补充或完善的理由。同时情况说明需要加盖监察机关公章或者承办部门公章，加盖公章是为了提高书面情况说明的权威性，明确决定的责任主体。(2)监察机关认为不需要补充调查，即监察机关认为退回补充调查的案件犯罪事实清楚，证据确实、充分。其需要满足的条件为“犯罪事实清楚”“证据确实、充分”。对此，监察机关需要作出理由说明，对检察机关所提出的事实不充分部分，证据与事实无法对应部分，分别进行回应。理由说明需要以书面化的形式呈现，并移送检察机关依法审查。

第三，退回补充调查的特殊情况。退回补充调查阶段还会出现适用“重新提出处理意见”的两种特殊情况：(1)在补充调查中发现新的同案犯或增加、变更犯罪事实，需要追究刑事责任的。适用这一情形需要满足两个条件。首先是出现“新的同案犯”“增加犯罪事实”“变更犯罪事实”等情况。“新的同案犯”是指案件中还存在其他的犯罪嫌疑人。“增加犯罪事实”是指发现案件存在新的犯罪事实，并且这些犯罪事实在补充调查过程中发现有充足的新的证据支撑。“变更犯罪事实”是指虽然案件的犯罪事实与相关证据的关联性不足，但是相关证据却足以指向其他犯罪事实，此时犯罪事实会发生变更。其次是“新的同案犯”“增加犯罪事实”“变更犯罪事实”等达到需要追究刑事责任的程度，即已经产生了社会危害性，触犯了刑法规范。在满足上述条件后，监察机关需要重新根据新的同案犯的犯罪事实，或原案被调查人所增加的犯罪事实，抑或原案被调查人变更后的犯罪事实分别提出处理意见。并经过审批后，连同相关证据材料移送至检察机关。(2)在补充调查中发现所认定的犯罪事实出现重大变化，认为不应追究被调查人刑事责任的。这种情况下，若追究被调查人刑事责任则可能会产生不公正的结果，不符合以事实为依据、以法律为准绳的基本要求，因此适宜以不追究被调查人刑事责任作为处理意见。此种情况下，监察机关应当重新提出处理意见。重新提出处理意见应当作出充分的理由说明，确保重新提出的处理意见与相关的证据形成关联。程序上需要将理由说明以书面形式通知检察机关。

实务难点指引

退回补充调查需要规范“补充调查报告书”的书写。要详细写明补充调查的相关情况和结果。制作时，要针对检察机关退回补充调查决定书中所列的提纲，逐条作出说明。对于补充调查的结果，应当叙述清晰，写明补充调查的方式和所获物证、证人证言等证据的内容。对于经过补充调查查明的问题，要把补充侦查的方法和结果如实叙述，以便检察机关审核；对于经过补充调查仍然没有查清或无法查清的问题，要写明原因；对于案卷材料中已有材料能够证明，因此不需要补充调查的问题，要注明在案卷中第几册、第几页；对于法律手续不完备而调查的案件，要说明按照法定程序补办法律手续的情况。

关联法条

《监察法》第 47 条；《国家监察委员会与最高人民检察院办理职务犯罪案件工作衔接办法》第 37—39 条

第二百二十八条　人民检察院在审查起诉过程中发现新的职务违法或者职务犯罪问题线索并移送监察机关的，监察机关应当依法处置。

条文主旨

本条是关于审查起诉阶段发现新的职务违法或者职务犯罪的处理规则。

条文解读

任何腐败行为都会对人民利益造成损害，必须要严厉打击。因此，即便是监察机关在调查阶段没有发现的职务违法或者职务犯罪，但检察机关在审查起诉过程中发现新的职务违法或者职务犯罪线索，监察机关也有依法进行处置的义务。本条既体现了检察机关与监察机关工作中实事求是的工作态度，也体现了监察机关与检察机关之间相互配合的关系，共同贯彻严厉打击腐败的工作精神。

首先，检察机关在审查起诉过程中发现新的职务违法或者职务犯罪线索，负有必须移送监察机关的义务。依据《人民检察院刑事诉讼规则》第 349 条之规定，人民检察院对在审查起诉中又发现新的犯罪事实，应当将线索移送监察机关或者公安机关。

而对这类新发现的职务违法或者职务犯罪的处理主体首先仍然是监察机关，这体现了监察调查与审查起诉之间的明确分工。对于检察机关移送的新的职务违法或者职务犯罪线索，监察机关负有依法处置的义务，对案件进行调查，依法向有关单位和个人了解情况，收集、调取证据，若调查后发现确实存在新的职务违法或者职务犯罪，则依法进行处置，并且依法移送检察机关进行审查起诉。若调查后认为新的线索不构成新的职务违法或者职务犯罪，则向检察机关说明理由，可不进行处置。

其次，本条规定的是新的职务违法或职务犯罪问题之“线索”，即不要求检察机关指出新发现的职务违法或职务犯罪的事实与证据之间的关联性，只需发现有线索能够证明可能存在新的职务违法或职务犯罪存在即可。检察机关移送线索应当将相关线索对应的证据一并移送，并作说明。

关联法条

《人民检察院刑事诉讼规则》第 266、349 条

第二百二十九条　在案件审判过程中，人民检察院书面要求监察机关补充提供证据，对证据进行补正、解释，或者协助人民检察院补充侦查的，监察机关应当予以配合。监察机关不能提供有关证据材料的，应当书面说明情况。

人民法院在审判过程中就证据收集合法性问题要求有关调查人员出庭说明情况时，监察机关应当依法予以配合。

条文主旨

本条是关于案件审判过程中人民法院、检察机关与监察机关相互配合的要求。

条文解读

本条主要规定了监察机关与检察机关、法院两个主体的配合规范。

第一，监察机关与检察机关的配合。监察机关与检察机关的配合可以确保案件调查的公正性，尤其是事实调查的充分性。检察机关可以要求监察机关配合的有：

（1）对证据进行补正。由于调查时的客观条件的制约，可能会导致监察机关所获得的证明部分事实的证据不够充分，这将会影响具体证据与犯罪行为之间的关联性，因此必须通过补正以确保二者之间的关联，避免后续发生法律适用错误的问题。

（2）对证据进行解释。解释是指对取证程序上的非实质性瑕疵作出合理解释。

检察机关在调查中发现监察机关所提供的用以证明犯罪事实的部分证据存疑或存在瑕疵，对于存在疑问或瑕疵的证据，检察机关自己重新调查会造成司法资源浪费。此时，参与案件调查的监察机关对存疑证据或瑕疵证据作出解释便是最佳途径。

(3)协助补充侦查。协助补充侦查是检察机关要求监察机关协助其对案件尚不明确的部分事实或证据进行再次调查。作为初始调查机关的监察机关，其配合检察机关进行侦查，能够形成侦查合力，确保补充侦查的顺利开展。协助补充侦查可以由监察机关独立开展，也可以是监察机关与检察机关共同开展。

监察机关的配合义务属于法定义务，并且在监察机关的配合过程中也需要秉持前述的"积极"态度。同时，对于监察机关在配合的过程中出现无法提供有关证据材料，例如由于不可抗力导致部分证据无法获取，此时监察机关必须作出书面的情况说明。书面情况说明需要具体、翔实、准确。

第二，监察机关与法院的配合。证据的合法性审查是人民法院在案件审理中的重要内容。证据收集过程若不合法，人民法院可以以非法证据规则排除证据的法律适用。人民法院为了确认证据是否合法，尤其是针对存疑证据或瑕疵证据，除了进行书面审查，要求调查人员出庭说明情况亦是重要的确认方式之一。调查人员出庭，可以就证据收集的过程作出说明，亦可以对证据存疑或存在瑕疵的原因作出解释。作为证据收集过程的亲历者，调查人员出庭说明可以提高案件审理的效率，也对判断存疑或存在瑕疵的证据是否程序合法起到至关重要的作用。因此，监察机关在人民法院要求其出庭说明情况时负有出庭配合的义务。

实务难点指引

相较于监察机关与法院的配合，监察机关与检察机关的配合在实践中显得更为频繁。那么，监察机关在实践中具体应该如何配合检察机关？针对证据补正，监察机关可以通过补充或补强相关证据、组织鉴定等方式。针对证据解释，监察机关需要解释瑕疵证据产生的原因；解释瑕疵问题是否影响证据的真实性、客观性，要做到解释充分、符合常理。针对协助补充侦查，监察机关应当根据检察机关出具的协助补充侦查提纲开展协助补充侦查活动，并做好协助补充侦查活动过程的记录，逐项落实。同时，要加强与检察机关的沟通与协调，如建立案件调查的联席会议、情况通报会等工作机制，定期通报补充侦查工作进度。

关联法条

《刑事诉讼法》第59条；《最高人民法院关于适用〈中华人民共和国刑事诉讼法〉的解释》第

135、136、251 条;《人民检察院刑事诉讼规则》第 74、340、344、393、422 条

第二百三十条 监察机关认为人民检察院不起诉决定有错误的,应当在收到不起诉决定书后三十日以内,依法向其上一级人民检察院提请复议。监察机关应当将上述情况及时向上一级监察机关书面报告。

条文主旨

本条是关于监察机关提请复议的程序规范。

条文解读

《监察法》第 47 条规定,监察机关认为不起诉的决定有错误的,可以向上一级人民检察院提请复议。本条是对该内容的进一步规定。

检察机关决定不起诉的情形主要有三种:(1)"应当"决定不起诉的,即法定不起诉案件。依据《人民检察院刑事诉讼规则》第 365 条规定,一是发现犯罪嫌疑人没有犯罪事实;二是情节显著轻微、危害不大,不认为是犯罪;三是犯罪已过追诉时效期限;四是经特赦令免除刑罚;五是属于刑法告诉才处理的犯罪,没有告诉或者撤回告诉;六是犯罪嫌疑人、被告人死亡的。(2)"可以"决定不起诉的,即酌定不起诉案件。这类案件中,检察机关对于是否提起公诉具有裁量权,既可以作出起诉决定,也可以作出不起诉决定,主要是依据具体的案情以及犯罪嫌疑人的悔罪表现而决定。《人民检察院刑事诉讼规则》第 370 条规定,犯罪情节轻微,依照《刑法》规定不需要处以刑罚或者免除刑罚。(3)存疑不起诉,又称为证据不足不起诉。依据《人民检察院刑事诉讼规则》第 367 条之规定,人民检察院对于二次退回补充调查或者补充侦查的案件,仍然认为证据不足,不符合起诉条件的,经检察长批准,依法作出不起诉决定。人民检察院对于经过一次退回补充调查或者补充侦查的案件,认为证据不足,不符合起诉条件,且没有再次退回补充调查或者补充侦查必要的,经检察长批准,可以作出不起诉决定。"证据不足"主要是指:犯罪构成要件事实缺乏必要的证据予以证明的;据以定罪的证据存在疑问,无法查证属实的;据以定罪的证据之间、证据与案件事实之间的矛盾不能合理排除的;根据证据得出的结论具有其他可能性,不能排除合理怀疑的;根据证据认定案件事实不符合逻辑和经验法则,得出的结论明显不符合常理的。

由于不起诉决定涉及监察机关与检察机关的审查活动结果的差异,为防止不起诉权力的滥用,本条设置了监察机关的抗辩情形,体现了二者之间相互制约的关系,

从而确保案件审理结果的公正性。监察机关针对不起诉决定提请复议，复议的规则是：(1)受理主体是作出不起诉决定的检察机关的上一级检察机关。这是因为检察机关作出不起诉决定需要经过上一级检察机关批准。(2)提请复议的时间有所限制。监察机关应当在收到不起诉决定书后30内提请。作出时间限定是为了提高监察机关的工作效率，也避免监察机关拖延而造成案件当事人的利益受损。(3)提请复议的条件是监察机关认为不起诉决定错误。监察机关需要对复议申请作出理由说明，证明案件符合检察机关提请公诉的条件。(4)对于检察机关作出不起诉决定的案件，监察机关应当将检察机关作出不起诉决定的理由，监察机关提请复议的理由等事项均向上一级监察机关书面报告。这是监察机关对上负责的工作体制的体现。

关联法条

《刑事诉讼法》第177、178条；《人民检察院刑事诉讼规则》第365、371、378、379、383、385、424条

第二百三十一条　对于监察机关移送起诉的案件，人民检察院作出不起诉决定，人民法院作出无罪判决，或者监察机关经人民检察院退回补充调查后不再移送起诉，涉及对被调查人已生效政务处分事实认定的，监察机关应当依法对政务处分决定进行审核。认为原政务处分决定认定事实清楚、适用法律正确的，不再改变；认为原政务处分决定确有错误或者不当的，依法予以撤销或者变更。

条文主旨

本条是关于监察机关对政务处分决定进行审核的规则。

条文解读

监察机关对政务处分决定进行审核是监察机关主动发现错误并自主纠正，是监察机关自我负责的态度体现，亦是监察机关“以事实为依据、以法律为准绳”的实事求是的工作态度的体现。同样，《公职人员政务处分法》第55条也规定，监察机关发现本机关或者下级监察机关作出的政务处分决定确有错误的，应当及时予以纠正或者责令下级监察机关及时予以纠正。这将保障政务处分决定的公平正义，确保政务处分权力不被滥用，保持权力应用的克制性与谨慎性。本条主要包含三个方面的内容：

首先,监察机关依法对政务处分决定进行审核的前提包括:一是监察机关移送起诉后,出现检察机关作出不起诉决定;审判机关作出无罪判决;人民检察院退回补充调查后,监察机关不再移送起诉这3种情况。二是上述情况当中存在涉及对被调查人已生效政务处分事实的认定。因为无论是检察机关作出不起诉决定,还是审判机关作出无罪判决,抑或人民检察院退回补充调查后监察机关不再移送起诉,都涉及案件事实认定的变更,如检察机关作出不起诉决定的因素就包括了检察机关发现犯罪嫌疑人没有犯罪事实,或出现“证据不足”,例如:(1)犯罪构成要件事实缺乏必要的证据予以证明的;(2)据以定罪的证据存在疑问,无法查证属实的;(3)据以定罪的证据之间、证据与案件事实之间的矛盾不能合理排除的;(4)根据证据得出的结论具有其他可能性,不能排除合理怀疑的;(5)根据证据认定案件事实不符合逻辑和经验法则,得出的结论明显不符合常理的。而这些变更的事实中部分属于原政务处分决定的事实依据,当事实依据发生变更,原政务处分决定自然就需要重新审核,判断是否合法、合理。

其次,监察机关依法对政务处分决定进行审核的主要内容有:一是审核原政务处分决定所依据的事实是否发生变更,事实认定是否真实、客观,案件中的证据与受政务处分行为之间是否存在关联性。二是审核原政务处分决定是否正确,即受政务处分行为与政务处分规范之间的关联性是否合理,是否出现适用错误。

最后,监察机关对政务处分决定的审核有两种处理方式:一是认为原政务处分决定认定事实清楚、适用法律正确。这二者缺一不可,即必须同时存在认定事实清楚、适用法律正确两项要件。此时的处理方式是不改变原政务处分决定。同样,《公职人员政务处分法》第59条也作出了同样的规定,即复审、复核机关认为政务处分决定认定事实清楚、适用法律正确的,应当予以维持。二是认为原政务处分决定确有错误或者不当,即认定事实不清楚或出现错误等情况,以及法律适用错误或适用不当,此时的处理方式是依法予以撤销或者变更。依法撤销的情形包括:(1)政务处分所依据的违法事实不清或者证据不足;(2)违反法定程序,影响案件公正处理的。需要注意的是,必须要同时满足“违反法定程序”“影响案件公正”两大要件,如果“违反法定程序”但尚未“影响案件公正”,则不需要撤销政务处分决定;[①](3)超越职权或滥用职权作出政务处分决定。“超越职权”是指监察机关擅自处理法律法规所规定的职权范畴之外的事项;“滥用职权”是指监察机关未能正确、正当地履行其职权。依法变更的情

---

① 参见秦前红编著:《〈中华人民共和国公职人员政务处分法〉解读与适用》,法律出版社2020年版,第183页。

形包括:(1)适用法律、法规确有错误的,如适用的法律失效、上位法与下位法适用错乱、此法与彼法适用错乱;(2)对违法行为的情节认定确有错误的,即在区分"情节轻微""情节较重""情节严重"等不同情节中发生错误;(3)政务处分不当的,即政务处分决定的裁量不当、不符合比例原则、存在畸轻或者畸重等问题。

实务难点指引

政务处分决定变更,也需要相应调整公职人员的职务、职级、衔级、级别、岗位和职员等级或者薪酬待遇等。可以依据《公职人员政务处分法》第 60 条规定,公职人员的政务处分决定被变更,需要调整该公职人员的职务、职级、衔级、级别、岗位和职员等级或者薪酬待遇等的,应当按照规定予以调整。政务处分决定被撤销的,应当恢复该公职人员的级别、薪酬待遇,按照原职务、职级、衔级、岗位和职员等级安排相应的职务、职级、衔级、岗位和职员等级,并在原政务处分决定公布范围内为其恢复名誉。没收、追缴财物错误的,应当依法予以返还、赔偿。此外,公职人员因有《公职人员政务处分法》第 57、58 条规定的情形被撤销政务处分或者减轻政务处分的,应当对其薪酬待遇受到的损失予以补偿。

关联法条

《刑事诉讼法》第 16、177、178、180、181、200 条;《人民检察院刑事诉讼规则》第 365、367—372、376—379 条;《最高人民法院关于适用〈中华人民共和国刑事诉讼法〉的解释》第 295 条

第二百三十二条　对于贪污贿赂、失职渎职等职务犯罪案件,被调查人逃匿,在通缉一年后不能到案,或者被调查人死亡,依法应当追缴其违法所得及其他涉案财产的,承办部门在调查终结后应当依法移送审理。

监察机关应当经集体审议,出具《没收违法所得意见书》,连同案卷材料、证据等,一并移送人民检察院依法提出没收违法所得的申请。

监察机关将《没收违法所得意见书》移送人民检察院后,在逃的被调查人自动投案或者被抓获的,监察机关应当及时通知人民检察院。

条文主旨

本条是没收被调查人逃匿、死亡案件中的违法所得的程序规范。

条文解读

《监察法》第 48 条规定，监察机关在调查贪污贿赂、失职渎职等职务犯罪案件过程中，被调查人逃匿或者死亡，有必要继续调查的，经省级以上监察机关批准，应当继续调查并作出结论。被调查人逃匿，在通缉 1 年后不能到案，或者死亡的，由监察机关提请人民检察院依照法定程序，向人民法院提出没收违法所得的申请。本条是该条的具体规定。

人民群众对腐败深恶痛绝，如果不没收违法所得，将会严重影响我国反腐败斗争的效果。但是，没收违法所得涉及公民财产权的处分，在法治国家之中，公权力处分私人财产必须要依法进行，因此同样需要规范监察机关提请司法机关依法没收被调查人逃匿、死亡案件中的违法所得。适用本条须满足如下条件：

第一，本条主要适用的案件类型是贪污贿赂、失职渎职等职务犯罪案件。这类案件属于重点案件，往往会牵涉较多违法所得。贪污贿赂类犯罪主要是指我国《刑法》分则第 8 章中所规定的贪污贿赂犯罪，包括贪污罪、挪用公款罪、受贿罪、行贿罪、巨额财产来源不明罪，等等。失职渎职类犯罪主要是指我国《刑法》分则第 9 章中所规定的失职渎职类犯罪，包括了滥用职权罪、玩忽职守罪、徇私枉法罪，等等。

第二，在满足案件类型的大前提下，本条适用的小前提是出现：(1) 被调查人逃匿，在通缉 1 年后不能到案。犯罪嫌疑人、被告人为逃避监察调查和刑事追究潜逃、隐匿，或者在监察调查过程中脱逃。“通缉”是指监察机关通令缉拿应当留置却在逃的被调查人员归案。这里的“1 年”时间是按照通缉发布之日起计算。(2) 被调查人死亡。这里的死亡是指生理死亡或自然死亡，即有证据能够证明被调查人生理机能终止，而不能理解为“宣告死亡”。“宣告死亡”是指被调查人下落不明，超过了法律规定的时间。犯罪嫌疑人、被告人因意外事故下落不明满 2 年，或者因意外事故下落不明，经有关机关证明其不可能生存，依据《最高人民法院、最高人民检察院关于适用犯罪嫌疑人、被告人逃匿、死亡案件违法所得没收程序若干问题的规定》第 3 条以及《人民检察院刑事诉讼规则》第 513 条之规定，通常不能理解“死亡”而应当理解为“逃匿”。

第三，在满足前两个前提之下，应当依法追缴被调查人违法所得及其他涉案财产。本条规定追缴的财产包括两类：一类是“违法所得”。依据《人民检察院刑事诉讼规则》第 515 条之规定，“违法所得”包括：(1) 通过实施犯罪直接或者间接产生、获得的任何财产；(2) 违法所得已经部分或者全部转变、转化为其他财产的，转变、转化后的财产应当视为“违法所得”；(3) 来自违法所得转变、转化后的财产收益，或者来自已经与违法所得相混合财产中违法所得相应部分的收益,也应当视为“违法所得”。另一类是“其他涉案财产”。依据《人民检察院刑事诉讼规则》第 516 条之规定,“其他涉案财产”是与被调查人在贪污贿赂、失职渎职等职务犯罪案件中获得的非法利益有关联的财产,如非法持有的违禁品、供犯罪所用的本人财物。

第四,本条赋予了监察机关提出没收违法所得的意见权。虽然没收违法所得的主体不是监察机关,但是监察机关有提出没收违法所得的意见权。这是因为,监察机关是案件的主要办理人,由其提出没收违法所得的具体意见具有合理性与可行性。具体而言,监察机关的主要任务是经集体审议出具《没收违法所得意见书》。之所以进行集体审议,是为了确保《没收违法所得意见书》的准确性。监察机关出具《没收违法所得意见书》后,应当连同案卷材料、证据一并移送检察机关依法提出没收违法所得的申请。

第五,本条设定了监察机关全程与检察机关保持联系的义务,是检察机关与监察机关相互配合原则的体现。若《没收违法所得意见书》移送检察机关后出现在逃的被调查人自动投案或者被抓获的情形,监察机关有责任通知检察机关。

实务难点指引

监察机关应当注意《没收违法所得意见书》的准确性与规范性。从准确性的角度而言,监察机关在《没收违法所得意见书》中应当详细载明需要追缴的财物,并且载明哪些属于被调查人违法所得,哪些属于其他涉案财物,需要对财物的属性作明确的说明。同时,在“其他涉案财物”中还要区分“违禁品和供犯罪所用的本人财物”与“被害人、第三人等相关人员的合法财产”,进而确保后续对涉案财产的处理不会影响到被害人、第三人的合法财产权益。从规范性的角度而言,监察机关应当确保记录内容的完整,内容应当包括:(1)被调查人的基本情况,包括姓名、性别、出生年月日、出生地、户籍地、公民身份号码、民族、文化程度、职业、工作单位及职务、住址等;(2)案由及案件来源;(3)被调查人的犯罪事实及相关证据材料;(4)被调查人逃匿、被通缉或者死亡的情况;(5)申请没收的财产种类、数量、价值、所在地以及查封、扣押、冻结财产清单和相关法律手续;(6)申请没收的财产属于违法所得及其他涉案财产的相关事实及证据材料;(7)提出没收违法所得申请的理由和法律依据;(8)有无近亲属和其他利害关系人以及利害关系人的姓名、身份、住址、联系方式。

关联法条

《刑事诉讼法》第 298—301 条;《人民检察院刑事诉讼规则》第 505、518、521—523、526、532

条;《国家监察委员会与最高人民检察院办理职务犯罪案件工作衔接办法》第35、36条

第二百三十三条 监察机关立案调查拟适用缺席审判程序的贪污贿赂犯罪案件,应当逐级报送国家监察委员会同意。

监察机关承办部门认为在境外的被调查人犯罪事实已经查清,证据确实、充分,依法应当追究刑事责任的,应当依法移送审理。

监察机关应当经集体审议,出具《起诉意见书》,连同案卷材料、证据等,一并移送人民检察院审查起诉。

在审查起诉或者缺席审判过程中,犯罪嫌疑人、被告人向监察机关自动投案或者被抓获的,监察机关应当立即通知人民检察院、人民法院。

条文主旨

本条是监察机关立案调查拟适用缺席审判程序的规范。

条文解读

缺席审判程序的意义在于确保司法程序的正常开展。现实中,贪污贿赂犯罪案件的被调查人往往会逃匿至境外,这对案件调查与审理产生了极大的障碍,由于犯罪嫌疑人无法到案而导致定罪量刑、赃款赃物的处置、被害人损失的补偿等无法顺利开展。“缺席审判程序”的建立体现了“正义既不会缺席也不会迟到”,既能及时治理犯罪,也能保障被害人权益与国家利益,捍卫法治尊严。同时,也奠定了海外追逃追赃工作的制度基础,能够有效推进反腐败斗争。而对于拟适用缺席审判程序的贪污贿赂犯罪案件,监察工作应当如何开展?本条对此作出了详尽的规定。

(1)对于拟适用缺席审判程序的贪污贿赂犯罪案件,监察机关不能直接开展调查,而必须要逐级报送国家监察委员会同意。由于拟适用缺席审判程序的贪污贿赂犯罪案件往往牵涉到跨国调查,因此需要经过国家监察委员会同意。具体方式是“逐级报送”国家监察委员会同意。“逐级报送”是由我国监察体制的上级领导下级的特征所决定的,下级监察机关向上级监察机关负责,即下一级监察机关向上一级监察机关报送,以此类推直至国家监察委员会。

(2)在国家监察委员会同意后,监察机关对拟适用缺席审判程序的贪污贿赂犯罪案件进行立案调查。此类案件的调查与其他案件相同,都要做到查清犯罪事实,确保证据确实、充分。只要承办部门认为在境外的被调查人犯罪事实已经查清,证据确

实、充分，并且事实与证据和相应的刑事责任之间能够相互呼应，具有关联性、合法性，那么就应当依法移送审理。作出的起诉意见应当经集体审议，这是为了确保案件审理的准确性，审议通过后连同案卷材料、证据等一并移送检察机关审查起诉。当然，由于此类案件的被调查人逃匿于境外等因素而导致调查难度上升，因此对于“犯罪事实清楚”“证据确实、充分”的标准显然不及正常情况下的调查活动严格，但是对由于被调查人逃匿于境外等因素而导致的证据瑕疵等问题，需要监察机关作出合理的解释。

(3)承办案件的监察机关在审查起诉阶段有与检察机关、审判机关及时沟通联系的义务。依据本条之规定，移送起诉后，若在审查起诉阶段或缺席审判阶段中出现犯罪嫌疑人、被告人向监察机关自动投案；犯罪嫌疑人、被告人被抓获这两种情形，监察机关有义务通知检察机关、审判机关。在审查起诉阶段，监察机关应当立即通知检察机关；在缺席审判阶段，监察机关应当立即通知检察机关、审判机关。“立即”是对监察机关通知工作的要求，要求时间上的及时、快速。而之所以作出这样的要求，是因为《刑事诉讼法》第 295 条规定，在审理过程中，被告人自动投案或者被抓获的，人民法院应当重新审理。《人民检察院刑事诉讼规则》第 509 条规定，审查起诉期间，犯罪嫌疑人自动投案或者被抓获的，人民检察院应当重新审查。该规则第 510 条规定，提起公诉后被告人到案，人民法院拟重新审理的，人民检察院应当商人民法院将案件撤回并重新审查。因此，只有监察机关及时通知，才能确保适用缺席审判的案件从特殊程序进入正常程序审理，进而避免了由于适用特殊程序的审判方式对犯罪嫌疑人、被告人的程序性权利的影响。

典型案例

2020 年最高人民检察院工作报告中提出，检察机关用好法定特别程序，力促追逃追赃。对 7 名逃匿、死亡贪污贿赂犯罪嫌疑人启动违法所得没收程序；首次适用缺席审判程序，对潜逃境外 19 年的贪污犯罪嫌疑人程某某提起公诉。该起案件是在中央追逃办统一组织和协调下，检察机关适用缺席审判程序办理的第一起职务犯罪案件。①

关联法条

《刑事诉讼法》第 291—297 条；《人民检察院刑事诉讼规则》第 505、509—511 条

---

① 参见蒋安杰：《缺席审判：从纸面到行动——检察机关首次适用缺席审判程序对外逃贪官程某某提起公诉》，载《法治日报》2021 年 3 月 11 日，第 4 版。

第六章　反腐败国际合作

第一节　工作职责和领导体制

第二百三十四条　国家监察委员会统筹协调与其他国家、地区、国际组织开展反腐败国际交流、合作。

国家监察委员会组织《联合国反腐败公约》等反腐败国际条约的实施以及履约审议等工作，承担《联合国反腐败公约》司法协助中央机关有关工作。

国家监察委员会组织协调有关单位建立集中统一、高效顺畅的反腐败国际追逃追赃和防逃协调机制，统筹协调、督促指导各级监察机关反腐败国际追逃追赃等涉外案件办理工作，具体履行下列职责：

（一）制定反腐败国际追逃追赃和防逃工作计划，研究工作中的重要问题；

（二）组织协调反腐败国际追逃追赃等重大涉外案件办理工作；

（三）办理由国家监察委员会管辖的涉外案件；

（四）指导地方各级监察机关依法开展涉外案件办理工作；

（五）汇总和通报全国职务犯罪外逃案件信息和追逃追赃工作信息；

（六）建立健全反腐败国际追逃追赃和防逃合作网络；

（七）承担监察机关开展国际刑事司法协助的主管机关职责；

（八）承担其他与反腐败国际追逃追赃等涉外案件办理工作相关的职责。

条文主旨

本条是国家监察委在反腐败国际合作中的具体职责之规定。

条文解读

党的十九大报告指出，“不管腐败分子逃到哪里，都要缉拿归案、绳之以法。”许多职务违法犯罪行为会通过境外渠道转移资产,以达到掩盖违法所得的目的,同时腐败分子也可能在违法犯罪形迹败露后逃匿境外,从而达到躲避刑罚追惩的目的。因此,反腐败国际合作意义重大。只有深化反腐败国际合作,才能确保反腐败活动顺利开展,将"天网"扩大,让腐败分子无处遁形。监察机关作为肩负反腐败任务的国家机关,自然是推进反腐败国际合作的重要主体。

反腐败国际合作涉及国家与国家之间的合作,《监察法》第50条将国家监察委员会在反腐败国际合作中的角色定位为"统筹协调与其他国家、地区、国际组织开展的反腐败国际交流、合作,组织反腐败国际条约实施工作",本条规定国家监察委员会的职责主要有以下三个方面:

第一,国家监察委员会统筹协调与其他国家、地区、国际组织开展反腐败国际交流、合作。依据《监察法》第51条规定,国际交流、合作的领域包括了反腐败执法、引渡、司法协助、被判刑人的移管、资产追回和信息交流等。反腐败执法领域的合作是指调查腐败案件、抓捕外逃涉案人员方面的合作。引渡合作是指根据双边条约、多边条约等向外逃涉案人员所在地国提出将犯罪嫌疑人转移至我国境内的请求。司法协助是指双边条约、多边条约的缔约国在侦查、起诉、审判的过程中相互提供司法方面的协助。被判刑人移管是指外逃人员所在国根据本国法和我国提供的证据对外逃人员进行定罪判刑后将外逃人员移交至我国服刑。资产追回是指通过合作追回犯罪嫌疑人转移至境外的涉案财产。信息交流是指共享有关腐败的案例、资料、先进经验、专业知识等。①

第二,国家监察委员会组织反腐败国际条约实施工作。一是国家监察委员会要推进《联合国反腐败公约》等反腐败国际条约的实施工作,如研究《联合国反腐败公约》等反腐败国际条约如何与我国法律制度衔接,比对《联合国反腐败公约》等反腐败国际条约的要求与我国具体的反腐败制度建设之间的差距并提出意见与方案;条约中所涉及的我国重要法律的起草和修改,等等。二是《联合国反腐败公约》等反腐败国际条约的履约审议,如组织国内有关部门接受履约审议,督促有关部门做好自评工作,接受审议国对我国进行实地访问,等等。三是承担《联合国反腐败公约》司法协助的中央机关有关工作,即当其他国家的腐败分子逃至我国境内或将违法犯罪的涉案财产转移至我国境内,其他国家依据《联合国反腐败公约》请求我国提供司法协助时,国家监察委员会负责提供具体的协助,包括协助联系公安机关等部门进行追捕、

---

① 参见中共中央纪律检查委员会中华人民共和国国家监察委员会法规室编写:《〈中华人民共和国监察法〉释义》,中国方正出版社2018年版,第227页。

要求地方监察委协助提供司法协助等。[1]

第三,国家监察委员会关于反腐败国际追逃追赃、防逃协调方面的工作职责。(1)制订反腐败国际追逃追赃和防逃工作计划,包括对在逃人员的抓捕方案、如何开展防逃工作,等等。(2)组织协调反腐败国际追逃追赃等重大涉外案件办理工作。(3)办理由国家监察委员会管辖的涉外案件。(4)指导地方各级监察机关依法开展涉外案件办理工作。这是由我国监察体制的特征决定的,上级监察机关领导下级监察机关,国家监察委员会领导地方各级监察机关。只有国家监察委员会指导才能确保案件办理的统一性。(5)汇总和通报全国职务犯罪外逃案件信息和追逃追赃工作信息,即国家监察委员会需要根据地方各级监察机关汇报上来的数据进行汇总统计,同时还要及时通报,内容包括职务犯罪外逃案件信息,如案件的涉案人员信息等,还包括追逃追赃工作信息,如涉案金额等,从而确保案件办理的联动性,提高反腐败工作效率。(6)建立健全反腐败国际追逃追赃和防逃合作网络,即促成追逃追赃以及防逃工作的合作,从而确保将犯罪分子捉拿归案。(7)承担监察机关开展国际刑事司法协助的主管机关职责,即国家监察委员会是监察机关开展国际刑事司法协助活动的主管机关,负责日常审批与最后决定等。(8)承担其他与反腐败国际追逃追赃等涉外案件办理工作相关职责。

实务难点指引

本条对于国家监察委员会反腐败国际追逃追赃、防逃协调方面的工作职责设置了兜底性条款,即“承担其他与反腐败国际追逃追赃等涉外案件办理工作相关的职责”。对于本条之理解存在“等内等”与“等外等”两种分歧。应当以“等外等”对本条进行理解,因为按照我国的监察体制,上级监察机关领导下级监察机关,国家监察委员会领导地方监察机关,因此当地方监察机关无法完成的事项,都应当由国家监察委员会兜底。以及当不确定是国家监察委员会完成还是地方监察机关的职责时,也应当由国家监察委员会兜底,再由国家监察委员会依据具体内容将任务转由地方监察机关完成。

关联法条

《监察法》第50—52条;《国际刑事司法协助法》第6条

---

① 参见中共中央纪律检查委员会中华人民共和国国家监察委员会法规室编写:《〈中华人民共和国监察法〉释义》,中国方正出版社2018年版,第225页。

第二百三十五条　地方各级监察机关在国家监察委员会领导下，统筹协调、督促指导本地区反腐败国际追逃追赃等涉外案件办理工作，具体履行下列职责：

（一）落实上级监察机关关于反腐败国际追逃追赃和防逃工作部署，制定工作计划；

（二）按照管辖权限或者上级监察机关指定管辖，办理涉外案件；

（三）按照上级监察机关要求，协助配合其他监察机关开展涉外案件办理工作；

（四）汇总和通报本地区职务犯罪外逃案件信息和追逃追赃工作信息；

（五）承担本地区其他与反腐败国际追逃追赃等涉外案件办理工作相关的职责。

省级监察委员会应当会同有关单位，建立健全本地区反腐败国际追逃追赃和防逃协调机制。

国家监察委员会派驻或者派出的监察机构、监察专员统筹协调、督促指导本部门反腐败国际追逃追赃等涉外案件办理工作，参照第一款规定执行。

条文主旨

本条是关于地方各级监察机关在反腐败国际合作中的具体职责的规定。

条文解读

本条规定了地方各级监察机关在反腐败国际合作中的具体职责，这弥补了《监察法》只规定国家监察委员会的具体职责，而没有规定地方各级监察机关的职责的立法不足。从立法角度对国家监察委员会与地方各级监察机关的职责进行区分，有利于反腐败工作的顺利推进，也能够使反腐败工作在法治框架内进行，对国家监察委员会与地方各级监察机关的反腐败工作都起到制度约束作用。本条将地方各级监察机关定位为“在国家监察委员会领导下，统筹协调、督促指导本地区反腐败国际追逃追赃等涉外案件办理工作”，地方各级监察机关的这一角色定位有两个特点：一是在国家监察委员会的领导之下履行具体职责，即体现了国家监察委员会领导地方各级监察机关的监察体制特征。二是地方各级监察机关是本地区反腐败工作的主责机关，本地区涉及反腐败国际追逃追赃等涉外案件办理由地方各级监察机关进行统筹、协调、督促、指导，规范了反腐败国际合作问题上地方国家机关与地方监察机关之间的关系。

具体而言,地方各级监察机关的职责包括四个方面:(1)落实职责。地方各级监察机关制定具体实施方案从而落实国家监察委员会关于反腐败国际追逃追赃和防逃工作部署,相较国家监察委员会的部署而言更为细致,可以根据本地区的具体实际制订具体方案,因地制宜,也可以根据待办理的案件制订具体方案。(2)办理涉外案件职责。地方各级监察机关也具有办理涉外案件的权限,主要包括两类,一类是根据管辖规则由地方各级监察机关管辖的涉外案件。另一类是上级监察机关或者国家监察委员会指定管辖的涉外案件。(3)协助职责。地方各级监察机关之间也存在相互配合的关系。为了能够顺利办理复杂的涉外案件,上级监察机关会统一部署,指定作为主要办理者的地方监察机关以及作为协助者的地方监察机关。此时作为协助方的地方监察机关有义务协助作为主要办理者的地方监察机关。同时,如果涉外案件的办理涉及跨区调查,那么不同地区的地方监察机关之间也要履行协助职责。(4)信息汇总通报职责。这一职责与国家监察委员会的职责相关,国家监察委员会承担着"汇总和通报全国职务犯罪外逃案件信息和追逃追赃工作信息"的职责,而该职责履行之前提是地方各级监察机关首先汇总与通报本地区职务犯罪外逃案件信息和追逃追赃工作信息,而后逐级汇总至国家监察委员会。

本条还规定了"省级监察委员会""国家监察委员会派驻或者派出的监察机构""监察专员"等特殊主体的职责。"省级监察委员会"的一项特殊职责是建立健全本地区反腐败国际追逃追赃和防逃协调机制,即省级监察委员会负责协调本省的地方各级监察机关,从而建立具有区域特色的反腐败机制,确保上下联动,使国家监察委、省级监察委、地方各级监察委之间形成完备的、贯通的反腐败机制。国家监察委员会派驻或者派出的监察机构、监察专员的职责是统筹协调、督促指导本部门反腐败国际追逃追赃等涉外案件办理工作,从而与地方各级监察机关之间形成领导与被领导关系。其统筹协调、督促指导的是其派驻或者派出所在单位。国家监察委员会派驻或者派出的监察机构、监察专员代表着国家监察委员会,而国家监察委员会在监察体制中属于最高监察机关,因此负有统筹协调、督促指导的权限。

实务难点指引

本条需要注意两点:第一,地方各级监察机关的落实职责规定实际上是赋予了地方各级监察机关在落实国家监察委员会、上级监察机关的部署时的裁量权。但是,下级监察机关在指定具体的落实方案时,必须确保在上级机关工作部署的整体框架内进行,不能简单重复,也不能违反上级机关的工作部署。第二,本条还存在地方各级监察机关职责的兜底条款,这其中也存在“等内等”与“等外等”两种分歧,这里应当理解为“等内等”,即通常地方各级监察机关的职责之判断要与其落实职责、办理涉外案件职责,协助职责、信息汇总通报职责相当。在此之外是否属于地方各级监察机关之职责,需要向国家监察委员会请示。

> **第二百三十六条　国家监察委员会国际合作局归口管理监察机关反腐败国际追逃追赃等涉外案件办理工作。地方各级监察委员会应当明确专责部门,归口管理本地区涉外案件办理工作。**
>
> **国家监察委员会派驻或者派出的监察机构、监察专员和地方各级监察机关办理涉外案件中有关执法司法国际合作事项,应当逐级报送国家监察委员会审批。由国家监察委员会依法直接或者协调有关单位与有关国家(地区)相关机构沟通,以双方认可的方式实施。**

条文主旨

本条是关于涉外案件办理的归口管理主体以及国际合作中的实施方式的规定。

条文解读

本条主要包含两个方面的内容:

第一,关于涉外案件办理的归口管理主体。确定涉外案件的归口管理部门是对《监察法》的细化,是法治发展的精确化方向之表现,有利于避免出现“踢皮球”现象。对于国家监察委员会而言,涉外案件办理的主体是“国家监察委员会国际合作局”。国家监察委员会国际合作局的法定职责包括:(1)草拟反腐败国际追逃追赃和防逃工作计划;(2)组织与协调反腐败国际追逃追赃等重大涉外案件办理工作;(3)办理由国家监察委员会管辖的涉外案件;(4)指导地方各级监察机关依法开展涉外案件办理工作;(5)汇总和通报全国职务犯罪外逃案件信息和追逃追赃工作信息;(6)建立健全反腐败国际追逃追赃和防逃合作网络;(7)承担监察机关开展国际刑事司法协助的主管机关职责。

对于地方各级监察委员会而言,本条虽然没有具体规定,但是规定了需要明确专责管理部门。之所以没有作出具体规定,是给地方预留了实践空间。因为有的地方较少存在涉外案件业务,因此若全国各地的监察委员会都统一规定同一部门承担涉外案件,就会导致部分涉外案件较少的地区的监察机关有关部门出现组织资源浪费的问题。虽然地方各级监察机关的涉外案件承办部门由地方自行设定，但是这些涉外案件办理部门的职责一致，主要包括：(1)制订具体的工作计划，落实上级监察机关关于反腐败国际追逃追赃和防逃工作部署；(2)按照管辖权限或者经上级监察机关指定办理涉外案件；(3)协助配合其他监察机关办理涉外案件；(4)汇总和通报本地区职务犯罪外逃案件信息和追逃追赃工作信息。

第二，关于反腐败国际合作的具体实施方式。(1)遵循国家监察委员会审批原则。无论是国家监察委员会派驻或者派出的监察机构，还是监察专员，或是地方各级监察机关，在办理涉外案件中有关执法司法国际合作事项时，都需要由国家监察委员会审批。这是因为执法司法国际合作事项会涉及国家与国家之间的合作，内容涉及国家利益、国家秘密、国家安全、公共利益等，因此必须由国家监察委员会负责才能确保国家与国家之间的顺利合作，才能有效地与有关国家(地区)相关机构沟通协调。如《国际刑事司法协助法》规定，非经中华人民共和国主管机关同意，外国机构、组织和个人不得在我国境内进行该法规定的刑事诉讼活动，我国境内的机构、组织和个人不得向外国提供证据材料和该法规定的协助。由国家监察委员会最终审批，体现了监察体制的整体特征，即国家监察委员会领导地方各级监察机关。审批的逐级报送则体现了上级监察机关领导下级监察机关的监察体制特征。(2)遵循协调沟通原则。协调沟通原则是"具体问题具体分析"的工作思路的体现，目的是通过协调沟通使合作双方达成共识，而不拘泥于特定的规范束缚，只要达成"双方认可的方式"这一标准即可，而具体的协调沟通的底线在于遵循"平等互惠原则"。《国际刑事司法协助法》第4条就规定，我国和外国按照平等互惠原则开展国际刑事司法协助。

第二百三十七条　监察机关应当建立追逃追赃和防逃工作内部联络机制。承办部门在调查过程中，发现被调查人或者重要涉案人员外逃、违法所得及其他涉案财产被转移到境外的，可以请追逃追赃部门提供工作协助。监察机关将案件移送人民检察院审查起诉后，仍有重要涉案人员外逃或者未追缴的违法所得及其他涉案财产的，应当由追逃追赃部门继续办理，或者由追逃追赃部门指定协调有关单位办理。

条文主旨

本条是关于监察机关在追逃追赃和防逃工作中的内部联络机制的规定。

条文解读

追逃追赃和防逃工作需建立内部合作机制,这是反腐败国际追逃追赃和防逃协调机制的重要组成部分。内部合作机制能够形成反腐败工作合力。各级监察机关内部的不同部门都存在不同的案件办理优势,通过建立监察委员会内部的合作机制,能够形成反腐败合力,各尽其职、相互配合,从而确保职务犯罪案件的有效办理。监察机关的内部合作需要依托于追逃追赃和防逃工作内部联络机制的建立。内部联络机制是监察委员会内部不同部门之间建立起联络,及时动态梳理与更新外逃人员与外移资产的情况,确保职务犯罪外逃案件信息和追逃追赃工作信息的及时共享。

具体而言,主要体现在案件调查阶段中的内部联络。案件调查阶段存在任务区分,承办部门主要负责案件事实调查、证据收集,以及处置。但是,当案件涉及被调查人或重要涉案人员外逃、违法所得及其他涉案财产被转移到境外时,案件调查就会受阻,此时追逃追赃部门提供工作协助则至关重要。因为涉外案件涉及案件的国(境)外调查,其中的衔接与沟通、协调等均需专职部门提供协助,否则调查难以推进。需要明确的是,案件调查阶段中的内部联络要区分好承办部门与追逃追赃部门的角色。承办部门仍然是案件调查与办理的主体部门,而追逃追赃部门主要扮演"协助者"角色。具体的协助责任主要包括:协助向外国请求调查取证,向外国请求安排证人作证或协助调查,向外国请求查封、扣押、冻结涉案财物,向外国请求没收、返还违法所得及其他涉案财物,向外国移管被判刑人,等等。

实务难点指引

由于涉外案件的办理难度较大,因此在有限的调查时间内可能会出现在审查起诉阶段还存在重要涉案人员外逃,或者存在未追缴的违法所得及其他涉案财产的情形。此时,追逃追赃部门应当继续办理追逃追赃工作,这是追逃追赃部门的职责所在。当然,从追逃追赃案件办理的便利性角度以及现实需求而言也可以进行灵活调整,追逃追赃部门可以指定协调有关单位办理追逃追赃案件。

第二节　国(境)内工作

第二百三十八条　监察机关应当将防逃工作纳入日常监督内容,督促相关机关、单位建立健全防逃责任机制。

监察机关在监督、调查工作中,应当根据情况制定对监察对象、重要涉案人员的防逃方案,防范人员外逃和资金外流风险。监察机关应当会同同级组织人事、外事、公安、移民管理等单位健全防逃预警机制,对存在外逃风险的监察对象早发现、早报告、早处置。

条文主旨

本条是关于防逃工作如何开展的具体规范。

条文解读

本条对各级监察机关的追逃追赃和防逃工作部门的实践工作具有指导意义。

第一,将"防逃工作"纳入监察机关的监督范畴。《监察法》第11条规定,监察委员会履行监督职责,对公职人员开展廉政教育,对公职人员依法履职、秉公用权、廉洁从政从业以及道德操守情况进行监督检查。本条对监察委员会的监督职责的内容进行了补充,强调上级监察机关将防逃工作纳入对下级监察机关的日常监督之中,监察委员会将防逃工作纳入对相关机关、单位的监督之中。监督的内容主要是下级监察机关或相关机关、单位是否建立了完备的防逃工作网络,从而督促监察机关和相关机关、单位建立健全防逃责任机制。监督机制能使国家监察制度保持自身纯洁性,属于自我规制中的重要手段,亦能使国家机关保持纯洁性,属于外部规制中的重要手段。将追逃追赃和防逃工作嵌入监督机制之中,通过上级监察机关对下级监察机关的监督,监察委员会对国家机关的监督,形成倒逼机制与压力机制,促进防逃工作完善化。

第二,具体防逃工作任务主要包含两个方面:一是制订对监察对象、重要涉案人员的防逃方案。本条设定了防逃工作部门制订防逃方案的义务。具体的要求是遵循"具体问题、具体分析"的工作方式,根据具体的情况制订防逃方案,从而达到防止监察对象、重要涉案人员外逃和资金外流的目的。同时,案件调查部门需与防逃工作部门相互配合。案件调查部门应当及时提供监察对象、重要涉案人员的信息,为防逃工作的开展提供充分协助。二是预警机制建设。预警机制是为了能够对存在外逃风险的监察对象进行监控,从而实现监察对象外逃时早发现、早报告、早处置。预警机制的建构也需要遵循合作原则,即监察机关与同级组织人事、外事、公安、移民管理等单位进行信息联动,通过破除数据壁垒促成预警信息形成,并建立起实时信息的更新与联通,如相关人员是否有移民倾向,是否有出境倾向,是否存在犯罪与违法记录,等等。

第二百三十九条　监察机关应当加强与同级人民银行、公安等单位的沟通协作,推动预防、打击利用离岸公司和地下钱庄等向境外转移违法所得及其他涉案财产,对涉及职务违法和职务犯罪的行为依法进行调查。

条文主旨

本条是关于预防向境外转移违法所得及其他涉案财产的具体措施的规定。

条文解读

向境外转移违法所得及其他涉案财产是职务犯罪的常见手段。向境外转移违法所得及其他涉案财产主要会借助于离岸公司、地下钱庄等途径实现。腐败犯罪通常与金融活动紧密相连,有的腐败分子“境内办事、境外收钱”;有的腐败分子通过地下钱庄将非法资产转移至国(境)外;有的腐败分子通过离岸金融中心设立“空壳公司”或账户将赃款转存至国(境)外;还有的腐败分子则通过“投资移民”获得外国护照或永久身份,从而制造了反腐败和追逃追赃工作的各种障碍。“地下钱庄”借助虚拟货币的点对点支付、无国界、匿名等特点,能够将国(境)内非法资产通过场外交易的方式转化为虚拟资产,后通过国(境)外虚拟资产交易平台变现,最终实现非法资产的跨国(境)转移。因此,预防、打击利用离岸公司和地下钱庄等向境外转移违法所得及其他涉案财产就成为监察机关预防外逃的重要工作内容。持续的打击、严厉惩治涉腐洗钱行为,能够有效遏制非法资产的外流,挤压外逃腐败分子的境外生存空间。

具体而言,预防工作要保持“合作原则”,在人民银行、公安等单位的协助下,完成两项任务:一是预防利用离岸公司和地下钱庄等向境外转移违法所得及其他涉案财产,如通过人民银行对非法资产在国内的转移轨迹进行监控和调查,从而预防通过离岸公司和地下钱庄等渠道开展违法犯罪行为;二是打击离岸公司和地下钱庄,如通过人民银行向境外金融情报机构提出协查请求,搜集非法资产向国(境)外转移以及在不同国家和地区之间转移的线索与证据，从而锁定进行洗钱犯罪的离岸公司与地下钱庄，联动公安等部门进行打击。

同时，由于在预防、打击离岸公司和地下钱庄等向境外转移违法所得及其他涉案财产的过程中会涉及国际追逃追赃的关键信息，其中可能会涉及相关联的利用离岸公司与地下钱庄等渠道开展违法犯罪行为但尚未发现的案件的线索。因此，预防、打击向国（境）外转移非法资产的过程亦是发现新的职务违法和职务犯罪行为的过程。若发现，监察机关则有义务依法展开调查。

第二百四十条　国家监察委员会派驻或者派出的监察机构、监察专员和地方各级监察委员会发现监察对象出逃、失踪、出走，或者违法所得及其他涉案财产被转移至境外的，应当在二十四小时以内将有关信息逐级报送至国家监察委员会国际合作局，并迅速开展相关工作。

条文主旨

本条是关于发现外逃后的紧急报送对象与时间限制的规定。

条文解读

本条主要包含四个方面的内容：第一，本条的适用主体是所有腐败案件的调查人员，包括国家监察委员会派驻或者派出的监察机构、监察专员和地方各级监察委员会。第二，本条的适用情况是发现监察对象出逃、失踪、出走，或者违法所得及其他涉案财产被转移至境外。第三，发现外逃后的工作原则是“即刻信息报送”，即上述情况发生后应当即刻将具体的出逃、失踪、出走，或违法所得及其他涉案财产被转移至境外的信息报送国家监察委员会国际合作局。第四，本条对信息报送工作作出了时间与方式限制。一方面，本条对报送时间作出限制，限定为 24 小时之内。作出时间限定是为了给制订应对方案预留充足的时间，从而确保相关行动迅速开展，尽可能阻断出逃、失踪、出走人员离开我国，以及尽可能阻断违法所得及其他涉案财产向境外转移。另一方面，本条对报送方式作出限定，限定为“信息逐级报送”，这是由我国监察制度的上级领导下级的体制特征所决定的。同时，由于涉外案件涉及各地区之间的跨区域合作，以及国家之间的反腐败合作，需国家监察委员会统筹协调，才能确保涉外案件的顺利办理，因此需报送至国家监察委员会，从而实现反腐“一盘棋、一个调、一张网”。

实务难点指引

监察委员会信息报送的程序要求是“逐级报送”，这意味着不得“跨级报送”。而当时间限定在“24 小时”以及面对涉外案件的紧迫性，监察机关应当如何确保“逐级报送”的效率是未来制度建设中需要予以回应的。例如，可以通过数字化、信息化系统的建设，确保“逐级报送”的效率最大化。

第二百四十一条　监察机关追逃追赃部门统一接收巡视巡察机构、审计机关、行政执法部门、司法机关等单位移交的外逃信息。

监察机关对涉嫌职务违法和职务犯罪的外逃人员，应当明确承办部门，建立案件档案。

条文主旨

本条是关于监察机关追逃追赃的主体责任的规定。

条文解读

本条明确了监察机关在追逃追赃上的具体建设责任。一方面是外逃信息接收责任。外逃信息接收的主体是监察机关追逃追赃部门。本规定是本条例第 234、235 条规定的进一步具体化。本条例第 234、235 条规定了监察机关负有汇总职务犯罪外逃案件信息和追逃追赃工作信息的职责。信息汇总不仅指向监察体系内部的信息，也指向了监察体系外部的其他国家机关的信息。这里体现了《监察法》第 4 条所规定的“合作原则”，即监察机关追逃追赃部门对于涉外案件的办理通常需要依靠巡视巡察机构、审计机关、行政执法部门、司法机关等单位移交的外逃信息，形成反腐败的信息合力。这实际上也为巡视巡察机构、审计机关、行政执法部门、司法机关等单位设定了义务，即巡视巡察机构、审计机关、行政执法部门、司法机关等单位有义务移交外逃信息至监察机关的追逃追赃部门。

另一方面是案件档案建立责任。本条没有规定具体涉外案件的承办部门，因为地区之间存在差异，不同地域的监察委员会也存在差异，因此本条实际上给予地方各级监察委员会自行确定承办部门的裁量权。但是本条指出的“明确”可以解释为需要“明文规定”，即地方监察委员会需要以公开、明确的规范文本确定地方各级监察委员会办理涉外案件的承办部门，从而确保涉外案件的顺利开展，否则将会导致涉外案件办理过程中出现“踢皮球”的问题。而对于承办部门而言，本条设定了承办部门对涉嫌职务违法和职务犯罪的外逃人员建立案件档案的主体责任，即需要明确、全面地记录案件相关信息。这是因为涉外案件内容复杂，案件办理周期长，建立案件档案能够确保关键案件信息不遗漏，为后续涉外案件的办理奠定信息基础。

典型案例

2017 年以来，天津共从 12 个国家和地区劝返或缉捕外逃人员 16 人。其中，追回国家工作人员 8 人，数量达前两年之和，追回中央追逃办挂牌督办的“红通”人员 2 人；累计涉案金额达 6000 余万元。天津市委常委、市纪委书记、市监委主任多次主持召开会议，对 15 名外逃国家工作人员逐个进行分析研判，确定突破点、路线图和时间表，成立追逃“专班”。在实际工作中，各追逃小组坚持追缉、劝返双管齐下，一方面注重搜集分析外逃信息，了解外逃人员生存状态，研判境外具体藏匿地点，积极缉捕；另一方面认真梳理排查重要关系人，通过对本人或亲属宣传政策、调查冻结涉案资产等方式，全力劝返。①

第二百四十二条　监察机关应当依法全面收集外逃人员涉嫌职务违法和职务犯罪证据。

条文主旨

本条是关于涉外案件证据收集工作的规定。

条文解读

本条对涉嫌职务违法和职务犯罪的外逃人员的证据收集工作作了两方面的原则性规定。

第一，全面原则。监察机关在收集涉嫌职务违法和职务犯罪的外逃人员的相关证据时，需要做到“全面”。依据《国际刑事司法协助法》第 26 条规定，“全面”的证据收集工作主要指向了向外国请求调查取证，请求书及所附材料应当根据需要全面载明以下事项：(1)被调查人的姓名、性别、住址、身份信息、联系方式和有助于确认被调

---

① 参见李建彬、樊明、范靖宇：《天津织密织牢“天网”，挂图作战、销号管理　逾半数外逃国家工作人员已归案》，载《中国纪检监察报》2018 年 3 月 28 日，第 5 版。

查人的其他资料;(2)需要向被调查人提问的问题;(3)需要查找、辨认人员的姓名、性别、住址、身份信息、联系方式、外表和行为特征以及有助于查找、辨认的其他资料;(4)需要查询、核实的涉案财物的权属、地点、特性、外形和数量等具体信息,需要查询、核实的金融账户相关信息;(5)需要获取的有关文件、记录、电子数据和物品的持有人、地点、特性、外形和数量等具体信息;(6)需要鉴定的对象的具体信息;(7)需要勘验或者检查的场所、物品等的具体信息;(8)需要搜查的对象的具体信息;(9)有助于执行请求的其他材料。

之所以作出“全面”的要求有两个方面的理由。一是恪守了监察机关“以事实为依据,以法律为准绳”的工作要求。外逃人员无法抓获时适用涉外案件的缺席审判制度,但是即便是涉案人员外逃,也不应当成为监察机关弱化证据收集工作以及弱化证据关联性、客观性、真实性等证据标准的理由。同样需要确保证据全面,做到“犯罪事实已经查清,证据确实、充分”,从而确保定罪量刑的准确性。二是由于涉外案件的证据收集的过程烦琐,如《国际刑事司法协助法》第 25 条规定,涉外案件办理机关需要向外国请求调查取证的,应当制作刑事司法协助请求书并附相关材料,经所属主管机关审核同意后,由对外联系机关及时向外国提出请求。因此,涉外案件证据的收集工作复杂,难度较大,需要多方配合,应当尽量确保在初次证据收集过程中的全面性,能够一次到位,避免由于证据收集工作的不全面而导致二次证据收集。

第二,依法原则,即证据收集工作须依法开展。《监察法》第 18 条规定,监察机关行使监督、调查职权,有权依法向有关单位和个人了解情况,收集、调取证据。该条即对监察机关的证据收集工作作出了“依法”的限定,是“依法监察”原则的体现。本条即为“依法监察”原则的贯彻。确保证据收集工作的合法性,能够一定限度地避免非法证据的出现,实现监察过程的公正性。具体需要遵守的法律既包括中华人民共和国法律,也包括相关国家(地区)的法律。

第二百四十三条　开展反腐败国际追逃追赃等涉外案件办理工作,应当把思想教育贯穿始终,落实宽严相济刑事政策,依法适用认罪认罚从宽制度,促使外逃人员回国投案或者配合调查、主动退赃。开展相关工作,应当尊重所在国家(地区)的法律规定。

条文主旨

本条是关于宽严相济原则在涉外案件办理工作中的具体化规定。

条文解读

《监察法》第5条规定，国家监察工作应当遵循惩戒与教育相结合，宽严相济。本条即为《监察法》上宽严相济原则的贯彻。宽严相济原则一方面重视依法严厉打击腐败犯罪，另一方面也重视对腐败犯罪的教育、感化、挽救，从而既能够震慑腐败犯罪，又能够减少社会对抗，实现社会效果与法律效果的有机统一。之所以在涉外案件办理中贯彻"宽严相济"原则，是因为反腐败国际追逃追赃难度较大，牵涉到跨国别、跨区域、跨法系的腐败调查活动与追逃追赃活动，会遇到许多阻力，因此借助"宽严相济"原则，使外逃人员意识到回国投案或者配合调查、主动退赃的从宽处罚的可能性，如此才能更加有效地推进涉外案件的办理。"宽严相济"原则实际上也是目的与手段之间的辩证思考，目的是治理腐败，而手段既可以是采取严厉的手段，也可以是采取宽松的手段，在保证公平的前提下，实现腐败治理目的。需要注意的是，外逃人员在适用认罪认罚从宽时，必须依法适用，同时要满足适用认罪认罚从宽的基本条件。《监察法》所规定的适用情形包括：(1)自动投案，真诚悔罪悔过的；(2)积极配合调查工作，如实供述监察机关还未掌握的违法犯罪行为的；(3)积极退赃，减少损失的；(4)具有重大立功表现或者案件涉及国家重大利益等情形的；(5)揭发有关被调查人职务违法犯罪行为，查证属实的，或者提供重要线索，有助于调查其他案件的。

关联法条

《刑法》第67条；《中国共产党纪律检查机关监督执纪工作规则》第3条

第二百四十四条　外逃人员归案、违法所得及其他涉案财产被追缴后，承办案件的监察机关应当将情况逐级报送国家监察委员会国际合作局。监察机关应当依法对涉案人员和违法所得及其他涉案财产作出处置，或者请有关单位依法处置。对不需要继续采取相关措施的，应当及时解除或者撤销。

条文主旨

本条是关于外逃人员归案、违法所得及其他涉案财产被追缴后的处置规则。

条文解读

本条包含四个方面的内容：

第一,本条规定了涉外案件承办部门的信息报送责任。当外逃人员归案、违法所得及其他涉案财产被追缴后,涉外案件的承办部门有义务将相关信息报送至国家监察委员会国际合作局。作出这样的规定主要基于三个方面的理由:一是基于国家监察委员会和地方各级监察机关的法定职责。汇总和通报本地区职务犯罪外逃案件信息和追逃追赃工作信息是地方各级监察机关的法定职责之一,而通报就指向了向国家监察委员会进行信息报送。同时,国家监察委员会也有汇总和通报全国职务犯罪外逃案件信息和追逃追赃工作信息的职责。这一职责之履行有赖地方各级监察机关的追逃追赃信息的报送。而国家监察委员会与地方各级监察机关的"信息汇报"职责都包含了"外逃人员归案、违法所得及其他涉案财产被追缴"这一类型的信息。二是我国反腐工作强调"一盘棋、一个调、一张网",腐败治理是系统网络,确保信息及时报送,可以实现涉外案件办理过程的统一性与协调性。因为外逃人员归案、违法所得及其他涉案财产被追缴后会涉及涉案人员处置、被追缴的违法所得及其他涉案财产的处置等系列问题,都需国家监察委员会统一协调、统筹安排。三是基于我国监察体制的领导体制特征,国家监察委员会领导地方各级监察机关,因此地方各级国家监察委员会关于涉外案件的办理的相关进度都需要向国家监察委员会报送。

第二,本条规定了承办案件的监察机关的信息报送程序与对象是"逐级"报送至国家监察委员会国际合作局。逐级报送是为了确保不同级别的监察机关都能知悉涉外案件的办理进度,从而避免涉外案件办理中可能出现的"信息孤岛"现象。同时,"逐级"报送也体现上级监察机关领导下级监察机关的监察体制特征,因此下级监察机关首先需要向上级监察机关报送信息。而国家监察委员会领导地方各级监察机关,因此信息报送的终端是国家监察委员会国际合作局。

第三,本条规定了处置涉外案件归案人员和违法所得及其他涉案财产的主体,既可以是监察机关本身,也可以是有关单位。例如,在涉外案件的涉案人员归案前,监察机关认为犯罪事实已经查清,证据确实、充分,依法应当追究刑事责任的,并依法移送检察机关,此时涉外案件的涉案人员归案,可以交由检察机关处置。本条设定了监察机关的裁量权,具体的处置主体之选择需要根据具体案情具体分析。

第四,本条规定了不需要继续采取相关措施时监察机关有及时解除或者撤销的义务。例如,相关涉外案件存在"证据不足"的情况,即出现:(1)犯罪构成要件事实缺乏必要的证据予以证明的;(2)据以定罪的证据存在疑问,无法查证属实的;(3)据以定罪的证据之间、证据与案件事实之间的矛盾不能合理排除;(4)根据证据得出的结论具有其他可能性,不能排除合理怀疑的;(5)根据证据认定案件事实不符合逻辑和经验法则,得出的结论明显不符合常理;等等。这是对监察机关"以事实为依据、以法律为准绳”的工作方法的贯彻。本条对监察机关解除或者撤销义务进行了时间上的限定，即要求“及时”解除或者撤销。时间上的限定能够尽可能地减少相关措施对被调查人的不利影响，是监察机关践行《宪法》所规定的国家尊重与保障人权的基本理念。

关联法条

《刑事诉讼法》第301条；《人民检察院刑事诉讼规则》第532条

第三节 对外合作

第二百四十五条 监察机关对依法应当留置或者已经决定留置的外逃人员，需要申请发布国际刑警组织红色通报的，应当逐级报送国家监察委员会审核。国家监察委员会审核后，依法通过公安部向国际刑警组织提出申请。

需要延期、暂停、撤销红色通报的，申请发布红色通报的监察机关应当逐级报送国家监察委员会审核，由国家监察委员会依法通过公安部联系国际刑警组织办理。

条文主旨

本条是关于监察机关申请发布国际刑警组织红色通报的基本规则。

条文解读

国际刑警组织是跨国非政府组织，成立的宗旨在于保证和促进各国警方之间的相互支援与合作，建立和发展有效预防和打击普通犯罪的各种机构和制度。由于当前世界上的大多数国家已经加入国际刑警组织，因此通过国际刑警组织开展涉外案件的追逃与追赃工作，有利于涉外案件的顺利办理。例如，国际刑警组织中国国家中心局便是国际刑警组织在中国的常设机构。国际刑警组织红色通报是指国际刑警组织应其成员国请求发布的一种国际通报，是国际刑警组织协调各成员国开展跨国合作的有力手段。红色通报一经发出，将对被通缉人“全球布控”。依据各成员国法律，一些国家能够直接依据红色通报对被通缉人采取逮捕、临时羁押等强制措施，并开展遣返或引渡合作；一些国家会协助监控和通报红色通报逃犯下落；一些国家会因红色通报拒绝外逃人员的入籍、永居、银行开户等申请。监察机关申请发布国际刑警组织红色通报,有利于提高涉外案件的办理效率。

本条的适用主体是依法应当留置或已经决定留置的外逃人员,即被调查人涉嫌贪污贿赂、失职渎职等严重职务违法或者职务犯罪,监察机关已经掌握其部分违法犯罪事实及证据,仍有重要问题需要进一步调查,并有:(1)涉及案情重大、复杂的;(2)可能逃跑、自杀的;(3)可能串供或者伪造、隐匿、毁灭证据的;(4)可能有其他妨碍调查行为的等情形。本条的适用程序是:首先是具体的涉外案件办理部门应当将发布国际刑警组织红色通报的申请逐级报送国家监察委员会审核。换句话说,最终的国际刑警组织红色通报申请应当以国家监察委员会为被申请人。其次是国家监察委员会审核后,通过公安部向国际刑警组织提出申请。也就是说,国家监察委不直接申请国际刑警组织红色通报,而需要依靠公安部与国际刑警组织的合作。这是基于公安部门与国际刑警组织合作的紧密性。同理,若是监察机关需要申请延期、暂停、撤销红色通报,则也是按照上述流程,先是逐级报送国家监察委员会审核,再是由国家监察委员会通过公安部联系国际刑警组织办理。监察机关申请延期、暂停红色通报主要是监察机关在涉外案件调查时发现了新的证据,这些新的证据可能指向了案件关键事实的变化,并且这些变化将会影响原留置决定,因此需要进一步调查。此时基于人权保障原则,监察机关应当申请延期、暂停红色通报。监察机关申请撤销红色通报主要是涉外案件的涉案人员归案,或监察机关经调查发现涉外案件的犯罪证据不足。此时同样基于人权保障原则,监察机关应当撤销红色通报,避免国际刑警组织的警务资源浪费。

第二百四十六条　地方各级监察机关通过引渡方式办理相关涉外案件的,应当按照引渡法、相关双边及多边国际条约等规定准备引渡请求书及相关材料,逐级报送国家监察委员会审核。由国家监察委员会依法通过外交等渠道向外国提出引渡请求。

条文主旨

本条是关于通过引渡方式办理涉外案件的基本规则。

条文解读

引渡是指一国把在该国境内而被他国指控为犯罪的人,根据有关国家的请求移交给请求国审判或处罚。引渡制度是国际司法协助中的重要制度,也是国家有效行使管辖权和制裁犯罪的重要保障。引渡的适用规则有三个：

其一，需要准备引渡请求书及其相关材料。引渡请求书的撰写应当按照《引渡法》，以及相关双边及多边国际条约的规定。如按照我国《引渡法》之规定，监察机关在申请引渡时，引渡请求书应当载明：(1)请求机关的名称；(2)被请求引渡人的姓名、性别、年龄、国籍、身份证件的种类及号码、职业、外表特征、住所地和居住地以及其他有助于辨别其身份和查找该人的情况；(3)犯罪事实，包括犯罪的时间、地点、行为、结果等；(4)对犯罪的定罪量刑以及追诉时效方面的法律规定。此外，在出具引渡请求书的同时还需要提供相关材料：(1)为了提起刑事诉讼而请求引渡的，应当附有逮捕证或者其他具有同等效力的文件的副本；为了执行刑罚而请求引渡的，应当附有发生法律效力的判决书或者裁定书的副本，对于已经执行部分刑罚的，还应当附有已经执行刑期的证明；(2)必要的犯罪证据或者证据材料；(3)请求国掌握的被请求引渡人照片、指纹以及其他可供确认被请求引渡人的材料。

其二，引渡请求书及相关材料逐级报送国家监察委员会审核，这是由我国监察体制的特征所决定的。因此，地方各级监察机关的引渡请求应当经国家监察委员会审核。国家监察委员会审核属于实质审核，应当审核的内容包括引渡的必要性、引渡请求书的准确性、是否符合《引渡法》以及相关双边及多边国际条约的规定。

其三，通过外交等渠道提交引渡请求。虽然引渡的提出主体是国家监察委员会，但是引渡仍然需要借助于外交渠道。依据《引渡法》第 4 条规定，中华人民共和国和外国之间的引渡，通过外交途径联系。中华人民共和国外交部为指定的引渡联系机关。

实务难点指引

本条在适用时有以下三点需要注意：一是注意引渡请求书的细节之处理。依据《引渡法》规定，请求国根据引渡请求书或者其他有关文件，应当由请求国的主管机关正式签署或者盖章，并应当附有中文译本或者经中华人民共和国外交部同意使用的其他文字的译本。二是引渡的联系机关通常是中华人民共和国外交部，但是依据《引渡法》第 4 条，引渡条约对联系机关有特别规定的，依照条约规定。三是引渡请求所需的文书、文件和材料，除了上述说明的《引渡法》之规定，还应当依照引渡条约之规定。而被请求国有特殊要求的，在不违反我国法律基本原则的情况下，可以按照被请求国的特殊要求提出。

关联法条

《监察法》第 51 条；《引渡法》第 2— 4、47—51 条

第二百四十七条　地方各级监察机关通过刑事司法协助方式办理相关涉外案件的，应当按照国际刑事司法协助法、相关双边及多边国际条约等规定准备刑事司法协助请求书及相关材料，逐级报送国家监察委员会审核。由国家监察委员会依法直接或者通过对外联系机关等渠道，向外国提出刑事司法协助请求。

国家监察委员会收到外国提出的刑事司法协助请求书及所附材料，经审查认为符合有关规定的，作出决定并交由省级监察机关执行，或者转交其他有关主管机关。省级监察机关应当立即执行，或者交由下级监察机关执行，并将执行结果或者妨碍执行的情形及时报送国家监察委员会。在执行过程中，需要依法采取查询、调取、查封、扣押、冻结等措施或者需要返还涉案财物的，根据我国法律规定和国家监察委员会的执行决定办理有关法律手续。

条文主旨

本条是关于监察机关通过刑事司法协助方式办理涉外案件的规则。

条文解读

司法协助是指国际间根据某一国当局的请求而履行的司法方面的国家之间的协助行为。本条主要包含两个方面的内容：一是关于我国向外国提请司法协助的具体规则；二是外国向我国提请司法协助的具体规则。

第一，关于我国向外国提请司法协助的具体规则主要包含三个方面的内容：其一，提请司法协助的必备要件是准备司法协助请求书及相关材料。《国际刑事司法协助法》第9条规定，办案机关需要向外国请求刑事司法协助的，应当制作刑事司法协助请求书并附相关材料。司法协助请求书的撰写应当按照《国际刑事司法协助法》，以及相关双边及多边国际条约的规定。如按照我国《国际刑事司法协助法》之规定，监察机关在申请司法协助时，司法协助请求书应当载明：(1)请求机关的名称；(2)案件性质、涉案人员基本信息及犯罪事实；(3)本案适用的法律规定；(4)请求的事项和目的；(5)请求的事项与案件之间的关联性；(6)希望请求得以执行的期限；(7)其他必要的信息或者附加的要求。其二，提请司法协助的程序是将司法协助请求书及相关材料逐级报送国家监察委员会审核。《国际刑事司法协助法》第9条规定，办案机关需要向外国请求刑事司法协助的，应当经所属主管机关审核同意。这是由我国监察体制的特征所决定的，因此地方各级监察机关的司法协助请求应当经过国家监察委员会审核。国家监察委员会审核属于实质审核,应当审核的内容包括司法协助的必要性,司法协助请求书的准确性,是否符合《国际刑事司法协助法》,以及相关双边及多边国际条约的规定。其三,提请司法协助的途径可以是通过国家监察委员会依法直接或通过对外联系机关间接提出司法协助请求。《国际刑事司法协助法》第9条规定,办案机关需要向外国请求刑事司法协助的,应当由对外联系机关及时向外国提出请求。这是提交司法协助请求的重要渠道。同时,本条还对《国际刑事司法协助法》进行了扩充,规定了国家监察委员会也可以直接依法向外国提出刑事司法协助请求。这一规定提高了提请司法协助请求的便捷性与效率。

第二,关于外国向我国提请司法协助的具体规则主要包含三个方面的内容:其一,《国际刑事司法协助法》第15条规定,对外联系机关收到外国提出的刑事司法协助请求,对于请求书形式和内容符合要求的,应当按照职责分工,将请求书及所附材料转交有关主管机关处理。国家监察委员会是受理职务犯罪类司法协助请求的主管机关,其他地方各级监察机关无权接收此类司法协助请求。其二,本条设定了国家监察委员会对外国提出的司法协助请求的实质审查义务。依据《国际刑事司法协助法》第14条规定,若国家监察委在审查外国所提请的司法协助请求后认为属于下列情形的,可以拒绝司法协助请求:(1)请求针对的行为根据我国法律不构成犯罪;(2)在收到请求时,在我国境内对于请求针对的犯罪正在进行调查、侦查、起诉、审判,已经作出生效判决,终止刑事诉讼程序,或者犯罪已过追诉时效期限;(3)请求针对的犯罪属于政治犯罪;(4)请求针对的犯罪纯属军事犯罪;(5)请求的目的是基于种族、民族、宗教、国籍、性别、政治见解或者身份等方面的原因而进行调查、侦查、起诉、审判、执行刑罚,或者当事人可能由于上述原因受到不公正待遇;(6)请求的事项与请求协助的案件之间缺乏实质性联系。此外,若国家监察委员会认为该司法协助请求明显损害我国主权、安全和社会公共利益,或违反我国法律的基本原则的,也可以拒绝提供司法协助。其三,本条规定了监察机关执行司法协助请求的具体程序。《国际刑事司法协助法》第16条明确了监察机关审查司法协助请求后的具体处理规则:(1)若经审查监察机关认为可以协助执行的,应当作出决定并安排有关办案机关执行;(2)若经审查监察机关认为应当全部或者部分拒绝协助的,应当将请求书及所附材料退回对外联系机关并说明理由;(3)若司法协助申请机关对执行请求有保密要求或者有其他附加条件的,监察机关应当通过对外联系机关向外国提出,在外国接受条件并且作出书面保证后,决定附条件执行;(4)若经审查监察机关认为需要补充材料的,书面通知对外联系机关要求请求方在合理期限内提供。本条则进一步规定了第一种情形下监察机关的具体司法协助执行程序。一是执行的主体通常为省级监察机关。考虑到案件的具体情况,本条作了灵活性规定,也可以转交其他有关主管机关展开执行,即省级监察机关也可以交由下级监察机关执行。二是对执行主体的执行时间进行限制,要求执行主体立即执行。三是规定了执行机关与国家监察委的及时信息通报义务。《国际刑事司法协助法》第17条规定,办案机关在执行外国的司法协助请求后,应当将执行结果或者妨碍执行的情形及时报告主管机关。即要求执行机关在执行的过程中与国家监察委员会保持联通,将执行结果及时报送国家监察委员会,或者将妨碍执行的情形及时报送国家监察委员会,如执行可能妨碍监察机关或者其他有关机关正在进行的调查、侦查、起诉、审判或者执行的案件。四是明确了依法执行原则。《国际刑事司法协助法》第17条规定,办案机关收到主管机关交办的外国刑事司法协助请求后,应当依法执行。即应当依照我国法律之规定以及国家监察委员会的执行决定采取查询、调取、查封、扣押、冻结或返还涉案财物等措施,尤其是办案机关在执行过程中应当维护当事人和其他相关人员的合法权益,保护个人信息。

关联法条

《国际刑事司法协助法》第2、5、6、9—12、20—66条

第二百四十八条　地方各级监察机关通过执法合作方式办理相关涉外案件的,应当将合作事项及相关材料逐级报送国家监察委员会审核。由国家监察委员会依法直接或者协调有关单位,向有关国家(地区)相关机构提交并开展合作。

条文主旨

本条是关于通过执法合作方式办理涉外案件的规则。

条文解读

执法合作是指国与国之间在符合本国法律制度和行政管理制度的情况下相互合作,从而加强犯罪打击。执法合作的适用规则有三个方面的内容:其一,需要确定执法合作事项。依据《联合国反腐败公约》,执法合作的事项包括:(1)建立各国主管机关、机构和部门之间的联系渠道,以促进安全、迅速地交换有关犯罪的各个方面的情报,在有关缔约国认为适当时还可以包括与其他犯罪活动的联系的有关情报。(2)就犯罪有关事项进行调查:一是犯罪嫌疑人的身份、行踪和活动,或者其他有关人员的

所在地点；二是犯罪所得或者财产的去向；三是用于或者企图用于实施犯罪的财产、设备或者其他工具的去向；四是在适当情况下提供必要数目或者数量的物品以供分析或者侦查之用。（3）与其他缔约国酌情交换关于为实施本犯罪而采用的具体手段和方法的资料，包括利用虚假身份，经变造、伪造或者假冒的证件和其他旨在掩饰活动的手段的资料。（4）促进各缔约国主管机关、机构和部门之间的有效协调，并加强人员和其他专家的交流，包括根据有关缔约国之间的双边协定和安排派出联络官员。其二，根据执法合作事项准备相关申请材料。其三，将执法合作事项及相应材料报国家监察委员会审核。由于执法合作涉及跨国、跨区域合作，因此需要国家监察委员会进行协调。对于下级监察委员会的执法合作申请，首先是国家监察委员会需要进行实质审查，如审查执法合作开展的必要性，执法合作开展的条件是否具备等。其次是国家监察委员会需要提交执法合作申请并开展执法合作。国家监察委员会提交执法合作申请的方式有二：一是依法直接向有关国家（地区）相关机构提交执法合作申请并开展合作；二是国家监察委员会协调有关单位，向有关国家（地区）的相关机构提交并开展合作。之所以协调有关单位提交申请，是因为部分执法合作的事项属于有关单位与外国有关机关签署的双边合作协议或合作备忘录中的事项。

第二百四十九条　地方各级监察机关通过境外追诉方式办理相关涉外案件的，应当提供外逃人员相关违法线索和证据，逐级报送国家监察委员会审核。由国家监察委员会依法直接或者协调有关单位向有关国家（地区）相关机构提交，请其依法对外逃人员调查、起诉和审判，并商有关国家（地区）遣返外逃人员。

条文主旨

本条是关于境外追诉方式办理涉外案件的规则。

条文解读

境外追诉是指外逃人员的相关行为同时违反了相关国家（地区）的法律，我国有关部门商请相关国家（地区）对外逃人员依据当地法律对外逃人员进行调查、起诉和审判，并商请相关国家（地区）遣返外逃人员。境外追诉的适用规则主要有五个方面：一是需确认需要境外追诉的外逃人员名单。二是根据目前已经收集到的证据材料，依据相关国家（地区）的法律，研究相关证据如何印证外逃人员违反了相关国家（地区)的法律。三是将相关证据材料向有关国家(地区)的相关机构提交。若相关证据材料的证明性有限,可以提交相关线索材料。四是提交前需要报送国家监察委员会审核,报送形式是"逐级报送"。因为此处是要向相关国家(地区)提交线索和证据,因此需要国家监察委员会进行实质审查,确保相关线索和证据材料不会将事关国家安全、社会公共利益的重要信息外泄,从而影响我国的国家利益与社会公共利益。五是由国家监察委员会向有关国家(地区)的相关机构提交相关证据材料与线索材料。具体而言,提交的方式有两种:一种是国家监察委员会直接向有关国家(地区)相关机构提交,另一种是国家监察委员会协调有关单位向有关国家(地区)相关机构提交。

实务难点指引

本条适用时的难点在于关于商请有关国家(地区)遣返外逃人员。一是遣返外逃人员的主责机关。这里需要注意与《国际刑事司法协助法》的衔接。依据《国际刑事司法协助法》第 6 条之规定,在移管被判刑人案件中,司法部按照职责分工,承担相应的主管机关职责。二是监察机关提出遣返外逃人员,需要提交请求书。而具体的载明信息,依据《国际刑事司法协助法》第 57 条之规定,应当包括:(1)被请求移管的被判刑人的姓名、性别、国籍、身份信息和其他资料;(2)被判刑人的服刑场所;(3)请求移管的依据和理由;(4)被判刑人或者其代理人同意移管的书面声明。三是外逃人员遣返后的衔接工作。外逃人员归案后,首先应当由监察机关依法对涉案人员作出处置。监察机关在移送起诉阶段应当注意刑罚转换。其次在监察机关移送起诉后,依据《国际刑事司法协助法》第 64 条规定,人民检察院应当制作刑罚转换申请书并附相关材料,提请刑罚执行机关所在地的中级人民法院作出刑罚转换裁定。

关联法条

《刑法》第 10 条;《国际刑事司法协助法》第 62— 66 条

第二百五十条　监察机关对依法应当追缴的境外违法所得及其他涉案财产,应当责令涉案人员以合法方式退赔。涉案人员拒不退赔的,可以依法通过下列方式追缴:

(一)在开展引渡等追逃合作时,随附请求有关国家(地区)移交相关违法所得及其他涉案财产;

（二）依法启动违法所得没收程序，由人民法院对相关违法所得及其他涉案财产作出冻结、没收裁定，请有关国家（地区）承认和执行，并予以返还；

（三）请有关国家（地区）依法追缴相关违法所得及其他涉案财产，并予以返还；

（四）通过其他合法方式追缴。

条文主旨

本条是关于境外违法所得及其他涉案财产的追缴规则的规定。

条文解读

境外追缴的前提是监察机关责令涉案人员以合法方式退赔但涉案人员拒不退赔。这是出于人性化的考量，为涉案人员提供了"以合法方式退赔"的"反思机会"。如前所述，对违法取得的财物进行追缴或者责令退赔，是及时挽回腐败分子的违法乱纪行为对党和国家事业及其他组织或个人财产造成的损失的重要手段。

追缴主要有三种方式。一是随附式。即指在追逃追赃国际合作中，如开展引渡、司法协助、执法合作的过程中，随附请求有关国家（地区）移交相关违法所得及其他涉案财产。随附式追缴较为普遍与便捷，将追缴活动嵌入追逃追赃国际合作之中，有利于追缴活动的开展，具有较大优势。二是启动违法所得没收程序。该方式以人民法院为主体，人民法院作出违法所得及其他涉案财产的冻结、没收裁定，有关国家（地区）承认和执行我国法院作出的违法所得及其他涉案财产的冻结、没收裁定，并予以返还违法所得及其他涉案财产。这一追缴方式通常适用于与我国订立司法协助协议、双边条约的国家（地区）。三是依法直接请有关国家（地区）根据当地法律追缴相关违法所得及其他涉案财产，并予以返还。

实务难点指引

本条的实务难点有二：一是关于随附式的追缴。其申请程序是办案机关制作司法协助请求书并附相关材料，经国家监察委员会审核同意后，由对外联系机关及时向外国提出请求。国家监察委员会是对外联系机关的，由国家监察委员会向外国提出请求；国家监察委员会不是对外联系机关的，应当由相应的对外联系机关向外国提出请求。申请书的内容应当包括：(1)需要没收、返还的违法所得及其他涉案财物的名称、特性、外形和数量等；(2)需要没收、返还的违法所得及其他涉案财物的地点，资金或者其他金融资产存放在金融机构中的,应当载明金融机构的名称、地址和账户信息;(3)没收、返还的理由和相关权属证明;(4)相关法律文书的副本;(5)有关没收、返还以及利害关系人权利保障的法律规定。而关于追缴财物的移交,由对外联系机关会同国家监察委员会就有关财物的移交问题与外国进行协商。二是关于直接请有关国家(地区)依法追缴相关违法所得及其他涉案财产。这里涉及的问题是根据当地法律追缴违法所得及其他涉案财产可能会出现追缴财物的计算出入,以及实效性问题。因此,监察机关在申请时须对需要追缴的财物进行充分说明,从而减少追缴财物的计算出入。

典型案例

2020年11月,H市中级人民法院一审公开宣判"百名红通人员"、外逃犯罪嫌疑人白某贪污违法所得没收申请一案,裁定没收高度可能属于白某使用违法所得购买的9套房产。这一标志性案件意味着追逃追赃工作规范化法治化水平的不断提升。监察机关、检察机关、审判机关积极运用刑事诉讼法中的违法所得没收程序开展追赃,切断外逃腐败分子资金链,最大限度挽回国家损失。①

关联法条

《刑事诉讼法》第298—301条

① 参见张胜军、王卓:《黑龙江伊春市委原书记吴某某潜逃16年被抓捕——今年首个在逃正厅级干部归案》,载《中国纪检监察报》2021年2月9日,第4版。

第七章　对监察机关和监察人员的监督

第二百五十一条　监察机关和监察人员必须自觉坚持党的领导，在党组织的管理、监督下开展工作，依法接受本级人民代表大会及其常务委员会的监督，接受民主监督、司法监督、社会监督、舆论监督，加强内部监督制约机制建设，确保权力受到严格的约束和监督。

条文主旨

本条是关于对监察机关和监察人员的监督的总体规定。

条文解读

根据本条规定，为了确保相关权力受到严格的约束和监督，监察机关和监察人员在行使权力时，既要自觉坚持党的领导、管理和监督，也要依法接受来自权力机关的监督，还要接受其他各方面的监督，同时其内部也应当加强监督制约机制建设。这主要包括四个方面：第一，对于党的领导，监察机关和监察人员必须自觉坚持在党组织的管理、监督下开展工作。加强党对反腐败工作的统一领导，是深化国家监察体制改革的重要目标。第二，对于本级人民代表大会及其常务委员会的监督，监察机关及监察人员必须依法接受。我国人民代表大会制度政体，决定了“本级人民代表大会及其常务委员会”与“监察机关和监察人员”之间的监督与被监督关系。第三，对于民主监督、司法监督、社会监督、舆论监督等各方面监督，监察机关及监察人员也都要接受。第四，监察机关和监察人员还必须加强内部监督制约机制建设。

关联法条

《宪法》第3、104、126条；《监察法》第2、8、9、53—55条；《监察官法》第2、10条；《中国共产党纪律检查机关监督执纪工作规则》第60条

第二百五十二条　各级监察委员会应当按照监察法第五十三条第二款规定，由主任在本级人民代表大会常务委员会全体会议上报告专项工作。

在报告专项工作前，应当与本级人民代表大会有关专门委员会沟通协商，并配合开展调查研究等工作。各级人民代表大会常务委员会审议专项工作报告时，本级监察委员会应当根据要求派出领导成员列席相关会议，听取意见。

各级监察委员会应当认真研究办理本级人民代表大会常务委员会反馈的审议意见，并按照要求书面报告办理情况。

条文主旨

本条是关于监察委员会报告专项工作的规定。

条文解读

《监察法》第53条第2款规定，各级人大常委会对本级监察委员会的监督方式，主要包括“听取和审议本级监察委员会的专项工作报告”和“组织执法检查”两种。本条是关于前一种监督方式的规定。本条具体规定了以下三个方面的事项：

第一，在报告前。面对人大专门委员会，各级监察委员会应当进行“沟通协商”和“配合开展调查研究”等工作。参考《各级人民代表大会常务委员会监督法》第12条针对其他国家机关报告专项工作的程序规定，在常务委员会举行会议的20日前，前者的办事机构应当将专项工作报告送交“本级人民代表大会有关专门委员会或者常务委员会有关工作机构征求意见”。根据本条规定，在报告前，各级监察委员会要做好“沟通协调”和“配合开展调查研究”两个方面的工作，这既起到征求有关专门委员会的意见的作用，也有利于常务委员会更加方便地审议专项工作报告。

第二，在报告中。根据本条第1款，专项工作应由主任在本级人大常委会全体会议报告；根据本条第2款，各级监察委员会应当根据要求派出领导成员列席相关会议，听取意见。针对专项工作报告的报告人，《监察法》第53条未作明确规定，从国家监察委员会有关解读来看，其认为“专项工作由监察委员会负责人报告”[①]。本条对此问题进一步作出明确规定。

从本条例第254条中“口头答复的，由监察机关主要负责人或者委派相关负责人

---

① 参见中共中央纪律检查委员会中华人民共和国国家监察委员会法规室编写：《〈中华人民共和国监察法〉释义》，中国方正出版社2018年版，第239页。

到会答复”的表述来看，其对“主要负责人”和“委派相关负责人”进行了区分。与此同时，参考《各级人民代表大会常务委员会监督法》第13条，其对“由负责人报告”和“委托(人民政府)有关部门负责人报告”所持的态度，也是不同的。《各级人民代表大会常务委员会监督法》第13条针对人民政府、人民法院或者人民检察院的专项报告报告的规定，从原则和例外两个方面明确了“负责人报告制度”，即一方面规定人民政府、人民法院、人民检察院的专项工作都由“负责人”报告，另一方面还规定“人民政府也可以委托有关部门负责人”报告。从人民政府与人民法院、人民检察院之比较来看，前者的职责权限更加复杂。这里采取“也可以委托”的表述，一方面说明《各级人民代表大会常务委员会监督法》明确规定和允许了委托(人民政府)有关部门负责人进行报告，另一方面也意味着其是以负责人报告为原则，以委托有关部门负责人报告为例外。

第三，在报告后。针对反馈的审议意见，各级监察委员会不仅要“认真研究办理”，还要按照要求“书面报告办理情况”。如有必要，本级人大常委会还可以对专项工作报告作出决议，决议可以规定相应的执行期限；监察委员会办事机构向本级人大常委会提出书面报告之前，还需将研究处理情况送交本级人大有关专委会或者常委会有关工作机构，向其征求意见。

此外，专项工作报告的内容主要包括两个方面：一是各级人大常委会可以自行选择“关系改革发展稳定大局和群众切身利益、社会普遍关注的重大问题”，有计划地安排听取和审议；二是监察委员会也可以向本级人大常委会主动报告专项工作。无论如何确定专项工作报告内容，监察委员会都应做好本条规定的沟通协商和配合开展调查研究等工作，认真研究处理人大常委会反馈的处理意见，按照要求书面报告办理情况。

关联法条

《监察法》第53条；《各级人民代表大会常务委员会监督法》第8—14条

第二百五十三条　各级监察委员会应当积极接受、配合本级人民代表大会常务委员会组织的执法检查。对本级人民代表大会常务委员会的执法检查报告，应当认真研究处理，并向其报告处理情况。

条文主旨

本条是关于执法检查的规定。

条文解读

《监察法》第 53 条第 2 款规定，各级人大常委会对本级监察委员会的监督方式，主要包括“听取和审议本级监察委员会的专项工作报告”和“组织执法检查”两种。本条是关于后一种监督方式的规定。本条具体规定了以下两个方面的事项：

第一，对于本级人民代表大会常务委员会组织的执法检查，各级监察委员会应当积极接受、配合。对于“关系改革发展稳定大局和群众切身利益、社会普遍关注的重大问题”，各级人大常委会根据工作需要，可以有计划地对涉及监察工作的有关法律、法规实施情况组织执法检查。

第二，针对本级人大常委会的执法检查报告，各级监察委员会不仅要“认真研究办理”，还要按照要求“书面报告办理情况”。在具体操作中，由于执法检查结束后，执法检查组提出的执法检查报告将先提请人大常委会审议，因此，执法检查的相关内容包括两个方面：一是执法检查组提出的执法检查报告，二是人大常委会针对执法检查报告的审议意见。对于执法检查报告及其审议意见，本级监察委员会应一并研究处理。监察委员会研究处理好相关事项后，其办事机构应及时将研究处理情况送交本级人大有关专委会或者常委会有关工作机构征求意见，向本级人大常委会提出报告。

关联法条

《监察法》第 53 条；《各级人民代表大会常务委员会监督法》第 22—27 条

第二百五十四条　各级监察委员会在本级人民代表大会常务委员会会议审议与监察工作有关的议案和报告时，应当派相关负责人到会听取意见，回答询问。

监察机关对依法交由监察机关答复的质询案应当按照要求进行答复。口头答复的，由监察机关主要负责人或者委派相关负责人到会答复。书面答复的，由监察机关主要负责人签署。

条文主旨

本条是关于询问、质询的规定。

条文解读

《监察法》第 53 条第 3 款规定，县级以上各级人大及其常委会举行会议时，人大代表或者常委会组成人员可以依照法律规定的程序，就监察工作中的有关问题提出询问或者质询。据此，人大代表或者人大常委会组成人员有提出询问、质询两种监督方式。本条共两款，分别针对《监察法》第 53 条第 3 款中的"询问"和"质询"作出具体规定。

本条第 1 款是关于"询问"的具体规定。本款关于"询问"的表述，参考了《各级人民代表大会常务委员会监督法》第 34 条表述，其规定"各级人民代表大会常务委员会会议审议议案和有关报告时，本级人民政府或者有关部门、人民法院或者人民检察院应当派有关负责人员到会，听取意见，回答询问"。有的人大代表或者人大常委会组成人员可能针对部分具体问题提出针对性询问，因此，本款规定的是"派相关负责人"到会答复。所谓"相关负责人"，包括各级监察委员会的领导成员和部门负责人。

本条第 2 款是关于"质询"的具体规定。相较于询问，质询（案）有着更加严格的程序要求，也更加彰显人大监督的民主权威。根据《各级人民代表大会常务委员会监督法》第 35 条的规定，质询案针对本级人民政府及其部门和人民法院、人民检察院，由一定数量的人大常委会组成人员以书面形式联名（全国人民代表大会常务委员会组成人员要求 10 名以上，省级和设区的市人民代表大会常务委员会组成人员要求 5 人以上联名，县级人民代表大会常务委员会组成人员要求 3 人以上联名）提出，经由委员长会议或者主任会议决定交由受质询的机关答复。根据本款规定，对于依法交由监察机关答复的质询案，其应当按照要求进行答复。所谓"按照要求"，包括质询案所载明的质询对象、质询的问题和内容等，还包括特定的答复形式，即口头答复或者书面答复。委员长会议或者主任会议决定采取书面答复的，监察机关不得以口头答复代替。

关联法条

《监察法》第 53 条；《各级人民代表大会常务委员会监督法》第 34—38 条

第二百五十五条　各级监察机关应当通过互联网政务媒体、报刊、广播、电视等途径，向社会及时准确公开下列监察工作信息：

（一）监察法规；

（二）依法应当向社会公开的案件调查信息；

（三）检举控告地址、电话、网站等信息；
（四）其他依法应当公开的信息。

条文主旨

本条是关于监察工作信息公开的规定。

条文解读

《监察法》第 54 条规定："监察机关应当依法公开监察工作信息，接受民主监督、社会监督、舆论监督。"上述条款的主要目的是设定监察机关自觉接受各方面监督的义务。从本质上讲，监察机关公开监察工作信息的过程，也就是监察机关接受民主监督、社会监督、舆论监督、群众监督的过程。因此，从健全完善监察工作信息公开制度和充分保障公民知情权等方面来讲，本条规定具有重要的现实意义。在《监察法》第 54 条和本条例第 251 条的基础上，本条规定进一步明确了监察工作信息公开的方式、内容和基本要求等事项，旨在通过监察法规的形式，相对完善地构建起我国监察信息公开制度。例如，从信息公开的方式途径来看，本条主要规定了互联网政务媒体、报刊、广播、电视等途径；从信息公开的启动形式来看，本条是关于监察工作信息"主动"公开的规定。

从信息公开的基本内容来看，本条主要规定了四个方面的内容：一是监察法规；二是依法应当向社会公开的案件调查信息；三是检举控告地址、电话、网站等信息；四是其他依法应当公开的信息。以"监察法规"的公开为例，国家监察委员会在制定相关法规之后，必须主动通过相应渠道和形式，及时、准确予以公布。参考行政法规方面，《行政法规制定程序条例》规定了行政法规的立项、起草、审查、决定、公布、解释等六大程序，多个条款涉及行政法规的公布、公开等事项。在《监察法实施条例》的制定过程中，相关立项、起草、审查、公布等工作，已通过多种途径和形式予以公开。从监察法规的公布方式来看，通常会在有关公报、官方网站和全国性报纸上刊载，同时汇编出版监察法规的国家正式版本。

实务难点指引

本条规定着重强调了监察工作信息公开的"及时性"和"准确性"。以"依法应当向社会公开的案件调查信息"的公开为例，在调查阶段，能否以可能存在不利于案件后续调查和取证的因素为由，不公开本应公开的监察工作信息？从本条规定来看，如果不存在法定的不公开理由，即应向社会及时准确公开相关案件调查信息，不得随意隐瞒。为此，各级地方监察委员会都应进一步健全完善监察工作信息发布机制，主动公开工作流程，自觉接受人民群众和新闻媒体监督。尤其是那些社会广泛关注、涉及人民群众切身利益的重大案件查办等工作，更要注意及时向社会公开有关情况。同时，少数地方也可能存在社会团体、个人等无理干扰、非法干扰监察工作的情况，在实际工作中，要注意予以区分，依法公开。需要注意的是，在信息公开的过程中，也要处理好保障公民知情权与保守国家秘密等之间的关系。不加区分地将所有的监察工作信息予以公开，无疑是不利于监察工作的有效开展。因此，为了避免不合理的信息公开影响到监察工作的正常开展，还应当建立相应的信息保护制度。①

关联法条

《监察法》第 54 条；《中国共产党党务公开条例（试行）》第 12 条；《纪检监察机关处理检举控告工作规则》第 8 条

第二百五十六条　各级监察机关可以根据工作需要，按程序选聘特约监察员履行监督、咨询等职责。特约监察员名单应当向社会公布。

监察机关应当为特约监察员依法开展工作提供必要条件和便利。

条文主旨

本条是关于特约监察员制度的规定。

条文解读

2018 年 8 月，中央纪委国家监委印发《国家监察委员会特约监察员工作办法》，对特约监察员的聘请、换届、解聘、职责、权利、义务、履职保障进行了详细规定。特约监察员制度是适应新时代监察机关和监察工作职责新定位的重要措施，为推动监察机关依法接受外部监督提供了重要保障。②《国家监察委员会特约监察员工作办法》第 2 条第 1 款指出，特约监察员是国家监察委员会根据工作需要，按照一定程序优选聘请，以兼职形式履行监督、咨询等相关职责的公信人士。建立特约监察员制度，就

---

① 参见杨建顺：《国家国家国家监察体制改革十大课题》，载《中国法律评论》2017 年第 6 期。

② 参见王高贺：《特约监察员与特邀监察员的比较与启示》，载《河南社会科学》2020 年第 2 期。

是通过主动引入外部监督力量,充分发挥各行各业群众代表的优势,对纪检监察机关及工作人员行使监察权进行监督,充分发挥外部监察优势,帮助监察机关弥补监督工作盲区,更好地行使监察权。

本条规定主要包括以下三个方面:第一,特约监察员的选聘前提、程序和公布。特约监察员的选聘应根据工作需要决定,按照事先明确的选聘程序,选聘完成后相关名单应当及时公布。第二,特约监察员的工作职责。根据本条规定,特约监察员主要履行监督、咨询等职责。例如,对监察机关及其工作人员履行职责的情况进行监督,对本辖区内所制定的监察规章制度、出台重大政策、起草重要文件、提出监察建议等提出咨询意见,参加监察机关组织的调查研究、监督检查等专项工作等。值得注意的是,根据《监察官法》第45条,特约监察员的工作职责是"对监察官履行职责情况进行监督,提出加强和改进监察工作的意见、建议"。本条规定的"咨询等职责",包括了《监察官法》中提到的"提出加强和改进监察工作的意见、建议"。此外,结合《国家监察委员会特约监察员工作办法》第9条,国家监察委员会特约监察员的职责还包括宣传纪检监察工作的方针、政策和成效以及办理国家监察委员会委托的其他事项。第三,特约监察员制度的保障机制。具体来讲,一是提供必要的履职培训,积极创造条件,帮助特约监察员更好地了解本地监察工作,为特约监察员更好发挥作用做好服务;二是提供必要的物质保障,包括工作场所、履职津贴等;三是提供必要的安全保障,对妨碍特约监察员履职甚至打击报复的,依规依纪依法严肃处理;等等。

典型案例

2018年8月,《国家监察委员会特约监察员工作办法》出台,中央纪委国家监委决定建立特约监察员制度。2018年12月17日,国家监察委员会发布《关于聘请第一届特约监察员的决定》,并召开第一届特约监察员聘请会议。根据该决定,国家监察委员会第一届特约监察员共50名,聘期至2023年3月。2019年1月11日下午,十九届中央纪委三次全会在北京举行第二次大会,13位国家监委特约监察员首次应邀列席。

关联法条

《监察官法》第45条;《国家监察委员会特约监察员工作办法》

第二百五十七条　监察机关实行严格的人员准入制度，严把政治关、品行关、能力关、作风关、廉洁关。监察人员必须忠诚坚定、担当尽责、遵纪守法、清正廉洁。

条文主旨

本条是关于监察人员准入制度和基本条件的规定。

条文解读

《监察法》第56条规定："监察人员必须模范遵守宪法和法律，忠于职守、秉公执法，清正廉洁、保守秘密；必须具有良好的政治素质，熟悉监察业务，具备运用法律、法规、政策和调查取证等能力，自觉接受监督。"《监察官法》第12条第1款第3项进一步规定，担任监察官应当"具有良好的政治素质、道德品行和廉洁作风"；第14条规定，"监察官的选用，坚持德才兼备、以德为先，坚持五湖四海、任人唯贤，坚持事业为上、公道正派，突出政治标准，注重工作实绩"；第37条规定，"监察官的考核应当按照管理权限，全面考核监察官的德、能、勤、绩、廉，重点考核政治素质、工作实绩和廉洁自律情况"。这些规定，在政治素养、品性德行、能力素质、各项作风、清正廉洁等方面，对监察人员提出了更高的要求。

在合署办公的背景下，对本条有关精神的准确把握，还要结合党内相关规定。《中共中央纪律检查委员会关于工作任务、职权范围、机构设置的规定》对纪检干部队伍人员素质提出明确要求：纪律检查工作人员要坚持党的原则，保持和发扬党的优良作风，做遵守党规党法的模范；要实事求是，密切联系群众，认真倾听群众的呼声；要以对党对人民高度负责的精神，努力工作；要廉洁奉公，刚直不阿，严守机密，绝不容许徇私舞弊，包庇坏人；等等。在此基础上，《中国共产党纪律检查机关监督执纪工作规则》第61条进一步指出："纪检监察机关应当严格干部准入制度，严把政治安全关，纪检监察干部必须忠诚坚定、担当尽责、遵纪守法、清正廉洁，具备履行职责的基本条件。"

为了达到这些标准，除了要对监察人员进行各方面的监督和有计划地开展政治、理论和业务培训外，更要从源头抓起，严格规范和落实监察人员的准入制度和基本条件。"监督别人的人首先要监管好自己，执纪者要做遵守纪律的标杆"，"只有把好纪检监察干部入口关，才能为纪检监察队伍不断注入源头清水。这是落实新时期好干部标准，打造忠诚干净担当的纪检监察铁军的现实需要”。[①] 要加强监察机关自身建设，严明政治纪律，建设忠诚、干净、担当的高素质专业化监察队伍，就必须设置严格的监察人员准入机制。以“政治关”为例，监察人员作为行使监察权的公职人员，应当具备较高的政治素质。一般来说，政治素质主要包括政治方向、政治立场、政治观点、政治纪律、政治警觉性、政治鉴别力等内容。[②] 监察工作是专业性很强的工作，这就要求监察人员具备较高的业务能力，熟悉监察工作，如具备运用法律、法规和政策的能力，调查取证的能力等。

关联法条

《监察法》第 56 条；《监察官法》第 4、7、10、12—14、27、37 条；《公务员法》第 7、13 条；《中国共产党纪律检查机关监督执纪工作规则》第 61— 63 条

第二百五十八条　监察机关应当建立监督检查、调查、案件监督管理、案件审理等部门相互协调制约的工作机制。

监督检查和调查部门实行分工协作、相互制约。监督检查部门主要负责联系地区、部门、单位的日常监督检查和对涉嫌一般违法问题线索处置。调查部门主要负责对涉嫌严重职务违法和职务犯罪问题线索进行初步核实和立案调查。

案件监督管理部门负责对监督检查、调查工作全过程进行监督管理，做好线索管理、组织协调、监督检查、督促办理、统计分析等工作。案件监督管理部门发现监察人员在监督检查、调查中有违规办案行为的，及时督促整改；涉嫌违纪违法的，根据管理权限移交相关部门处理。

条文主旨

本条是关于建立监察机关部门协调制约工作机制的规定。

条文解读

《监察法》第 36 条规定：“监察机关应当严格按照程序开展工作，建立问题线索

① 中共中央纪律检查委员会中华人民共和国国家监察委员会法规室编写：《〈中国共产党纪律检查机关监督执纪工作规则〉释义》，中国方正出版社 2019 年版，第 192 - 194 页。

② 参见张英伟：《切实提高纪检干部的能力素质》，载《中国纪检监察报》2016 年 9 月 21 日，第 5 版。

处置、调查、审理各部门相互协调、相互制约的工作机制。监察机关应当加强对调查、处置工作全过程的监督管理,设立相应的工作部门履行线索管理、监督检查、督促办理、统计分析等管理协调职能。"中共中央要求,信任不能代替监督、监督是为了支撑信任,为监察机关加强监察工作内部监督管理作出了总体规定,旨在强化监察机关自我监督和制约,把监察机关的权力关进制度的笼子。[①]《监察法》第5章和本条例第5章均以整章形式对"监察程序"问题作出专门规定,一个重要原因即在于健全完善监察机关内部分工制约机制。

本条既是对《监察法》第36条的进一步细化,也与党的纪律检查机关监督执纪工作规则相衔接。《中国共产党纪律检查机关监督执纪工作规则》第11条第1款和第12条规定,在市地级以上的纪委监委,都应采取监督检查和审查调查部门分设模式,同时纪检监察机关除设置案件监督管理部门负责监督管理监督检查、调查工作全过程外,还要设置党风政风监督部门,加强对党风政风建设的综合协调,做好督促检查、通报曝光和综合分析等工作。应当看到,监察机关的监督检查部门、调查部门,是其依法履职尽责的关键业务部门,是开展监察执法和监督调查处置的"一线部门",一方面必须赋予其充分的权限和手段,对此《监察法》专门进行了规定、予以了授权;另一方面它们也是监察机关履职尽责过程中可能发生问题的风险点,必须加强对其监督,通过设定法定的流程和机制,使相关部门相互协调、相互制约。总之,本条规定的核心在于,针对纪检监察工作中可能发生问题的关键点、风险点,将实践中行之有效的自我监督做法上升为法律规范,明确规定严格的内部监督制约制度,从而防止和避免因权力过于集中而引发的有案不查、以案谋私等问题。准确理解和把握本条规定的含义,需要注意以下三个方面:

第一,监察机关的监督检查部门和调查部门之间是分工协作、相互制约的关系。监督执法工作是监察工作的主要内容,维护监督执法工作纪律是监察机关"打铁还须自身硬"的必然要求,也是监察工作经得起实践和历史检验的重要保证。该分工制约关系,旨在从内控机制层面出发,避免监察机关在监督监察和办案过程中可能存在的私存线索、串通包庇、跑风漏气、以案谋私等问题。

第二,监察机关的案件监督管理部门与上述两个部门之间,也要形成相互协调制约的工作机制,并负责对监督检查、调查工作全过程进行监督管理。《监察法》第55条规定:"监察机关通过设立内部专门的监督机构等方式,加强对监察人员执行职务

① 参见中共中央纪律检查委员会中华人民共和国国家监察委员会法规室编写:《〈中华人民共和国监察法〉释义》,中国方正出版社2018年版,第177页。

和遵守法律情况的监督，建设忠诚、干净、担当的监察队伍。”此外，根据本条第 1 款规定，案件审理部门与前述三个部门之间，同样要形成相互协调制约的工作机制。《中国共产党纪律检查机关监督执纪工作规则》第 54 条规定：“坚持审查调查与审理相分离的原则，审查调查人员不得参与审理。”在监察机关内部设立案件监督管理部门、案件审理部门等，既是贯彻调查与审理相分离原则，也有利于在内部形成协调制约工作机制。

第三，对于监察人员违规办案行为，依本规定进行处理。需要注意的是，案件监督管理部门的职责包括监督和管理，关涉线索管理、组织协调、监督检查、督促办理、统计分析等多个方面。在对案件进行监督管理的过程中，如果发现监察人员存在违规办案行为，有两种处理方式：一是发现存在监察人员存在普通违规办案行为的，及时督促整改；二是对于其中涉嫌违纪违法的，不仅要及时督促整改，还要根据管理权限移交相关部门处理。具体处理依据，包括《监察法》第 65、66 条，本条例第 278、279 条，《中国共产党纪律检查机关监督执纪工作规则》第 72、73 条等。

关联法条

《监察法》第 36 条；《中国共产党纪律检查机关监督执纪工作规则》第 11、12、23 条

第二百五十九条　监察机关应当对监察权运行关键环节进行经常性监督检查，适时开展专项督查。案件监督管理、案件审理等部门应当按照各自职责，对问题线索处置、调查措施使用、涉案财物管理等进行监督检查，建立常态化、全覆盖的案件质量评查机制。

条文主旨

本条是关于对监察权运行进行经常性监督检查的规定。

条文解读

《监察法》第 55 条规定：“监察机关通过设立内部专门的监督机构等方式，加强对监察人员执行职务和遵守法律情况的监督，建设忠诚、干净、担当的监察队伍。”在本条例第 258 条第 2 款的基础上，本条针对监察机关内部专门监督机构发挥内部监督功能作出了进一步规定。本条包括两个方面：

第一，监察权运行的关键环节，包括但不限于问题线索处置、调查措施使用、涉案

财物管理，其指向于案件质量评查机制的全覆盖。在监察机关监督权、调查权、处置权等相关职权运行的各项环节中，一些行为不同程度地涉及对公民人身自由、财产权利等的限制。如果不对监察权运行关键环节中的这些行为开展必要的监督检查，一方面其可能导致不合法或者不合理限制公民基本权利情况的发生，另一方面由于对案件办理质量缺少准确有效的衡量评判，即便案件办理过程中存在监察人员违规办案行为，也很难及时予以纠正弥补。

第二，本款规定的监督检查方式，包括经常性监督检查和专项督查两种，指向于案件质量评查机制的常态化。信任不能代替监督，权力越大，风险也就越大，越要受到严格监督。除了建立内部部门相互协调制约的工作机制，强化案件监督管理部门的全过程监督管理外，监察机关内部还要形成经常性监督检查和专项督查。

关联法条

《监察法》第55条；《监察官法》第42—44、52—54条；《公职人员政务处分法》第63条；《中国共产党纪律检查机关监督执纪工作规则》第71条

第二百六十条　监察机关应当加强对监察人员执行职务和遵纪守法情况的监督，按照管理权限依法对监察人员涉嫌违法犯罪问题进行调查处置。

条文主旨

本条是关于对监察人员监督和调查处置的规定。

条文解读

信任不能代替监督，在监察对象全面覆盖背景下，监察人员同样属于监察对象。《监察法》第55条规定："监察机关通过设立内部专门的监督机构等方式，加强对监察人员执行职务和遵守法律情况的监督，建设忠诚、干净、担当的监察队伍。"本条例在第258条规定监察机关部门协调制约工作机制、第259条规定对监察权运行开展监督检查工作的基础上，进一步通过本条对监察人员的监督、调查、处置等事项作出规定。准确理解本条，需要注意以下问题：对于监察人员的涉嫌违法犯罪问题，应当按照管理权限进行调查处置。一方面，对于监察人员执行职务和遵纪守法问题，如其实施违法犯罪，主要由监察机关予以调查处置；另一方面，监察机关对于监察人员涉嫌违法犯罪问题的调查处置，同样要按照管理权限进行。例如，对于某省设区的市的

监察委员会领导成员涉嫌违法犯罪问题的调查处置，因其管理权限属于上一级监察机关，故应由省监察委员会进行立案调查和处置。

实务难点指引

需要注意的是，同一监察机关内部监察人员的管理权限并不一致。对于管理权限在本级监察机关的监察人员，必须严格依法依规进行调查处置，不得以内部惩戒代替政务处分、司法刑罚。例如，根据本条例第46条第1款，设区的市级以上监察委员会按照管理权限，依法管辖同级党委管理的公职人员涉嫌职务违法和职务犯罪案件。此时，如果符合法定情形，也可以依法采取提级管辖、指定管辖等办法。总之，要“充分发挥内设机关党委、纪委和干部监督机构作用，对反映纪检监察干部的问题线索认真核查，决不护短遮丑”。

关联法条

《中国共产党纪律检查机关监督执纪工作规则》第48、50条

第二百六十一条　监察机关及其监督检查、调查部门负责人应当定期检查调查期间的录音录像、谈话笔录、涉案财物登记资料，加强对调查全过程的监督，发现问题及时纠正并报告。

条文主旨

本条是关于对调查全过程的监督的规定。

条文解读

规定本条的目的在于强调监察机关及有关部门负责人对调查过程的监督职责，强化对调查全过程的监督。

第一，在检查主体方面，监察机关及其内设的监督检查、调查部门负责人都要履行定期检查职责。《中国共产党纪律检查机关监督执纪工作规则》第50条第1款和第2款分别针对“监督检查、审查调查部门主要负责人、分管领导”（录音录像、谈话笔录、涉案财物登记资料）和“纪检监察机关相关负责人”（录音录像）对调查过程的监督作出规定。本条将上述两款合并规定，同时采取“监察机关”的表述与“监督检查、调查部门负责人”并列，旨在强调监察机关领导人员在此方面的职责；与此同时，

将上述第 50 条第 1 款中的“分管领导”改为“监察机关”，说明除监察机关分管领导外，其“主要负责人”也应注意处理好与此相关的工作事项。

第二，在检查内容方面，包括调查期间的录音录像、谈话笔录、涉案财物登记资料等。这里专门提到了录音录像、谈话笔录和涉案财物登记资料。根据本条例第 59 条的规定，监察案件中的证据，主要包括八类：物证，书证，证人证言，被害人陈述，被调查人陈述、供述和辩解，鉴定意见，勘验检查、辨认、调查实验等笔录，视听资料、电子数据；同时，根据《监察法》第 33 条第 1 款，监察机关依照该法规定收集的物证、书证、证人证言、被调查人供述和辩解、视听资料、电子数据等证据材料，在刑事诉讼中可以作为证据使用。在监察办案中，录音录像、谈话笔录最为基本而且必要，由此更大程度地使监委办案的主要证据达到本条例第 62、63 条中所称“证据确凿”和“证据确实、充分”的条件标准。此外，在监察机关调查的有关职权措施中，一方面，对于涉案财产的查询、冻结、查封、扣押等，直接关系到涉案财产的收缴、责令退赔或者登记上交等问题；另一方面，根据本条例第 278 条第 7 项的规定，监察人员履职过程中存在“违反规定处置查封、扣押、冻结的财物”行为的，应当依法严肃处理，其中构成犯罪的，还要依法追究刑事责任。

第三，在检查结果方面，强调定期检查、发现问题，及时纠正、及时报告，从而强化对调查全过程的监督。主要考虑是避免发生监察人员违规办案行为，同时避免调查过程中存在《监察法》第 40 条第 2 款和本条例第 64 条中所称“非法方式收集证据”的情形。“通过这些监督机制，可以有效管控风险点，防止出现将被审查调查人带离规定的谈话场所，中止关闭录音录像设备，打骂、非法取证等违规违纪违法问题的发生。”①根据《监察法》第 33 条第 3 款和本条例第 65 条第 1、3 款的规定，对于此类被调查人供述、证人证言、被害人陈述，应当依法予以排除；对于不符合法定程序收集取得的物证、书证，可能严重影响案件公正处理的，除非予以补正或者作出合理解释，否则也应当予以排除。

关联法条

《中国共产党纪律检查机关监督执纪工作规则》第 48、50 条

---

① 中共中央纪律检查委员会中华人民共和国国家监察委员会法规室编写：《〈中国共产党纪律检查机关监督执纪工作规则〉释义》，中国方正出版社 2019 年版，第 159 页。

第二百六十二条　对监察人员打听案情、过问案件、说情干预的，办理监察事项的监察人员应当及时向上级负责人报告。有关情况应当登记备案。

发现办理监察事项的监察人员未经批准接触被调查人、涉案人员及其特定关系人，或者存在交往情形的，知情的监察人员应当及时向上级负责人报告。有关情况应当登记备案。

条文主旨

本条是关于办理监察事项报告和登记备案的规定。

条文解读

本条规定对应的是《监察法》第57条和《中国共产党纪律检查机关监督执纪工作规则》第64条。相较于前者，本条第1、2款均在“应当及时”“报告”中间增加了“向上级负责人”作为报告对象，同时在报告主体方面，第2款将“知情人”限缩为“知情的监察人员”。相较于后者，本条第1款在报告主体方面，将“受请托人”改为了“办理监察事项的监察人员”；在报告对象方面，将“审查调查组组长和监督检查、审查调查部门主要负责人”概括表述为“上级负责人”。与此同时，第2款在报告主体方面，将省略主语明确为“知情的监察人员”；在报告对象方面，将“审查调查组组长和监督检查、审查调查部门主要负责人直至纪检监察机关主要负责人”概括表述为“上级负责人”。

除了上述情况外，理解本条规定，还需区分本条两款规定分别针对的报告和登记备案的具体情形。第一种报告、备案情形，是打听案情、过问案件、说情干预，其指向于非办理监察事项的监察人员。从近年来查处的案例可以看出，少数纪检监察干部存在跑风漏气、通风报信、说情打招呼、过问干预案件等问题，有的甚至以案谋私、执纪违纪、执法违法，造成了严重后果和恶劣影响。[①] 第二种报告、备案情形，是未经批准接触被调查人、涉案人员及其特定关系人，或者存在交往情形，其指向于办理监察事项的监察人员。所谓知情的监察人员，既包括共同办理该监察事项的其他监察人员，也包括非办理该监察事项的监察人员。针对上述两种具体情形，监察机关都应全面、如实记录，做到全程留痕、有据可查。

---

① 参见中共中央纪律检查委员会中华人民共和国国家监察委员会法规室编写：《〈中国共产党纪律检查机关监督执纪工作规则〉释义》，中国方正出版社2019年版，第203－204页。

实务难点指引

在实务操作中，需要注意以下两个问题：

第一，有效区分干预与正常的领导监督。干预案件办理和领导、监督案件办理之间，虽然在固有性质、行为方式、运行结果等方面存在诸多理论和形式上的不同，但因其均可在特定情形下表现为一种权力的影响，在实践中通常难以识别。[①] 在区分两者差别时，可以把握一些要点，例如，是否为履行职务所需要，是否超越权限范围，是否违反工作程序，等等。

第二，对于上述行为，除了报告和登记备案外，还要依法给予相关人员政务处分，是党员的要依规追究党纪责任，构成犯罪的还应依法追究刑事责任。以追究党纪责任为例，结合《中国共产党纪律处分条例》，其可区分以下情形：一是纪检监察干部打听案情、过问案件、说情干预的，依据第 127 条第 1 款规定处理；二是泄露纪律审查中尚未公开事项或者其他应当保密内容的，依据第 128 条第 1 款规定处理；三是受请托人虽未接受请托，但未按本款规定向组织报告的，应视情况给予批评教育、责令检查、诫勉或者组织处理，情节严重的，依据第 54 条规定给予处分。

关联法条

《监察法》第 57 条；《监察官法》第 46 条；《中国共产党纪律检查机关监督执纪工作规则》第 64 条

第二百六十三条　办理监察事项的监察人员有监察法第五十八条所列情形之一的，应当自行提出回避；没有自行提出回避的，监察机关应当依法决定其回避，监察对象、检举人及其他有关人员也有权要求其回避。

选用借调人员、看护人员、调查场所，应当严格执行回避制度。

条文主旨

本条是关于回避类型和情形的规定。

---

① 参见徐亚文、邵敏：《内涵、困境与构建：领导干部干预司法问题及其防控》，载《河南财经政法大学学报》2016 年第 2 期。

条文解读

规定本条的目的在于构建办理监察事项回避制度,防止监察人员因人情、利益等因素影响监督执法工作,保证监察人员秉公用权、公正用权,确保规范和正确行使监察权。本条规定的“回避”指的是监察人员在遇有法律规定的情形之时,应当不再参加监督、调查和处理等监察活动。当然,回避的监察人员限于“办理监察事项的监察人员”,回避的情形相应地须存在于特定的“监察事项”当中。如果某一监察人员担任过其他监察案件的证人,这不应当成为其回避的情形。理解和适用本条规定,应注意以下几点:

第一,回避类型。根据本条规定,回避包括主动回避和依申请回避两种类型。所谓自行申请回避,即主动回避,其申请主体是办理监察事项的监察人员,申请对象是办理监察事项的监察人员所在监察机关。此外,办理监察事项的监察人员应当自行提出回避而没有提出的,其所在监察机关应当依法决定其回避。所谓监察对象、检举人及其他有关人员要求回避,即依申请回避,其申请主体是监察对象、检举人及其他有关人员。要求应当回避的监察人员回避,是监察对象、检举人及其他有关人员的法定权利,监察机关在办案过程中应当保障他们“申请回避”的权利,在办案过程中,首先要向他们告知这一项权利,任何人不得非法剥夺。

第二,回避情形。根据《监察法》第 58 条所列情形,在办理监察事项的过程中,上述回避类型主要对应着四种基本情形。第一种情形是如果存在“近亲属”关系,有可能发生偏袒被审查调查人或检举人的情况,他人也会对其能否正确、公正履行职责存在质疑;第二种情形是如果存在“本案证人”情形,有可能先入为主、主观臆断,影响案件正确处理;第三种情形是如果“有利害关系”,就可能从自身利益出发或者因情感等因素影响案件公正处理。此外,第四种情形所提到的所谓“其他”情形,是指有其他利益、感情等特殊关系的存在,有可能影响审查调查审理工作客观公正进行的情况。①

需要说明的是,“近亲属”的范围在不同法律法规中并不完全一致。例如,在刑事诉讼当中,《刑事诉讼法》第 108 条第 6 项规定,近亲属是指夫、妻、父、母、子、女、同胞兄弟姊妹;《民法典》第 1045 条第 2 款规定:“配偶、父母、子女、兄弟姐妹、祖父母、外祖父母、孙子女、外孙子女为近亲属。”此外,监察部于 1992 年制定的《监察机关实行

---

① 参见中共中央纪律检查委员会中华人民共和国国家监察委员会法规室编写:《〈中国共产党纪律检查机关监督执纪工作规则〉释义》,中国方正出版社 2019 年版,第 206 - 207 页。

回避制度暂行办法》第11条中，近亲属包括配偶、父母、子女、兄弟姐妹、祖父母、外祖父母、孙子女、外孙子女。

第三，选用借调人员、看护人员，严格执行回避制度。在办理监察事项的过程中，借调人员通常与监察人员一样直接参与审查调查工作，故而知晓监察案件有关工作事项。正是基于上述考虑，《中国共产党纪律检查机关监督执纪工作规则》第66条还规定了建立审查调查人才库、借调人员实行一案一借、加强对借调人员的管理监督等一系列配套制度。此外，与被审查调查人近距离接触的看护人员，也存在失密、泄密风险。因此，在选用这两类人员时，也要严格执行上述关于回避类型和回避情形的规定。

第四，选用调查场所，严格执行回避制度。本条例第3章第2节在规定管理权限与属地管辖相结合原则的基础上，还规定了提级管辖、指定管辖等管辖方式，其中一个重要考虑因素，即在于与其他公安机关、检察机关办理刑事案件不同，监察机关办理监察案件所涉被调查人此前都属于行使公权力的公职人员，这意味着他们在工作经历、社会关系等方面，与当地存在千丝万缕的关系。与之相似，在选用调查场所时，也要充分考虑到被调查人的工作经历、社会关系等各方面要素，综合决定。

关联法条

《监察法》第58条；《中国共产党纪律检查机关监督执纪工作规则》第65条；《监察官法》第47条；《公职人员政务处分法》第47条；《公务员回避规定》第13、14条

第二百六十四条　监察人员自行提出回避，或者监察对象、检举人及其他有关人员要求监察人员回避的，应当书面或者口头提出，并说明理由。口头提出的，应当形成记录。

监察机关主要负责人的回避，由上级监察机关主要负责人决定；其他监察人员的回避，由本级监察机关主要负责人决定。

条文主旨

本条是关于监察人员回避的提出方式、决定程序的规定。

条文解读

规定本条的目的在于指导和规范监察人员回避的程序事项。理解和适用本条规

定,需要注意以下问题:第一,监察人员回避的提出方式,包括书面提出、口头提出两种。从顺位来看,本条没有明确书面提出和口头提出中哪一种优先,但专门提到了对于口头提出要求监察人员回避的,应当形成记录。第二,监察人员回避的决定程序,包括上级监察机关主要负责人决定和本级监察机关主要负责人决定。也就是说,只有监察机关主要负责人有权针对监察人员的回避作出决定。规定监察机关主要负责人的回避应由其上级监察机关决定,是因为如果由其自行决定,不符合"任何人不能做自己案件的裁判"的古老程序正义思想;规定其回避应由其上级监察机关负责人决定,既是考虑到对回避决定主体的统一规范,也是为了确保回避决定本身的权威性。还需要注意的是,从干部管理权限来看,监察机关其他领导成员涉嫌违法犯罪行为的调查处置权,不属于本级监察机关,但其回避的决定仍由本级监察机关主要负责人作出。

关联法条

《公职人员政务处分法》第 48 条;《公务员法》第 77 条;《公务员回避规定》第 15 条

第二百六十五条　上级监察机关应当通过专项检查、业务考评、开展复查等方式,强化对下级监察机关及监察人员执行职务和遵纪守法情况的监督。

条文主旨

本条是关于监察机关上级监督的规定。

条文解读

监察机关内部监督存在多种方式,不只包括设立内部监督机构,还包括上级监察机关的监督,建立健全严格的内部工作制度,以及将监察权分别赋予不同的机构等,从而实现机构之间在权力行使时的互相制约。例如,在监察机关设立专门的干部监督机构,在监察机关内部实现监督和调查部门分设,"前台"和"后台"分离,规定留置等审批程序和使用期限都有严格的限制,等等。本条是关于上级监察机关的监督的规定。

上级监察机关对下级监察机关及监察人员执行职务和遵纪守法情况的监督,包括但不限于以下三种方式:第一种是专项检查。所谓专项检查,是相对于平时考核而言的。《监察官法》第 36 条规定:"对监察官的考核,应当全面、客观、公正,实行平时考核、专项考核和年度考核相结合。”专项检查不仅是对监察人员进行考核的重要指标，也是上级监察机关对下级监察机关工作实际情况进行知悉、了解、领导、监督的重要过程。第二种是业务考评。熟悉监察业务、具备相关工作能力，是上级监察机关开展领导和监督工作的关键内容。《监察法》第56条规定，监察人员“必须具有良好的政治素质，熟悉监察业务，具备运用法律、法规、政策和调查取证等能力，自觉接受监督”，其中就专门提到了监察业务问题。《监察官法》第27条第1款还专门将监察官的等级确定依据与其业务水平、工作实绩等相挂钩。第三种是开展复查。所谓复查，即再一次作检查或审核，是相对于初次检查而言的。在本条中，其旨在强化上级监督的真实性、可靠性和权威性等。

第二百六十六条　监察机关应当对监察人员有计划地进行政治、理论和业务培训。培训应当坚持理论联系实际、按需施教、讲求实效，突出政治机关特色，建设高素质专业化监察队伍。

条文主旨

本条是关于监察人员培训的规定。

条文解读

第一，监察人员培训的内容，包括政治、理论和业务。为了建设高素质专业化监察队伍，推进监察工作法治化专业化水平，就要着眼形势任务需要，立足打基础、利长远，突出培训重点，落实培训责任。为此，本条专门提到要求对监察官有计划地进行政治、理论和业务培训。第二，监察人员培训的原则，包括理论联系实际、按需施教、讲求实效，突出政治机关特色等。近年来，各级纪检监察机关创新培训理念思路、方式方法，分级分类开展全员培训，围绕执纪执法新要求、工作规则和业务流程，组织学习政治理论，培训业务基本功，干部队伍整体素质和综合能力得到提升。本条规定总结提炼实践中行之有效的举措，要求强化对监察人员的培训、提高专业化能力。第三，监察人员培训的目标，在于建设高素质专业化监察队伍。实现新时代监察工作高质量发展，关键是建设高素质专业化的监察队伍。此外，根据《监察官法》第30条第3款规定，监察官的培训情况，作为监察官考核的内容和任职、等级晋升的依据之一。

关联法条

《监察官法》第29—32条;《公务员法》第66—68条;《干部教育培训工作条例》第14、19—23条

第二百六十七条　监察机关应当严格执行保密制度,控制监察事项知悉范围和时间。监察人员不准私自留存、隐匿、查阅、摘抄、复制、携带问题线索和涉案资料,严禁泄露监察工作秘密。

监察机关应当建立健全检举控告保密制度,对检举控告人的姓名(单位名称)、工作单位、住址、电话和邮箱等有关情况以及检举控告内容必须严格保密。

条文主旨

本条是关于监察事项保密制度和检举控告保密制度的规定。

条文解读

本条第1款针对执行保密制度作出了总体要求和禁止性规范。首先,监察事项保密制度的总体规定明确提出监察机关要严格执行保密制度,监察事项不是施行保密制度的例外。保密纪律是监督执纪纪律的重要内容,纪检监察机关对党员、干部以及监察对象开展监督执纪执法,工作中会涉及党和国家秘密,如果保密上出现问题,就会给党和国家事业造成损失。《中国共产党纪律处分条例》第128条对泄露、扩散或者打探、窃取纪律审查等尚未公开事项,以及私自留存涉及纪律审查等方面资料的行为作出处分规定。其次,监察事项保密制度的总体规定明确规定了要控制审查调查工作事项知悉范围和时间。作此规定,是为了在审查调查工作中"加强保密,降低失密、泄密风险"。再次,监察事项保密制度的禁止性规范详细规定了不准私自留存、隐匿、查阅、摘抄、复制、携带问题线索和涉案资料。因为这些行为都是重大泄密隐患,对于未经批准即可私自进行的,无论主观上私心与否,都不被允许、都须严格禁止。最后,监察事项的禁止性规范明确规定了严禁泄露监察工作秘密。该规定是在上述规定的基础上进一步作出的补充规定,主要是为了强调监督执法人员"严禁在任

何场合、向任何人员、以任何方式”[①]泄露调查工作情况。

本条第 2 款确立了检举控告保密制度，要求监察机关严格保密检举控告人有关信息。中共中央办公厅于 2020 年 1 月 21 日印发的《纪检监察机关处理检举控告工作规则》将保障党员、群众行使监督权利作为重要立规目的和纪检监察机关处理检举控告工作的重要原则，通过明确检举控告受理范围、畅通检举控告渠道、规定检举控告人权利、保障监督权利，营造党员、群众监督的良好环境，激发党员、群众监督积极性。[②] 其中第 47 条明确提出“纪检监察机关应当建立健全检举控告保密制度，严格落实保密要求”，列举了四类必须严格落实的保密具体要求，包括对检举控告人信息、检举控告内容严格保密等。本款对应的是上述条款所列举的四类保密要求中的第一类。除本款规定的保密要求外，另外三类保密要求是：严禁将检举控告材料、检举控告人信息转给或者告知被检举控告的组织、人员；受理检举控告或者开展核查工作，应当在不暴露检举控告人身份的情况下进行；宣传报道检举控告有功人员，涉及公开其姓名、单位等个人信息的，应当征得本人同意。

关联法条

《监察法》第 18 条；《监察官法》第 10、48 条；《纪检监察机关处理检举控告工作规则》第 47 条；《中国共产党纪律检查机关监督执纪工作规则》第 67 条

第二百六十八条　监察机关涉密人员离岗离职后，应当遵守脱密期管理规定，严格履行保密义务，不得泄露相关秘密。

条文主旨

本条是关于监察机关涉密人员脱密期管理的规定。

条文解读

《行政监察法》和《行政监察法实施条例》没有针对监察机关涉密人员脱密期管理的专门规定。但《公务员法》和《保守国家秘密法》对此有所涉及，前者第 86 条规

① 参见中共中央纪律检查委员会中华人民共和国国家监察委员会法规室编写：《〈中国共产党纪律检查机关监督执纪工作规则〉释义》，中国方正出版社 2019 年版，第 213 页。

② 参见徐汉鑫：《权威解读〈纪检监察机关处理检举控告工作规则〉》，载中央纪委国家监委网站：https://www.ccdi.gov.cn/yaowen/202002/t20200227_212357.html，2021 年 9 月 25 日最后访问。

定,“在涉及国家秘密等特殊职位任职或者离开上述职位不满国家规定的脱密期限的”,不得辞去公职;后者第 38 条规定,“涉密人员离岗离职实行脱密期管理。涉密人员在脱密期内,应当按照规定履行保密义务,不得违反规定就业,不得以任何方式泄露国家秘密”。规定本条的目的是,鉴于监察工作涉及大量国家秘密和工作机制,必须严格防范由于人员流动导致的监察人员在工作中接触的秘密流失。为了切实落实本条规定,一方面,监察机关涉密人员自身要注意遵循相关规定,严格履行保密义务,自觉遵守就业、出境等方面的限制性要求;另一方面,有关部门和单位也要切实担负起相关职责,加强对离岗离职的监察机关涉密人员的教育、管理和监督工作。参照《公务员法》《保守国家秘密法》等有关规定,对处在脱密期的涉密人员的管理,要区分不同情形:一是涉密人员离岗(离开涉密工作岗位,未离开本机关、本单位)的,脱密期管理由本机关、本单位负责;二是涉密人员离开原涉密单位,调入其他国家机关和涉密单位的,脱密期管理由调入单位负责;三是属于其他情况的,由原涉密单位、保密行政管理部门或者公安机关负责。①

实务难点指引

根据纪检监察工作密级范围相关规定,涉密的“密”一般分为三个等级:绝密级事项、机密级事项和秘密级事项。涉密人员离岗离职时,其脱密期要根据其工作岗位和所从事工作的情况确定,一般从机关、单位批准涉密人员离开涉密岗位之日起计算。在脱密期内,涉密人员应当与本机关、单位签订离岗离职保密承诺书,作出继续履行保密义务、不泄露所知悉国家秘密的承诺,及时清退所持有和使用的全部涉密载体和涉密信息设备,并办理移交手续。同时,未经审查批准,不得擅自出境,不得到境外驻华机构、组织或者外资企业工作,不得为境外组织人员或者外资企业提供劳务、咨询或者其他服务。② 在实务操作中存在的另一个问题是,对于并不属于退休或者辞职,而是被辞退或者开除等离职离岗情形的,是否也适用本条规定的脱密期管理规定?结合国家监察委员会有关释义,即便监察机关涉密人员是被辞退、被开除而离职,其仍须遵守本条关于脱密期管理的要求。③

---

① 参见中共中央纪律检查委员会中华人民共和国国家监察委员会法规室编写:《〈中国共产党纪律检查机关监督执纪工作规则〉释义》,中国方正出版社 2019 年版,第 216 页。

② 参见中共中央纪律检查委员会中华人民共和国国家监察委员会法规室编写:《〈中国共产党纪律检查机关监督执纪工作规则〉释义》,中国方正出版社 2019 年版,第 216 页。

③ 参见中共中央纪律检查委员会中华人民共和国国家监察委员会法规室编写:《〈中华人民共和国监察法〉释义》,中国方正出版社 2018 年版,第 258 页。

关联法条

《监察法》第59条;《公务员法》第86条;《监察官法》第48条;《中国共产党纪律检查机关监督执纪工作规则》第68条

第二百六十九条　监察人员离任三年以内,不得从事与监察和司法工作相关联且可能发生利益冲突的职业。

监察人员离任后,不得担任原任职监察机关办理案件的诉讼代理人或者辩护人,但是作为当事人的监护人或者近亲属代理诉讼或者进行辩护的除外。

条文主旨

本条是关于监察人员离任后从业限制的规定。

条文解读

本条所称"离任",是指辞职、退休等情况。结合《公务员法》《法官法》《检察官法》可知,我国法律法规针对行政机关公务员、法官、检察官,都规定了离任后的从业限制要求。例如,《法官法》第36条第1、2款规定:"法官从人民法院离任后两年内,不得以律师身份担任诉讼代理人或者辩护人。法官从人民法院离任后,不得担任原任职法院办理案件的诉讼代理人或者辩护人,但是作为当事人的监护人或者近亲属代理诉讼或者进行辩护的除外。"所谓"与监察和司法工作相关联且可能发生利益冲突的职业",本条没有作出明确列举,但监察人员自身必须履行谨慎注意义务。离任后3年内,如果打算从事的职业存在与监察、司法工作相关联的情况,而且存在发生利益冲突的可能,都应当事先征求原单位意见。① 监察人员离任后,与法官从人民法院离任后一样,都不得担任原任职单位办理案件的诉讼代理人或者辩护人。不过,《法官法》第38条第3款进一步规定,"法官被开除后,不得担任诉讼代理人或者辩护人,但是作为当事人的监护人或者近亲属代理诉讼或者进行辩护的除外",即不得担任诉讼代理人或者辩护人的范围并不限于"原任职法院",而是不得在任何法院担任诉讼代理人或者辩护人。

---

① 参见中共中央纪律检查委员会中华人民共和国国家监察委员会法规室编写:《〈中华人民共和国监察法〉释义》,中国方正出版社2018年版,第257－258页。

典型案例

某省纪检监察工作人员A某,毕业于某知名高校法律专业,毕业后通过了司法考试并得以到某事人民检察院工作,后调到省纪委监委工作,但其妻子仍在市里工作,两地分居,给家庭造成了较大困难。同时加班较多、工资待遇等不如意,A某萌生辞职念头。经与从事律师行业的大学同学B某等人商议,并征求家人意见后,A某辞职并到B某所在律师事务所工作,该所负责也对A某表示欢迎,希望其加入并表示正好可以充分利用A某这些年在检察机关、纪委监委工作中掌握的情况,更好地为一些职务犯罪案件当事人或其家属以及有关企业老板提供政策咨询、答疑解惑、出谋划策等。A某的辞职申请提交给省纪委监委组织部门后,组织部门经认真研究并报领导审批,未同意A某辞职申请,主要理由是A某拟辞职后到律师事务所工作,所从事的工作很可能与纪检监察和司法工作相关联且发生利益冲突,既不符合相关要求,也违反了《监察法》的相关规定。①

关联法条

《监察法》第59条;《公务员法》第107条;《监察官法》第49条;《中国共产党纪律检查机关监督执纪工作规则》第68条

第二百七十条　监察人员应当严格遵守有关规范领导干部配偶、子女及其配偶经商办企业行为的规定。

条文主旨

本条是关于禁止经商办企业行为的规定。

条文解读

我国《公务员法》明确禁止了公务员从事或参与营利性活动的行为。《公务员法》第59条第16项规定,公务员应当遵纪守法,不得有"违反有关规定从事或者参与营利性活动,在企业或者其他营利性组织中兼任职务"的行为;第74条第2款规定,

① 参见本书编写组编写:《〈中华人民共和国监察法〉案例解读》,中国方正出版社2018年版,第506-507页。

"公务员不得在其配偶、子女及其配偶经营的企业、营利性组织的行业监管或者主管部门担任领导成员"。《监察官法》第 22 条规定，监察官不得兼任"企业或者其他营利性组织、事业单位的职务"，因工作需要兼职的，"应当按照管理权限批准，但是不得领取兼职报酬"。自 1985 年起中央已就关于规范领导干部配偶子女经商问题下发了二十余条禁令。本条规定在此基础上直指监察人员领导干部的"身边人腐败"问题，针对监察人员中领导干部的配偶、子女及其配偶的经商办企业行为作出专门规定。《监察官法》第 50 条规定："监察官应当遵守有关规范领导干部配偶、子女及其配偶经商办企业行为的规定。违反规定的，予以处理。"

实务难点指引

本条仅提到了"监察人员"相关禁止经商办企业行为，未提到其离职后是否也须遵循本规定。参照我国《公务员法》第 107 条第 1 款规定，"公务员辞去公职或者退休的，原系领导成员、县处级以上领导职务的公务员在离职三年内，其他公务员在离职两年内，不得到与原工作业务直接相关的企业或者其他营利性组织任职，不得从事与原工作业务直接相关的营利性活动"。从监察人员的职业性质来看，其辞去公职或者退休后，也有必要遵守"不得到与原工作业务直接相关的企业或者其他营利性组织任职，不得从事与原工作业务直接相关的营利性活动"的规定，并根据离职之前的职务职级，具体确定相关期限。

关联法条

《公务员法》第 74 条；《监察官法》第 50、51 条；《中国共产党纪律处分条例》第 96 条

第二百七十一条　监察机关在履行职责过程中应当依法保护企业产权和自主经营权，严禁利用职权非法干扰企业生产经营。需要企业经营者协助调查的，应当依法保障其合法的人身、财产等权益，避免或者减少对涉案企业正常生产、经营活动的影响。

查封企业厂房、机器设备等生产资料，企业继续使用对该财产价值无重大影响的，可以允许其使用。对于正在运营或者正在用于科技创新、产品研发的设备和技术资料等，一般不予查封、扣押，确需调取违法犯罪证据的，可以采取拍照、复制等方式。

条文主旨

本条是关于监察机关保障优化营商环境的规定。

条文解读

理解和适用本条规定,需要注意以下四个问题:第一,要求依法保护企业权益,禁止非法干扰生产经营。在履行职责过程中,监察机关应当依法保护企业产权和自主经营权,严禁利用职权非法干扰企业生产经营。第二,要求依法保障经营者权益,避免或者减少企业相关影响。需要企业经营者协助调查的,应当依法保障其合法的人身、财产等权益,避免或者减少对涉案企业正常生产、经营活动的影响。第三,要求查封相关生产资料必须考虑是否对该财产价值具有重大影响。如果企业继续使用对企业厂房、机器设备等生产资料的财物价值并无重大影响,可以允许其使用。第四,针对科技创新、产品研发的设备和技术资料等,作出特别规定。即一般不予查封、扣押,如果属于确需调取违法犯罪证据的情况,可以通过采取拍照、复制等方式代替查封、扣押。

第二百七十二条　被调查人及其近亲属认为监察机关及监察人员存在监察法第六十条第一款规定的有关情形,向监察机关提出申诉的,由监察机关案件监督管理部门依法受理,并按照法定的程序和时限办理。

条文主旨

本条是关于申诉制度的规定。

条文解读

本条所称《监察法》第60条第1款规定的有关情形,是指监察机关及其工作人员有"留置法定期限届满,不予以解除"、"查封、扣押、冻结与案件无关的财物的"、"应当解除查封、扣押、冻结措施而不解除的"、"贪污、挪用、私分、调换以及违反规定使用查封、扣押、冻结的财物的"和"其他违反法律法规、侵害被调查人合法权益的行为"等五种情形。上述条款针对申诉机关,采取的是"向该机关申诉"的表述,本条将之进一步细化为"由监察机关案件监督管理部门依法受理"。本条所称"按照法定的程序和时限",指的是《监察法》第60条第2款,其规定如下:"受理申诉的监察机关应当在受理申诉之日起一个月内作出处理决定。申诉人对处理决定不服的,可以在收到处理决定之日起一个月内向上一级监察机关申请复查,上一级监察机关应当在收到复查申请之日起二个月内作出处理决定,情况属实的,及时予以纠正。”

关联法条

《监察法》第 60 条

第二百七十三条　监察机关在维护监督执法调查工作纪律方面失职失责的,依法追究责任。监察人员涉嫌严重职务违法、职务犯罪或者对案件处置出现重大失误的,既应当追究直接责任,还应当严肃追究负有责任的领导人员责任。

监察机关应当建立办案质量责任制,对滥用职权、失职失责造成严重后果的,实行终身责任追究。

条文主旨

本条是关于监察机关和监察人员责任追究和办案质量责任制的规定。

条文解读

本条第 1 款规定的是监察机关责任追究和“一案双查”。根据本款规定,监察问责包括两种具体情况:对机关的问责和对人的问责。《中国共产党问责条例》对于党的问责工作,也区分了对机关的问责和对人的问责,其中第 4 条第 1 款规定:“党的问责工作是由党组织按照职责权限,追究在党的建设和党的事业中失职失责党组织和党的领导干部的主体责任、监督责任和领导责任。”在监察机关和监察人员责任追究中,第一种是监察机关在维护监督执法工作纪律方面存在的失职失责情况,对此依法追究责任。所谓“在维护监督执法工作纪律方面失职失责”,指向的是监察机关、而不是监察人员的失职失责。第二种是涉嫌严重职务违法、职务犯罪或者对案件处置出现重大失误的,要开展“一案双查”。所谓“一案双查”,意味着既查党员领导干部的违纪问题,又查执纪过程中是否存在违规违纪行为。[①] 一旦出现纪检监察干部不遵守

---

① 参见《中纪委解读“一案双查”:本质是问责失职失责行为》,载央视网:http://news.cctv.com/2017/08/11/ARTI55MBZKNVxqNKmQpu29SK170811.shtml,2021 年 9 月 25 日最后访问。

监督执纪工作纪律、违规违纪违法问题,其本人应当被追究直接责任;同时,负有责任的领导人员也要被严肃追究责任。在此前的《行政监察法》和《行政监察法实施条例》中,也都规定了"一案双查"及监察人员违法失职行为事后追责制度。

本条第2款规定的是建立监察人员办案质量责任制和实行终身问责。所谓"有权必有责",办案质量责任制正是落实对案件质量负责到底要求的具体体现。本质而言,办案质量责任制的核心,在于"谁办案谁负责,谁决定谁负责"。在形式意义上,监察官仅对其职权范围内就案件作出的决定负责;监察委员会集体领导对案件作出决定的,也要承担相应责任。与此同时,《中国共产党问责条例》第10条规定,"实行终身问责,对失职失责性质恶劣、后果严重的,不论其责任人是否调离转岗、提拔或者退休,都应当严肃问责"。

实务难点指引

需要注意的是,本条第1款中所提到的"一案双查"中追究的领导责任,与对维护监督执纪工作纪律失职失责的问责之间,存在区别。前者主要侧重于单个案件中的领导责任,一般适用于审查调查组组长、室主任及分管领导等;后者则主要侧重于机关在维护监督执纪工作纪律方面的领导责任,一般适用于纪检监察机关及其负责人。[①]

负有责任的领导人员和直接责任人员之间,也存在区别。追究领导人员责任,既要以监察人员涉嫌严重职务违法、职务犯罪或者对案件处置出现重大失误为前提,还要存在领导人员负有责任为前提。在具体理解时,可以参照《中国共产党纪律处分条例》第37条规定,该条对直接责任者、主要领导责任者和重要领导责任者的内涵分别进行了规定,其中指出,直接责任者"是指在其职责范围内,不履行或者不正确履行自己的职责,对造成的损失或者后果起决定性作用的党员或者党员领导干部"。此外,承担责任的领导人员应限于"负有责任"。例如,如果监察委员会在集体决策时,某位领导人员针对监察人员的违法违规办案行为明确表示反对,但其反对意见并未被采纳,便不应追究该名明确表示反对意见的领导人员的责任。

关联法条

《监察法》第61、65条;《监察官法》第54条;《中国共产党问责条例》第4、6条;《中国共产党纪律处分条例》第37条;《中国共产党纪律检查机关监督执纪工作规则》第70、73条

---

① 参见中共中央纪律检查委员会中华人民共和国国家监察委员会法规室编写:《〈中国共产党纪律检查机关监督执纪工作规则〉释义》,中国方正出版社2019年版,第231页。

第八章 法律责任

第二百七十四条 有关单位拒不执行监察机关依法作出的下列处理决定的,应当由其主管部门、上级机关责令改正,对单位给予通报批评,对负有责任的领导人员和直接责任人员依法给予处理:

(一)政务处分决定;

(二)问责决定;

(三)谈话提醒、批评教育、责令检查,或者予以诫勉的决定;

(四)采取调查措施的决定;

(五)复审、复核决定;

(六)监察机关依法作出的其他处理决定。

条文主旨

本条是关于有关单位拒不执行监察机关依法所作处理决定给予处理的规定。

条文解读

根据《监察法》的规定,监察机关依法履行监督、调查、处置职责且有权作出处理决定,对于监察机关针对监察对象依法作出的处理决定,有关单位拒不执行的,则应承担相应的法律责任。规定本条的目的在于保障监察机关作为国家监察专责机关行使监察职能的权威性,保证监察活动的顺利开展。

监察机关作出的处理决定,一般是指监察机关依据《监察法》第45条规定,根据监督、调查结果对监察对象所作出的处置决定。对此,本条进一步细化规定,监察机关的处理决定包括政务处分决定,问责决定,谈话提醒、批评教育、责令检查,或者予以诫勉的决定,采取调查措施的决定,复审、复核决定,和监察机关依法作出的其他处理决定。政务处分决定,是指监察机关在监督、调查的基础上,对违法的公职人员依照法定程序作出警告、记过、记大过、降级、撤职、开除等有关政务处分的决定。问责决定，是指监察机关在监督、调查的基础上，对不履行或者不正确履行职责负有责任的领导人员，按照管理权限对其直接进行有关问责的决定。谈话提醒、批评教育、责令检查，或者予以诫勉的决定，是指监察机关在监督、调查的基础上，对有职务违法行为但情节较轻的公职人员，按照管理权限，直接或者委托有关机关、人员，进行有关谈话提醒、批评教育、责令检查，或者予以诫勉的决定。采取调查措施的决定，是指监察机关经初步核实，对监察对象涉嫌职务违法犯罪，需要追究法律责任所采取的有关讯问、询问、留置、搜查、调取、查封、扣押、勘验检查等调查措施的决定。复审、复核决定，是指监察对象对监察机关涉及本人的处理决定不服，依法向监察机关申请复审、复核，由监察机关作出有关复审、复核的决定。监察机关依法作出的其他处理决定，是指监察机关在监察职能范围内可以作出的除上述所列处理决定之外的其他处理决定。

关联法条

《监察法》第 62、63 条；《公职人员政务处分法》第 61、62 条；《中国共产党纪律处分条例》第 70、71 条

第二百七十五条　监察对象对控告人、申诉人、批评人、检举人、证人、监察人员进行打击、压制等报复陷害的，监察机关应当依法给予政务处分。构成犯罪的，依法追究刑事责任。

条文主旨

本条是关于报复陷害责任追究的规定。

条文解读

控告、申诉、批评、检举和作证是宪法法律赋予和规定的公民权利与义务，控告人、申诉人、批评人、检举人和证人均应依法受到严格保护，而监察人员作为从事监察活动的直接工作人员，其行使职权同样应依法受到严格保护。对于监察对象针对控告人、申诉人、批评人、检举人、证人和监察人员所进行打击、压制等报复陷害的行为，监察对象应承担相应的法律责任。规定本条的目的在于保障公民在监察活动中的合法权益，保证监察人员依法行使职权不受非法侵害。

监察对象为了逃避制裁或者出于受到制裁后的怨恨，可能会对触动其利益的相

关人员进行报复陷害。这些相关人员包括控告人、申诉人、批评人、检举人、证人和监察人员。而报复陷害的手段往往以打击、压制为主。所谓“打击”，是指监察对象出于报复陷害的目的，利用职权直接或者间接损害控告人、申诉人、批评人、检举人、证人和监察人员合法权益的行为，抑或没有利用职权直接或者间接损害控告人、申诉人、批评人、检举人、证人和监察人员合法权益的行为，如殴打谩骂、威逼恐吓、围攻阻挠等打击行为。所谓“压制”，是指监察对象出于报复陷害的目的，利用职权直接或者间接损害控告人、申诉人、批评人、检举人、证人和监察人员合法权益的行为，如在工作中进行各种形式的刁难、迫害或者搁置等压制行为。一旦监察对象有为上述行为，则应承担相应的法律责任，即承担政务责任受到政务处分，构成犯罪的，应承担刑事责任受刑法制裁。同时，政务处分法亦有相关规定。《公职人员政务处分法》第 32 条第 3 项规定，“对依法行使批评、申诉、控告、检举等权利的行为进行压制或者打击报复的”，属应当给予政务处分的违法行为；第 62 条第 3 项规定，“对检举人、证人或者调查人员进行打击报复的”，属应依法给予处理的违法行为。就监察对象而言，其行为属于情节严重则需承担政务责任受到政务处分。所谓“构成犯罪”，需结合《刑法》的相关规定来加以理解。《刑法》第 254 条规定，“国家机关工作人员滥用职权、假公济私，对控告人、申诉人、批评人、举报人实行报复陷害的，处二年以下有期徒刑或者拘役；情节严重的，处二年以上七年以下有期徒刑”。就监察对象而言，其行为构成犯罪则需承担刑事责任，受到刑法制裁。

关联法条

《宪法》第 41 条；《监察法》第 64 条；《监察官法》第 57 条；《刑法》第 254、308 条；《公职人员政务处分法》第 62 条；《中国共产党纪律处分条例》第 79 条

第二百七十六条　控告人、检举人、证人采取捏造事实、伪造材料等方式诬告陷害的，监察机关应当依法给予政务处分，或者移送有关机关处理。构成犯罪的，依法追究刑事责任。

监察人员因依法履行职责遭受不实举报、诬告陷害、侮辱诽谤，致使名誉受到损害的，监察机关应当会同有关部门及时澄清事实，消除不良影响，并依法追究相关单位或者个人的责任。

条文主旨

本条是关于诬告陷害责任追究的规定。

条文解读

控告、检举和作证是宪法法律赋予和规定的公民权利与义务，控告人、检举人和证人应当正确行使权利和履行义务，不得采取捏造事实、伪造材料等方式对监察对象进行诬告陷害。对于控告人、检举人和证人对监察对象所进行的诬告陷害行为，控告人、检举人、证人应承当相应的法律责任。同样地，监察人员依法履行职责受到法律严格保护，对于监察人员因依法履行职责遭受不实举报、诬告陷害、侮辱诽谤，致使名誉受到损害的，监察机关应当会同有关部门及时澄清事实，消除不良影响，并依法追究相关单位或者个人的责任。规定本条的目的在于保障监察对象在监察活动中的合法权益，保证监察人员依法行使职权不受非法侵害。

就本条第 1 款规定而言，控告人、检举人和证人对监察对象进行诬告陷害，严重破坏政治生态，污染社会风气，扰乱社会秩序，浪费监察机关精力和监督执纪、审查调查资源，应当予以严厉查处。从而营造风清气正的政治生态，保护广大党员干部干事创业的积极性。所谓“诬告陷害”，是指控告人、检举人、证人故意通过捏造虚构事实、伪造虚假材料等方式向监察机关进行告发，意图使监察对象受到名誉损害或者党纪国法等责任追究的行为。但是，对于监察活动中的控告人、检举人、证人而言，其并不一定具有国家公职人员的身份。因而，根据本条第 1 款规定，如果诬告陷害人本人是国家公职人员，则由监察机关依法给予政务处分，如果诬告陷害人本人不是国家公职人员，则移送诬告陷害人单位或其他有关机关处理。对于控告人、检举人、证人的诬告陷害行为，构成犯罪的，应当依法追究刑事责任。《刑法》第 243 条规定，“捏造事实诬告陷害他人，意图使他人受刑事追究，情节严重的，处三年以下有期徒刑、拘役或者管制；造成严重后果的，处三年以上十年以下有期徒刑”。

就本条第 2 款规定而言，监察人员依法行使职权受到法律严格保护，及时为遭受不实举报、诬告陷害、侮辱诽谤的监察人员澄清正名，为敢于担当者撑腰鼓劲，是监察机关的一项重要职责。在具体办案过程中，监察人员可能会面临来自利益触动者的不实举报、诬告陷害、侮辱诽谤，导致监察人员名誉受到损害。对此，监察机关应运用好纪律和法律两种武器，严肃查处针对监察人员的不实举报、诬告陷害、侮辱诽谤行为，充分保证监察人员依法行使职权不受非法侵害。一经查实，监察机关应当会同有关部门及时澄清事实，积极消除不良影响，相关单位或者个人应当承担相应的法律责任。

实务难点指引

需要注意的是，实践中应当正确区分诬告陷害和报复陷害行为，以及诬告陷害和错告、检举失实等行为。就诬告陷害行为和报复陷害行为而言,两者在主观上同为故意,但在客观上诬告陷害行为主要表现为意图通过捏造虚构事实、伪造虚假材料等方式使监察对象受到名誉损害或者党纪国法等责任追究,而报复陷害行为在客观上主要表现为通过滥用职权来以权谋私。就诬告陷害行为和错告、检举失实等行为而言,两者在主观上存在不同,诬告陷害行为是一种故意通过捏造虚构事实、伪造虚假材料等方式侵犯他人正当权利,应受责任追究的违法行为,而错告、检举失实等行为并不具备这样的主观故意。同时,在责任追究方面,还应当注意刑事责任、政务责任与党纪责任追究的衔接。

关联法条

《监察官法》第 58 条;《刑法》第 243 条;《公职人员政务处分法》第 53、62 条;《公务员法》第 99 条;《监察法》第 64 条;《治安管理处罚法》第 42 条;《纪检监察机关处理检举控告工作规则》第 29、39—45 条

第二百七十七条　监察机关应当建立健全办案安全责任制。承办部门主要负责人和调查组组长是调查安全第一责任人。调查组应当指定专人担任安全员。

地方各级监察机关履行管理、监督职责不力发生严重办案安全事故的,或者办案中存在严重违规违纪违法行为的,省级监察机关主要负责人应当向国家监察委员会作出检讨,并予以通报、严肃追责问责。

案件监督管理部门应当对办案安全责任制落实情况组织经常性检查和不定期抽查,发现问题及时报告并督促整改。

条文主旨

本条是关于建立健全办案安全责任制的规定。

条文解读

办案安全是纪检监察工作的底线,具有极端重要性。依规依纪依法安全办案不仅是依规治党与依法治国有机统一的内在要求,同时也是办案工作顺利进行的根本保障,直接关系到案件查办的政治效果、社会效果和纪法效果。办案安全事故的发生会严重影响纪检监察机关的公信力,影响审查调查工作深入开展,影响全面从严治

党、党风廉政建设和反腐败工作大局。对此，既要追究相关人员的直接责任，也要追究有关领导的责任。规定本条的目的在于落实监察机关办案安全责任制，强化对监察机关及其工作人员依法行使职权的监督管理。

就本条第 1 款规定而言，监察机关办案安全责任制是根据“谁主办、谁负责，谁审批、谁负责”等原则建立的相关责任人在监察活动中对办案安全层层负责的制度，而建立健全办案安全责任制就是要明确安全第一责任人和调查组专人专责。当前，反腐败斗争已经取得压倒性胜利，但反腐败工作的复杂性和严峻性不容忽视。监察机关及其工作人员必须牢固树立依规依纪依法安全办案是办公工作生命线的理念，将确保不发生安全事故的要求放在第一位，体现在审查调查全过程、各环节，绝不能出现任何纰漏。对此，本条规定建立健全安全责任制，明确承办部门主要负责人和调查组组长是调查安全第一责任人，调查组应当指定专人担任安全员，办案安全责任主体更加清楚，职责更加明晰。

就本条第 2 款规定而言，在具体的办案工作中发生严重办案安全事故和严重违规违纪违法行为会造成恶劣的政治影响，必须予以责任追究。对此，本条规定明确要求对发生严重办案安全事故的，或者办案中存在严重违规违纪违法行为的，省级监察机关主要负责人应当向国家监察委员会作出检讨，并予以通报、严肃问责追责，体现了一把手在调查安全工作中的主体责任。通过严格责任追究，督促各级监察机关及其负责同志在思想上高度重视办案安全，在实践中强化监督管理、筑牢思想防线，提高办案人员依规依纪依法安全办案的责任心、预见性和判断力，守住办案安全底线。

就本条第 3 款规定而言，案件监督管理部门对办案安全责任制落实情况开展经常性检查和不定期抽查是排查隐患、堵塞漏洞，有效防范、化解、管控各种安全风险的重要措施，有利于将安全文明办案各项要求落深落细落实，严格把好办案安全关。对此，本条规定案件监督管理部门应当对办案安全责任制落实情况组织经常性检查和不定期抽查，发现问题及时报告并督促整改，明确案件监督管理部门是落实办案安全责任制的主管部门，突出了安全监督管理的主要工作内容。案件监督管理部门可以通过查看审批文书及其书面材料、驻点值班、实地检查和查看监控录像等方式，对措施使用情况进行监督检查。

关联法条

《监察法》第 44、65 条；《监察官法》第 52 条；《公职人员政务处分法》第 63 条；《刑法》第 139 条之一；《中国共产党纪律检查机关监督执纪工作规则》第 28、43、70 条

第二百七十八条 监察人员在履行职责中有下列行为之一的，依法严肃处理；构成犯罪的，依法追究刑事责任：

（一）贪污贿赂、徇私舞弊的；

（二）不履行或者不正确履行监督职责，应当发现的问题没有发现，或者发现问题不报告、不处置，造成严重影响的；

（三）未经批准、授权处置问题线索，发现重大案情隐瞒不报，或者私自留存、处理涉案材料的；

（四）利用职权或者职务上的影响干预调查工作的；

（五）违法窃取、泄露调查工作信息，或者泄露举报事项、举报受理情况以及举报人信息的；

（六）对被调查人或者涉案人员逼供、诱供，或者侮辱、打骂、虐待、体罚或者变相体罚的；

（七）违反规定处置查封、扣押、冻结的财物的；

（八）违反规定导致发生办案安全事故，或者发生安全事故后隐瞒不报、报告失实、处置不当的；

（九）违反规定采取留置措施的；

（十）违反规定限制他人出境，或者不按规定解除出境限制的；

（十一）其他职务违法和职务犯罪行为。

条文主旨

本条是关于监察人员不当履行职责的责任追究问题的规定。

条文解读

规定本条的目的在于强化对监察人员依法行使职权的监督管理，维护监察机关的形象和威信。基于此，本条共列举了11项属于监察人员在履行职责中违法行使职权的行为。

一是贪污贿赂、徇私舞弊的行为。所谓“贪污贿赂”，是指监察人员利用本人职责范围内的权限或者本人职务、地位所形成的便利条件，采取侵吞、窃取、骗取等非法手段将涉案财物据为己有，或者利用金钱、财物等收买其他依法从事公务的人员以谋取不正当利益的行为。所谓“徇私舞弊”，是指监察人员为了私利，采用欺骗或者其他不正当方式违法犯罪的行为，包括监察人员利用本人职责范围内的权限或者本人职务、地位所形成的便利条件，为自己或者他人牟取私利，袒护或者帮助违法犯罪的人员掩盖错误事实，以逃避制裁，或者利用职权陷害他人的行为。

二是不履行或者不正确履行监督职责，应当发现的问题没有发现，或者发现问题不报告、不处置，造成严重影响的行为。主要是指监察人员玩忽职守，致使国家、集体和人民的利益遭受严重影响的行为。所谓“不履行”，是指监察人员应当履行且有条件、有能力履行职责，但违背职责没有履行的行为。所谓“不正确履行”，是指监察人员在履行职责的过程中，违反职责规定，马虎草率、粗心大意导致职责履行不正确。所谓“造成严重影响”，是指造成实际的损害后果，既包括财物上的损失，也包括财物损失以外的其他利益损失。比如损害了监察机关的公信力，妨碍了监察机关职责的正常履行等。

三是未经批准、授权处置问题线索，发现重大案情隐瞒不报，或者私自留存、处理涉案材料的行为。监察机关对具体案件查办中的问题线索、涉案材料应当按照有关规定严格管理。所谓“问题线索”，是指监察机关在具体案件查办过程中，有关涉案人员交代、检举、揭发的被调查人以外的其他监察对象违法犯罪问题线索，以及被调查人交代、检举、揭发的其他监察对象不涉及本案的违法犯罪问题线索等。所谓“涉案材料”，是指在具体案件查办过程中形成的，与案件有关的所有书面资料、图片影像资料，以及留存在电脑、移动硬盘等存储介质中的电脑资料。

四是利用职权或者职务上的影响干预调查工作的行为。监察人员应当依法行使职权，不得利用职权或者职务上的影响干预调查工作。监察人员利用职权或者职务上的影响干预调查工作的情形，主要包括监察人员利用职权或者职务上的影响力，在线索处置、日常监督、调查审理等各个环节中打听案情、过问案件、干预说情等。

五是违法窃取、泄露调查工作信息，或者泄露举报事项、举报受理情况以及举报人信息的行为。主要是指监察人员故意窃取不应其掌握的调查工作信息，向不应知悉调查工作信息的他人泄露其在调查工作中已掌握的信息，或者监察人员向不应知悉举报事项、举报受理情况以及举报人信息的他人泄露其在履职过程中所掌握的上述信息。

六是对被调查人或者涉案人员逼供、诱供，或者侮辱、打骂、虐待、体罚或者变相体罚的行为。在这种情形下，被调查人或者涉案人员往往迫于压力或者在被欺骗的情况下提供相关口供、线索等，虚假陈述的可能性非常大，容易对案件的侦办造成阻碍，也容易造成假案、错案。并且，侮辱、打骂、虐待、体罚或者变相体罚被调查人、涉案人员，会对被调查人或者涉案人员的生命、身体健康造成损害，本身就是违法行为。

七是违反规定处置查封、扣押、冻结的财物的行为。所谓“财物”，是指与案件相关的现金、古玩、奢侈品、不动产、有价证券等。对于查封、扣押、冻结的财物，监察机关应当设立专用账户、专门场所，并由专门人员妥善保管。监察人员擅自将查封、扣押、冻结的财物任意使用，属于违反规定处置涉案财物的情形，应当依法予以处理。

八是违反规定导致发生办案安全事故，或者发生安全事故后隐瞒不报、报告失实、处置不当的行为。办案安全是纪检监察工作的底线，具有极端重要性。监察人员在具体案件查办过程中要严格依规依纪依法，保障办案安全，对于发生被调查人死亡、伤残、逃跑等安全事故的，不得在办案安全事故发生后隐瞒不报、报告失实、处置不当。对于在具体案件查办过程中有失职渎职等违法犯罪行为，违反规定导致发生办案安全事故，或者发生安全事故后隐瞒不报、报告失实、处置不当的，应当依法予以处理。

九是违反规定采取留置措施的行为。留置是监察机关针对涉嫌职务违法或职务犯罪的被调查人所采取的调查措施。《监察法》对留置措施的批准程序、期限、安全保障等内容都作了明确规定。对于监察人员未经批准留置被调查人，或者超期留置被调查人等违反规定的行为，应当依法予以处理。

十是违反规定限制他人出境，或者不按规定解除出境限制的行为。《监察法》第30条规定，“监察机关为防止被调查人及相关人员逃匿境外，经省级以上监察机关批准，可以对被调查人及相关人员采取限制出境措施，由公安机关依法执行。对于不需要继续采取限制出境措施的，应当及时解除”。对于监察人员违反规定限制他人出境，或者不按规定解除出境限制的行为，应当依法予以处理。

十一是其他职务违法和职务犯罪行为。此项规定是关于监察人员其他职务违法和职务犯罪行为的兜底性规定。除了前10项规定的情形外，对于监察人员在履行职责中的其他职务违法和职务犯罪行为，也应当追究其相应的法律责任。

关联法条

《监察法》第65条；《公务员法》第59条；《监察官法》第52、53条；《中国共产党纪律检查机关监督执纪工作规则》第71条

第二百七十九条　对监察人员在履行职责中存在违法行为的，可以根据情节轻重，依法进行谈话提醒、批评教育、责令检查、诫勉，或者给予政务处分。构成犯罪的，依法追究刑事责任。

条文主旨

本条是关于监察人员违法行使职权的责任追究的规定。

条文解读

对监察人员违法行使职权的责任追究，要运用好监督执纪"四种形态"，既要坚持一切从实际出发，严管与厚爱结合、激励与约束并重，又要综合考虑事实证据、思想态度和量纪执法标准，精准适用每一种形态。对监察人员在履行职责中存在违法行为的情形，可以根据情节轻重，依法进行谈话提醒、批评教育、责令检查、诫勉，或者给予政务处分。构成犯罪的，依法追究刑事责任。规定本条的目的在于强化责任意识，督促监察人员规范和正确行使国家监察权。

所谓"情节轻重"，是指监察人员在履行职责中存在的违法行为的情节轻重程度。如果监察人员在履行职责中存在的违法行为情节轻微，不需承担政务责任，则可根据所涉问题轻重程度采取谈话提醒、批评教育、责令检查、诫勉等处理方式。谈话提醒，主要针对的是问题轻微，不需要追究政务责任的情形，即谈话提醒针对的是存在苗头性、倾向性问题，需要对监察人员进行谈话提醒的情形。批评教育，主要针对的是问题轻微，不需要追究政务责任的情形，即批评教育针对的是存在苗头性、倾向性问题，需要要求监察人员进行改正的情形。责令检查，主要针对的是问题轻微，不需要追究政务责任的情形，即责令检查针对的是存在苗头性、倾向性问题，需要监察人员对自己的错误作出书面检查的情形。诫勉，主要针对的是问题轻微，即诫勉针对的是存在苗头性、倾向性问题，需要通过诫勉对监察人员进行教育、警示的情形。如果监察人员在履行职责中存在的违法行为属于《公职人员政务处分法》所明确规定的应当适用政务处分的违法行为，则应当严格依法追究其政务责任。监察人员在履行职责中存在的违法行为构成犯罪的，则应当严格依法追究其刑事责任。

关联法条

《公务员法》第57、61条

第二百八十条　监察机关及其工作人员在行使职权时，有下列情形之一的，受害人可以申请国家赔偿：

（一）采取留置措施后，决定撤销案件的；

（二）违法没收、追缴或者违法查封、扣押、冻结财物造成损害的；

（三）违法行使职权，造成被调查人、涉案人员或者证人身体伤害或者死亡的；

（四）非法剥夺他人人身自由的；

（五）其他侵犯公民、法人和其他组织合法权益造成损害的。

受害人死亡的，其继承人和其他有扶养关系的亲属有权要求赔偿；受害的法人或者其他组织终止的，其权利承受人有权要求赔偿。

条文主旨

本条是关于监察机关国家赔偿责任的规定。

条文解读

国家赔偿是指国家机关及其工作人员行使职权对公民、法人或者其他组织的合法权益造成损害，依法应给予的赔偿。监察机关及其工作人员行使职权对公民、法人或者其他组织的合法权益造成损害是由于其存在违法行使职权的行为，故监察机关因其履行职责对公民、法人或者其他组织构成侵权，应当承担国家赔偿责任。规定本条的目的在于救济和保护公民、法人或者其他组织的合法权益，督促监察机关及其工作人员依法开展监察活动。基于此，本条第1款共列举了五项属于监察机关及其工作人员行使职权对公民、法人或者其他组织合法权益造成损害，受害人可以申请国家赔偿的情形；对于受害人死亡的，其继承人和其他有扶养关系的亲属有权要求赔偿，受害的法人或者其他组织终止的，其权利承受人有权要求赔偿。

一是采取留置措施后，决定撤销案件的情形。留置是监察机关针对涉嫌职务违法或职务犯罪的被调查人所采取的调查措施。若留置之后的调查结果表明没有证据证明被调查人存在违法犯罪行为，根据《监察法》第45条第2款规定，“监察机关经调查，对没有证据证明被调查人存在违法犯罪行为的，应当撤销案件，并通知被调查人所在单位”。监察机关即应当实事求是地撤销案件，纠正错误，并通知被调查人所在单位，恢复其名誉和合法权益。对此，受害人可以在法定范围和期限内依照法定程序提出国家赔偿请求。

二是违法没收、追缴或者违法查封、扣押、冻结财物造成损害的情形。根据《监察法》第25条规定，监察机关在调查过程中，可以调取、查封、扣押用以证明被调查人涉嫌违法犯罪的财物、文件和电子数据等信息；对调取、查封、扣押的财物、文件，监察机关应当设立专用账户、专门场所，确定专门人员妥善保管，严格履行交接、调取手续，定期对账核实,不得毁损或者用于其他目的。违法没收、追缴或者违法查封、扣押、冻结财物造成财物损害的,不仅属于违反规定处置查封、扣押、冻结财物的行为,受害人亦可以在法定范围和期限内依照法定程序提出国家赔偿请求。

三是违法行使职权,造成被调查人、涉案人员或者证人身体伤害或者死亡的情形。监察机关及其工作人员在办案期间要严格依规依纪依法,保障办案安全,对于发生被调查人、涉案人员或者证人身体伤害或者死亡等安全事故的,应当认真应对、妥善处置、及时报告。对于监察机关及其工作人员在办案过程中有违反行使职权,导致被调查人、涉案人员或者证人身体伤害的,应当依照有关规定追究有关单位领导和相关责任人员的法律责任,受害人可以在法定范围和期限内依照法定程序提出国家赔偿请求;导致被调查人、涉案人员或者证人死亡的,其继承人和其他有扶养关系的亲属可以在法定范围和期限内依照法定程序提出国家赔偿请求。

四是非法剥夺他人人身自由的情形。人身自由权是宪法赋予公民的基本权利,任何组织或个人不得非法剥夺他人人身自由,否则应承担相应的法律责任。监察机关及其工作人员行使职权应严格依规依纪依法。对于监察机关及其工作人员非法剥夺他人人身自由的行为,构成犯罪的,应当依法追究其刑事责任。受害人可以在法定范围和期限内依照法定程序提出国家赔偿请求。

五是其他侵犯公民、法人和其他组织合法权益造成损害的情形。此项规定是关于监察机关及其工作人员其他行使职权对公民、法人或者其他组织合法权益造成损害,受害人可以申请国家赔偿的兜底性规定。除了前四项规定的情形外,对于监察机关及其工作人员在行使职权中的其他侵权情形,受害人可依法提出国家赔偿请求。

关联法条

《宪法》第41条;《监察法》第67条;《国家赔偿法》

第二百八十一条　监察机关及其工作人员违法行使职权侵犯公民、法人和其他组织的合法权益造成损害的,该机关为赔偿义务机关。申请赔偿应当向赔偿义务机关提出,由该机关负责复审复核工作的部门受理。

赔偿以支付赔偿金为主要方式。能够返还财产或者恢复原状的,予以返还财产或者恢复原状。

条文主旨

本条是关于监察机关国家赔偿义务的规定。

条文解读

国家赔偿义务是一种法定义务，需要由法律进行明确规定。有鉴于《国家赔偿法》尚未完成新的修订，对监察机关的国家赔偿责任相关内容仍存在制度空白。故本条明确监察机关的国家赔偿义务。规定本条的目的在于明确监察机关国家赔偿义务的具体内容，以便更好地救济和保护公民、法人或者其他组织的合法权益。监察机关及其工作人员违法行使职权侵犯公民、法人和其他组织的合法权益，履行国家赔偿义务的主体是违法行使职权的监察机关，受理赔偿申请的部门是违法行使职权的监察机关中负责复审复核工作的部门，国家赔偿的主要方式是支付赔偿金。对于监察机关及其工作人员违法行使职权侵犯公民、法人和其他组织财产权的，受害人向监察机关提出国家赔偿申请，监察机关能够返还财产或者恢复原状的，予以返还财产或者恢复原状。

关联法条

《国家赔偿法》

第九章　附　　则

> **第二百八十二条　本条例所称监察机关，包括各级监察委员会及其派驻或者派出监察机构、监察专员。**

条文主旨

本条是关于“监察机关”的名词解释。

条文解读

法的附则是法的整体中作为总则和分则辅助性内容而存在的一个组成部分。其作为辅助性内容存在，对总则和分则的有效实施有重要意义。本条是关于“监察机关”这一名词的定义。监察机关是开展监察工作的主体，正确理解“监察机关”是监察工作顺利开展的重要前提。监察机关包括：(1)各级监察委员会；(2)派驻或派出的监察机构；(3)监察专员。

中华人民共和国设立国家监察委员会和地方各级监察委员会，省、自治区、直辖市、自治州、县、自治县、市、市辖区设立监察委员会。地方各级监察委员会由本级人民代表大会产生，负责本行政区域内的监察工作。中华人民共和国国家监察委员会是最高监察机关，由全国人民代表大会产生，负责全国监察工作。换言之，各级监察委员会包括国家监察委员会、省级监察委员会、市(地)级监察委员会、县级监察委员会，共四级。

各级监察委员会可以向本级中国共产党机关、国家机关、法律法规授权或者委托管理公共事务的组织和单位以及所管辖的行政区域、国有企业等派驻或者派出监察机构、监察专员。派驻或者派出监察机构、监察专员也属于监察机关，其对派驻或者派出它的监察委员会负责。

关联法条

《监察法》第7、12、13条;《监察官法》第3条

第二百八十三条　本条例所称"近亲属",是指夫、妻、父、母、子、女、同胞兄弟姊妹。

条文主旨

本条是关于"近亲属"的名词解释。

条文解读

此条规定了"近亲属"的范围。此前,《刑事诉讼法》第108条规定,"近亲属"是指夫、妻、父、母、子、女、同胞兄弟姊妹。本条例同样使用了这一近亲属的范围,也就是说,法律上规定的近亲属包括:与自己有合法关系的配偶、与配偶生下的子女、自己的父亲与母亲、跟自己生于同一父母的兄弟姐妹。

实务难点指引

值得注意的是,《民法典》第1045条规定,配偶、父母、子女、兄弟姐妹、祖父母、外祖父母、孙子女、外孙子女为近亲属。《最高人民法院关于适用〈中华人民共和国行政诉讼法〉的解释》中,将"近亲属"界定为包括配偶、父母、子女、兄弟姐妹、祖父母、外祖父母、孙子女、外孙子女和其他具有扶养、赡养关系的亲属。可以看到,本条例的"近亲属"与刑事诉讼中的"近亲属"范围一致,相对于民事诉讼、行政诉讼中的"近亲属",范围更窄。

第二百八十四条　本条例所称以上、以下、以内,包括本级、本数。

条文主旨

本条是对"以上""以下""以内"的界定。

条文解读

根据本条规定,本条例所称的"以上""以下""以内"都包括本级、本数。例如,本

条例第159条第2款规定,省级以下监察机关报请国家监察委员会提请公安部发布公安部通缉令的,应当先提请本地公安机关采取网上追逃措施。此处的“省级以下”包括省级。

第二百八十五条　期间以时、日、月、年计算,期间开始的时和日不算在期间以内。本条例另有规定的除外。

按照年、月计算期间的,到期月的对应日为期间的最后一日;没有对应日的,月末日为期间的最后一日。

期间的最后一日是法定休假日的,以法定休假日结束的次日为期间的最后一日。但被调查人留置期间应当至到期之日为止,不得因法定休假日而延长。

条文主旨

本条是关于期间的相关规定。

条文解读

若期间的计算单位是年、月、日或者时,那么其开始计算的当日、当时不计入期间,而是从下一日、下一时开始计算。

本条第2款和第3款必须结合起来理解,这两款规定的是期间的最后一日,若过了该日,那么期间就届满。若期间是按照年、月计算的,那么到期月的对应日期是最后一日。若没有对应日,则月末日为该期间的最后一日。例如,2021年2月没有30日,那么就以该月的末日作为最后一日即2021年2月28日。若期间的最后一日属于法定节假日,则节假日过后的第一天是该期间的最后一天。例如,若诉讼时效的最后一天是2021年10月2日,而若2021年国庆节放假7天,即2021年10月1－7日为法定节假日,那么诉讼时效的最后一天应当为2021年10月8日。但是,值得注意的是,为了充分保障公民权利,被调查人留置期间应当至到期之日为止,不得因法定休假日而延长。

第二百八十六条　本条例由国家监察委员会负责解释。

条文主旨

本条是关于解释权授权的规定。

条文解读

本条例的解释权属于国家监察委员会，这遵循了“谁制定、谁解释”的法律解释基本原则。

第二百八十七条 本条例自发布之日起施行。

条文主旨

本条是关于本条例施行日期的规定。

条文解读

关于法律、法规的效力，首先表现为时间效力。法律的施行日期不同于法律的通过日期和公布日期，它是法律生效的唯一标志。法律、法规有的是自公布之日起施行，有的是在公布之后的某一日期施行，本条例采纳的是前一种，自发布之日起施行。